编委会成员名单

（以姓氏笔画为序）

万志前	王广辉	王志敏	韦宝平	牛余凤	石先钰
冯瑞琳	刘 红	刘立霞	刘 杰	刘新凯	孙孝福
孙淑云	邢 亮	朱建华	李 文	李雨峰	李艳华
李振华	李祖军	陈训敬	陈会林	陈 虎	陈 苇
张 功	张培田	张新奎	张 耕	汪世虎	沈 萍
杨树明	范忠信	范 军	罗 洁	周庭芳	段 凯
赵立新	侯 纯	姚 欢	晁秀棠	陶 虹	秦瑞亭
黄名述	黄 笛	曹海晶	曹艳春	程开源	喻 伟
曾文革	赖达清	雷 震	谭振亭		

全国高等院校法学专业基础教材

知识产权法

主　编　张　耕

副主编　万志前　石金钢

　　　　金明浩　胡卫东

撰稿人　（以撰写章节先后为序）

　　　　张　耕　陈晓红　唐　弦

　　　　郑　重　石金钢　陈　丽

　　　　胡武艳　万志前　孙妍妍

　　　　张劲楠　金明浩　贺宝梅

　　　　刁　婕　喻　琴　胡卫东

　　　　蒙　柳　牟　萍

中国政法大学出版社

2011·北京

出 版 说 明

　　法学是集理论性与实践性于一体的社会科学。然而，现行的法学本科教材普遍存在"重理论、轻实践"的现象，这既不适应应用型法学人才的培养，也与司法考试、研究生考试和公务员考试严重脱节，致使其实用性大打折扣。

　　鉴于此，由全国独立学院法学教育协作机制秘书处和中国政法大学出版社发起，成立了"全国高等院校法学专业基础教材"编委会，旨在编写适应法学专业应用型人才培养要求的"厚基础、重实务"的系列教材。中国政法大学、中南财经政法大学、西南政法大学、华中师范大学、湖北大学、中南民族大学、中华女子学院、江汉大学、重庆大学、湖北经济学院、武汉科技大学中南分校、西南大学育才学院、南开大学滨海学院、海南大学三亚学院、福州大学阳光学院、浙江大学宁波理工学院、中国石油大学胜利学院、南京师范大学泰州学院、黄河科技学院、中南财经政法大学武汉学院、中南民族大学工商学院、华中科技大学武昌分校、华中师范大学汉口分校、华中科技大学文华学院、武汉科技大学城市学院、河北工程大学文学院、燕山大学里仁学院、贵州民族学院人文科技学院、东莞理工学院城市学院、江汉大学文理学院、湖北大学知行学院、湖北经济学院商贸学院、福建江夏学院、河南师范大学新联学院等全国三十多所高等院校的百名法学专业教师共同参与了这套教材的编写工作。

　　本套教材在内容设计上充分考虑了与司法考试和公务员考试的接轨，注重基础理论阐述和实务能力培养的有机结合，力求展现以下特点：

　　第一，基础性。本套教材的编写内容定位于对基本理论、基本概念、基本知识的阐释和对基本法律实务技能的培养。

　　第二，简洁性。本套教材以各学科成熟的理论体系为主，不涉及太深奥的法律问题；以通俗和主流观点为主，除核心观点、理论有简要论证之外，避免过多论述有争议的观点或作者个人观点。

第三，实用性。本套教材充分突出实用性，主要服务于法学专业学生参加司法考试和公务员考试的目标，教材内容及结构与最新司法考试大纲保持一致，大量引入司法考试、公务员考试真题和案例。

第四，新颖性。本套教材力求突出形式设计上的新颖性。根据各教材的不同特点，有的在每章开头有简短的案例导入，使相关知识点、重点及难点一目了然；有的在正文中穿插案例或合理设置图表，以方便学生阅读，符合学生应试要求；有的在每章结尾处设置思考题和案例分析题，以供学生参考使用。

本套法学教材涵盖了法学专业教育指导委员会确定的 16 门法学主干课程和 14 门实务性较强的非主干课程，共 30 种。本套教材由于编写作者较多，涉及内容广泛，教材的编写统稿难度较大，更囿于水平有限，挂一漏万在所难免，恳请各位专家、同行及广大读者批评指正，帮助我们在后续的工作中加以完善。

"全国高等院校法学专业基础教材"编委会
2009 年 8 月

　　本教材是根据高等院校独立学院法学教育的特点与现状，由全国部分高校教师和部分司法实务部门法律工作者集体编写而成。本教材的基本特点是对知识产权法学的基本概念、基本知识、基本理论以及主要法律制度进行简明扼要的阐述，注重学科知识的基础性、系统性和科学性。在编写中，我们力求对基本概念的界定清晰、简明和完整，对基本理论的阐释以通说和主流观点为依据，对理论体系的历史沿革和外国法中的相关信息虽有所涉猎但均未深入讨论。

　　本教材的另一突出特色是其实用性。在内容上，一方面突出了对现行法律法规、司法解释的解说，将重点、核心法条与相关知识原理有机结合；另一方面在各章正文前、正文中或正文后的思考题中选择了大量真实案例、国家司法考试案例或自编案例，增强了本教材的实用性、可读性和趣味性。

　　本教材的编写分工如下（以撰写章节先后为序）：张耕：第一章；陈晓红、唐弦：第二章；郑重：第三、十一章；石金钢：第四、五、六、七章；陈丽：第八、九章；胡武艳：第十章；万志前：第十二、十三章；孙妍妍：第十四章；张劲楠：第十五章；金明浩：第十六、十九章；贺宝梅：第十七章；刁婕：第十八章；喻琴：第二十章；胡卫东：第二十一章；蒙柳：第二十二章；牟萍：第二十三章。副主编金明浩、石金钢、万志前、胡卫东分别对第二、三、四、五编做了审稿和修改工作，全书由主编张耕统一修改定稿。

　　水平和时间有限，谬误之处，敬请读者批评指正。

编　者

2010 年 11 月 28 日

C目录
ONTENTS

第五编　其他知识产权法律制度

第一编

知识产权法总论

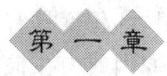

知识产权的概念和特征

☞ **学习要点**

本章介绍知识产权法的基本理论问题。通过本章的学习，学生应当了解知识产权的定义、范围、分类，重点掌握知识产权的法律特征。知识产权的定义和特征是学习的重点和难点。

第一节　知识产权的概念和范围

一、知识产权的概念

知识产权（Intellectual Property），是指公民、法人或其他组织对智力劳动成果依法享有的专有权利的统称。[1]"知识产权"术语最早起源于 17 世纪中叶的法国大革命时代，主要倡导者为法国学者卡普佐夫（Capzov），后为著名比利时法学家皮卡第所发展。在国内外，出现的与知识产权有关的术语较多，常见的有"智慧财产权"、"智力成果权"、"知识财产权"、"知识所有权"、"无形财产权"、"无体财产权"、"精神产权"、"无形产权"等。其中，"智慧财产权"术语在我国台湾地区广泛使用，"智力成果权"则是我国从前苏联沿袭下来的一旧式称呼。1986 年我国《民法通则》颁布后，开始正式使用"知识产权"的称谓。

知识产权的保护对象是人们在文学、艺术、科学领域及产业活动中所创造的智力劳动成果或知识产品。知识产品既包括诸如作品、发明创造、职务新品种、集成电路布图设计等典型智力成果，也包括商标、商号、地理标志、奥林匹克标志、特殊标志等识别性标志等非典型智力成果。非典型智力成果虽然从形式上看似乎是与智力创造活动没有直接联系的商业标志或其他识别性标志，但仍具有智力成果属性，属于智力成果范畴。因为识别性标志的设计需要投入智力劳动，投

---

〔1〕　知识产权的定义是知识产权理论界争议较大的问题之一。其他代表性观点还有：知识产权是人们对于自己的智力活动创造的成果和经营活动中的标记、信誉依法享有的权利（参阅吴汉东主编：《知识产权法》，中国政法大学出版社 2009 年版，第 1 页）；知识产权是民事主体依法享有的，支配特定的蕴涵人的创造力并具有一定价值的信息，享受其利益并排斥他人干涉的权利（参阅张玉敏主编：《知识产权法学》，中国人民大学出版社 2010 年版，第 10 页）。

入智力劳动的多寡及其创造性程度的高低与该识别性标志是否受法律保护以及保护的程度具有直接关系。更重要的是，有关知识产权法律保护识别性标志的根本原因或内在根源是保护凝结在这些标志中的具有财产价值的信誉，防止被其他经营者不正当使用。商标、商号等识别性标志产生信誉的过程，实际上就是投入智力劳动的过程。没有经营者在技术开发、宏观决策、微观管理、信息利用、营销策划、广告宣传、售后服务等方面智力劳动的投入，其商品或服务的良好质量、商标或商号的良好信誉就不可能产生。正因为如此，1967 年在瑞典斯德哥尔摩外交会议上缔结的《建立世界知识产权组织公约》将知识产权概括为"一切来自工业、科学及文学艺术领域的智力成果创作活动所产生的权利。"[1]世界知识产权组织编著的《知识产权法教程》也指出："知识产权的对象是人的心智，人的智力创造。这就是这类财产叫做知识产权的原因。"[2]世界知识产权组织网站对知识产权的定义作了如下表述："知识产权是有关智力创造产生的权利，包括对发明、文学和艺术作品，以及商业上使用的标志、名称、形象和设计的权利。"[3]

二、知识产权的范围

知识产权的范围很广。有人预言，知识产权法学将是 21 世纪最活跃的法学学科。其根本原因就是人类已进入信息时代，知识经济已初露端倪，科学技术的迅猛发展和社会的不断进步，不仅使知识产权领域在传统类型的权利方面不断出现新的研究课题，而且使知识产权的范围或外延不断拓展。知识产权的范围是一个随技术发展而不断扩大的开放性体系。

《建立世界知识产权组织公约》第 2 条列举了知识产权包括的范围：与文学、艺术和科学作品有关的权利；与表演艺术家的表演活动、录音制品和广播有关的权利；与人类创造活动的一切领域内的发明有关的权利；与科学发现有关的权利；与工业品外观设计有关的权利；与商品商标、服务商标、商号及其他商业识别性标志有关的权利；与防止不正当竞争有关的权利；其他一切来自工业、科学及文学艺术领域的智力成果创作活动所产生的权利。[4]

1995 年 1 月生效的世界贸易组织《与贸易有关的知识产权协定》（简称《TRIPS 协定》）规定的知识产权包括：著作权和邻接权、商标权、地理标志权、

---

[1]　参见该公约第 2 条第 8 项规定。

[2]　转引自李国光主编：《知识产权诉讼》，人民法院出版社 1999 年版，第 4 页。

[3]　原文为："Intellectual property refers to creations of the mind : inventions literary and artistic works, and symbols, names, images, and designs used in commerce", 载 http://wipo.org/about - ip/en/overview. html.

[4]　郑成思：《知识产权论》，法律出版社 2003 年版，第 55 页。

工业品外观设计权、专利权、集成电路布图设计权、未披露信息专有权（即商业秘密权）、对许可合同中限制竞争行为的控制。

三、知识产权的分类

知识产权的范围十分广泛，可根据不同的标准进行不同的分类。在立法和学理上，知识产权主要有以下两种分类方法：

（一）工业产权和著作权

这是根据知识产权存在并应用的领域不同而作出的一种传统分类法。

工业产权主要存在并应用于工商业领域，是指民事主体对可应用于各种产业活动中的智力成果依法所享有的专有权利。该术语最早出现在1791年的法国《专利法》中。在这以前，英国、法国都将授予发明者的权利称作特权或垄断权。当时法国《专利法》的起草人德·布孚拉认为，"特权"或"垄断权"的提法会遭到资产阶级革命后的立法会议的反对，也会遭到反封建特权的人民群众的谴责，因而使用了"工业产权"一词。[1]1883年3月20日，由法国、比利时、巴西、意大利、荷兰、西班牙、葡萄牙、瑞士、危地马拉、萨尔瓦多、塞尔维亚共11个国家发起，在法国巴黎缔结了《保护工业产权巴黎公约》（简称《巴黎公约》）。《巴黎公约》的产生，使工业产权逐渐得到国际上的公认，并成为法学领域普遍使用的术语。除《巴黎公约》外，世界上还出现了专门的工业产权立法，如巴西于1971年12月21日制定了《工业产权法》。有的国家还专门成立了相应的管理机构，如法国的工业产权局、日本的特许厅、美国的专利商标局等。根据《巴黎公约》第1条第2项的规定，工业产权的保护对象包括发明、实用新型、工业品外观设计、商标、服务标记、商号、原产地名称、货源标记，并制止不正当竞争。随着高新技术的发展，工业产权的保护对象又进一步拓展，除原《巴黎公约》规定的范围外，还包括商业秘密、集成电路布图设计、植物新品种等。与保护对象相适应，在认识工业产权问题上，应注意以下问题：第一，这里的"工业"应作广义理解，泛指农业、林业、渔业、牧业、制造业、采掘业、交通运输业、商业等一切产业，[2]故有人认为把"工业产权"改为"产业产权"更合适。[3]但由于已约定俗成，工业产权一词已被国际社会广泛认同和接受，无更名之必要。第二，工业产权专指对产业活动中应用的智力成果依法享有的权利，不包括经营者对土地、厂房、机械设备等享有的有形财产所有权。第三，工业产权可以在一切产业活动中被利用，其权利主体主要是经营者，但又不限于经

---

〔1〕　程开源主编：《工业产权法》，南开大学出版社1998年版，第1页。
〔2〕　参见《巴黎公约》第1条第3项规定。
〔3〕　转引自程开源主编：《工业产权法》，南开大学出版社1998年版，第1页。

营者。非经营者的普通自然人也可依法成为专利权等工业产权的主体。

著作权主要存在并应用于文学、艺术和科学等文化领域。根据1886年制定的《保护文学艺术作品伯尔尼公约》（简称《伯尔尼公约》）第2条第1项规定，著作权的保护对象为文学艺术作品，"包括文学、科学和艺术领域内的一切成果，而不问其表现形式或表现方式如何。诸如图书、小册子和其他文字作品；讲课、讲演、布道和其他同类性质的作品；戏剧作品、音乐作品、舞蹈作品、哑剧作品；配词或未配词的乐曲；电影作品以及使用与拍摄电影类似方法表现的作品；图画、绘画、建筑、雕塑、雕刻及版画作品；摄影作品及使用与摄影方法相类似的方法表现的作品；实用艺术作品；文字或插图说明、地图、设计图、草图，以及与地理、地形、建筑、科学等有关的立体作品，均包括在内。"[1]对于著作权保护作品的具体类型，各国往往采用不同的立法体例，有的采用概括性规定，即在著作权法中只使用"文学、戏剧、音乐、艺术作品"之类的笼统提法，如英国、澳大利亚等国；而大多数国家则和《伯尔尼公约》一样采取列举式规定，在著作权法中逐项列举受著作权法保护的作品类型，如法国、德国、日本、巴西、中国等。在权利产生方式上，工业产权和著作权有明显的区别。除商业秘密权外，其他工业产权的产生都要经过一定的审查和批准程序；而著作权则实行自动保护原则，从作品创作完成之日起，作者和其他有关主体就依法自动取得著作权。

工业产权和著作权的划分不是绝对的，著作权在工商业领域中应用已不鲜见，有的智力成果可能同时符合工业产权和著作权保护的条件。科学技术的发展，很早就使文化领域与工商业领域发生了交叉。这两个领域中不同的智力创作成果也必然发生交叉。有些成果既适合工业产权法保护，又适合著作权法保护，于是出现了"工业版权"的概念。工业版权保护的客体，主要有工业品外观设计、计算机软件、集成电路布图设计、印刷字体等。[2]工业版权的概念，还仅停留在学理研究阶段，世界上还没有、实际上也没有必要出现统一的工业版权立法，其保护客体仍通过有关工业产权法或著作权法或单独立法方式保护。[3]

（二）创作性成果权和识别性标志权

国际保护工业产权协会1992东京大会报告将知识产权分为"创作性成果权利"和"识别性标记权利"两大类。前者包括著作权和邻接权、专利权、集成

---

〔1〕郑成思主编：《知识产权保护实务全书》，中国言实出版社1995年版，第1277页。

〔2〕郑成思：《版权法》，中国人民大学出版社1997年版，第63～75页。

〔3〕如工业品外观设计在大多数国家通过单独立法保护，在我国则通过专利法保护；计算机软件一般通过著作权法保护；集成电路布图设计一般通过单独立法作为一种独立的知识产权保护。

电路布图设计权、商业秘密权、植物新品种权等；后者包括商标权、商号权、地理标志权、特殊标志权以及其他与制止不正当竞争有关的权利。

知识产权的这种分类方法，有助于人们正确认识创作性成果权和识别性标志权的一些特殊性质。创作性成果是一种直接智力成果，受法律保护的条件是必须具有创造性或独创性。创作性成果中的技术成果的价值可能会随时间的推移而逐渐降低，甚至可能会因新技术成果的出现而被完全淘汰，因而创作性技术成果权的法律保护期一般较短。识别性标志是一种特殊智力成果或非典型智力成果，受法律保护的条件是其具有显著特征或可识别性。识别性标志应用于工商业领域，长期的使用过程会使经营者的有关商品或服务声誉凝结在这些标志中，其价值可能会越来越高，识别性也越来越强，因而法律保护这些标志的期限一般不受严格的限制。

第二节　知识产权的特征

知识产权的特征，是指知识产权与其他民事权利特别是物权相比较而言所表现出的差异，是知识产权作为一种独立民事权利本质属性的概括。

知识产权主要具有以下特征：

一、非物质性

知识产权的非物质性是指知识产权的客体或保护对象是不具有物质形态、不占有一定空间、不能被人们实际控制和占有的智力成果。正如日本学者富田彻男所言："知识产权不是以具体的物为对象的权利。"[1]客体的非物质性是知识产权的本质属性所在，也是该项权利与传统意义上的所有权的最根本的区别。智力成果是人们通过智力劳动创造的精神财富或精神产品，本身凝结了人类的一般劳动，具有财产价值，可以成为权利标的，是与民法意义上的"物"相并存的一种民事权利客体，也称为"知识产品"。知识产品具有作品、发明创造、商标等多种表现形式。它与有形财产权或物权的客体即民法意义上的"物"不同，是表现为知识形态的精神产品，虽具有价值和使用价值，但没有一定的形态，不占有一定的空间，也不像物权的客体那样可以被人们实际控制和占有。智力成果的这一特有性质，决定了以其为客体的知识产权与物权之间的众多差异，使知识产权比物权更容易受到他人的侵犯，也给知识产权的保护、侵权行为的认定带来更多的实际困难。

---

[1]　[日]富田彻男：《市场竞争中的知识产权》，廖正衡等译，商务印书馆 2000 年版，第 53 页。

由于知识产权的客体是不具有物质形态的智力成果，因而也有学者将知识产权的非物质性特征概括为"无形性"。"非物质性"和"无形性"的提法并无实质区别，它们都是指智力成果不具有物质形态、不占有空间、不能被人们实际控制和占有的物理属性。严格讲，这两种提法都不科学，都容易引起歧义。"非物质性"如果从哲学的角度去理解，就会发生偏差，因为智力成果虽是精神活动的产物，但它也是一种与"意识"相对应的客观存在，属于哲学意义上"物质"的范畴。"无形性"所直接表达的是没有物质形态或形体，不占有一定的空间，但它本身也不是知识产权客体的独有特征。近年来，学理上对有体物逐渐采扩大解释，认为有体物不必具有一定形状或固定的体积，不论固体、液体或气体，均为有体物。至于各种能源，诸如热、光、电、气、电子、放射性、核能、频道等，在技术上已能加以控制，工商业及日常生活中已普遍采用，为民法意义上的物。[1]这些物权的客体也具有一般意义上的"无形性"。实际上，这些物权客体与知识产权客体之间的根本区别不在于是否"无形"，而在于是否是智力劳动创造的知识产品。

二、专有性

知识产权的专有性，又称为独占性、排他性或垄断性，是指知识产权的权利人依法享有的独占使用智力成果的权利，他人不得侵犯。"从本质上说，知识产权是为了不让竞争对手销售自己的产品或商品而拥有的一种垄断顾客的权利。"[2]正是由于智力成果开发人拥有对该项智力成果的排他使用权，并因此获得法定垄断利益，才使知识产权法律制度具有激励功能，促使人们不断开发新的智力成果，推动社会和技术的进步。知识产权固然是人类智力成果中的一种专有权，但并非一切智力成果均是专有的。在人类历史长河中，曾有过漫长的智力成果不受法律保护的年代。新中国成立后的一段时间内，以智力成果专有权为核心的知识产权法律制度也在反对"知识私有"和"资产阶级法权残余"的呼喊声中受到过重创。在建立了完善的知识产权法律制度的现代社会，仍有不少智力成果不能被垄断使用，如不符合知识产权保护条件的成果以及已过保护期限的成果等。专有性是受知识产权保护的智力成果和公有领域的智力成果相区别的重要特征。

也有学者把知识产权的权利人享有排除任何人侵犯对智力成果垄断使用权这一"专有性"特征概括为"支配权"和"对世权"。这种借用传统民法物权理论研究知识产权是必要的。不管讲知识产权的专有性，还是称知识产权为支配权和对世权，都既突出了知识产权和债权的区别，也表明了与物权的共性。"物权有

---

〔1〕　魏振瀛主编：《民法》，北京大学出版社、高等教育出版社 2000 年版，第 119 页。

〔2〕　［日］富田彻男：《市场竞争中的知识产权》，廖正衡等译，商务印书馆 2000 年版，第 13 页。

排他性，债权无之。"〔1〕故债权被称为不具有专有性而只对特定当事人有效的"对人权"，与知识产权和物权都是可以排除任何第三人非法侵害的"对世权"有所不同。此外，物权和知识产权均是支配权，以就特定标的享受一定之利益或排他支配该标的为内容；而债权为请求权，"以请求债务人之特定之行为为其内容。"〔2〕由于知识产权具有物权的一些共性，故知识产权又被称为"准物权"或"无形准动产"。

但是，完全套用物权理论去认识知识产权也是不可取的。在研究知识产权时，既不能以已知的民法原理去套知识产权新问题，也不能毫无顾忌地搬开前人已经正确总结出的民法原理去走"新"路子。这二者同等重要。知识产权和物权虽都具有专有性，但从不同的角度去分析，又可明显看出知识产权的专有性和物权的专有性有所不同。

首先，从权利主体上看，知识产权的专有性比物权的专有性更强。相同的智力成果，原则上只有一个权利主体，特别是在工业产权领域，如相同的发明创造，只有一个主体能获得专利；在相同或类似商品上使用的相同或近似商标，也只能有一个主体能获得商标权；相同或近似的商号，在同一行政区域的同行业中只能有一个经营者获得法律保护。多数国家处理这些权利归属的原则是先申请原则，谁先申请，谁就获得该项工业产权。而物权则不具有这样的特性，相同类型的客体，可以由若干主体分别享有物权。不过，知识产权权利主体的单一性特征只适用于那些经法定程序产生的部分工业产权，如专利权、商标权、商号权、集成电路布图设计权、植物新品种权、科技成果奖励权等。而对于自动产生权利的著作权、商业秘密权，则也可能偶尔会出现若干主体分别拥有版权和商业秘密权的情况，只要这些主体确实是自己独立创作了相同的作品或开发了相同的技术。

其次，从权利的内容上看，知识产权的专有性又比物权的专有性更弱。这主要表现为知识产权的权利人对智力成果的垄断使用权受到较多的限制，如合理使用制度、法定许可制度、强制许可制度以及许多不被视为侵权行为的利用智力成果的规定，都使知识产权的专有性明显弱于物权的专有性。虽然物权的权利内容也会受到公共利益的限制，如《德国民法典》第906条和《日本民法典》第210条规定：土地所有权人对于邻地产生的侵害未超过一定幅度或不妨害土地使用，土地所有人不得禁止，但与知识产权相比，物权受到的限制相对少得多。在权利的限制方面，不同的知识产权呈现出不同的特点。著作权法中有大量合理使用和法定许可条款，著作权的专有性较弱，因而有的学者将著作权视为公共性较强的

〔1〕　史尚宽：《债法总论》，中国政法大学出版社2000年版，第2页。
〔2〕　史尚宽：《债法总论》，中国政法大学出版社2000年版，第2页。

私权。[1] 商标权的限制甚少，因而商标权的专有性相对较强。

三、时间性

知识产权的时间性，是指依法产生的部分知识产权只在法律规定的期限内有效，超出期限后，原作为知识产权客体的智力成果进入公有领域，任何人都可以无偿使用。例如我国发明专利权的保护期为 20 年，实用新型和外观设计专利权保护期为 10 年，商标权的保护期为 10 年（可以不限次数地续展），集成电路布图设计权的保护期为 15 年，植物新品种权的保护期为 10 年，作品的使用权和获得报酬权的保护期为作者终生及其死后 50 年。有形财产所有权一般无期限限制，只要权利客体存在，即使权利主体发生变更，其物权原则上一直受到保护。认识到知识产权的时间性具有现实意义。在知识产权贸易谈判中，了解知识产权的剩余保护期是合理确定购买价格或使用许可费用的基础工作。我国有的企业曾经在技术引进时不考察专利技术是否过期或即将过期，盲目引进，不必要地花钱购买过期失效的所谓"专利"技术。如 1973 年，我国从一个国家引进乙二醇生产技术，对 22 项技术支付了专利使用费 100 万美元。事后才知道，这 22 项所谓"专利"技术中有 7 项已过保护期，有 2 项只差 2 个月就过保护期，为此多支付了 41 万美元。1982 年，上海耀华玻璃厂和英国皮尔金顿公司进行技术贸易。这家公司拿出 137 项英国"专利"，开价 1250 万英镑。上海专利局等单位检索，发现已过保护期和将过保护期的有 51 项，最后，英国公司只好将价格降到 52.5 万英镑。[2]

对知识产权进行时间限制的原因有二：①智力成果的利用与技术的进步、文化的繁荣和社会的发展休戚相关，由个别人无期限地垄断利用智力成果会危害社会公共利益。在知识产权保护期的规定上，智力成果的创造者和社会公众的利益有时是冲突的。智力成果创造者一般都期望知识产权的保护期越长越好，没有期限限制甚至更符合其本意；而社会公众则基于以尽量少的代价尽可能多地利用他人的智力成果的效益原则，期望知识产权的保护期越短越好。只授予有关知识产权权利人在一定期限内对智力成果的垄断权，作为一种平衡智力成果创造者和社会公众利益冲突的调节手段，也体现了对知识产权专有性的限制。各个国家在特定历史时期，根据本国的经济、文化、教育、技术发展状况及其实际需要，制定不同的保护期。在一定程度上讲，对知识产权保护期规定时间的长短，反映了一个国家的知识产权保护水平。在世界上，知识产权保护期的规定通常表现出这样的特点：发达国家一般较长，发展中国家一般较短。这一特点在知识产权保护早

---

〔1〕　陈传夫：《高新技术与知识产权法》，中国人民公安大学出版社 2000 年版，第 6 页。
〔2〕　杨继纯：《技术商品与技术市场》，天津科学技术出版社 1986 年版，第 95 页。

期尤其明显。这种状况，随着国际贸易特别是技术贸易的发展，越来越引起技术输出国的不满，作为协调各国知识产权保护制度的有关知识产权国际条约必然会规定知识产权保护的最低期限。如《伯尔尼公约》规定著作权的保护期应为作者终生及其死后50年；《TRIPS协定》规定表演者权、录音制作者权的保护期至少50年，商标的首期注册保护期至少7年（并应允许不限次数地续展），工业品外观设计的保护期至少10年，发明专利保护期至少20年，集成电路布图设计权的保护期至少15年。②智力成果本身也具有一定的淘汰周期，到了一定的期限也会自然丧失价值，法律没有长期保护的必要。

需注意的是，知识产权的时间性是针对大多数知识产权而言的，少数知识产权并不受时间限制，如商号权、商业秘密权。从理论上讲，这些知识产权只要符合法律保护的其他条件，就可长期受到法律保护。美国"可口可乐"饮料配方通过商业秘密方式保护已有一百多年的历史，至今外人无法知晓其内容。如果通过专利法保护，最多只能保护20年。商标权的时间性也是相对的，其保护期虽有限制，但可依法续展，并且续展次数不限，因而商标权可以被长期拥有，被有的学者称之为"永久权"。[1]

四、地域性

知识产权的地域性，是指知识产权只在产生的特定国家或地区的地域范围内有效，并且可以在不同的地域范围内被分别行使。它有两方面的具体体现：

1. 知识产权只能根据一定国家或地区的法律产生，并且只能在其产生的地域范围内受到法律保护。除有国际公约或双边互惠协定特别规定外，知识产权没有域外效力，其他国家对这种权利没有保护的义务。例如，我国的"长虹"电视机出口到其他许多国家，如果在中国注册的"长虹"注册商标不到其进口国注册，就不能在其他国家当然获得法律保护。知识产权的这一特征有别于有形财产权。对有形财产权的保护，原则上没有地域的限制。法人或公民不管是因为旅游还是从事贸易活动，将其财产从一国转移到另一个国家，不会发生其财产所有权失去法律效力的问题。如前例中的"长虹"商标即使未在进口国注册获得保护，但作为物权保护对象的电视机却可以获得进口国法律的自动保护。也有学者对知识产权的地域性提出过质疑，认为一国获得的知识产权，其效力应及于其他国家。尤其是德国学者Kohler，基于商标之人格权说而极力主张商标之世界性观念。但是，知识产权国际性的观念并未得到有关国际条约及各国国内立法的认同。《巴黎公约》第4条和第6条分别规定了同一发明和同一商标在不同国家获

---

〔1〕　转引自夏叔华：《商标法要论》，中国政法大学出版社1989年版，第196页。

得的专利权和商标权无关,即工业产权相互独立原则。该原则实际上承认了一国没有保护在其他国家的工业产权的义务。如欲在他国获得工业产权,必须依他国国内法的规定向主管机关提出申请。认识到知识产权的地域性特征具有重要的现实意义。在国际贸易中,我国的出口商品商标必须在销售地国家及时申请注册,否则得不到该国法律的保护。我国在这方面有深刻的教训,出口商品商标在国外被外商抢先注册的有几百起。如:北京的"五星"啤酒在美国销路很好,被外商抢先注册后被迫改换为"九星"啤酒,销售大减;上海的"芭蕾牌"珍珠霜畅销东南亚,在香港、印尼、新加坡等地被外商抢先注册,外贸部门只好花 20 万美元从外商手中买回商标专用权;上海的"英雄"牌金笔深受日本人欢迎,被日商抢先注册后,因不愿支付每支笔销售利润 5% 的商标使用费,被迫退出日本市场。[1] 知识产权只在特定地域有效的地域性特征有其产生的根源。在知识产权的雏形时期,其地域性的特点就已产生。在欧洲封建国家末期,原始著作权、专利权都是因君主的恩赐作为特许权而出现的。这种特许权当然只能在赐权的君主所管辖的地域内行使并受保护。到了近代,资本主义国家依照国家主权原则,只对依本国法取得的知识产权予以保护,不承认根据外国法设立的知识产权。因此,地域性作为知识产权的一个特点继续保留下来,并成为世界各国普遍遵循的一个准则。

2. 知识产权可以在不同的地域被分别行使。如一项相同的发明可以在中国、美国、日本等国分别获得专利权。专利权人可以将在美国或日本的专利权依法转让,保留在中国的专利权。在中国的专利权也可以分地域行使,在全国不同的省签订若干专利实施许可合同,分别许可若干厂家实施相同的专利技术。知识产权可以分地域行使的特征,根源于知识产权客体的可复制性。而物权由于其客体的唯一性,就不可能产生被分地域行使的问题。如对享有所有权房屋的使用地域,永远都只能局限于房屋所在地。即使动产可以移动,也只能是发生其同一使用地域从甲地转移到乙地的问题,不可能出现像知识产权那样可以在甲、乙、丙等多地域被分别利用的问题。

知识产权的地域性并不是绝对的。从 19 世纪末开始,随着科学技术的日益进步和国际贸易的发展扩大,知识产品如技术、商标等越来越多地进入国际市场,促进了各国之间的科学文化交往。知识产权的地域性则不利于科学文化的国际交流。为了解决这个矛盾,各国先后签订了一些保护知识产权的国际公约,成立了一些全球性或地区性的保护知识产权的国际组织,形成了一套国际知识产权

---

〔1〕 夏叔华:《商标法要论》,中国政法大学出版社 1989 年版,第 276 页。

保护制度。例如,《伯尔尼公约》规定,所有缔约国作者的作品,或在某一缔约国内首次出版的作品,在其他任何一个缔约国内,都享有该国法律给予本国作者的同等保护。可见,国际知识产权公约中的国民待遇原则已成为知识产权地域性的补充。有的国家或地区共同制定了统一的知识产权法或地区条约,规定在一国产生的知识产权在其他一些成员国家有效,也使知识产权的地域性受到弱化,如1962 年法语非洲国家签订了《利伯维尔协定》,规定依照该协定授予的专利在所有缔约国都有效;1994 年独立国家联合体签订了《欧亚专利公约》,规定欧亚专利局依该公约授予的专利在所有缔约国有效;1987 年正式生效的《比荷卢经济联盟统一商标法》规定,在比荷卢经济联盟商标局递交一份商标注册申请被核准后,便同时在比利时、荷兰、卢森堡三个国家受到法律保护。

思考题

1. 如何理解知识产权?
2. 知识产权主要包括哪些权利?
3. 知识产权具有哪些法律特征?

第 二 章

知识产权法概述

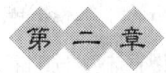

☞ **学习要点**

学习本章应了解知识产权法的概念、渊源和体系。知识产权法的概念是学习的重点，掌握知识产权法的调整对象是理解知识产权法概念的关键。

第一节 知识产权法的概念和调整对象

一、知识产权法的概念

知识产权法是指由国家制定或认可的，调整人们在创造、运用、管理和保护知识产权过程中产生的各种社会关系的法律规范的总和。知识产权法在立法框架上应包括以下基本制度：①知识产权的主体制度；②知识产权的客体制度；③知识产权的权项制度；④知识产权的利用制度；⑤知识产权的保护制度；⑥知识产权的管理制度。[1]

知识产权是近代商品经济和科学技术发展的产物。自十七八世纪以来，资产阶级在生产领域中开始广泛采用科学技术成果，从而在资本主义市场中产生了一个保障知识产品私有的法律问题，逐渐产生了专利权、商标权和著作权。随着技术的进步和社会的发展，知识产权的范围越来越广泛，权利内容也越来越丰富。当今世界，随着知识经济和经济全球化深入发展，知识产权日益成为国家发展的战略性资源和国际竞争力的核心要素，成为建设创新型国家的重要支撑和掌握发展主动权的关键。国际社会更加重视知识产权，更加重视鼓励创新。发达国家以创新为主要动力推动经济发展，充分利用知识产权制度维护其竞争优势。发展中国家积极采取适应国情的知识产权政策措施，促进自身发展。

知识产权法的综合性和技术性特征十分明显，在知识产权法中，既有私法规范，也有公法规范；既有实体法规范，也有程序法规范。知识产权法与民法关系极为密切，是民法的特别法。民法的基本原则、制度和法律规范大多适用于知识产权法。知识产权法中的公法规范和程序法规范都是为确认和保护知识产权这一

―――――――――

〔1〕 吴汉东主编：《知识产权法》，中国政法大学出版社 1999 年版，第 23 页。

私权服务的，不占主导地位。

经过多年发展，我国知识产权法律法规体系逐步健全，执法水平不断提高；知识产权拥有量快速增长，效益日益显现；市场主体运用知识产权能力逐步提高；知识产权领域的国际交往日益增多，国际影响力逐渐增强。知识产权制度的建立和实施，规范了市场秩序，激励了发明创造和文化创作，促进了对外开放和知识产品的引进，对经济社会发展发挥了重要作用。但是，从总体上看，我国知识产权制度仍不完善，自主知识产权水平和拥有量尚不能满足经济社会发展需要，社会公众知识产权意识仍较薄弱，市场主体运用知识产权能力不强，侵犯知识产权现象还比较突出，知识产权滥用行为时有发生，知识产权服务支撑体系和人才队伍建设滞后，知识产权制度对经济社会发展的促进作用尚未得到充分发挥。

二、知识产权法的调整对象

法以特定的社会关系为其调整对象。知识产权制度通过合理确定人们对于知识及其他信息的权利，调整人们在创造、运用、管理和保护信息过程中产生的利益关系，激励创新，推动经济发展和社会进步。知识产权法的调整对象是知识产权社会关系，即人们在创造、运用、管理和保护知识产权过程中产生的各种社会关系。知识产权社会关系包含以下内容方面：

（一）在创造智力成果的过程中产生的社会关系

智力成果是包括技术成果、作品以及艺术家的表演等人类智力活动产品。这些智力成果虽不具有物质形态、不能像有形财产那样通过占有被人们实际支配和控制，但是其财产价值却是不容忽视的，尤其是人类进入知识经济以来，此种知识产品所具有的价值越来越高，如何促进创造并确认其归属就成为知识产权法的重要任务。

知识产权是受法律保护的智力财产，是人类智力成果的产权化。而知识产权制度则是激励创新的有效机制，它对人们在发明创造及其应用过程中的利益关系加以确认和保护。知识产权制度通过法律授权形式确认智力成果的产权，保证发明创造者应有的利益，促进智力资源得到更有效的开发和利用。知识产权制度的实质是：既保护发明人和创新投资者的利益，又促进技术合理地有偿扩散。如专利制度是为对其发明创造投入的补偿，在授予专利所有人一段时间排他权利的同时，要求其公开技术。因此，专利制度不仅具有鼓励研究开发和创新的作用，而且可以缩短社会的研究开发时间和费用，带来社会效益。

知识产权法确认智力成果的归属关系的方法有两种：一种是规定取得知识产权的智力成果的种类、条件和程序，为民事主体取得知识产权提供法律依据；另一种是规定知识产权的权利内容及其这些权利在各相关利益主体之间如何分享，确定权利人与利害关系人在知识产权法律关系中的地位。

（二）在运用智力成果过程中产生的社会关系

确认归属还无法实现知识产品的价值，必须将其投入使用，在利用的过程中实现其价值最大化。知识产权法是通过规定权利的内容、范围和对权利的保护来调整知识产品利用关系的。权利人不仅可以直接利用知识产品，还可以授权他人在约定的条件下使用知识产品。由于知识产品具有非物质性，可以同时被许多人共享，因此，可以同时授权多人使用，即发放多个使用许可证。知识产权许可使用制度的发展，有利于知识产品的广泛传播和利用，有利于促进社会的发展。《TRIPS 协定》明确规定，知识产权的保护与利用应当促进技术知识的生产者与使用者互利，促进权利义务的平衡。许多知识产权就是通过授权他人使用，在权利人获得良好经济效益的同时，发挥了良好的社会效益。为了维护社会公益，知识产权法还需要对知识产权的利用进行限制，如规定合理使用、法定许可、强制许可等制度。

智力成果也是一种商品，应当和一般商品一样进行交换，且遵守商品交换的一般规则。因此，民法、合同法中的有关规定应当可以适用。不过，由于智力成果这种信息的特殊性，其交换有自身的特点，例如转让和使用许可中的地域性特点、著作权中的人身权不可转让等。智力成果的交换方式主要有许可使用、转让、投资，许可使用又可分为多种方式。这些都是信息和物质财产的不同之处。因此，知识产权法必须对智力成果的转让和许可使用进行特别调整，而不能仅用合同法的一般规定来调整。

（三）在管理智力成果过程中产生的社会关系

知识产品的实施和利用离不开知识产权管理。创造涵盖从研发到市场化、产业化的全过程，创造成果的市场化、产业化离不开知识产权许可、转让、诉讼等一系列运作策略，而这些正是知识产权管理的核心内容。要实现知识产权管理的优化，就必须首先完善知识产权法律法规，及时修订专利法、商标法、著作权法等知识产权专门法律及有关法规，适时做好遗传资源、传统知识、民间文艺和地理标志等方面的立法工作，加强知识产权立法的衔接配套，增强法律法规可操作性，完善反不正当竞争、对外贸易、科技、国防等方面法律法规中有关知识产权的规定。同时，健全与对外贸易有关的知识产权政策，建立和完善对外贸易领域知识产权管理体制、预警应急机制、海外维权机制和争端解决机制。深化知识产权行政管理体制改革，形成权责一致、分工合理、决策科学、执行顺畅、监督有力的知识产权管理体制。

（四）在保护智力成果过程中产生的社会关系

知识经济是以知识和信息的生产、分配和使用为基础，以智力资源为依托，以高科技产业为支柱的经济。与农业经济、工业经济不同的是，它是一种智力经济，智力、知识、信息等无形资产的投入起着决定性作用。在知识经济中最重要的因素是人的智力成果。智力成果必须得到法律的承认和保护，才能源源不断地创新，从而转化为现实生产力。

对知识产权的保护我国有较为完备的立法，规定了侵犯知识产权的行为应承担的法律责任，包括民事责任、行政责任和刑事责任。如专利法规定，对专利侵权行为，专利权人或者利害关系人可以请求专利管理机关进行处理，也可以直接向人民法院起诉。对于假冒他人专利情节严重的，对直接责任人员，比照刑法的有关规定追究刑事责任。商标法规定，对于侵犯商标专用权的，工商行政管理部门可以依其职权或者消费者举报，进行主动检查和处理；被侵权人可以向侵权人所在地或者侵权行为地县级以上工商行政管理部门要求处理；对于侵犯商标专用权，未构成犯罪的，工商行政管理部门可以处以罚款。当事人对于工商行政管理部门的行政处理不服，可以在规定时限内向人民法院起诉，由法院进行判决。著作权法对于未经著作权人许可发表其作品的等七种侵权行为予以梳理，要求行为人承担民事责任，并可以由著作权行政管理部门给予没收非法所得、罚款等行政处罚，当事人也可以直接向人民法院起诉。对于那些严重危害社会秩序，侵害著作权人及其他权利人合法权益的违法行为，情节严重构成犯罪的，可以根据有关法律，对侵权犯罪的行为人追究刑事责任。

随着中国保护知识产权法律的实施，知识产权在中国得到有效的保护，对于鼓励发明创造和创作及公平竞争等起到了积极的作用。在完善知识产权保护立法规定的同时，我们也应加强司法保护体系和行政执法体系建设，发挥司法保护知识产权的主导作用，提高执法效率和水平，强化公共服务。

第二节　知识产权法的渊源和体系

一、知识产权法的渊源

"法的渊源"一词有多种含义，它可以指法的历史渊源、法的哲学渊源、法的形式渊源、法的文件渊源。这里所讲的知识产权法的渊源是指知识产权法的形式渊源，即知识产权法律规范的各种表现形式。

（一）知识产权法律

知识产权法律是指由全国人民代表大会及其常务委员会制定的有关知识产权规范性文件，包括实体法律和程序法律。它属于知识产权法律体系的最高层次，具有最高法律效力，是制定其他知识产权规范性文件的基础和依据，其他一切机关制定的知识产权法规都不得与之抵触。知识产权法律包括专门的知识产权法律和其他法律中与知识产权保护有关的法律规范。我国现行有效的知识产权专门法律有《中华人民共和国著作权法》（1990 年 9 月 7 日通过，并经 2001 年 10 月、2010 年 2 月两次修订）、《中华人民共和国专利法》（1984 年 3 月 12 日通过，并经 1992 年 9 月、2000 年 8 月、2008 年 12 月三次修订）、《中华人民共和国商标法》（1982 年 8 月 23 日通过，并经 1993 年 2 月、2001 年 10 月两次修订）。与知识产权保护有关的法律规范主要散见于《民法通则》、《反不正当竞争法》、《合同法》、《担保法》、《科学技术进步法》、《劳动法》等法律中。

（二）知识产权行政法规

知识产权行政法规，是指国务院制定或批准发布的有关知识产权规范性文件。其法律效力低于法律，内容不得与法律抵触。改革开放以来，国务院十分重视加强知识产权的保护，制定了大量专门的知识产权行政法规和与知识产权保护有关的行政法规，主要有《知识产权海关保护条例》、《著作权法实施条例》、《实施国际著作权条约的规定》、《计算机软件保护条例》、《信息网络传播权保护条例》、《专利法实施细则》、《专利代理条例》、《中国专利局关于中国实施〈专利合作条约〉的规定》、《植物新品种保护条例》、《集成电路布图设计保护条例》、《商标法实施条例》、《特殊标志管理条例》、《奥林匹克标志保护条例》等。

（三）知识产权地方性法规

这是指由一定级别的地方权力机关制定的有关知识产权的规范性文件。根据我国《地方各级人民代表大会和地方各级人民政府组织法》的规定，下列权力机关可根据法律和行政法规制定地方性法规：省、自治区、直辖市人民代表大会及其常务委员会；省级政府所在地的市的人民代表大会及其常务委员会；经国务院批准的较大的市人民代表大会及其常务委员会。这些权力机关制定的知识产权地方性法规在本行政区域内具有法律效力。知识产权地方性法规的法律效力低于知识产权法律和行政法规，内容不得与之抵触，否则不发生法律效力。知识产权地方性法规是我国知识产权法的重要渊源之一。如广东省、四川省、山东省、湖南省、湖北省、辽宁省、安徽省、山西省、浙江省、广西壮族自治区、厦门市等全国许多省、市、自治区制定了专利保护的地方性法规。

（四）知识产权自治条例和单行条例

这是指民族自治地方的权力机关制定的有关知识产权的规范性文件。根据我国《宪法》和《民族区域自治法》的规定，民族自治地方的人民代表大会，有权根据当地民族的政治、经济和文化的特点，制定自治条例和单行条例。知识产权自治条例和单行条例是我国知识产权法的一种独立的法律渊源，与地方性法规有相似之处，也有重要区别。

（五）有关知识产权的有权解释

法规以抽象表现为常，从而一定之具体的事实，是否包括在一定法规之下，往往发生疑问。法规纵然如何规定细密，均以此项解释为必要。[1]根据解释效力的不同，法律解释分为有权解释和无权解释两类。有权解释又称正式解释，法定解释或有效解释，是指由特定的国家机关按照宪法和法律所赋予的权限，对有关法律规范进行的具有法律效力的解释。[2]有权解释包括立法解释、司法解释和行政解释三种。无权解释又称非正式解释或者无效解释，是指未经授权的机关、社会团体、学术机构以及公民对法律规范所作的在法律上没有约束力的解释，包括学理解释和任意解释。无权解释不具有法律效力，但在同一问题无有权解释之情形下，无权解释成为法学理论的构成部分，对处理知识产权纠纷仍具有参考价值和指导作用。有权解释构成知识产权法律体系的有机组成部分。

1. 立法解释。所谓立法解释，是指由制定法律法规的立法机关对法律法规所作的具体解释。包括事前解释和事后解释两种。事前解释指立法机关在法律法规文件中直接附带的解释性条款，以及法律法规在提请审议时所附带的说明，如2001 年 10 月 27 日全国人大法律委员会主任委员王维澄所作的《关于修改著作权法等五个法律草案修改意见的报告》等。事后解释又称为特别解释，是指就已生效的法律法规文件在具体适用中遇到的问题所作的适当界定和说明。

2. 司法解释。司法解释是指由最高人民法院对知识产权审判工作中具体应用法律问题所作的具有法律效力的解释。在知识产权案件审判工作中，最高人民法院通过"解释"、"规定"、"批复"等方式作了许多司法解释，使有关知识产权法律具体化，更具可操作性，对知识产权审判工作起了重要作用。最高人民法院关于知识产权的司法解释主要有：《关于审理涉及计算机网络著作权纠纷案件适用法律若干问题的解释》、《关于审理著作权民事纠纷案件适用法律若干问题的解释》、《关于审理专利纠纷案件适用法律问题的若干规定》、《关于对诉前停止侵犯专利权行为适用法律问题的若干规定》、《关于对出具检索报告是否为提起实用新型专利侵权诉讼的条件的请示的答复》、《关于开展涉及集成电路布图设计案件审判工作的通知》、《关于审理植物新品种纠纷案件若干问题的解释》、《关于法院对注册商标权进行财产保全的解释》、《关于对注册商标专用权进行财产保全和执行等问题的复函》、《关于诉前停止侵犯注册商标专用权行为和保全证据适用法律问题的解释》、《关于审理商标案件有关管辖和法律适用范围问题的解释》、《关于审理商标民事纠纷案件适用法律若干问题的解释》、《关于审理

---

〔1〕　史尚宽：《民法总论》，中国政法大学出版社 2000 年版，第 44 页。

〔2〕　赵震江、付子堂：《现代法理学》，北京大学出版社 1999 年版，第 447 页。

涉及计算机网络域名民事纠纷案件适用法律若干问题的解释》等。

3. 行政解释。行政解释是指国家特定行政机关在行政活动中，对有关知识产权法律、法规如何具体应用和理解所作的说明。行政解释的形式主要有两种：①针对具体特定的法律问题所作的专门解释，如以批复、解答、通知、意见等形式作出的法律解释；②在行政法规和行政规章中对有关法律、法规所作的系统解释，经常表现为实施细则、实施条例、补充规定等形式，"其本身既是一种法律解释形式，又是一种法律渊源。"[1]

（六）知识产权规章

规章，是指特定行政机关依照法定权限和程序制定，在特定行政区域内具有普遍约束力的规范性文件。根据我国《宪法》、《地方各级人民代表大会和地方各级人民政府组织法》和《立法法》的规定，国务院各部、委以及具有行政管理职能的直属机构，可以根据法律和国务院的行政法规、决定、命令，在本部门的权限范围内，制定规章；省、自治区、直辖市和较大的市的人民政府，可以根据法律、行政法规和本省、自治区、直辖市的地方性法规，制定规章。在知识产权保护领域，有关行政机关制定了大量的规章。例如：国家版权局于1996年9月23日颁布的《著作权质押合同登记办法》，国家版权局于1999年4月5日颁布的《出版文字作品报酬规定》，国家版权局于1999年12月9日颁布的《关于制作数字化制品的著作权规定》，国家版权局于2002年2月22日发布的《计算机软件著作权登记办法》，海关总署和国家专利局于1997年颁布的《关于实施专利权海关保护若干问题的规定》，国家工商行政管理局于1999年4月5日颁布的《关于解决商标与企业名称中若干问题的意见》，国家工商行政管理局于1999年3月30日颁布的《关于保护服务商标若干问题的意见》，国家工商行政管理局于1995年7月6日颁布的《关于禁止仿冒知名商品特有的名称、包装、装潢的不正当竞争行为的若干规定》，国家工商行政管理局于1995年11月23日发布的《关于禁止侵犯商业秘密行为的若干规定》，教育部于1999年4月8日发布的《高等学校知识产权保护管理规定》等。这些规章是国家保护知识产权有关法律法规的具体化，具有较强的针对性和可操作性，促进了知识产权法制的完善。

（七）知识产权国际条约

知识产权国际保护制度的产生，是资本主义从自由竞争阶段过渡到垄断阶段，知识和技术交流日趋国际化的结果。从19世纪末起，西方各主要资本主义国家进入了帝国主义阶段，垄断资本家不仅输出商品和资本，而且大量输出图

---

〔1〕　赵震江、付子堂：《现代法理学》，北京大学出版社1999年版，第449页。

书、技术等知识产品。然而，一国产生的知识产权只在本国有效的知识产权地域性特征，极大地阻碍和限制了知识产品的跨国界传播。如当时比利时就有许多出版商专门翻印法国的图书，美国、加拿大一些出版商专门大量翻印英国的图书，某些法国、英国的出版商因为竞争不过廉价的盗版书而破产。[1]于是，在一些当时较发达的资本主义国家的发起和支持下，许多国家签订和缔结了一系列保护知识产权的国际条约。进入20世纪后，特别是两次世界大战后，以科技革命为动力，以跨国公司为载体的国际有形商品贸易和知识产权贸易迅猛发展，有关知识产权保护的国际条约又不断增加，有关知识产权保护的国际规则甚至成为世界贸易组织三大实体性规则之一。

我国从20世纪70年代末开始在制定国内知识产权法律法规的同时，也加强了与世界各国在知识产权领域的交往与合作，先后加入和缔结了多种知识产权国际条约。1980年，我国加入《建立世界知识产权组织公约》，正式成为世界知识产权组织成员国；1985年，加入《巴黎公约》；1989年，世界知识产权组织在华盛顿召开的外交会议上通过了《关于集成电路知识产权保护条约》，我国是该条约的首批签字国之一；1989年，加入《商标国际注册马德里协定》；1992年，先后加入《伯尔尼公约》、《世界版权公约》；1993年，加入《保护录音制品制作者防止未经许可复制其录音制品公约》；1994年，加入《专利合作条约》和《商标注册用商品和服务国际分类尼斯协定》（简称《尼斯协定》）；1995年，加入《为专利程序目的进行微生物存放的国际承认的布达佩斯条约》；1996年，加入《建立工业设计国际分类洛迦诺协定》；1997年，加入《国际专利分类斯特拉斯堡协定》；1999年，加入《国际保护植物新品种公约》；2001年，加入世界贸易组织《TRIPS协定》；2006年，加入《世界知识产权组织版权条约》和《世界知识产权组织表演和录音制品条约》。我国缔结和参加的知识产权国际条约除前述多边国际公约外，还包括和其他国家签订的有关知识产权保护的双边协议，目前主要有1992年签订的《中华人民共和国政府与美利坚合众国政府关于保护知识产权的谅解备忘录》以及1995年中美两国政府通过来往函中就知识产权保护达成的协议。根据《民法通则》第142条第2款的规定，我国法院在审理涉外知识产权民事案件时，我国缔结或参加的国际条约同我国民事法律有不同规定的，适用国际条约的规定，但我国声明保留的条款除外。

二、知识产权法的体系

知识产权法律体系是指由知识产权领域中各具体法律规范构成的具有内在联

---

〔1〕　刘剑文、张里安主编：《现代中国知识产权法》，中国政法大学出版社1993年版，第673～674页。

系的整体。20 世纪 80 年代，在改革开放的初期，中国就开始了知识产权保护的法制建设。为了适应经济发展和科技进步的要求，根据中国国民经济发展的客观需要，通过借鉴其他国家在知识产权保护立法方面的先进经验，中国不断建立健全了知识产权法律体系。

知识产权法律体系主要由以下特定的法律制度组成：①著作权法律制度；②商标权法律制度；③专利权法律制度；④商业秘密保护法律制度；⑤集成电路布图设计权法律制度；⑥植物新品种权法律制度；⑦商号权法律制度；⑧特殊标志权法律制度。

思考题

1. 怎样理解知识产权法的调整对象？
2. 知识产权法具有哪些表现形式？

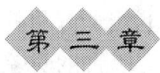

知识产权的法律保护

☞ **学习要点**

本章主要介绍知识产权的民事保护、行政保护、刑事保护和国际保护。知识产权的民事保护和国际保护是学习的重点和难点，主要涉及知识产权侵权行为的侵权责任、诉讼时效、知识产权权利冲突、知识产权民事诉讼的特殊程序、知识产权国际保护的基本原则等重要内容。

◆ **引读案例**

甲创作并出版的经典童话《大灰狼》超过著作财产权保护期后，乙将"大灰狼"文字及图形申请注册在"书籍"等商品类别上并获准注册。丙出版社随后未经甲和乙同意出版了甲的《大灰狼》童话，并使用了"大灰狼"文字及图形，但署名为另一著名歌星丁，丁对此并不知情。

问题：请分析丙出版社行为的性质，丙应当承担哪些法律责任？

第一节 知识产权的民事保护

法律对于知识产权的保护是多层次、多角度的。《TRIPS 协定》要求各缔约方应保证此协定所规定的执法程序能依照缔约方国内法得到有效贯彻，以便能行之有效地制止任何侵犯知识产权的行为。民事救济对知识产权的保护更为直接，具有维护权利状态或对权利人所受损害给予经济补偿之作用。对于知识产权的民事救济，权利人可以提起确权之诉、侵权之诉或违约之诉。在各国知识产权制度中，停止侵害与请求赔偿损失是最重要的民事救济措施。

一、知识产权侵权行为

（一）知识产权侵权行为的概念

我国《民法通则》第106条第2、3款规定："公民、法人由于过错侵害国家、集体的财产，侵害他人财产、人身的，应当承担民事责任。没有过错，但法律规定应当承担民事责任的，应当承担民事责任。"因此，侵权行为是指行为人由于过错侵害他人的人身和财产而依法应当承担民事责任的行为，以及依法律的特别规定应当承担民事责任的其他侵害行为。[1]根据这一概念，侵权行为具有以下几个方面的特征：①侵权行为是行为人侵害他人人身和财产的行为；②侵权行为侵害的对象是人身权、财产权等绝对权利；[2]③一般情况下，侵权行为是行为人基于过错而实施的行为。[3]

知识产权侵权行为，是指不法侵害他人的著作权、专利权、商标权等知识产权，依法应当承担民事责任的不法行为。凡是违反法律规定而损害知识产品所有人专有权利的行为，均为侵犯知识产权。[4]具体而言，知识产权侵权行为是擅自使用了知识产权人所享有的排他性权利或给权利人的其他利益造成损害的不法行为。[5]知识产权侵权行为属于民法中一般侵权行为的范畴，是民事违法行为，应当承担相应的民事法律后果，如果情节严重构成犯罪的，还应当承担刑事责任。就其表现形式而言，知识产权侵权行为主要表现为非法行使权利人的专有权，或者非法利用权利人的智力成果，但也可表现为非法妨碍权利人正当行使权利，如禁止作者正当署名等。

（二）知识产权侵权行为的种类

民法上的侵权行为形态，可以分为一般侵权行为与特殊侵权行为、作为的侵权行为与不作为的侵权行为、单独的侵权行为与共同的侵权行为、侵害财产权的行为与侵害人身权的行为等。侵犯知识产权的行为属于民事侵权行为之一种，知识产权侵权行为种类的划分与民法上的侵权行为具有共同性。理论上，按照不同的标准，可以将知识产权侵权行为划分为如下几类：

1. 过错侵权行为与无过错侵权行为。根据对侵权行为的发生侵权人主观上有无过错，可以将知识产权侵权行为划分为过错侵权行为与无过错侵权行为。

过错侵权行为是指行为人主观上存在过错而实施的侵权行为。所谓过错，是指行为人在实施加害行为时的某种应受非难的主观状态。过错包括故意与过失两种形态，因此过错侵权行为又可以进一步划分为故意侵权行为与过失侵权行为。无过错侵权行为是指行为人主观上不存在过错而实施的侵权行为。

过错侵权行为与无过错侵权行为的区别主要体现在损害赔偿责任上。传统民法理论认为，侵权人的过错通常对受害人的损害赔偿请求权的大小并不具有实际意义，只是对赔偿责任的有无起到重要的作用，在造成实际的财产损害的情形

---

[1] 王利明：《侵权行为法研究》（上卷），中国人民大学出版社 2004 年版，第 8～9 页。

[2] 这种绝对权的权利主体是特定的，而义务主体不确定，权利人以外的任何人都负有不得随意侵害的义务。如果仅仅发生在特定当事人之间的权利是一种相对权，只能通过合同法来保护。

[3] 此仅针对一般侵权行为而言的，不包括特殊侵权责任及公平责任的情形。

[4] 吴汉东："知识产权保护论"，载《法学研究》2000 年第 1 期。

[5] 张广良：《知识产权侵权民事救济》，法律出版社 2003 年版，第 28 页。

下，故意侵权和过失侵权，二者赔偿责任并无大的区别。[1]一般而言，在造成实际损害的情况下，有过错的侵权行为人一般要承担损害赔偿责任，而无过错的侵权行为人除非法律另有规定，一般不需要承担损害赔偿责任。在过错侵权行为中，行为人主观上是故意还是过失，对于应当承担的损害赔偿责任的影响不大。[2]除此以外，无论是过错侵权行为还是无过错侵权行为，行为人都可能承担停止侵害、消除影响、恢复原状等其他侵权责任。

2. 直接侵权行为与间接侵权行为。根据侵权人的行为方式及其在侵权中的作用可以将知识产权侵权行为划分为直接侵权行为与间接侵权行为。

直接侵权行为是指行为人直接实施的侵害他人知识产权的不法行为。直接侵权行为是知识产权侵权行为的基本形式，我国《著作权法》、《商标法》及《专利法》均规定了直接侵权行为的形式。例如，专利侵权中，未经许可为生产经营目的制造、使用、许诺销售、销售、进口等行为均为直接侵权行为。[3]

间接侵权行为是指行为人自己并未实施直接侵权行为，但是实施了帮助和导致直接侵权行为发生的不法行为。例如诱导、怂恿、教唆他人实施侵权行为或为他人实施侵权行为提供仓储、运输、邮寄、隐匿等便利条件。美国法进一步将其细分为"辅助侵权行为"与"替代侵权行为"。[4]传统民法理论很少作出直接侵权和间接侵权的区分，然而在知识产权领域作出此划分具有重要的法律意义。知识产权间接侵权行为在实践中是客观存在的，但由于现行知识产权法律缺乏相应的规范，司法审判中通常援引民事基本法中共同侵权的规定来处理，认定当事人之间应当承担连带责任，[5]然而具体责任的划分仍有赖于区分侵权人的行为方式及其在侵权中的作用。因此，直接侵权行为与间接侵权行为的区分有利于合理确

---

〔1〕 王利明、杨立新：《侵权行为法》，法律出版社1996年版，第326页。

〔2〕 有学者持不同的观点，例如张广良认为故意和过失的划分对知识产权侵权而言，具有实际意义：其一，在依法定赔偿来确定赔偿数额时，侵权人的过错程度往往是考虑的一个因素；其二，特定侵权行为的构成，如辅助侵权行为，只能以行为人具有"故意"或"明知"为要件。参见张广良：《知识产权侵权民事救济》，法律出版社2003年版，第29～30页。

〔3〕 参见我国《专利法》第11条。

〔4〕 美国《专利法》第271条（b）、（c）两款规定了辅助侵权行为。辅助侵权行为是指行为人出于明知、怂恿、唆使侵权行为或为侵权行为提供实质性帮助的行为。而替代侵权行为是从雇主雇员代理原则衍生出来的，根据该原则雇主需对雇员的侵权行为承担责任。如果行为人与直接侵权行为人之间不存在雇佣关系，且行为人并未直接实施侵权行为，但其对该行为具有监控权利与能力，且从该行为获得了直接经济利益，其行为也构成替代侵权行为。参见张广良：《知识产权侵权民事救济》，法律出版社2003年版，第30～32页。

〔5〕 例如我国《民法通则》第130条规定："二人以上共同侵权造成他人损害的，应当承担连带责任"；《最高人民法院关于贯彻执行〈中华人民共和国民法通则〉若干问题的意见》（试行）第148条第1款规定："教唆、帮助他人实施侵权行为的人，为共同侵权人，应当承担连带民事责任。"

定共同侵权行为人的责任承担，我国未来修订知识产权法律法规时应当明确规范知识产权间接侵权行为。

3. 单独侵权行为与共同侵权行为。根据侵权行为主体的数量，可以将知识产权侵权行为划分为单独侵权行为与共同侵权行为。

单独侵权行为是指一人独自实施的侵权行为。单独侵权行为是最简单、最普通的侵权行为。共同侵权行为是指两个或两个以上行为人共同实施的侵权行为。一般认为，共同侵权行为的构成要件主要包括：主体为两人以上、具有共同的过错、实施了共同的侵权行为、造成了单一的损害结果以及共同侵权行为与单一损害结果之间具有因果关系。需要注意的是，间接侵权行为中的辅助侵权行为在我国是被作为共同侵权行为对待的，这与民法上共同侵权理论相悖。理论上，构成共同侵权行为的侵权人之间一般有意思联络，系共同完成侵权行为。但辅助侵权人与直接侵权人之间并不是共同完成侵权行为，而是各自实施的两个不同的侵权行为，尽管相互联系，但是相对独立。[1]有学者因此将辅助侵权行为称之为共同侵权行为的一个特例。[2]

单独侵权行为由于侵权人只有一个，因此责任承担上相对简单，即由行为人独自承担责任。而共同侵权行为由于侵权人为两人或两人以上，责任承担问题相对复杂。就损害赔偿责任而言，共同侵权人应当承担连带赔偿责任。权利人可以请求共同侵权人中的任何一人或数人承担全部损害赔偿责任，侵权人中的一人或数人全部清偿后，其他侵权人的赔偿责任随之免除。当某一侵权人承担了超过自己应承担份额时，可以向其他侵权人进行追偿。

二、知识产权民事侵权责任

（一）知识产权民事侵权责任概述

责任一语，在法律上有职责、义务以及法律责任等多种意义。本文涉及的责任，主要指法律责任。所谓法律责任，是指因损害法律上的义务关系所产生的对于相关主体所应当承担的法定强制的不利后果。[3]

民事责任是法律责任之一种，民事责任是指民事主体因违反合同或者不履行其他民事义务所应承担的民事法律后果。[4]民事责任不同于民事义务，民事责任体现了不履行民事义务所应承担的不利的法律后果。民事责任主要包括侵权责任

---

〔1〕　陶鑫良、袁真富：《知识产权法总论》，知识产权出版社 2005 年版，第 325 页。

〔2〕　张广良：《知识产权侵权民事救济》，法律出版社 2003 年版，第 35 页。

〔3〕　张文显主编：《法理学》，法律出版社 1997 年版，第 143 页。

〔4〕　王利明主编：《民法》，中国人民大学出版社 2000 年版，第 531 页。

与违约责任。[1]知识产权民事侵权责任系指民事主体因实施侵犯他人知识产权的行为而依法应当承担的民事法律后果。

（二）知识产权民事侵权责任的形式

民事侵权责任的形式，是指侵权人依法应当承担的民事责任的具体方式。民事侵权责任形式是落实侵权责任的具体措施。我国《民法通则》第 134 条规定了 10 种承担民事责任的方式。[2]其中除支付违约金属于典型的合同责任形式外，其余各种形式均可适用于侵权责任。[3]

知识产权民事侵权责任属于民事侵权责任的范畴，根据我国《民法通则》以及相关知识产权法律法规的规定，[4]我国知识产权民事侵权责任的形式主要包括停止侵害、赔偿损失、消除影响和赔礼道歉。

1. 停止侵害。停止侵害的基本目的是阻止已经发生的知识产权侵权行为继续存在，避免损害的发生或进一步扩大。只要行为人实施了侵犯知识产权的行为并且该侵权行为仍在继续，权利人就可以请求法院裁判行为人停止侵权行为，无论行为人主观上是否有过错及是否造成了损害后果。需要注意的是，停止侵害的民事责任主要适用于正在进行或者延续的侵权行为，对于已经实施完毕或者尚未发生的侵权行为无适用的余地。

特殊情况下，如果适用停止侵害责任的结果会损害社会公共利益的，则该种责任形式不能适用。例如，我国《计算机软件保护条例》第 30 条规定："软件的复制品持有人不知道也没有合理理由应当知道该软件是侵权复制品的，不承担赔偿责任；但是，应当停止使用、销毁该侵权复制品。如果停止使用并销毁该侵权复制品将给复制品使用人造成重大损失的，复制品使用人可以在向软件著作权人支付合理费用后继续使用。"该规定明确表明了软件善意使用者使用侵权复制品构成侵权时，可以在特定情形下不承担停止侵害的民事责任。需要注意的是，该规定是对软件最终用户侵权人的责任豁免，而不适用于软件侵权复制品的出版者、制作者、发行者和出租者，更不能推导出只要给予赔偿费或者交纳许可使用

---

〔1〕 我国《民法通则》第 106 条规定：公民、法人违反合同或者不履行其他义务的，应当承担民事责任；公民、法人由于过错侵害国家的、集体的财产，侵害他人财产、人身的，应当承担民事责任；没有过错，但法律规定应当承担民事责任的，应当承担民事责任。

〔2〕《民法通则》第 134 条第 1 款规定："承担民事责任的方式主要有：①停止侵害；②排除妨碍；③消除危险；④返还财产；⑤恢复原状；⑥修理、重作、更换；⑦赔偿损失；⑧支付违约金；⑨消除影响、恢复名誉；⑩赔礼道歉。"

〔3〕 王利明、杨立新：《侵权行为法》，法律出版社 1996 年版，第 97 页。

〔4〕 参见《民法通则》第 118 条，《著作权法》第 46、47 条，《计算机软件保护条例》第 23 条，《集成电路布图设计保护条例》第 30 条以及《最高人民法院关于审理著作权民事纠纷案件适用法律若干问题的解释》第 20 条第 3 款等。

费就必然能获得继续实施侵权行为的特权。

2. 赔偿损失。赔偿损失是知识产权受到侵害而请求填补的民事责任形式。其构成要件包括两个方面：①行为人主观方面有过错，即行为人在实施侵权行为时，主观心理上有过错，包括故意和过失两种形态。也就是说，行为人已知或有充分理由应知自己的行为是侵权行为。②行为人客观上实施了侵害知识产权的行为、有损害后果、行为与损害后果之间有因果关系。

我国《民法通则》规定的损害赔偿的范围限于财产的实际损失和精神利益的实际损害。[1]因此，对于侵犯知识产权造成损害的，侵权人也应当按照该范围来赔偿。我国知识产权法的损害赔偿遵循补偿性原则。损害赔偿额的计算主要有以下几种计算方法：

（1）权利人的实际损失。权利人的实际损失包括直接损失和间接损失。直接损失是因侵权行为所直接造成的知识产权权利人现有财产的减损或既得利益的损失，包括利润损失以及权利人为制止侵权行为而支付的合理开支，例如差旅费、律师费、公证费等。间接损失是指知识产权权利人可得利益的减损。例如，企业商业秘密被泄漏，竞争对手获取该秘密后，开发出同样的产品并且售价更低，导致原企业的竞争优势丧失、产品利润损失。

（2）侵权人获得的利益。对于一般的侵权行为，通常以营业利润来计算赔偿额，对于以侵权为常业的，通常以销售利润计算赔偿额。

（3）许可使用费。根据我国《专利法》第65条和《最高人民法院关于审理专利纠纷案件适用法律问题的若干规定》第21条的规定，在权利人的实际损失或侵权人所获利益难以确定，有专利许可使用费可以参照的，法院可以根据专利权的类别、侵权人侵权的性质和情节等因素，参照专利许可使用费的1~3倍合理确定赔偿数额。这种方法，目前我国立法和司法实践中只适用于专利侵权诉讼案件。

（4）法定赔偿额。在以上三种方法都不能确定时，我国法律及司法解释确立了由法院根据侵权情节在法律规定的幅度内判决确定赔偿数额。著作权和商标侵权案件，判决给予50万元以下的赔偿，专利侵权案件判决给予5000元以上30万元以下的赔偿，最多不超过50万元。

需要注意的是，不同的知识产权单行法关于赔偿额计算方法的适用顺序的规定并不完全一致。例如，根据《著作权法》第49条和《反不正当竞争法》第20

---

〔1〕　参见《民法通则》第117条第2、3款，《最高人民法院关于贯彻执行〈中华人民共和国民法通则〉若干问题的意见》（试行）第142~147条，《最高人民法院关于确定民事侵权精神损害赔偿责任若干问题的解释》第8条等。

条的规定，赔偿数额应当先按照权利人因侵权受到的实际损失予以确定，实际损失难以计算时才按照侵权人获得的利益来确定。可见，著作权侵权以及适用《反不正当竞争法》的违法行为在第一、二种赔偿数额计算方法的适用上有先后次序之分。而根据《专利法》第 65 条和《商标法》第 56 条的规定，赔偿数额可以按照权利人因侵权所受损失或者侵权人因侵权所获利益予以确定。可见，专利侵权以及商标侵权赔偿数额的计算方法上，权利人可以在这两种计算方法中任选其一，并无先后次序之分。

3. 赔礼道歉。赔礼道歉是指责令侵权行为人向受害人正式承认错误并表示歉意的民事责任方式。其构成要件有两方面：一是客观上实施了侵权行为；二是行为人主观上有过错。赔礼道歉只适用于人身权利受到侵害的情形，不适用于财产权利受到侵害的情形，因为赔礼道歉带有极为强烈的人身性色彩，性质上只能适用于慰抚和补偿受害人的精神创伤和人身伤害。[1]

赔礼道歉的责任形式有两种：①在法庭上，侵权人当庭向受害人赔礼道歉，请求谅解，受害人同意接受的，法庭应当记录在案；②如果受害人拒不同意赔礼道歉，或者受害人坚持书面道歉的，侵权人应书面道歉，在媒体上公布，拒不履行的，由法院以侵权人名义进行，费用由侵权人承担。

4. 消除影响。消除影响是指行为人因其行为侵害公民、法人或其他组织的人身权造成不良影响而应承担的以一定方式消除该不良影响的民事救济方式。其构成要件包括两个方面：一是行为人客观上实施了侵权行为；二是行为人主观上有过错。

消除影响可以采取登报、公告、公布判决书等方式，其范围不应小于侵权影响的范围。消除影响和赔礼道歉具有密切的联系，赔礼道歉具有消除影响的作用，特别是以书面形式在一定公开场合的赔礼道歉；消除影响也兼具赔礼道歉的功能。但是，这两种责任形式是独立的，不能相互替代。

三、知识产权诉讼时效

诉讼时效是时效的一种。时效是指民法规定的一定事实状态经过一定期间即产生一定法律效果的法律制度。传统民法一般将时效划分为取得时效与消灭时效。取得时效是指占有人以自己所有的意思、公开地、和平地持续占有他人财产经过法律规定的一定期间，即依法取得占有财产所有权的一种时效制度。消灭时效是指权利人不行使权利经过法律规定的一定期间，引起权利消灭或效力降低的一种时效制度。[2]我国《民法通则》只规定了诉讼时效，而没有规定取得时效和

---

〔1〕 陶鑫良、袁真富：《知识产权法总论》，知识产权出版社 2005 年版，第 335 页。

〔2〕 李开国：《民法总则研究》，法律出版社 2003 年版，第 386～387 页。

消灭时效。对于我国法律规定的诉讼时效性质如何，即是否等同于传统民法当中的消灭时效，理论界存在争议：一种观点认为，诉讼时效亦即消灭时效，[1]二者除名称不同外，并无区别，"如果从当事人丧失请求有关国家机关予以保护的角度言，称之为诉讼时效；如果从当事人丧失原有的权利言，则称之为消灭时效"；[2]另一种观点认为，诉讼时效是由消灭时效发展而来的，两者有明显区别，"消灭时效更多地反映当事人之间的关系，丧失的是请求权；诉讼时效除反映当事人之间关系外，还反映当事人与国家的关系，丧失的是胜诉权。"[3]比较上述观点，并结合我国时效制度的相关立法可以看出，我国规定的诉讼时效是不同于传统民法的消灭时效的。

所谓诉讼时效，是指请求权持续不行使经过法定期间，致使请求义务人产生拒绝履行的权利。诉讼时效不直接消灭请求权本身，而是使义务人产生抗辩权，致使请求权人丧失胜诉权。

关于诉讼时效的期间，我国《民法通则》第135、137条规定，向人民法院请求保护民事权利的诉讼时效期间为2年（法律另有规定的除外），从知道或者应当知道权利被侵害之日起计算。我国《专利法》第68条也规定，侵权专利权的诉讼时效为2年，自专利权人或者利害关系人得知或者应当得知侵权行为之日起计算。除专利法外，我国著作权法、商标法以及其他知识产权法均没有对诉讼时效期间作出规定。按照法律适用的一般原理，其他知识产权的诉讼时效期间应当适用《民法通则》的规定，即自权利人知道或应当知道权利受到侵害之日起计算。

关于诉讼时效期间届满，权利人超过2年起诉的问题，根据最高人民法院相关司法解释的规定，[4]著作权、专利权或商标权的权利人超过2年起诉的，如果该知识产权仍在保护期内，法院应判决被告停止侵权行为，侵权赔偿数额应当自权利人向法院起诉之日起向前推算2年计算。

四、知识产权权利冲突

所谓知识产权权利冲突，是指知识产权与其他合法民事权利或知识产权相互之间因归属不同的权利主体而出现的矛盾或抵触状态。例如注册商标使用了他人

---

〔1〕　龙卫球：《民法总论》，中国法制出版社2002年版，第612页。

〔2〕　谢邦宇主编：《罗马法》，北京大学出版社1990年版，第379页。

〔3〕　梁慧星："民法时效研究"，载《法学研究》1984年第4期，转引自李开国：《民法总则研究》，法律出版社2003年版，第398页。

〔4〕　参见《最高人民法院关于审理著作权民事纠纷案件适用法律若干问题的解释》第28条、《最高人民法院关于审理专利权民事纠纷案件适用法律问题的若干规定》第23条、《最高人民法院关于审理商标民事纠纷案件适用法律若干问题的解释》第18条。

的姓名、肖像或美术作品等，从而出现商标权与姓名权、肖像权或著作权的冲突。狭义的知识产权权利冲突仅指知识产权权利之间的冲突，不包括知识产权与其他民事权利如肖像权、隐私权的冲突。

处理知识产权的权利冲突主要适用下列原则：①约定优先原则。如果当事人对有关权利冲突的处理有合法有效的合同约定的，应当尊重当事人的意志，优先适用合同中的约定处理纠纷。②保护在先权利原则。在当事人对有关权利冲突的处理没有约定或约定无效的情况下，一般应保护产生时间在先的知识产权或者其他民事权利。《专利法》第 23 条、《商标法》第 9、31 条都分别明确规定申请注册的外观设计、商标都不得与他人在先取得的合法权利相冲突。③过期权利丧失原则。在先权利人应当在法律规定的期间请求消灭或抑制与其在先民事权利相冲突的知识产权，否则就丧失胜诉权。例如《商标法》第 41 条第 2、3 款规定，注册商标侵犯他人在先商标权或者其他民事权利的，应在商标注册之日起 5 年内请求商标评审委员会裁定撤销；但对恶意注册他人驰名商标不受该期限限制。④综合考量原则。在上述原则都难以适用的情况下，法院应当根据案件的具体情况，综合考虑诚实信用原则、公平原则和判决的社会后果及影响等因素处理知识产权权利冲突。

五、知识产权民事诉讼特殊程序问题

（一）级别管辖

专利纠纷第一审案件，由省、自治区、直辖市人民政府所在地的中级人民法院和最高人民法院指定的中级人民法院管辖。著作权民事纠纷案件，由中级以上人民法院管辖；各高级人民法院根据本地区的实际情况，可以确定若干基层人民法院管辖第一审民事纠纷案件。商标权民事纠纷案件，由中级以上人民法院管辖；各高级人民法院根据本地区的实际情况，经最高人民法院批准，可以在较大城市确定 1～2 个基层人民法院受理第一审民事纠纷案件。

（二）知识产权被许可人的诉讼地位

对侵犯知识产权的民事诉讼，知识产权权利人或者利害关系人可以作为原告提起诉讼。知识产权权利人包括著作权人、专利权人、商标权人等。利害关系人是指知识产权许可合同中的被许可人、知识产权财产权的合法继承人等。

"许可是在不转让财产所有权的条件下让渡财产中的权利。"[1]由于知识产权权利人自身通常不具备最大限度地利用知识产权获得经济利益的资源和条件，常常要通过签订许可协议的方式转让智力成果的使用权。根据合同约定的权利义务

---

〔1〕　〔美〕Jay Dratler. Jr：《知识产权许可》，王春燕译，清华大学出版社 2003 年版，第 1 页。

不同，知识产权许可合同主要有三种类型：一是独占许可合同，即在合同约定的时间和地域范围内，知识产权权利人只授权一个被许可人使用其智力成果，许可人和任何第三人均不享有使用权；二是排他许可合同，即在合同约定的时间和地域范围内，知识产权权利人只授权一个被许可人使用其智力成果，许可人保留对该智力成果的使用权，但任何第三人均不享有使用权；三是普通许可合同，即在合同约定的时间和地域范围内，知识产权权利人可以授权多个被许可人使用其智力成果，许可人保留对该智力成果的使用权。

在不同类型的知识产权许可合同中，被许可人在知识产权侵权诉讼中享有不同的诉讼地位。一般而言，独占许可合同中的被许可人可以单独行使起诉权；排他许可合同中的被许可人在知识产权权利人不起诉的情况下，可以起诉；普通许可中的被许可人不享有起诉权。[1]但是2007年2月1日起施行的《最高人民法院关于审理侵犯植物新品种权纠纷案件具体应用法律问题的若干规定》[2]和《最高人民法院关于审理不正当竞争民事案件应用法律若干问题的解释》[3]对此作出了不同的规定，即独占实施许可合同的被许可人可以单独向人民法院提起诉讼；排他实施许可合同的被许可人可以和权利人共同起诉，也可以在权利人不起诉时，自行提起诉讼；普通实施许可合同的被许可人经权利人明确授权，可以单独提起诉讼。

《最高人民法院关于审理侵犯植物新品种权纠纷案件具体应用法律问题的若干规定》和《最高人民法院关于审理不正当竞争民事案件应用法律若干问题的解释》关于知识产权被许可人诉讼地位的新规定弥补了我国原有规定的缺陷，完善了知识产权民事诉讼制度，具体体现在两个方面：第一，明确了排他实施许可合同的被许可人的诉讼地位。从我国原有的司法解释规定看，排他许可中被许可

---

〔1〕 根据我国《最高人民法院关于诉前停止侵犯专利权行为适用法律问题的若干规定》第1条第2款、《最高人民法院关于诉前停止侵犯注册商标专用权行为和保全证据适用法律问题的解释》第1条第2款和第30条的规定，专利、商标侵权案件中的普通许可中被许可人不享有诉权，并且在通常情况下也不必作为无独立请求权的第三人加入诉讼，除非许可协议中有相反的约定。参见张耕："试论知识产权被许可人的诉讼地位"，载《特区经济》2005年第4期。

〔2〕《最高人民法院关于审理侵犯植物新品种权纠纷案件具体应用法律问题的若干规定》第1条第3款规定，独占实施许可合同的被许可人可以单独向人民法院提起诉讼；排他实施许可合同的被许可人可以和品种权人共同起诉，也可以在品种权人不起诉时，自行提起诉讼；普通实施许可合同的被许可人经品种权人明确授权，可以提起诉讼。

〔3〕《最高人民法院关于审理不正当竞争民事案件应用法律若干问题的解释》第15条规定："对于侵犯商业秘密行为，商业秘密独占使用许可合同的被许可人提起诉讼的，人民法院应当依法受理。排他使用许可合同的被许可人和权利人共同提起诉讼，或者在权利人不起诉的情况下，自行提起诉讼，人民法院应当依法受理。普通使用许可合同的被许可人和权利人共同提起诉讼，或者经权利人书面授权，单独提起诉讼的，人民法院应当依法受理。"

人的诉权与多数国家一样，受到一定的限制。被许可人只有在专利权人、商标权人、著作权人不起诉的情况下，才可以作为原告享有单独起诉的权利，但是对于许可人起诉的情况下排他许可中被许可人的诉讼地位缺乏明确的规定。学界曾出现过是作为共同原告、第三人或者不应当参加诉讼的争论。新的司法解释对此作出了明确规定，即排他实施许可合同的被许可人可以和权利人共同起诉。应当说该规定是合理的，"将被许可人列为共同原告比列为第三人更恰当，因为从被许可人的实体权利义务上看，侵权商品挤占市场的结果必然导致被许可人成为直接受害人，被许可人有权分享胜诉后获得的侵权赔偿费，也有义务与许可人共担诉讼风险。"〔1〕第二，一定程度上承认了知识产权诉权约定制度，主要体现在知识产权普通实施许可合同的被许可人的诉讼地位上。我国原有的司法解释不承认普通许可中的被许可人享有单独的起诉权，新的司法解释规定如果经权利人明确授权，知识产权普通许可中的被许可人可以单独提起诉讼。事实上，我国审判实践中早已认可了约定取得诉权的做法。例如在艾格福（天津）有限公司诉四川省富顺县生物化工厂侵犯"敌杀死"商标权纠纷案件中，四川省高级人民法院认为，原告虽是普通被许可人，但根据商标使用许可协议中有关原告有权独立起诉的约定取得了诉讼主体资格，从而判决原告胜诉。最高人民法院虽对本案的实体判决部分作了部分改变，但在原告诉权的享有问题上完全支持了一审判决。〔2〕在知识产权领域，我国应当建立诉权约定制度。〔3〕不管何种许可类型，合同当事人都可以在合同中约定被许可人的诉讼权利。从诉讼法的角度来说，通常认为诉权是一种公权，是权利人请求国家机关保护其利益不受侵害的一种权利，因而在诉讼法中几乎没有将起诉权通过合同转让给其他人的法律规定，一般都是委托他人作为自己的代理人，以自己的名义起诉应诉。但是从实体法角度分析，根据意思自治原则，在一般情况下权利人能够通过合同约定将自己的实体权利转让给他人，正如法谚所云"无救济则无权利"，权利的救济作为权利本身的"从物"当然也随之一起转让给受让人，包括起诉权在内的诉讼权利作为最重要的救济手段，也应当随之一起转让。从诉讼法角度来说，诉权的基础也是实体法上的请求权，有了请求权就有了诉权，转让了实体权利，相应的诉权也就随之而转移。从

---

〔1〕　张耕："试论知识产权被许可人的诉讼地位"，载《特区经济》2005 年第 4 期。

〔2〕　参阅最高人民法院民事审判第三庭编：《最高人民法院知识产权裁判文书选》，法律出版社 2001 年版，第 119 页。

〔3〕　世界上，法国、英国等国家都在知识产权立法中明确规定了诉权的约定制度。如《法国知识产权法典》第 L.716－5 条规定："民事侵权诉讼由商标所有人提出。但是，商标独占被许可人在合同无相反约定且所有人在催告后未提起诉讼的，可提起诉讼。"参见《法国知识产权法典》（法律部分），黄晖译，商务印书馆 1999 年版，第 144 页。

法律规定上来说，保险合同就是通过合同将起诉权转让给他人的典范；[1]《合同法》中代位权和撤销权的规定也直接赋予了债权人诉权；在民事诉讼中，继承人在诉讼中承继被继承人的权利也是诉讼权利的一种转移。在知识产权领域，建立诉权约定制度具有尤为重要的意义。知识产权许可中许可人和被许可人的利益关系是十分复杂的，合同主体才是自己利益的最佳判断者。独占许可中可以约定被许可人不享有诉权，普通许可人也可以约定被许可人享有独立的诉权，只要这种约定不损害国家利益或社会公共利益，不具有合同无效或可撤销的其他情形，就应当承认其法律效力。此外，通过合同约定诉权还可以比较容易地处理侵权诉讼胜诉后获得的赔偿费分享以及诉讼风险的分担问题，因为这些内容通常是诉权约定中当事人会同时约定的内容。

（三）诉前责令停止有关行为

知识产权权利人或者利害关系人有证据证明他人正在实施或者即将实施侵犯其知识产权的行为，如不及时制止，将会使其合法权益受到难以弥补的损害，可以在起诉前向人民法院申请责令停止有关行为的措施。

诉前责令停止有关行为也称之为"诉前禁令"，最早起源于英美法系国家的司法判例。尽管我国《民事诉讼法》对此没有明确规定，但是有关知识产权法律法规规定了诉前责令停止有关行为的临时措施。[2]

诉前责令停止有关行为这种临时救济措施有严格的适用条件：①申请人资格。能够依法申请诉前禁令的申请人必须具备原告资格，与本案有直接的利害关系，因此，申请人包括知识产权权利人或者利害关系人。②禁令的行为对象只能针对"正在实施"或者"即将实施"的侵犯特定知识产权的行为，并且这种行为如果不及时制止，将会给申请人的合法权益造成"难以弥补的损害"。③申请人应当提交书面的申请状，申请状应当载明当事人的基本状况、申请的具体内容、范围、申请的理由、有关行为如不及时制止将会受到的难以弥补的损失的具体说明。④提交证据和担保。申请人提交的证据包括证明被申请人资格的证据，如专利证书、商标注册证、许可合同等，以及证明被申请人正在实施或即将实施侵权行为的证据，包括被控侵权商品等。同时，申请人还应当提供相应的保证、抵押等合法担保。法院在确定担保的范围时，应当考虑停止有关行为所涉及的商品销售收益、合理的仓储保管费用、相关人员的工资。在执行过程中，被申请人可能由此受到更大损失的，法院可以责令申请人追加相应的担保。

---

〔1〕参见我国《保险法》第44条规定。

〔2〕参见《著作权法》第50条、《专利法》第66条、《商标法》第57条、《计算机软件保护条例》第26条和《集成电路布图设计保护条例》第32条。

（四）诉前财产保全和证据保全

诉前财产保全，是指权利人在起诉前请求法院将相关财产予以冻结、查封，从而使权利人避免受到难以弥补的损害的一种救济措施。[1]我国《民事诉讼法》第 93 条第 1 款规定了诉前财产保全，此外，我国《著作权法》第 50 条、《专利法》第 66 条、《商标法》第 57 条、《计算机软件保护条例》第 26 条和《集成电路布图设计保护条例》第 32 条均明确规定了诉前财产保全的知识产权临时救济措施。

诉前财产保全的目的是避免由于情况紧急或其他原因，给权利人的合法权益造成难以弥补的损失。其适用应当具备以下条件：①因情况紧急，如果不立即申请财产保全将会使其合法权益受到难以弥补的损害的，才可以申请诉前财产保全的临时救济措施。这里的情况紧急，指的是发生被申请人转移、隐匿财产等情形。②申请人应当提供相应的担保。③诉前财产保全应当限于申请人请求的范围，或者与本案有关的财物。财产保全的方法包括查封、冻结、扣押等。

诉前证据保全是指在证据可能灭失或者今后难以取得的情况下，由权利人在起诉前请求法院提取该证据的一种救济措施。我国《民事诉讼法》第 74 条规定了诉讼过程中的证据保全。为了与《TRIPS 协定》相适应，我国知识产权相关法律法规规定了诉前证据保全的临时救济措施。[2]其适用必须是为了制止侵权行为，在证据可能灭失或者以后难以取得的情况下，才能在起诉前向法院申请证据保全。申请人申请诉前证据保全可能引起被申请人财产损失的，法院可以责令申请人提供相应的担保。

（五）举证责任

《民事诉讼法》第 64 条第 1 款规定："当事人对自己提出的主张，有责任提供证据"。根据该规定，我国包括知识产权民事诉讼在内的民事诉讼举证责任的基本原则是"谁主张，谁举证"。例如在知识产权合同纠纷案件中，主张合同关系成立并生效的一方当事人对合同订立和生效的事实承担举证责任；主张合同关系变更、解除、终止、撤销的一方当事人对引起合同关系变动的事实承担举证责任；对合同是否履行发生争议时，由负有履行义务的当事人承担举证责任。

在举证责任的分配上，知识产权民事诉讼中除了按照"谁主张，谁举证"的原则外，相关法律和司法解释还规定了举证责任倒置的特殊情况。例如，方法专利侵权诉讼中规定了举证责任的倒置问题。《专利法》第 61 条第 1 款以及《最

---

〔1〕　张广良：《知识产权侵权民事救济》，法律出版社 2003 年版，第 41 页。

〔2〕　参见《著作权法》第 50 条、《商标法》第 58 条、《计算机软件保护条例》第 27 条和《最高人民法院关于对诉前停止侵犯专利权行为适用法律问题的若干规定》第 16 条。

高人民法院关于民事诉讼证据的若干规定》第 4 条第 1 项规定，专利侵权纠纷涉及新产品制造方法的发明专利的，制造同样产品的单位或者个人应当提供其产品制造方法不同于专利方法的证明。生产产品的方法是企业在生产制造过程中使用的，专利权人很难进入对方的企业获取相关的直接证据，以证明被告的生产方法与原告的专利方法相同。若由原告举证，往往因举证困难而使专利权人处于不利的地位，不利于保护专利权人的合法权益。我国有关举证责任倒置的规定与《TRIPS 协定》的规定是一致的。[1]

第二节　知识产权的行政保护

知识产权的行政保护，是国家行政管理机关依据有关法律的规定，运用法定行政权力，通过法定的行政程序，用行政手段对知识产权实施全面的法律保护。知识产权行政保护不仅仅局限于行政执法，其保护范围是比较广泛的，包括政府管理机关对于知识产权予以保护的各个方面。[2]按照《TRIPS 协定》对知识产权保护范围的规定，知识产权行政保护既应包括涉及本协议专指知识产权之利用的事宜，也应包括涉及知识产权之效力、获得、范围、维护及行使的诸项事宜。[3]具体说来，知识产权行政保护包括：知识产权确认与授权、对知识产权侵权案件的行政处理、对权利归属等知识产权纠纷的审查与裁定、知识产权行政执法等内容。

一、知识产权行政管理体制

我国没有成立专门机构来保护知识产权，因此对知识产权的行政保护主要由有关行政主管机关分别承担。

（一）著作权的行政管理

国务院著作权行政管理部门主管全国的著作权管理工作；各省、自治区、直辖市人民政府的著作权行政管理部门主管本行政区域的著作权管理工作。

国务院著作权行政管理部门是国家版权局，它成立于 1985 年。其主要职能有：贯彻实施著作权法律、法规，制定与著作权行政管理有关的办法；查处在全国有重大影响的可给予行政处罚的著作权侵权行为，以及认为应当由其查处的可

---

〔1〕 参见《TRIPS 协定》第 34 条，《知识产权协议》，郑成思译，学习出版社 1994 年版，第 25 页。

〔2〕 王晔："知识产权行政保护刍议"，载《北大知识产权评论》（第 1 卷），法律出版社 2002 年版，第 195 页。

〔3〕 参见《TRIPS 协定》第 3 条的注脚：" protection" shall include matters affecting the availability, acquisition, scope, maintenance and enforcement of intellectual property rights as well as those matters affecting the use of intellectual property rights specifically addressed in this Agreement.

给予行政处罚的著作权侵权行为；指导地方著作权行政管理部门的工作；批准设立著作权集体管理机构、涉外代理机构，并监督、指导其工作；管理国家享有著作权的作品的使用；负责著作权涉外管理工作；承担国务院交办的其他著作权管理工作。

地方著作权行政管理部门是各省、自治区、直辖市设立的版权局，有的省还在地市一级设立了版权局，负责本行政区域的著作权管理工作，主要包括：配合起草本行政区域的著作权管理法规或规章；负责查处本地区发生的可给予行政处罚的侵权行为；代为执行国家版权局作出的行政处罚决定；调解处理本行政区域发生的著作权纠纷；普及著作权法律知识，提供法律咨询、服务，培训著作权行政管理人员等。

（二）专利权的行政管理

国家知识产权局下属的专利局负责全国的专利权管理工作，省、自治区、直辖市人民政府以及专利管理工作量大又有实际处理能力的设区的市人民政府设立的知识产权局负责地方的专利权管理工作。

专利管理工作主要体现在对专利申请的审批和专利侵权行为的处理上。对于发明专利申请的审批要经过初步审查、公布申请和实质审查，而对实用新型和外观设计专利申请只进行初步审查。根据《专利法》第60条的规定，未经专利权人许可，实施其专利，即侵犯其专利权，引起纠纷的，由当事人协商解决；不愿协商或者协商不成的，专利权人或者利害关系人可以向人民法院起诉，也可以请求管理专利工作的部门处理。管理专利工作的部门处理时，认定侵权行为成立的，可以责令侵权人立即停止侵权行为，当事人不服的，可以自收到处理通知之日起15日内依照《行政诉讼法》向人民法院起诉；侵权人期满不起诉又不停止侵权行为的，管理专利工作的部门可以申请人民法院强制执行。进行处理的管理专利工作的部门应当事人的请求，可以就侵犯专利权的赔偿数额进行调解；调解不成的，当事人可以依照《民事诉讼法》向人民法院起诉。

（三）商标权的行政管理

国家工商行政管理总局下属的商标局是全国性的商标管理机关，地方各级工商行政管理局是地方商标管理机关。

根据《商标法》的有关规定，商标管理局有权对注册商标的使用予以管理，主要包括：①检查商标使用的范围是否属于商标局核定的商品范围；②检查商标注册人是否自行改变了注册商标、注册商标的注册人名义、地址或者其他注册事项，是否自行转让注册商标或者连续3年停止使用注册商标；③加强对已被注销或者被撤销商标的管理；④加强对使用注册商标的商品质量的管理，对使用注册商标的商品粗制滥造，以次充好，欺骗消费者的行为予以处罚。

对于未注册商标的使用，商标管理局也有权予以管理，主要包括：①对冒充注册商标或者粗制滥造，以次充好，欺骗消费者的未注册商标予以处罚；②对违反《商标法》第10条规定的未注册商标进行处罚；③检查未注册商标使用人是否在商品上、包装上标明企业名称或者地址；④在国家明文规定应当使用注册商标的商品上禁止使用未注册商标。

二、知识产权纠纷的行政处理

知识产权的行政主管机关除了承担知识产权的行政管理职责以外，在发生知识产权侵权纠纷时，可以依照行政职权依法对侵权行为进行处理。在知识产权纠纷处理时，可以采取以下措施：

（一）行政强制措施

所谓行政强制措施，是指国家行政机关或者法律授权的组织，为了预防或制止正在发生或可能发生的违法行为、危险状态以及不利后果，或者为了保全证据、确保案件查处工作的顺利进行而对相对人的人身自由、财产予以强行限制的一种具体行政行为。[1]知识产权侵权纠纷的行政强制措施主要包括责令停止侵权行为、查封、扣押或扣留侵权物品等形式。[2]

（二）行政处罚

行政处罚是指行政机关等行政主体为了维护公共利益和社会秩序，保护公民、法人或其他组织的合法权益，对违反行政管理秩序，依法应当给予行政处罚的行政相对人所给予的法律制裁。[3]根据《行政处罚法》第8条规定，行政处罚的种类主要有：警告；罚款；没收非法所得、没收非法财物；责令停产停业；暂扣或者吊销许可证、执照；行政拘留；法律、行政法规规定的其他行政处罚等。根据我国知识产权法的相关规定，知识产权行政处罚的种类主要有没收违法所得，没收、销毁侵权商品和侵权工具，罚款等行政处罚措施。[4]

（三）行政调解

行政管理机关在查处侵权纠纷时，对于侵权纠纷的损害赔偿数额，根据我国知识产权相关法律法规的规定，可以居中调解。[5]需要注意的是，行政调解必

---

〔1〕 方世荣主编：《行政法与行政诉讼法》，中国政法大学出版社1999年版，第249页。

〔2〕 参见《著作权法》第48条，《商标法》第53、55条，《计算机软件保护条例》第24条，《集成电路布图设计保护条例》第31条，《植物新品种保护条例》第39～41条等。

〔3〕 姜明安主编：《行政法与行政诉讼法》，高等教育出版社2000年版，第149页。

〔4〕 参见《著作权法》第48条、《商标法》第53条、《计算机软件保护条例》第24条、《集成电路布图设计保护条例》第31条、《植物新品种保护条例》第39～40条。

〔5〕 参见《专利法》第58条、《商标法》第53条、《集成电路布图设计保护条例》第31条、《植物新品种保护条例》第39条。

须根据当事人的请求或者根据当事人自愿的原则才能启动，不能强制进行调解。在调解不成的情况下，权利人可以向法院提起民事诉讼，以获得损害赔偿。

三、知识产权的海关保护

随着国际经济的发展和对外贸易的日益频繁，货物进出境中侵犯知识产权的情形时有发生。海关作为进出境监管机构，承担着货物进出口中知识产权保护的职责。

保护知识产权的国际公约，如《巴黎公约》、《TRIPS 协定》等都对知识产权的海关保护作了规定。我国也颁布了《海关保护条例》及其实施办法，为我国知识产权海关保护提供了法律依据。

知识产权权利人要获得知识产权海关保护，首先必须要在海关备案。备案是海关扣留查处侵权嫌疑货物的参考依据。申请备案的，应当提交申请书，申请书要载明知识产权权利人的名称或者姓名、知识产权的名称、内容及相关信息，知识产权的许可使用状况等。

知识产权权利人发现侵权嫌疑货物即将进出口的，可以向货物进出境地的海关提出扣留侵权嫌疑货物的申请；海关发现进出口货物有侵犯备案知识产权嫌疑的，不能依职权直接扣留，而应当书面通知知识产权权利人提出扣留申请。权利人自通知送达之日起 3 个工作日内依照规定提出申请，提供担保的，海关应当扣留侵权嫌疑货物。权利人逾期未提出申请或者未提供担保的，海关不得扣留货物。

涉嫌侵犯备案知识产权的货物被海关扣留后，当事人应当在规定的期限内向法院起诉或提请知识产权主管部门处理，否则，海关可以进行侵权调查。涉嫌货物被确认为侵犯知识产权的，由海关予以没收，并由海关区别不同情况进行处理，例如对侵犯著作权的货物予以销毁；对侵权商标权的货物，侵权商标无法消除的，予以销毁；侵权商标能够消除并可以利用有关货物的，消除侵权商标，有关货物只能用于社会公益事业或者依法拍卖给非侵权人自用。排除侵权可能性或者知识产权人放弃权利的，海关应当放行被扣留的货物。

第三节　知识产权的刑事保护

一、知识产权的刑事保护概述

所谓知识产权的刑事保护，又称知识产权犯罪的刑法调整，是指通过刑事法来实现对知识产权的保护。具体而言，是指立法者将一些严重侵害知识产权的行为规定为犯罪，给予其刑法制裁，即用刑罚作为手段，通过刑事程序追究侵害人的刑事责任以保护知识产权，从而维护知识产权权利人的合法权益以及国家对于知识产权的管理秩序。[1]对于一般的侵犯知识产权的侵权行为，承担的是民事责任和行政责任，而对于侵权行为情节严重，危害到了社会公共利益的，则应当追究刑事责任。在一国法律保护体系中，刑事保护的力度最大，也最具威慑力。

侵犯知识产权犯罪作为一种新型的犯罪现象，不同于一般的刑事犯罪，也与其他类型的经济犯罪有一定的区别。近年来，我国侵犯知识产权犯罪在数量上有了明显上升，并且主要集中于侵犯商标犯罪。随着科学技术的发展，侵犯知识产权犯罪的手段也呈现出高科技和智能化的特点，侵犯知识产权犯罪涉及的领域也由传统的出版业、制造业、高等院校、科研机构等向电子商务、网络科技等新兴经济与科技领域渗透。

我国知识产权刑事保护的发展历程与我国总体法制发展基本是同步的。具体而言，我国刑法对侵犯知识产权犯罪的立法，经历了一个由粗疏、简约到细致、较为全面的过程。[2]1979年我国第一部《刑法》中有关侵犯知识产权犯罪的规定只有一个条文，即第127条假冒商标罪。此后，我国通过颁布《关于惩治假冒注册商标犯罪的补充规定》、《惩治侵犯著作权的犯罪的决定》等单行法规，在《商标法》、《专利法》中设置了附属刑法规范，以及最高人民法院发布司法解释等方式，补充规定了一些侵犯知识产权犯罪。1997年《刑法》的修订，结束了侵犯知识产权刑事立法分散、混乱的局面，采取集中型刑事立法模式，在《刑法》分则第三章"破坏社会主义市场经济罪"中专设第七节，统一规定侵犯知识产权的犯罪，建立起较为全面的知识产权刑事保护体系。

二、侵犯知识产权犯罪的概念及构成要件

所谓侵犯知识产权犯罪，是指违反知识产权法的规定，侵犯他人的知识产权，破坏知识产权管理制度和秩序，情节严重，依照刑法规定应受刑罚处罚的行为。[3]我国现行《刑法》分则第三章第七节规定了7类侵犯知识产权的犯罪行为，分别是假冒注册商标罪（第213条）、销售假冒注册商标的商品罪（第214条）、非法制造、销售非法制造的注册商标标识罪（第215条）、假冒专利罪（第216条）、侵犯著作权罪（第217条）、销售侵权复制品罪（第218条）以及侵犯商业秘密罪（第219条）。

从总体上而言，侵犯知识产权犯罪的构成要件包括以下四个方面：

（一）侵犯知识产权犯罪的客体

侵犯知识产权犯罪侵犯的客体是复杂客体，包括权利人的知识产权和国家相

---

〔1〕　姜伟主编：《知识产权刑事保护研究》，法律出版社2004年版，第27～28页。
〔2〕　刘宪权、吴允锋：《侵犯知识产权犯罪理论与实务》，北京大学出版社2007年版，前言。
〔3〕　刘宪权、吴允锋：《侵犯知识产权犯罪理论与实务》，北京大学出版社2007年版，第120页。

关知识产权管理制度和秩序。知识产权作为一种特殊的民事权利，其无形性决定了权利人不能通过实在具体的控制来实现，侵权人的侵占方式也不是侵夺或损毁，而是假冒、剽窃、擅自使用他人的智力成果或识别性标记，侵犯了知识产权权利人的独占使用权。此外，侵犯知识产权犯罪还侵犯了我国的知识产权管理制度和秩序，扰乱了社会主义市场经济的正常秩序。正因为如此，我国《刑法》将侵犯知识产权犯罪归入第三章"破坏社会主义市场经济秩序罪"。需要注意的是，侵犯知识产权犯罪的两个客体中，国家对知识产权管理制度和秩序应当是主要客体，而权利人的知识产权则应当是次要客体。[1]这既是由侵犯知识产权犯罪的归类所决定的，也是侵犯知识产权犯罪与财产犯罪的根本区别。

（二）侵犯知识产权犯罪的客观方面

侵犯知识产权犯罪在客观方面体现为未经权利人许可，侵犯权利人知识产权，破坏知识产权管理制度和秩序，情节严重的行为。首先，侵犯知识产权犯罪属于法定犯，即以违反知识产权法律法规为前提，在我国主要指违反《著作权法》、《商标法》、《专利法》、《反不正当竞争法》等。其次，该犯罪行为必须是未经权利人许可，实施了侵犯权利人知识产权并且破坏了知识产权的管理秩序。最后，该犯罪行为必须达到情节严重，具有社会危害性才构成。例如，对于侵犯著作权罪必须"违法所得数额较大或者有其他严重情节的"才能构成；对于侵犯商业秘密罪必须"造成重大损失"才能构成。当然，有关"重大损失"、"数额巨大"、"情节严重"等具体标准，由司法解释作出专门的规定。

（三）侵犯知识产权犯罪的主体

侵犯知识产权犯罪的主体为一般主体，包括自然人和单位。犯罪主体是指实施犯罪行为依法应当承担刑事责任的人。按照我国《刑法》规定，犯罪主体主要是自然人，但特殊情况下法律另有规定时，单位也可以成为某些犯罪的主体。知识产权权利人包括自然人、法人和其他组织，知识产权法律关系主体的多样性决定了侵犯知识产权犯罪主体的多样性。对于所有侵犯知识产权犯罪的主体，我国《刑法》均没有作特别的规定，即侵犯知识产权犯罪的主体为一般主体，只要达到法定年龄并且具有刑事责任能力的人实施了侵犯知识产权犯罪的行为，均可以构成犯罪。此外，针对侵犯知识产权犯罪中单位犯罪较为严重的特点，刑法集中规定了对单位侵犯知识产权犯罪的处罚。[2]

---

〔1〕　刘宪权、吴允锋：《侵犯知识产权犯罪理论与实务》，北京大学出版社2007年版，第122页。
〔2〕　根据《刑法》第220条规定，单位犯第213～219条规定之罪的，对单位判处罚金，并对其直接负责的主管人员和其他直接责任人员，依照刑法相应条款的规定处罚。

（四）侵犯知识产权犯罪的主观方面

对于侵犯知识产权犯罪的主观方面是故意还是过失，理论上存在争议，主要有三种观点[1]：第一种观点认为，侵犯知识产权犯罪的主观方面应该由故意构成，而且应该是直接故意，因为这类犯罪行为人主观上必须具有营利的目的；第二种观点认为，侵犯知识产权犯罪的主观方面应该由故意构成，而且包括直接故意和间接故意；第三种观点认为，侵犯知识产权犯罪主观上一般是出于故意，但个别情况下也有可能是过失，例如侵犯商业秘密罪。[2]从侵犯知识产权犯罪本身的特性以及《刑法》的规定来看，侵犯知识产权犯罪的主观方面应当是故意，过失不能构成。从刑法理论上看，知识产权犯罪属于法定犯。法定犯本身并不一定蕴含法律所禁止的性质或为社会所责难的性质，国家之所以认为这种行为是犯罪行为，主要是出于某种行政的社会政策的需要。法定犯由于其伦理道德上的可谴责性较弱，不宜对其主观犯意过于苛责，行为人只有在出于故意的情况下，才宜作为犯罪对待。过失行为则通常作为一般违法行为处理，这是刑法人道和刑法谦抑的价值取向的必然要求。[3]其次，按照刑法的罪刑法定原则，过失犯罪必须在法律有规定时才负刑事责任。从世界各国立法现状来看，目前除意大利以外，绝大多数国家和地区的法律均未将过失列入犯罪之中。[4]因此，侵犯知识产权犯罪的主观方面应当是故意，包括直接故意和间接故意。一般情况下行为人持有积极的追求、希望犯罪结果发生的主观心态，在少数情况下，行为人主观上也可以是消极的放任。对于行为人主观上是否应当具有"以营利为目的"，笔者认为其并不是所有侵犯知识产权犯罪的共同要件，即多数侵犯知识产权犯罪行为人主观上具有以营利为目的的心态，但在某些情况下，行为人也可能出于其他目的，如破坏他人注册商标的信誉、纯粹证明自身能力、满足兴趣爱好等非营利目的。我国《刑法》规定的侵犯知识产权犯罪中，只有侵犯著作权罪和销售侵权复制品

〔1〕　姜伟主编：《知识产权刑事保护研究》，法律出版社2004年版，第25页。

〔2〕　有关侵犯商业秘密罪的主观要件，学界存在争议：第一种观点认为，侵犯商业秘密的犯罪行为只能由故意构成，过失不能构成。参见詹复亮："论侵犯商业秘密罪"，载高铭暄、赵秉志主编：《刑法论丛》（第1卷），法律出版社1998年版，第113页。第二种观点认为，直接侵犯商业秘密的犯罪行为只能由故意构成，间接侵犯商业秘密的行为主观上可以是故意或过失。参见赵秉志主编：《侵犯知识产权犯罪研究》，中国方正出版社1999年版，第308页。第三种观点认为，刑法所列举的四种侵犯商业秘密的行为中除了第一种只能由故意构成外，其余的均可由故意或过失构成。参见党建军主编：《侵犯知识产权罪》，中国人民公安大学出版社1999年版，第184页。

〔3〕　参见梁华仁、朱平："知识产权犯罪若干问题的探讨"，载《政法论坛》2000年第1期。

〔4〕　意大利《著作权法》规定，如果过失犯侵犯权利人的经济使用权以及侵犯作者人格权罪，将被处以1000里拉以下的罚金。参见刘宪权、吴允锋：《侵犯知识产权犯罪理论与实务》，北京大学出版社2007年版，第127页。

罪明确规定要"以营利为目的"，由此可见，"以营利为目的"并非侵犯知识产权犯罪的共同主观要件。

第四节　知识产权的国际保护

一、知识产权国际保护的产生和发展

知识产权国际保护制度，是指以多边国际公约为基本形式，以政府间国际组织为协调机构，对各国国内知识产权法律进行协调，并使之相对统一的国际法律制度。[1]知识产权国际保护并不是随着知识产权制度的产生而产生的，它是国际经济贸易关系不断发展的产物，也是知识产权制度不断变革的结果。

知识产权的基本特征之一是地域性，意味着按照一国法律获得的知识产权只在该国范围内有效；并且，根据国家主权原则，他国没有义务对另一国所授予的知识产权给予保护，除非按照该国法律重新获得权利。因此，知识产权的地域性特征就使得知识产品的跨国界流动、知识商品的国际经济贸易受到了阻碍。为了协调这一矛盾，逐渐形成了从双边协定到国际条约的知识产权国际保护。例如，在著作权领域，意大利于1843年分别与奥地利和法国签订了双边保护协定，法国也于19世纪中叶分别与英国、比利时等二十多个国家签订了双边保护协定。据统计，到1886年《伯尔尼公约》缔结之前，这种双边协定在欧洲已达三十多个。[2]但是双边协定的谈判和签订手续繁琐，而且这种相互承认权利的协定既不全面也没有统一模式，于是有关国家开始通过签订国际公约来保护知识产权。1883年缔结的《巴黎公约》是世界上第一个保护工业产权的国际条约，与之类似的1886年缔结的《伯尔尼公约》则是著作权领域内第一个国际条约。1952年，在联合国教科文组织的主持下，又签订了《世界版权公约》。1970年世界知识产权组织的建立进一步推动了知识产权立法一体化的进程。1967年，《巴黎公约》和《伯尔尼公约》的缔约国在斯德哥尔摩签订了《建立世界知识产权组织公约》，根据这一公约成立了世界知识产权组织。在该组织的努力下，更多的国家接受《巴黎公约》与《伯尔尼公约》，缔约国从1967年的78个和60个扩展到2002年的163个和149个，大大扩展了知识产权国际保护的范围。进入20世纪80年代以后，世界贸易组织的建立与《TRIPS协定》的缔结，标志着知识产权国际保护进入一个高水平、一体化的新时期。它将知识产权的保护与国际贸易紧密联系起来，全面提高了知识产权的国际保护水平，并且将世界贸易组织的争端

---

〔1〕　吴汉东等：《知识产权基本问题研究》，中国人民大学出版社2005年版，第131页。

〔2〕　古祖雪：《国际知识产权法》，法律出版社2002年版，第28页。

解决机制适用于成员之间的知识产权争议，加强了对各成员国国民的知识产权保护。

二、知识产权国际保护原则

知识产权的国际保护，首先是指参加了知识产权国际公约或缔结了知识产权双边条约的国家，如何以国家的"公"行为（如立法）去履行自己参加或缔结的国际条约义务。这首先是要使本国国内法至少达到国际条约的"最低要求"。[1]其中就包括各国应当遵循知识产权国际条约所确定的基本原则。

（一）国民待遇原则

国民待遇原则被很多知识产权公约确认为国际保护的首要原则，[2]其基本含义是任何缔约国（成员）[3]的国民，在知识产权保护方面，在其他缔约国内应享有该国现在给予或将来可能给予其国民的各种待遇。国民待遇原则是不同社会经济制度和不同发展水平的国家都能接受的一项原则。这一原则本身既不要求各国法律的一致性（不涉及知识产权的保护水平问题），也不要求适用外国法的规定（不涉及国家主权的地域限制问题），只是要求每个国家在自己领土范围内独立适用本国法律，不分外国人还是本国人而给予平等的保护。[4]正是由于国民待遇原则基于各国经济、科技、文化发展不平衡的现状，承认各国知识产权制度的差异，从而有效地推动了知识产权国际保护的发展。

（二）最惠国待遇原则

最惠国待遇原则是《TRIPS 协定》独有的而其他国际条约未涉及的一项原则。[5]该原则最早仅适用于国际有形商品贸易，后被《TRIPS 协定》引入到知识产权保护领域。其基本含义是指缔约方在知识产权保护方面给予某缔约方或非缔约方的利益、优待、特权或豁免，应当立即和无条件地给予所有其他缔约方的国民。

最惠国待遇原则和国民待遇原则都是针对外国人的知识产权保护而设立的规则，但是两者的侧重点不同。最惠国待遇原则解决的是外国人之间的平等保护问题，而国民待遇原则解决的是本国人与外国人之间的平等保护问题。

（三）透明度原则

透明度原则是指各成员颁布实施的知识产权保护法律、法规以及普遍适用的

---

[1] 郑成思："论知识产权的国际保护"，载《法律科学》1997 年第 3 期。

[2] 参见《巴黎公约》第 2 条、《伯尔尼公约》第 5 条及《TRIPS 协定》第 3 条。

[3] 《TRIPS 协定》的缔约方被称为"成员"，包括国家及其他主体。

[4] 吴汉东："知识产权国际保护制度的变革与发展"，载《法学研究》2005 年第 3 期。

[5] 参见《TRIPS 协定》第 4 条。

终审司法判决和终局行政裁决，均应以该国文字颁布或以其他方式使各成员政府及权利持有人知悉。透明度原则是实现知识产权国际保护的前提，如果一国知识产权法律法规、文件及裁决均不为外国所知悉，则双方无法就知识产权保护领域的合作达成一致。此外，透明度原则也是对一国知识产权保护的立法、司法以及执法状况进行监督的先决条件。

（四）独立保护原则

独立保护原则是指某成员国就同一智力成果或商业标志在其他缔约国所获得的保护是独立的。一项知识产权在某成员国的产生、被宣告无效或者终止，并不必然导致该项知识产权在其他成员国的产生、被宣告无效或者终止。独立保护原则是知识产权地域性的体现，即一国授予的知识产权仅在该国领域范围内有效。

（五）自动保护原则

自动保护原则是仅适用于著作权领域的一项基本原则。其基本含义是作者在享有行使该成员国民所享有的著作权时，不需要履行任何手续。即作者著作权的产生不以履行各国规定的获得著作权所需履行的行政程序或者其他义务，如登记注册、缴纳相关费用、交纳样本及标注版权标记等。即使成员国有此规定，也不能适用其他成员国的国民。[1]

自动保护原则是《伯尔尼公约》与《世界版权公约》的重大区别所在。《伯尔尼公约》第5条第2款规定："享有和行使著作权不需要履行任何手续。"而《世界版权公约》则允许缔约国依其国内法要求以履行手续作为版权保护的条件，并规定了包括在作品中使用版权标记作为履行手续的方式。[2]

（六）优先权原则

优先权是《巴黎公约》授予给成员国国民最重要的权利之一，[3]《TRIPS协定》予以了承认，通过给予外国申请人时间上的优先消除了内国申请人因地域上的便利而产生的不公平竞争。优先权原则的基本含义是指，申请人在一个成员国首次提出一项专利或商标申请后，在规定的期间内又向其他成员国提出相同的申请（在后申请），在判断在后申请的新颖性和适用先申请原则时，应以第一次提出申请的申请日（优先权日）作为在后申请的申请日。不同的工业产权享有不同的优先权期限，发明和实用新型为首次申请之日起12个月，而外观设计和商标为首次申请之日起6个月。

---

〔1〕参见《伯尔尼公约》第5条。

〔2〕参见《世界版权公约》第3条。

〔3〕参见《巴黎公约》第4条。

引例解析

甲的著作权财产权已过保护期限，因而丙出版社复制行为没有侵权甲的复制权，但根据我国《著作权法》的规定，甲对作品的署名权的保护期限不受限制，因而丙出版社在该作品署上另一著名歌星丁的姓名的行为侵犯了甲的署名权，也侵犯了丁的姓名权。此外，丙出版社在同种商品上未经许可使用乙的注册商标，还侵犯了乙的商标权。丙出版社应当向乙承担停止侵害、赔偿损失的民事责任，应当向甲的继承人和丁承担停止侵害、赔偿损失、赔礼道歉和消除影响的民事责任。

思考题

（一）简答题

1. 如何理解知识产权被许可人的诉讼地位？

2. 侵犯知识产权的赔偿数额有哪些计算方式？

（二）案例分析

阿迪达斯国际有限公司于 2000 年 12 月取得中国国家工商总局商标局颁发的第 1489454 号商标注册证。2003 年 3 月，安徽省服装进出口股份有限公司出口了一批运往约旦的运动套装 110 箱，价值11 786美元。2003 年 4 月 9 日，上述货物因使用与阿迪达斯国际有限公司注册的第 1489454 号商标近似的商标，涉嫌侵犯阿迪达斯国际有限公司在海关总署备案的知识产权，被上海海关外高桥港区查扣。请问，本案中阿迪达斯国际有限公司可以通过哪些途径来保护其知识产权？

第二编

著作权法

著作权法概述

☞ **学习要点**

学习本章应理解著作权法的概念，著作权法的基本原则，重点掌握著作权的概念和特征。

◆ **引读案例**

2008 年 6 月，某甲发表以汶川大地震为背景的小说《人间有爱》。同年 7 月，某乙发表同样背景的小说《民族魂》。这两部小说情节有诸多雷同之处。某甲向法院起诉，状告某乙侵犯其著作权。经法院调查，两人均是独立创作。

问题： 作品雷同是否必然构成侵权？

第一节 著作权法的概念和基本原则

一、著作权法的概念

著作权法有广义和狭义之分。广义的著作权法，是指调整因文学、艺术和科学作品的创作和使用而产生的人身关系和财产关系的法律规范的总称。著作权法律规范集中在《著作权法》、《著作权法实施条例》、《计算机软件保护条例》等法律文件中；而在《宪法》、《民法通则》、《刑法》、《继承法》等法律文件中，均可见到一些零散的著作权法律规范。这些零散的规范，也属于广义著作权法范畴。

狭义的著作权法，是指现行的《中华人民共和国著作权法》。该法于 1990 年 9 月 7 日由第七届全国人民代表大会常务委员会第十五次会议通过，并于 2001 年 10 月和 2010 年 2 月 2 次修改，共 6 章 61 条。

二、我国著作权法的基本原则

（一）保护作者正当权益原则

文学、艺术和科学作品的创作必然要投入一定的时间、财力和精力。如果作者的投入没有回报或者回报少于投入，"趋利避害"的理性势必导致无人愿意去创作，文化的繁荣就无从谈起。因此，著作权法的首要原则，就是保护作者的正当权益，激发人们创作的积极性，从而使社会获得更多的精神财富。

没有这一原则，结果必然是盗版、抄袭、剽窃等侵害作者利益的行为充斥整个社会。这些加害行为虽然也需要投入一定的时间、财力和精力等，但其投入远远少于作者创作的投入。"趋利避害"的理性会驱使人们去当加害者而不愿去当作者。若要保证作者的创作积极性，只能由国家财政来补偿其损失，或者对创作进行奖励，国家财政就会背上沉重的负担。

保护作者正当权益原则的确立和贯彻，恰好解决了这一问题。一方面，作者可以通过自己使用或授权他人使用作品来获取利益；另一方面，其他人支付一定的代价可以欣赏越来越多的精彩作品。两全其美。

（二）鼓励作品传播原则

广泛深入地传播作品，以满足社会公众不断增长的精神需要，是鼓励文学、艺术和科学作品创作的根本目的。与作品的创作一样，作品的传播也需要投入一定的时间、财力和精力。为了推动作品的传播，使更多的人能够享受更多的作品，著作权法在保护作品创作者利益的同时，也要规定合理使用、法定许可等对作者的权益进行适当限制的制度。此外，我国《著作权法》还通过保护邻接权来保护作品传播者的利益。就世界范围来说，邻接权的保护虽然不局限于著作权法保护，但大多数国家还是通过著作权法来保护邻接权。我国《著作权法》第四章专门规定了 17 个条文（第 30～46 条），保护出版者、表演者、录音录像制作者和广播组织等作品传播者的权益。

（三）平衡作者利益和社会利益的原则

作品的产生离不开作者的智力劳动，也离不开对社会中已有作品的继承和借鉴。作品产生后，可以成为他人创作的继承和借鉴。在作品创作、使用过程中，作者和社会是对立统一的矛盾双方。利益的天平过度倾向任何一方，都会产生灾难性后果。过度保护社会利益，会挫伤作者创作的积极性。而过度保护作者利益，他人的创作就缺乏足够的参考材料，社会公众就难于获得足够的精神食粮。因此，著作权法在赋予并保护作者著作权的同时，通过限定著作财产权保护期、合理使用、法定许可等制度在一定程度上限制这一权利，使作者利益和社会利益达到协调统一。

（四）遵守国际公约和国际惯例的原则

各国经济科技文化发展不平衡以及各国文化的各具特色，使国际文化交流具有可能性和必要性。随着这一交流日益增多，著作权乃至整个知识产权的国际保护体系产生并日益发展。世界知识产权组织的建立、《与贸易有关的知识产权协定》的签订，标志着知识产权世界范围的国际保护格局已经形成。在这一格局中，公约各成员国不仅要建立健全自己的知识产权法律制度，为本国国民、其他公约成员国的国民以及其他符合保护条件的外国人提供知识产权的保护，其保护水平，还必须达到各公约规定的最低标准。

著作权是知识产权的核心内容之一，以《伯尔尼公约》为龙头的众多著作权保护方面的国际公约，是知识产权保护国际公约的重要组成部分。我国已参加绝大多数著作权保护国际公约。履行这方面的国际义务，是我国的必然选择；遵守国际公约和国际惯例，是我国著作权法的当然原则。

第二节　著作权法的产生和发展

一、著作权制度的起源

在东西方的古代，剽窃之风都很盛行。据大英百科全书记载，英文 Plagiarism（剽窃、抄袭），就是由古罗马著名诗人马歇尔创制的。我国唐代著名文学家柳宗元在《辩文子》中对我国春秋战国时期的剽窃现象描写道："其浑而类者少，窃取他书以合之者多，凡孟管辈数家，皆见剽窃。"足见"百家争鸣"的春秋战国时代剽窃之风的盛行。

在古代西方，人们对作品及其载体曾产生过"文学产权"的观念。古希腊人认为剽窃是一种可耻的行为，并力图维护作者所拥有的精神权益；而古罗马人认识到，出版和使用一部作品涉及知识和精神方面的权益。[1]罗马诗人马尔蒂·阿利斯（约公元41~103年）在给他人的信中这样写道："据说你在背诵我的诗句时总说它是你自己创作的。如果你愿承认它为我所作，我将无偿地把它奉献给你；但如果你想把它称为你的诗作，你最好把它买下来，这样它就不再属于我了。"说明当时的作者已经有著作权保护的意识。

造纸术、印刷术的发明和普及，在促进文化传播的同时，也加剧了版权冲突。从东汉到隋唐，图书交易市场逐渐发展，到隋唐时期，产生了"鬻书为业"的书贾，出现了以抄书为业的"经生"。南北两宋时期，刻书之多，雕镂之广，规模之大，流通之宽，版印之精，都堪称前所未有，后世楷模。此时，作者或出版商可以通过大量地复制、发行作品来获取利益，而盗版者亦可大量地复制作品，对作者或者出版商利益的损害远超从前。

在宋代，一些出版者为了维护自己的利益，在书籍出版时，向官府申请保护。官府如果同意该申请，就会给予保护榜文或赦令。对擅自翻版的，官府往往给予"追版劈毁、断罪施刑"的处罚。这就是宋代的令状保护。这一做法被以后的各个封建王朝所沿用。南宋中期，四川眉州人王称所写的一部北宋历史书籍

---

〔1〕　联合国教科文组织：《版权基本知识》，中国对外翻译出版公司1984年版，第2页。

《东都事略》，在初刻版本目录页上附有一长方牌记，上书"眉山程舍人宅刊行，已申上司，不许复版"的字样。这是目前所发现的令状保护的最早实例。

值得一提的是，尽管出版者在申请令状保护时以作者作品的原创性作为理由之一，所谓"平生精力，毕于此书"，但令状保护主要保护出版者利益，只有个别情况保护作者或编者的利益。并且这一做法不是通行全国的行政保护制度，而是官府对那些与之关系密切的私坊给予的一种行政庇护。清朝末年民国初年的著名学者叶德辉评价道："可见当时一二私家刻书，陈乞地方有司禁约书坊翻刻，并非载在令申，人人所必遵。特有力之家，声气广通，可以得行其志耳。"[1]

二、西方著作权法律制度的沿革

（一）著作权法在英国的产生和发展

在引进活字印刷术之后，1534 年，英国皇家第一次授予出版商特许权，授权出版商禁止外国出版物流进英国，以垄断英国图书市场。1556 年，英王玛丽一世为控制舆论颁布《星法院法》，批准成立钦定的"出版商公司"（Stationers' Company），规定一切图书在出版之前，必须到该公司登记；非该公司成员则无权从事印制出版活动。违令者，交"星法院"惩办。从 1556～1637 年，英国先后颁布了 4 个《星法院法》，内容都是授予出版商印制、出版特权和限制图书的自由印制。

英国资产阶级革命废除了《星法院法》，并以议会颁发许可证的形式取代皇家授权。查尔斯二世复辟后，承认了这种许可证制度。1662 年，英国颁布《许可证法》，该法规定：①凡印刷出版图书，必须在出版商公司登记并领取印刷许可证；②凡取得许可证者，均有权禁止他人翻印或进口有关图书。不过，《许可证法》必须每隔一段时间通过议会续展一次，才能继续有效。该法在 1679 年和 1685 两次通过续展。

1694 年，英国《许可证法》按规定再次续展时，未能通过。英国盗印图书的活动变得十分猖獗。出版商们强烈要求颁布一部不需要续展的、长期有效的成文法，以保护他们的印刷专有权。同时，保护作者权的呼声在英国也越来越高。1690 年，英国哲学家洛克（J. Locke）在他的《论国民政府的两个条约》中指出：作者在创作作品时所花费的时间和劳动，与其他劳动成果的创作人的花费是一样的，因此作品也应当像其他劳动成果一样，获得应有的报酬。

于是，1709 年，英国颁布了《为鼓励知识创作而授予作者及购买者就其已印刷成册的图书在一定时期内之权利的法》。其中的"购买者"，是指从作者手

---

〔1〕 叶德辉：《书林清话》，岳麓书社 1999 年版，第 31 页。

中购买了一定的无形产权的印刷商和书商，而非读者意义的图书购买者。由于该法全称较长，而当时英国是女王安娜在位，后人习惯将该法称为《安娜法》或者《安娜女王法令》。该法第一次在法律中明确规定保护作者的权利，被公认为是世界上第一部版权法。

之后，英国又于1734年颁布了《雕刻版权法》、1814年颁布了《雕塑版权法》、1862年颁布了《美术作品版权法》、1882年颁布了《音乐作品版权法》、1893年颁布了《戏剧版权法》。通过这一系列法律的颁布，英国建立了比较完整的著作权法律制度。之后，英国版权法经过多次修改，现行版权法于1988年颁布。英国早期的版权法主张版权仅仅是一种财产权利，否认其人身意义。这一特点从1956年版权法方始改变。

（二）法国著作权法的沿革

从16世纪到18世纪，法国巴黎出版商经常与地方出版商为争夺国王授予的出版独占权进行辩论。巴黎出版商的主张之一是：作品在首都出版，更有利于保障作者的权利。"作者权"概念随着这一系列的辩论而产生。1777年，法王路易十六颁布的6个《印刷出版法令》，开始承认作者享有出版与出售自己作品的某些权利。

法国大革命之后，资产阶级进一步把"作者权"提高到人权的高度。1789年的《人权宣言》规定："自由交流思想和意见是最珍贵的人格之一，因此所有公民除了在法律规定的情况下对滥用自由应负责外，作者可以自由地发表言论、写作和出版。"1791年，法国颁布了保护直接传播作者作品的法律——《表演权法》。1793年，又颁布了保护作品的间接传播方式的《复制权法》。这两部法律后来合为一体，形成作者权法。

法国现行《著作权法》于1957年颁布，1992年修订。其著作权法最主要的特点是在保护著作财产权的同时，强调对著作人身权的全面保护。

（三）其他主要国家著作权法的沿革

独立战争之前，美国是英国的殖民地，各州一直沿用英国版权法。1783年，康涅狄格州制定了美洲第一部版权法。到1786年，13个州都制定了版权法，但这些法律仅在本州内有效。认识到版权的重要性，美国1789年《宪法》特别规定："美国国会有权……对作者或发明人，就其个人版权或发明的专有权利，赋予一定时限的保障，以促进科学和艺术的发展。"在宪法的授权下，国会于1790年正式颁布统一的联邦版权法，该法分别于1873、1891、1909、1976、1987、1994年进行了6次大修改。美国现行版权法是1994年的修订本。

日本第一部《著作权法》于1899年颁布。该法的直接目的是为加入《伯尔尼公约》做准备。之后，该法曾作过多次修改。日本著作权立法受大陆法系国家影响，强调对著作权和作者人格权的双重保护。其"著作权"的概念仅指著作财产权，与作者人格权并立，与我国包含著作财产权和著作人身权的"著作权"有区别。日本现行的《著作权法》是1994年的修订本。

苏联解体后，俄罗斯于1993年颁布了《著作权和邻接权法》。该法将邻接权与著作权并列，提高了对邻接权的保护水平，并吸收英美法系和大陆法系国家著作权立法的精华，授予了著作权人丰富的权项，加大了对著作权的保护力度。

三、我国著作权法的沿革

（一）我国近代著作权法律制度

由于我国传统上个人权利的法律观念没有得到应有发展，个人权利在国家权力和家长权力的压制下几乎没有发展空间；同时由于古代士人的价值取向是"重义轻利"，著书立说，是为了"立言"以教化后人，名垂青史，"君子不言利"。因而宋代的令状保护尽管要比西方特许保护早300年左右，却未能发展成通行全国的行政制度，更不能催生出保护作者个人权利的法律制度。

我国的著作权法律制度，是伴随着近代西方国家的经济掠夺和文化侵略从西方传入的。1903年，清政府和美国在上海签订的《中美续议通商行船条约》第11条规定，中美两国相互保护对方国民的著作权。这是我国历史上第一个涉及著作权的条约，也是西方著作权法律制度传入我国的开端。

为履行《中美续议通商行船条约》的义务，1910年清政府颁布了《大清著作权律》，这是中国第一部著作权法。该法共分"通例、权利期限、呈报义务、权利限制、附则"等5章，共计55条。

《大清著作权律》有以下特点：①立法的主导思想受大陆法系影响较大，尤其受德国、日本影响大，许多条文直接采用德国、日本著作权法的规定。例如，第1条规定著作权的主要内容是复制权（原文是"专有重制之利益"），而未强调"发行权"，是仿效德国。而第5条关于著作权保护期的规定，则是仿照日本。②著作权客体范围狭小。其保护范围是："文艺、美术等物"，包括"诗文、曲本、乐谱、笔记、说部、戏本、图画、帖本、照片、雕刻、模型。"③受保护的主体一般是作者本人，但对合作作品、委托作品、口头作品、翻译作品的著作权归属与继承作了特殊规定。④没有直接规定权利主体的权利，而是通过禁止某些行为来保护著作权主体的利益。⑤著作权取得方式为注册取得，创作完成后必须办理"呈报"手续方能获得保护。⑥著作权的保护期较短。一般是作者终身加死亡后30年，以官署、学堂等署名的作品保护期为30年，照片作品保护期10年。保护期自注册完成后开始计算。⑦对侵犯著作权及其处罚作了详细规定。

《大清著作权律》在我国著作权保护历史上影响较大。1915年，北洋军阀政府颁布了另一部《著作权法》，其中除了把登记机关由民政部改为内务部，并在著作权客体范围增加"讲义"、"演述"等项外，完全与《大清著作权律》相同。1928 年，国民党政府颁布了一部《著作权法》及其实施细则，该法在 1944、1949 年两次修改。1963 年，在我国台湾地区又颁布了另一部"著作权法"，在著作权客体范围中增加了唱片、电影。这两部法的基本内容，仍未超出《大清著作权律》的范围。直到 1985 年，我国台湾地区对 1963 年"著作权法"进行全面修订，才基本摆脱了《大清著作权律》的影响。

（二）1949 年以后的著作权保护

1950 年 9 月，全国第一次出版工作会议通过的《关于改进和发展出版工作的决议》，规定了著作权保护的一些原则。根据这些原则，政务院及有关部委相继颁发了一些有关稿酬、出版合同等方面的文件，作为处理著作权纠纷的具体依据。根据这些文件精神，全国许多大出版社在 1955 年前后都制定出本社与作者之间适用的约稿合同、出版合同及稿酬办法。但是，由于当时学界对作品能否成为财产、著作权保护制度是否需要等问题存在分歧，建立全面的著作权制度的设想被长期搁置。1966 年开始的"文化大革命"十年内乱，除对个别人之外，已经建立的著作权保护或稿酬制度基本上被废弃。

中国共产党第十一届三中全会后，全国工作中心由"阶级斗争"转移到经济建设。为发展文化科学事业、开展对外交流，有关部门开始进行著作权立法的准备工作。1979 年和 1980 年，我国分别与美国、菲律宾签订了涉及著作权保护的《中美贸易协定》、《中菲文化协定》等双边协定。1980 年 5 月国家出版局颁布《关于书籍稿酬的暂行规定》，该规定第 1 条就明确宣布其主要目的之一是"保障著译者的正当权益"。1982 年 12 月广播电视部颁布《录音、录像制品管理暂行规定》，该规定第 6 条提出"音像制品出版单位应保障作者、表演者的合法权益。"1985 年，文化部颁布《图书期刊版权保护试行条例》，为文化行政主管部门处理国内的图书、期刊著作权纠纷提供了依据。

1986 年 4 月 12 日颁布的《民法通则》对著作权保护作了原则性规定。该法第 94 条规定："公民、法人享有著作权（版权），依法有署名、发表、出版、获得报酬等权利。"第 118 条规定："公民、法人的著作权（版权）……受到剽窃、篡改、假冒等侵害的，有权要求停止侵害，消除影响，赔偿损失。"这一时期的其他一些法律法规如《继承法》、《个人收入调节税暂行条例》等，也承认著作权中的某些权益。

1985 年，《版权法》草案初步完成，并以"十条要点"的形式广泛征求国际上的意见。此后，《版权法》草案又经国务院法制局、全国人大法工委多次讨论、修改。

1990 年 9 月 7 日，原《版权法》草案更名为《著作权法》，经第七届全国人大常委会第十五次会议审议通过，并于 1991 年 6 月 1 日正式实施，同年 6 月 3 日又颁布了《著作权法实施条例》。《著作权法》共 6 章 56 条，从各个方面规定了作者、其他著作权人及作品传播者的合法权益。该法根据 2001 年 10 月 27 日第九届全国人民代表大会常务委员会第二十四次会议《关于修改〈中华人民共和国著作权法〉的决定》第一次修正，根据 2010 年 2 月 26 日第十一届全国人民代表大会常务委员会第十三次会议《关于修改〈中华人民共和国著作权法〉的决定》第二次修正。

四、各国著作权法的发展变化

随着各国社会的发展和现代传播技术的进步，以及国际科学文化交流的增多，各国著作权法有了很大的发展和变化，具体表现在四个方面：

（一）形成世界范围的著作权国际保护格局

1886 年 9 月，英国、法国、瑞士等 10 个国家在瑞士首都伯尔尼缔结的《伯尔尼公约》首开著作权国际保护的先河。这 10 个国家主要是欧洲发达国家和利比里亚、海地和突尼斯等三个非洲、美洲国家，覆盖范围较窄，尚不具有世界意义。因此，《伯尔尼公约》的缔结，仅表明著作权国际保护体系的出现。

《伯尔尼公约》缔结之后，随着各国科学文化交流的增多，发达国家和发展中国家陆续缔结了一系列的著作权保护国际公约，例如，1952 年的《世界版权公约》、1961 年的《保护表演者、录音制品制作者与广播组织公约》、1971 年的《保护唱片录制者防止其唱片被擅自复制公约》、1974 年的《人造卫星载有节目信号公约》等，著作权国际保护体系不断完善与深化。在这种情况下，1967 年 7 月，51 个国家的代表在瑞典首都斯德哥尔摩举行会议，通过了《成立世界知识产权组织公约》，世界知识产权组织宣告成立。参会的 51 个国家，基本覆盖了世界各大洲，其代表性具有世界意义。因此，世界知识产权组织的建立，不容置疑地宣告了著作权乃至整个知识产权世界范围的国际保护体系初步形成。

世界知识产权组织建立后，著作权乃至整个知识产权的国际保护仍然缺乏力度，为了维护本国的利益，美国等 20 个发达国家在建立世界贸易组织的"乌拉圭回合"谈判中提出将知识产权作为三个新的议题之一。经过激烈的争斗，《与贸易有关的知识产权协定》得以通过，成为 WTO 的重要文件之一。由于与贸易有关的知识产权纠纷可以纳入 WTO 强力的争端解决机制加以解决，《与贸易有关的知识产权协定》成为迄今为止著作权乃至整个知识产权保护水平最高、力度最强的国际公约，标志着著作权乃至整个知识产权世界范围的国际保护格局最终形成。

（二）著作权的权利内容不断丰富

随着各国著作权法律制度的不断健全、完善，著作权主体的权利不断增加。

造成这一现象的主要原因有两个：①随着社会的发展，著作权法本身不断完善，原来没有在著作权法中明确的权利，被纳入著作权主体的权利范围。例如，我国《著作权法》在 2001 年修改之前，出租只是作为行使"发行权"的一种方式，2001 年的修改，则明确写入了"出租权"。②随着科学技术的发展，出现了新的作品传播技术，著作权的范围亦随之扩大。例如，1990 年我国颁布《著作权法》时，电脑和电脑网络远未普及，《著作权法》不可能规定"信息网络传播权"，而 2001 年修改著作权法时，电脑网络不仅在城市普及，且进入农村，增加"信息网络传播权"以保护著作权主体的利益，可谓水到渠成。

（三）著作权的保护范围不断扩大

在著作权主体权利不断增加的同时，著作权客体的范围也在不断扩大。其原因主要有以下两个：①随着社会的发展和著作权法的不断完善，原来被排除在著作权法保护范围之外的早已存在的作品或文艺表现形式被纳入著作权法保护范围。例如，我国《著作权法》2001 年修改时，将原来没有保护的"杂技"列入"音乐、戏剧、曲艺、舞蹈"类的艺术作品加以保护。②随着科学技术的发展，出现了新的作品和作品载体，著作权的客体范围亦随之扩大。例如，随着电子技术的广泛运用，多数国家用著作权法保护"电脑软件"，一些国家著作权法还保护"数据库"。

（四）两大法系著作权立法的差异逐渐缩小

随着国际经济新秩序的形成，大陆法系和英美法系总体上有融合趋势，在著作权法律制度方面，亦不例外。而《伯尔尼公约》、《TRIPS 协定》等著作权保护国际公约则为这一融合搭起了桥梁。两大法系国家的立法宗旨，均以保护作者权利为中心，兼顾作品使用者和传播者的利益；在保护水平上，要达到国际公约尤其是《伯尔尼公约》的最低保护标准。在这一过程中，英美法系国家的版权法改变了"版权"中单一的财产构成，赋予版权主体一定的人身权利；而大陆法系国家的著作权法也吸收和借鉴了英美法系国家相关立法的先进经验。

第三节　著作权的概念和特征

一、著作权的概念

（一）著作权的概念

著作权亦称版权，是指作者或者其他著作权人对文学、艺术和科学作品依法享有的各项专有权利的总称。这一概念包含以下四点内涵：

1. 著作权主体包括作者和其他著作权人。一般情况下，著作权主体是作者；特定条件下，著作权主体是作者以外的其他人。

2. 著作权客体是涵盖文学、艺术和科学三个领域的作品。著作权的客体范围比较宽泛，就我国来说，我国《著作权法》第3条规定的著作权客体范围包括文学、艺术和科学三个领域共9类作品。

3. 著作权是法律赋予的。国家为了平衡作品的作者、使用者和传播者以及整个社会的利益，促进科学、文化的发展，通过著作权法赋予著作权主体一定范围的权利。著作权主体只能在法定的范围内依法享有著作权。

4. 著作权是各项专有权利的总称。一方面，著作权可以分解为许多更具体的权项，我国《著作权法》就把著作权分解为17项具体的权利。另一方面，著作权是专有权，是法律赋予著作权主体在一定范围内对作品的垄断权，具有较强的排他性。

（二）著作权概念的演变

对于作品相关的权利，有"著作权"和"版权"两个概念。这两个概念经历了从差别到同一的历史过程。

"版权"英文为 Copyright，最早出现于英国。过去，Copyright 一词一度被认为产生于《安娜法》之前，指的是15世纪后英国出版商的特权。据英国版权委员会名誉主席威尔在其1983年的《论版权》一书中考证，Copyright 一词是在《安娜法》颁布30年后出现的，意为作者的"复制权"。无论是"出版商的特权"还是作者的"复制权"，"版权"在英国出现之初，仅指财产方面的权利。受英国影响，我国香港地区一直使用"版权"这一术语。

"著作权"英文为 Author's Right，最早出现在法国，法文为 droit de auteur，意为"作者权"。包括作者人身性和财产性两个方面的权利。日本人在翻译该词时，将其译为"著作权"，后被我国晚清、民国及今天的大陆和我国台湾地区沿用。

"版权"和"著作权"概念出现之初的差异，反映了英美法系国家和大陆法系国家在保护作者权利方面的传统差异。我国晚清在起草《大清著作权律》时，之所以弃"版权"而用"著作权"，据1911年上海商务印书馆出版的《著作权律释义》解释，是因为"版权多出于特许"，"又多指书籍画册，不足以包括雕刻模型等美术物。"

随着各国科学文化交流的增多，"版权"与"著作权"的差异日渐缩小，走向同一。1952年缔结的《世界版权公约》，英文文本使用 Copyright，法文和西班牙文本使用 droit de auteur，可见当时"版权"与"著作权"可以互换使用。1988年和1990年，实行版权制传统上不保护作者人身权的主要国家——英国和美国先后明文确认了作者人身权，"版权"与"著作权"在国际上基本同一。1990年我国《著作权》法颁布时，特别指出"版权"与"著作权"是"同一语"，2001 年《著作权法》修改时，又再次进行了强调。因此，目前"版权"与"著作权"，无论从国际还是从国内来说，都是一个概念。

二、著作权的特征

作为知识产权体系的核心权利之一，知识产权所具有的权利客体的无形性、专有性、时间性、地域性和可复制性等特点，著作权都具有。此外，与物权、其他知识产权相比较尤其是与物权相比较，著作权还具有下列特征：

（一）著作权客体的利用有较高的自由性

人们在行使物权，使用物的时候，只能依照物本身的属性和用途来使用，使用方式比较单一。通常某人在使用某物时，其他人就不能使用该物，即使某物能允许多人同时使用，这一人数也有自然限制。

相对来说，作品的使用则有较高自由度。一部作品，可以通过不同的方式再现、使用，可以表演、广播，可以复制发行，还可以上网传输。由于作品具有可复制性，不发生有形控制的占有，也不发生有形损耗的使用，可以由无数人同时使用作品而不用受到他人影响或影响他人。

（二）著作权具有较强的人身性

著作权除了具有财产属性外，还具有强烈的人身属性，自创作完成开始，作品就与作者产生某种程度的联系，这一联系无论是著作权转让还是继承，都不能割断。著作权中的著作人身权一般与作者不可分离，著作财产权的转让，不改变著作人身权的归属；即使作品过了法定的著作财产权保护期，变为公有作品，其他人在使用作品时，也不能侵犯作者对作品的人身权。相比之下，物权只具有单纯的财产属性。一旦转让，物权的归属就发生变化，而物与原物权人的关系也随即终止。

（三）著作权权利获得的自动性

著作权的这一特征，是相对于商标权和专利权而言的。商标权和专利权的获得，需要办理注册、申请手续，由有权机关核准、审批。就著作权而言，虽然历史上和现在都有注册取得制度存在，却属于少数。目前世界绝大多数国家的著作权实行自动保护制度，自作品创作完成之日自动产生著作权，受著作权法保护。

（四）著作权保护条件要求作品具有"独创性"

著作权的这一特征，也是相对于商标权和专利权而言的。商标权获得的条件是商标标识要具有"显著性"，以便消费者在购买商品时能区分这种商品和那种商品，同类或类似商品上的商标标识不仅不能相同，且不能相似。两人以上提交相同或近似标识的商标注册申请，商标权只能授予先申请的人。专利权获得的条件是申请专利的技术要具有"新颖性"、"创造性"和"实用性"，一项技术不仅须是前所未有的，而且还须比原有技术更先进，并能在产业中运用，方能获得专利权。两人以上就同一项技术提交专利申请，专利权也只能授予先申请的人。

而著作权获得的条件，则是要求作品具有"独创性"。只要作者是独立创作的，没有抄袭、剽窃他人作品，即使内容相似甚至相同，也不影响著作权的获得。著作权法会同时保护两部以上独立完成而内容相同的作品。

（五）著作权侵权的特殊性

侵权人侵犯物权，必然会影响到物权人对物的控制和占有；由于某一具体的"物"不能被两个以上各自独立的人所控制和占有，物权不能被两个以上独立的加害行为同时加害（在共同侵权的情况下，侵权人实施的加害行为是同一的，且侵权人人数总会受到自然限制）；并且，侵权行为的发生，经常会伴随对物的损害。相对而言，侵权行为较易为物权人所发现。

而由于作品不发生有形控制的占有，也不发生有形损耗的使用，侵权人侵犯著作权，不影响著作权人对作品的控制和占有；同一部作品，可以同时受成千上万个独立的加害行为加害；并且，除歪曲篡改作品外，无论多严重的盗版复制等侵权行为，都不会对作品本身造成损害。

引例解析

著作权具有专有性、排他性，除著作权人之外的任何人，都应当尊重其著作权。但是，著作权的专有性没有专利权和商标权强烈。在专利方面，两人以上就同一技术内容申请专利，只能有一人获得专利，专利权授予先申请人；在商标权领域，相同或类似的商品或服务上不能出现相同或近似商标；而在著作权领域，决定作品是否受到著作权法保护，关键在于作品是否具有独创性。影响独创性的关键因素是独立创作。甲乙两人均是独立完成创作，《人间有爱》和《民族魂》因此都具有独创性，都应当获得著作权。故法院应当驳回某甲的诉讼请求。

思考题

1. 著作权法有什么作用？
2. 著作权有哪些特征？
3. 我国宋代的令状保护比西方的特许保护早 300 年左右，为什么世界上第一部著作权法出现在英国而不是中国？

著作权的客体

☞ **学习要点**

学习本章应理解作品的概念和著作权法保护的9类作品,重点掌握作品的要件、不受著作权法保护的项目。作品的要件是学习的重点和难点。

◆ **引读案例**

1992年7月2日,被告上海东方商厦有限公司在上海《每周广播电视报》上刊登广告语有奖征集启示,向社会公开征集企业广告语,启示中未约定广告语权利归属。原告王定芳以"世界风采东方情"应征。同年9月4日,被告在《解放日报》上刊登广告用语评选结果公告,宣布"世界风采东方情"入选,为企业广告用语之一,作者王定芳,并宣布"获奖作品版权归公司所有"。王定芳知道后,起诉到上海市徐汇区人民法院。被告辩称:广告语是商务标语,而非著作权法所指文字作品,故原告不享有著作权。[1]

问题: 广告语是否属于文字作品而受著作权法的保护? 被告主张是否成立?

第一节　作品的概念和要件

一、作品的定义

我国《著作权法实施条例》第2条规定,著作权法所称作品,指文学、艺术和科学领域内,具有独创性并能以某种有形形式复制的智力创作成果。

在实践中,作品和作品的载体经常被混淆。它们虽然关系密切,却是两个概念。作品是作者的智力成果,是纯观念的东西,它必须借助一定的物质媒介或传播方式,才能表现出来,被人们所感受和欣赏。作品的载体,是指作品所依附的、能使人们感受和欣赏作品的有形物品和传播技术。它在作品与作品的接受者(包括读者、听众、观众等)之间搭起了一座联系的桥梁。根据作品载体的功能,可以将其分为形式载体、固定载体和复制载体。形式载体是作品思想内容的

---

〔1〕 案例来源:http://zykc.crup.cn/economic/ShowArticle.asp? ArticleID = 2915,访问时间:2010年3月10日。

表达方式，主要有文字、声音、图形、线条、色彩、姿态及符号等，是形成作品的必要前提。固定载体是指记录或固定作品形式载体的物质实体，通常仅指作品的原件，具有唯一性。复制载体是指承载作品形式载体，并能使作品产生一份或多份的物质实体，即作品的复制件。一部作品，未必形式载体、固定载体和复制载体全部具备；同一部作品的形式载体和复制载体，均可多样化。

在著作权法领域，对作品和作品的载体进行严格区分，具有重要意义。作品载体的转移，不等于作品的转移；而作品的转移，也不以交付作品的载体为要件。实践中一些著作权纠纷之所以产生，皆因弄不清这一点。一般说来，作品的读者、听众和观众等接受者所购买的，是作品的载体；和作者签订转让或许可使用合同的图书出版社、音像出版社、报社等新闻出版单位或其他人所购买的，才是作品本身，而此时，作者是否将作品的载体如手稿、图书、电子存储器等交付给受让方，不影响转让或许可使用合同的成立和生效。

二、作品的构成要件

作品是作者的智力成果。但是，并非所有的智力成果都是作品，它们要构成作品，必须同时符合以下三个要件，缺一不可。

（一）属于文学、艺术和科学领域

是否属于文学、艺术和科学领域，是区分某种智力成果是否属于作品的根本所在。这一区分，是决定某种智力成果是受《著作权法》保护还是受其他知识产权法保护的关键。例如，某甲创作一部小说、一首歌曲，或者撰写一篇环境保护方面的论文，分别属于文学、艺术和科学领域，是作品，应当受《著作权法》保护。如果某甲设计一种图案或文字标识，贴附在其所生产的商品上，或者发明一项净化污水的技术，则分别属于产业和技术领域，某甲可以申请注册商标和专利，其权益应当受《商标法》和《专利法》保护。

（二）具有独创性

对于独创性，世界知识产权组织曾作出解释：独创性是指作品属于作者自己创作，完全不是或基本不是从另一作品抄袭来的。具体说来，独创性有以下两项要求：

1. 独立创作。根据我国《著作权法实施条例》第 3 条的规定，著作权法所称创作，指直接产生文学、艺术和科学作品的智力活动。为他人创作进行组织工作，提供咨询意见、物质条件，或者进行其他辅助工作，均不视为创作。独立创作要求作者必须从事这种直接产生作品的智力活动，并且在这种智力活动中不得或者基本不抄袭他人的作品。只要作品是作者自己创作，并非单纯抄袭他人作品，即使与他人作品有某些雷同，也应当认定作品具有独创性，享有著作权。

2. 表达一定的思想和情感。作者总是通过创作作品来表达某种思想观念和情感。著作权法意义上的思想观念，含义远比通常所说的思想观念宽泛，"在版权法中，思想观念是指想法、概念、原则、客观事实、创意、发明和发现、程序、工艺和方法等。"[1] 人们的智力活动所产生的成果是否体现一定的思想和情感，是认定这一成果是否称得上作品、是否受《著作权法》保护的一个内在依据。例如，某甲智力活动的成果是几个无任何意义、不表达任何思想和情感的文字或图形，他可以将该文字或图形申请注册商标，但绝不能主张该文字、图形是作品，享有著作权。

（三）可感知性和可复制性

可感知性是指作品通过某种形式能为作者之外的其他人所感受、所欣赏的属性。可复制性是指作品能够通过某种物质或技术手段，反复再现的属性。可感知性和可复制性的要求实际上是同一的，能够被感知的智力成果必然能被复制，能被复制的智力成果，也必然能被作者之外的其他人所感知。

是否具有可感知性和可复制性，是区分作者的某一思想感情是停留在构思阶段还是已经形成作品的关键。例如，某甲准备写一篇反映重庆直辖市建立十年来发展成果的小说，主要人物、情节都已构思好，但尚未动手。此时，某甲的这些思想感情还停留在他的大脑，尚不能被他人感知，也不能复制，因此还不能称为作品，不受《著作权法》保护。

第二节　作品的种类

关于著作权法保护的客体范围，各国规定不尽相同。我国《著作权法》第3条共列举了9类作品。这些作品类型并非按统一标准进行划分，而是根据需要将生活实践中已经存在的作品类型和文艺形式纳入《著作权法》保护范围。

一、文字作品

文字作品，是指小说、诗词、散文、论文等以文字形式表现的作品。具体包括：以文学表现的小说、诗歌、散文、译著、工具书等作品；以数字表现的各种统计报表；以符号标示的盲文读物以及综合运用数字、文字和符号表现的作品。文字作品是实践中最普遍，数量最多的作品。

文字作品与音乐作品、戏剧作品和部分艺术作品等其他作品有重叠交叉之处。音乐作品表现为歌乐本、曲谱时，戏剧作品表现为剧本时，实际上都是通过文字表现出来。而艺术作品中的书法作品，同样也是通过文字表现出来。不过，

---

[1] 李明德：《美国知识产权法》，法律出版社2003年版，第137页。

要区分它们，还是比较容易。音乐作品可以通过文字表现出来，但其目的是为了提供人们演唱或演奏，所以歌唱家在演唱时，我们称之为"唱歌"而非"唱字"。戏剧作品可以通过文字表现出来，但其主要目的是提供舞台演出，所以演员在表演时我们称之为"演戏"而非"演字"。至于书法作品，其文字表现的目的，主要不是表达书法者的思想感情，而是通过对文字本身的造型美化，给人们带来"美"的享受。

文字作品中有部分作品，如目录、表格、电话号码本等，属于"边缘作品"，他们的法律地位，要由不同国家、不同的公权力机关，依不同的情况去确定。

二、口述作品

口述作品，是指即兴的演说、授课、法庭辩论等以口头语言形式表现的作品。对于口述作品，1967年在瑞典首都斯德哥尔摩修改《伯尔尼公约》时开始确认：不以物质形式固定的口述作品和音乐、戏剧、舞蹈作品均可受到保护。但《伯尔尼公约》并未要求各国法律一定要保护口述作品。目前世界上大部分国家不保护口述作品。我国属于少数保护口述作品的国家之一。

我国之所以保护口述作品，原因有三：①口述作品与其他作品一样，是作者智力劳动创作，体现了作者思想感情，符合作品的构成要件；②口述作品有可能被剽窃或者复制，从而成为非创作者非法营利的来源；③我国是一个口述作品数量众多的国家，保护口述作品的实践要求很强烈。如许多曲艺作品，一些艺术家说唱多年也未曾形成过文字。

但是，由于口述作品仅有形式载体，没有固定载体和复制载体，在诉讼中很难举证他人侵权。口述作品的保护，实践中非常困难。这也是大部分国家著作权法不保护口述作品的根本原因。而如果口述作品经作者或他人整理成文字或录音，完全可以当成文字作品等其他作品来保护。

三、音乐、戏剧、曲艺、舞蹈、杂技艺术作品

（一）音乐作品

音乐作品，是指歌曲、交响乐等能够演唱或者演奏的带词或者不带词的作品。按照世界知识产权组织与联合国教科文组织于1987年联合发布的一份报告的意见，音乐作品的范围应当包括"一切类型独创的声音之组合的作品"。

音乐作品与其他作品交叉的情形较多。除上文提及的与文字作品交叉之外，从传统上看，音乐作品与影视作品、戏剧作品、舞蹈作品等都有交叉。此时，如果不把音乐作品单独拿出来发表，则这部分音乐作品属于影视作品、戏剧作品和舞蹈作品的一部分，应当归入后三类作品之列。

现代音乐的发展，使音乐作品与其他作品产生了一些新的交叉。现代许多音

乐作品并无乐谱，仅仅以录音形式表现，一些"现代派"的音乐作品，一些音响甚至无法以乐谱表达；更有一些音乐大师将自然界一些偶然发出的音响，融入其创作的音调中。这就使得音乐作品与邻接权中的"录制品"产生了交叉。随着电脑技术的发展，电子音乐也问世了，这种音乐作品的构成要素中，部分就是使电子器件能按指令发出特定音响的软件。如此，音乐作品与电脑软件也发生了交叉。这些交叉，使音乐作品的保护比文字作品的保护更为复杂。

（二）戏剧作品

戏剧作品，是指话剧、歌剧、地方戏等供舞台演出的作品。

戏剧作品的保护对象是什么？是"一整台戏"还是"属于文字作品的戏剧剧本"？中国以及外国都有争议。国内主流观点认为作为著作权客体的戏剧作品主要指的是戏剧剧本。

（三）曲艺作品

曲艺作品，是指相声、快书、大鼓、评书等以说唱为主要形式表演的作品。

曲艺作品与其他作品交叉的情形较多。相声、快书、大鼓、评书已形成文字的，与文字作品交叉；未整理成文字的，与口述作品交叉。其唱法、唱腔与音乐作品交叉；而一些传统的节目，与民间文学艺术作品交叉。

曲艺作品与戏剧作品一样，存在一个保护对象究竟是什么的问题。曲艺作品不是曲艺表演本身，而是指供表演的曲艺的说唱脚本或底本。

（四）舞蹈作品

舞蹈作品，是指通过连续的动作、姿势、表情等表现思想情感的作品。

舞蹈作品不是指现场表演的舞蹈本身，而是指舞蹈的动作设计，这种设计可以是书面舞谱，也可以是以其他形式（如录音、录像）固定下来。

（五）杂技艺术作品

杂技艺术作品，是指杂技、魔术、马戏等形体动作和技巧表现的作品。

杂技艺术作品和舞蹈作品概念有些相似，外延存在交叉。二者既有区别又有联系。其联系有一点：都是通过身体语言向观众传递某种信息。其区别有两点：①舞蹈主要通过身体语言表达喜怒哀乐等感情，引起观众的情感共鸣；而杂技主要通过常人难于做到的形体动作来展示创造、征服等能力，给观众予感官上的刺激；②舞蹈主要追求动作造型的美，给人们带来美的享受；而杂技主要追求动作的高难度。当然，这些区别不能绝对化，近年来，一些舞蹈在讲究动作美的基础上，也在追求动作难度；而一些杂技在保证动作难度的同时，也越来越讲究动作美，使得舞蹈与杂技融合了，变成舞蹈杂技或杂技舞蹈，界线难分。好在它们都受《著作权法》保护，区分困难，对作者的权益也没有影响。

四、美术、建筑作品

（一）美术作品

美术作品，是指绘画、书法、雕塑等以线条、色彩或者其他方式构成的有审美意义的平面或立体的造型艺术作品。

美术作品通常可以分为纯美术作品和实用艺术作品。纯美术作品是指为表现个性和美感而创作、以供观赏的美术作品。实用艺术品是指在表现个性与美感的基础上，为实际使用而创作的美术作品。1886 年《伯尔尼公约》签订时，实用艺术品尚不是保护对象。1908 年《伯尔尼公约》修改时，才将实用艺术品列为"可保护"的对象，不过由于当时该公约的许多成员国还没有保护这种客体，实用艺术品在公约中还没有成为"必保护"的对象。1948 年《伯尔尼公约》第三次修改时，实用艺术品才成为"必保护"的对象。该公约于 1971 年修订时，进一步明确了对实用艺术品的保护要求，具体可以归纳为以下三点：①各成员国必须以本国立法保护实用艺术品；②各国保护实用艺术品的程度和范围可以有所不同；③实用艺术品的保护期可以短于一般文学艺术作品的保护期。

与美术作品相关的，是工艺美术品。许多国家的著作权法没有将他列入美术作品的范围，甚至没有列入著作权法保护范围。据国家轻工业部工艺美术公司1987 年的统计，我国的工艺美术品包括 645 类不同客体。归纳为大类，至少也有十几个大类。如陶瓷、刺绣、织锦、地毯、玉器、象牙雕刻、石雕、木雕、编织、漆器、红木家具、金属工艺、伞、扇、绒绢、纸花、剪纸等。1997 年 5 月20 日，国务院曾颁布一个《传统工艺美术保护条例》，对在国内外享有声誉的手工艺品种和技艺进行保护。

（二）建筑作品

建筑作品，是指以建筑物或者构筑物形式表现的有审美意义的作品。

建筑作品的保护范围应当包括建筑物本身、建筑模型和建筑设计图。因为这些都包含着建筑设计师的美学思想，体现出建筑设计师的独创性构思，都有可能被他人复制并借此营利。但这一范围不包括建筑材料和建筑技术。一幢新房屋建成，他人用相同的材料和技术建筑外观不同的其他房屋，不侵犯著作权；他人用不同的材料和技术建筑一幢外观相似的房屋，则可能侵犯著作权。

值得指出的是，并非所有的建筑物和构筑物都构成建筑作品、属于著作权法保护对象。一幢房屋外观很丑，没有审美意义，不能构成建筑作品。一幢房屋外观很美，但却是照搬或模仿其他建筑物，没有独创性，也不能构成建筑作品，不受著作权法保护。

五、摄影作品

摄影作品，是指借助器械在感光材料或者其他介质上记录客观物体形象的艺术作品。

并非所有用照相机或者摄影机拍摄成的照片等都能构成摄影作品。这些东西要构成摄影作品，必须包含作者的创作性思维，体现作者的思想和感情。简单的翻录、翻拍不能构成摄影作品。例如，对某一次会议的摄影记录、对某些文件的翻拍，都不能构成摄影作品。当然，这在实践中有一定的模糊区，有些照片，难于精确认定是简单的记录还是创作性的摄影。

摄影作品对器械的依赖性较大，而人的创作功能的发挥，相对较小。因此，各国著作权法对摄影作品的保护水平，比一般作品的保护水平要低。我国亦不例外。

六、电影作品和以类似摄制电影的方法创作的作品

电影作品和以类似摄制电影的方法创作的作品，是指摄制在一定的介质上，由一系列有伴音或者无伴音的画面组成，并且借助适当装置放映或者以其他方式传播的作品。

自电影出现后，《伯尔尼公约》的每次修订本都保护电影作品，并强调说明电影作品的保护对象是已经摄制完成的影片，而不是电影剧本。这是因为电影剧本的创作完成，仅仅是摄制电影的第一步。一个剧本要摄制成电影影片，还需要导演、演员以及服装、摄影、音乐、配音、剪辑等人员共同付出更为艰辛的劳动。相同的剧本，不同的剧组会摄制出不同的影片。因此，电影作品的保护对象只能是影片。而电影剧本，可作为文字作品获得保护。

随着科学技术的进步，这类作品的摄制技术手段越来越多，其外延也越来越宽。先是电视作品，之后是录像，近年来，VCD、DVD相继出现，已经完全取代了录像带。无论技术怎么进步，只要是以类似摄制电影的方法创作的，都属于这类作品的范畴，受著作权法保护。对于这类作品，世界知识产权组织曾经试图统一各国的称谓，称之为"视听作品"。

七、图形作品和模型作品

图形作品，是指为施工、生产绘制的工程设计图、产品设计图，以及反映地理现象，说明事物原理或者结构的地图、示意图等作品。

模型作品，是指为展示、试验或者观测等用途，根据物体的形状和结构，按照一定比例制成的立体作品。

图形作品属于平面作品，包括设计图、地图和示意图等。设计图包括工程设计图、建筑设计图、电路设计图、工艺美术制品的设计图、实用艺术品的设计图以及其他产品的设计图等。它与建筑作品有交叉，有审美意义的建筑物和构筑物，其设计图可连同建筑物本身一起作为建筑作品获得保护，而没有审美意义的建筑物和构筑物，建筑物本身不受著作权法保护，但其设计图可作为图形作品获得保护。地图可以分为普通地图和专业地图两大类。在许多国家，因为政治原因，也为避免出现外交纠纷，包括地理图、地形图和政区图的普通地图，必须使用政府指定的图。由政府部门或者政府指定的专门出版社绘制出版，其他出版社只能在获准的条件下复制。这种地图性质上类似于"不受著作权法保护的对象"中的"官方文件"。专业地图是在普通地图基础上为适应相关专业的需要进一步绘制的地图，如气象地图、古地理图、经济地图、人口分布图等。而示意图则包括线路图、解剖图等说明事物原理和结构的图形。地图和示意图的制作，虽然必须反映客观事实，但其制作过程包含了绘制者无数的判断、选择和取舍，舍弃可舍之处，保留必留之处。这一判断选择的过程，就是绘制者创作性劳动的过程，不能等同于照相机、摄影机简单的翻录、翻拍。同样的客观事实，不同绘制者绘制出的地图和示意图会出现较大的不同。正是因为制图过程包含了绘制者的创作性劳动，而作为劳动成果的地图和示意图有可能成为非法复制以牟利的对象，地图和示意图应当成为著作权法保护对象。

模型作品属于立体作品，包括地形模型、建筑模型、产品模型等。模型作品与美术作品中的雕塑在外观上有些相似。不过它们的制作目的、要求和功能都不相同。模型作品是为展示、试验或者观测等实用目的而制作，要反映出原物的形状和结构，能够满足人们的某种实际需要；而雕塑则主要是为欣赏目的而创作，追求线条的流畅、造型的协调和美观，雕塑者可以充分发挥创造力和想象力，其功能主要是给人以美的享受。

八、计算机软件

计算机软件，是指计算机程序及有关文档。计算机程序，是指为了得到某种结果而可以由计算机等具有信息处理能力的装置执行的代码化指令系列，或者可以被自动转换成代码化指令系列的符号化指令系列或者符号化语句系列。同一计算机程序的源程序和目标程序为同一作品。而文档，是指用来描述程序的内容、组成、设计、功能规格、开发情况、测试结果及使用方法的文字资料和图表等，如程序设计说明书、流程图、用户手册等。

由于计算机软件的特殊性，《著作权法》第59条规定其保护办法由国务院另行规定。但《TRIPS协定》要求将它视同文字作品予以保护。为了达到这一要求，2001年《著作权法》修改后，2001年12月国务院也颁布了《计算机软件保护条例》。新颁布的《计算机软件保护条例》在程序和实体上，已将对计算机软件的保护水平提高到对文字作品的保护层次。

九、法律、行政法规规定的其他作品

这是一个兜底的规定，以防止出现遗漏，也使得发现或出现新的类型的作品，能够及时地获得《著作权法》保护。不过，"其他作品"的范围仅限于"法

律、行政法规规定",只有全国人大、全国人大常委会和国务院才有权规定《著作权法》保护的"其他作品"。

就现行立法来看,"其他作品"中非常重要的部分当属于民间文学艺术作品。

民间文学艺术作品,是指由某一地域的民族或种族集体创作,世代相传、不断发展而构成的作品。

将民间文学艺术作品纳入著作权法保护范围,是由亚非发展中国家发起的。其根源是国家利益。1886年《伯尔尼公约》缔结时,并未明确将民间文学艺术作品列为保护对象。在国际文化交流中,总体上是发展中国家向发达国家支付作品的使用费,因为发达国家所创作的作品,远比发展中国家多。随着国际文化交流的增多,发展中国家发现,发达国家总是无偿利用发展中国家的文化资源,进行加工创作,甚至将发展中国家的民间文学艺术进行歪曲篡改,形成新的作品,再向发展中国家输送,收取使用费。为了保护国家利益,使本国的民间文学艺术不受发达国家的无偿利用与歪曲篡改,19世纪六七十年代,以非洲国家为代表的亚洲、非洲和拉丁美洲发展中国家,如突尼斯、阿尔及利亚、印度尼西亚、智利等,先后在国内著作权法中将民间文学艺术作品纳入保护范围,并在国际上掀起保护民间文学艺术作品的斗争。经过斗争,发达国家作了一些让步。《伯尔尼公约》1971年修订本将民间文学艺术作品作为"不知作者的作品"加以保护,是双方妥协的结果。目前,超过50个国家已经立法保护民间文学艺术,其中甚至包括英国等个别发达国家。由于这些国家在世界上尚不占据多数,《TRIPS协定》对民间文学艺术作品的保护采取了未置可否的态度。想保护它的国家,可以将它列入《TRIPS协定》第9条所称的"表达"(Expression)加以解释;未保护它的国家,也不违背该协定。

我国1990年颁布《著作权法》时,就将民间文学艺术列为由国务院另行规定的特殊作品。实际上,保护民间文学艺术作品的条例在1996年就已起草完成,但由于人事变动、体制等种种原因,未能出台。2001年又重新起草,至今仍然是千呼万唤未出来。

从逻辑上说,民间文学艺术作品与音乐、舞蹈、杂技、戏剧等作品都有交叉,因为民间文学艺术主要就是以这些形式表现、流传。那么,如何区分一般作品与民间文学艺术作品呢?主要看创作主体和创作时间。凡是特定的主体创作的,无论创作主体是自然人还是法人或非法人单位、是一个还是几个、是匿名还是公开,都是一般作品。凡是不特定的主体参与了创作、长期在某一地域流传而又不能将作者具体化的作品,是民间文学艺术作品。不过,这一标准不能绝对化,例如,一些传统的地方戏,依照《著作权法实施条例》对戏剧作品下的法定定义,可归入戏剧作品,按照创作主体,则可归入民间文学艺术作品。实践中不少作品是在民间文学艺术作品的基础上整理、改编而成，它们与民间文学艺术作品的关系类似于原作品和改编作品、汇编作品的关系。

第三节　不受著作权法保护的对象

一、官方文件

官方文件是指法律、法规，国家机关的决议、决定、命令和其他具有立法、行政、司法性质的文件及官方正式译文。

官方文件体现了国家机关的意志，我国《著作权法》将其排除在保护范围之外，是为了使这些文件能够以更快的速度在更广的范围传播，使更多的人知晓，进而遵循国家机关的意志。如果官方文件享有著作权，则传播者在传播这些文件时，必须获得国家机关的同意并支付使用费，就会限制官方文件的传播，也就限制了政府意志的贯彻执行。同时，国家机关均是由国家财政税收所支持，履行公共职能提供公共服务是国家机关的当然职责。颁布官方文件，是国家机关公共职能或公共服务的内容之一。国家机关不应再享受著作权，获取额外的使用费。

将官方文件排除在著作权法保护范围之外，是《伯尔尼公约》第 2 条所允许的，《伯尔尼公约》第 2 条之二甚至允许将政治演说、法律诉讼中的演说全部或部分排除在保护范围之外。

二、时事新闻

时事新闻，是指通过报纸、期刊、广播电台、电视台等媒体报道的单纯事实消息。

时事新闻之所以不受著作权法保护，其原因有两个：①时事新闻是客观事实的"唯一表达"或"有限表达"。时事新闻是单纯的事实消息，是对已经存在的客观事实或者已经发生的客观事件的描述，如果保护时事新闻，无异于保护"时事"本身。②时事新闻报导的宗旨所要求。时事新闻报导本身的宗旨就是要追求传播范围，使更多的人知晓。如果《著作权法》保护时事新闻，则媒体在传播时事新闻时，必须取得采编者的同意并支付使用费。这样，就会限制新闻的传播，与新闻报导的宗旨相悖。

我国《著作权法》不保护时事新闻，符合《伯尔尼公约》的要求。《伯尔尼公约》第 2 条第 8 款规定："本公约的保护不适用于日常新闻或纯属报刊消息性质的社会新闻。"

需要指出的是，作为单纯事实消息"唯一表达"或"有限表达"的新闻不受保护，但对新闻的进一步详述、描述、综述、评论等，则可能超出纯新闻的范围。此时，表达方式不再是"唯一"或"有限"，采编者对"表达方式"的取舍，使作品具有"独创性"，成为享有著作权的作品。此时，如果仍把它们作为不享有著作权的客体自由使用，必然构成侵权。

三、历法、通用数表、通用表格和公式

历法、通用数表、通用表格和公式之所以不受著作权法保护，其原因有两个：①历法、通用数表、通用表格和公式是客观规律的"唯一表达"。它们是客观规律的表现形式，这些客观规律是客观的、唯一的，人们只能发现它，而不能创造它。人们对它们的描述，不可能采用自己独特的方式，也不可能加上自己的创作和情感，因而不具有"独创性"。②社会发展的需要。历法、通用数表、通用表格和公式都是现代社会赖以存在和发展的基础性知识，如果让它们的发现者、创作者享有著作权，进行独占，必然会妨碍社会的发展与进步。

四、作品的思想

依照著作权法原理和长期以来形成的传统，著作权法不保护作品的思想，只保护这些思想的表达。其原因主要有两个：其一，同一个思想，往往有丰富多彩的表达方式，作者的创作，主要体现在对表达方式的取舍上；其二，这是文化的传播与繁荣、社会的发展与进步的基本要求所决定的。作品的思想非常宽泛，包括概念、术语、原则、客观事实、创意、发现、发明、程序、工艺和方法等。如果著作权法保护了思想，就会窒息文化的繁荣，阻碍社会的进步。例如，"改革开放使中国变得更加富强"是一种思想，如果著作权法保护思想，那么，第一个人创作了歌颂改革开放、赞美中国富强的作品后，其他人就不能再创作同类作品了，这样，文化就变得贫乏，社会发展就会受到影响。《著作权法》如果走到这一步，就不再是促进文化繁荣和推动社会进步了。

著作权法不保护作品的思想，并不代表思想不受法律保护。作品的思想如果是产业领域的发明、工艺和方法等，其发明创造者可以依照《专利法》的规定，申请国家专利。一旦被授予专利权，即可受到《专利法》保护。

只保护表达不保护思想的一般原则也有例外。当某种思想观念只有一种或几种表达方式时，该表达方式是思想观念的"唯一表达"或"有限表达"。此时，该表达方式不受著作权法保护，因为，其他人要表达同样的思想观念，都必须采用该表达方式，保护了表达方式，就等于保护了思想，于文化发展和社会进步不利。可见，对于"表达"而言，在特定情形下，不受著作权法保护；对"思想"而言，无论何种情形都不受著作权法保护。

引例解析

本案首先应当确定"世界风采东方情"是否属于文字作品,受著作权法保护。《著作权法实施条例》对"文字作品"所下的法定定义是:小说、诗词、散文、论文等以文字形式表现的作品。一个"等"字表明该定义的列举没有穷尽,是一个开放式的定义。所以,"世界风采东方情"是否属于文字作品,不能看在"文字作品"的法定定义中是否被明确列举,更不能看字数,而是要看这句话是否具备作品的构成要件以及是否属于《著作权法》不保护的对象。作品的构成要件有三个:属于文学、艺术和科学领域;具有独创性;具有可感知性和可复制性。文学是指以语言为手段塑造形象来反映社会生活、表达作者思想感情的一种艺术。艺术是指用形象来反映现实但比现实有典型性的社会意识形态。"世界风采东方情"虽然简洁,但深情的刻画,使一个现代东方企业的形象呼之欲出,应当属于文学艺术领域;这句话不是从他处抄袭,也不是对客观事实的简单陈述,具有独创性;这句话琅琅上口,可以成千上万地印制成商务标语,具有可感知性和可复制性。同时,这句话也不属于实事新闻、通用数表等《著作权法》不保护的对象。故被告关于"世界风采东方情"不属于文字作品的主张不能成立。

按合同法原理,被告的征集启示属于要约邀请,原告的应征属于要约,被告的评选属于承诺。这一创作方式,《著作权法》中没有规定,按类推原理,在《著作权法》中最类似的是委托作品,由于双方事先未约定著作权归属,"世界风采东方情"的著作权应当归作者王定芳所有。但被告上海东方商厦有限公司有权按事先约定,在商务宣传范围内独家使用该作品。

思考题

1. 什么是作品?作品有哪些构成要件?
2. 简述我国著作权法的保护范围。
3. 在使用他人的新闻报道时,应当注意哪些事项?
4. 依法禁止出版和传播的作品是否受我国《著作权法》保护?为什么?

著作权的内容

☞ **学习要点**

学习本章应掌握著作人身权与著作财产权的概念、特征和具体内容，著作权转让合同和许可使用合同的主要内容。著作权的权利内容是学习的重点和难点。

◪ **引读案例**

1993 年 10 月 27 日，上海朵云轩、香港永成古玩拍卖有限公司（以下简称永成公司）联合在香港拍卖出售了一幅画——《毛泽东肖像》，画上有"炮打司令部，我的一张大字报，毛泽东"字样，落款为"吴冠中画于工艺美院一九六二年"。拍卖前，吴冠中曾通过有关单位转告上海朵云轩，称该画为假冒其署名的伪作。上海朵云轩接到书面通知后，仍与永成公司联合拍卖，并出具专家意见称"这是吴冠中的作品"，该画最后被他人以港币 52.8 万元购去。吴冠中遂向上海市第二中级人民法院起诉，请求法院认定上海朵云轩和永成公司侵犯其著作权，并依法承担侵权责任。[1]

问题：两被告所侵犯的究竟是署名权还是姓名权？该案应当适用《民法通则》还是《著作权法》？

第一节　著作人身权

一、著作人身权的概念和特征

著作人身权，又称作者人格权，也称精神权利，是指作者基于作品创作而享有的各种与人身相联系而无直接财产内容的权利。

就传统而言，在英美法系国家，版权被认为是一种单纯的经济权利，在大陆法系国家，著作权既包括经济性权利，也包括精神性权利。随着各国文化交流的增多、知识产权世界范围国际保护体系的形成，在英美法系和大陆法系融合的大背景下，英美法系国家开始保护作者的精神性权利，不过，其对作者权利的保护

---

〔1〕　刘春田主编：《新版以案说法——知识产权法篇》，中国人民大学出版社 2006 年版，第 33~34 页。

依然侧重于经济性权利。我国属于大陆法系国家，按照我国《著作权法》的规定，著作权包括精神性权利和经济性权利，即著作人身权和著作财产权。从法条规定的顺序看，我国《著作权法》将著作人身权置于著作财产权之前，更强调对著作人身权的保护。

一般认为，著作人身权具有永久性、不可让与性、不可剥夺性等特征。所谓永久性，是指著作权法一般不限制著作人身权的保护期。法国《著作权法》第6条规定："人身权利是永久的。"我国《著作权法》第20条规定："作者的署名权、修改权、保护作品完整权的保护期不受限制。"所谓不可让与性，是指著作人身权专属于作者，不能通过转让、继承、赠与等方式转移给作者之外的其他人。著作人身权是著作权与人身权的交叉，既是著作权，也是人身权。从人身权的一般特征来看，人身权是不能与权利主体相分离的，因为人身权的处分，不仅涉及权利主体个人问题，还牵涉诸多社会问题。著作人身权既然属于人身权范围，从法理上说，就不能转让。法国《著作权法》就明确规定：著作人身权是"不可转让的"。不可剥夺性是指任何单位或者个人不能以任何理由剥夺作者的著作人身权。这是著作人身权与著作财产权、物权等具有财产性质的权利相区别的关键之一。例如，作者欠债无力清偿，债权人可以通过协商或者诉讼，以作者的著作财产权来充抵债权。但在此情形下，也不能在作品上将作者的姓名去掉，换上债权人的姓名；同样不能阻止作者修改作品，而由债权人来修改。

二、著作人身权的内容

根据我国《著作权法》第10条的规定，著作人身权具体包括发表权、署名权、修改权和保护作品完整权四项权利。

（一）发表权

发表权，是指作者决定作品是否公之于众，何时、何地、以何种方式公之于众的权利。发表的关键在于"公之于众"，这里的"众"，是指不特定的多数人。也就是说，作品必须是向不特定的多数人公开，才算发表。如果是向特定的少数人公开，例如，作品完成后在亲友之间传阅，或者教师写出文章后，在课堂上向学生宣读，不能算发表。

权利通常可以分为"行"和"禁"两个方面。发表权"行"的一面，是指作者有权决定发表或不发表自己的作品，并选定发表作品的时间、地点和方式；"禁"的一面，是指作者有权禁止他人擅自发表作者的作品。他人如果不经作者同意擅自发表作者的作品，构成侵犯发表权。

根据我国著作权法，发表权有一个区别于其他著作权的显著特点：一次穷尽。发表权的积极行使只能一次，一旦作者发表作品，就产生相应的法律后果，变成已发表作品，不能回复到未发表的状态。

　　我国《著作权法》将发表权列为著作人身权，其实，作品的发表能够带来稿酬等报酬，发表权具有较强的财产属性。可以说，发表权兼有著作人身权和著作财产权的性质，是著作人身权与著作财产权之间的一座桥梁。著作财产权的实现，有赖于发表权的行使。如果作品创作完成而不发表，公众对作品不了解，复制权、翻译权、摄制权、改编权等著作财产权就很难行使，至少要受很大限制。

　　正因为发表权具有人身权和财产权双重性质，是著作人身权与著作财产权的交叉，著作权法对发表权的保护力度，介于著作人身权与著作财产权之间。例如，在权利的保护期上，署名权、修改权和保护作品完整权的保护期不受限制，而发表权的保护期，与著作财产权是相同的。

　　是否授予作者发表权，各国著作权法的做法归纳起来有三种：①不授予作者发表权。他们认为，授予作者发表权，会使许多著作权纠纷难于解决，甚至影响著作权制度的有效性。例如，作者生前未明确表示是否发表的作品，其继承人或者受遗赠人无论发表与否，都有可能违背作者的意志。②由法院个案认定。他们认为，作者是否享有发表权，应当在著作权纠纷时，由法院视具体情况来确定，而不应当死板地规定在著作权法中。③明确授予作者发表权。将发表权明确规定在作者的权利中。我国《著作权法》采用这一做法。正是因为各国做法不一致，《伯尔尼公约》没有明确将发表权纳入作者的权利范围。

　　在明确保护发表权的国家，对发表权也进行了一些限制。例如，日本《著作权法》第18条第2款规定：在三种情形下，作者被推定不再行使发表权。①作者若已将其未发表的作品的著作权转让，则不得反对受让人向公众提供该作品；②作者若已将其未发表的美术作品或摄影作品的有形物转让，则不得反对公开展出这些作品；③作者如已同意将其作品摄制成电影或者同意作为合作作者参加电影的拍摄，则不得反对向公众提供其作品。我国著作权法虽然没有如此细致的规定，但在司法实践中，有下面两种情形之一的，推定作者同意发表其作品：一是作者许可他人使用其未发表的作品；二是作者将其未发表的美术作品原件所有权转让给他人。

　　（二）署名权

　　署名权，是表明作者身份，在作品上署名的权利。

　　在作品上署名，是证明作者创作作品直接的、主要的证据。我国《著作权法》第11条第3款规定："如无相反证明，在作品上署名的公民、法人或者其他组织为作者。"

　　署名权是一项重要的著作人身权，它保障作者的身份受到尊重。《著作权法实施条例》第19条规定："使用他人作品的，应当指明作者姓名、作品名称；但是，当事人另有约定或者由于作品使用方式的特性无法指明的除外。"

署名权"行"的一面,是指作者有权在自己创作的作品上署名,包括真名、笔名、艺名等,以表明自己的身份;作者甚至有权署假名或者不署名,这种情况下,作者的身份难于昭示,可以看成作者不想表明身份。不过,作者署假名有时会产生欺骗性的后果,一些国家的法院在处理这种情况时,引入"公共秩序保留原则",要求署名权的行使不得影响社会公共利益。"禁"的一面,具体包括两个层次:①禁止他人更换、隐匿作者在作品上的署名;②禁止他人不正当地署名,这一禁止,可以进一步分为两点:一是禁止未参加创作的人作为作者或合作作者署名;二是禁止他人冒用自己姓名发表作品。冒名发表作品的做法,在实践中比较常见,无名作者创作的小说冒用知名作家的姓名发表,无名之辈创作的画冒用著名画家姓名销售,例如,不少武侠小说就是冒用香港名家金庸、黄易的姓名发表的。冒名发表作品,究竟是侵犯姓名权还是署名权,学术界和司法界都有争议。有的学者认为:署名权以作者创作特定作品为前提,法律规定署名权的根本目的,在于保障不同作品来自不同作者这一事实不被人混淆,在冒名发表作品的情形下,被冒名者并未创作作品,也就没有著作权,因此,冒名发表作品是侵犯民法中的姓名权,与著作权法无关。[1]也有学者认为:冒名发表作品不是一般的冒名,由于作品均是精神创作成果,假冒名作家之名发表低劣作品,会给该作家名誉造成损害,这是典型的侵犯精神权利,如果著作权法连这种行为都不加控制,那么对精神权利的保护就显得太不完整了。何况冒名作品在给冒名者带来不合理的收入的同时,可能影响被冒名者本应取得的收入。这与著作权中的人身权与财产权都密切相关,应当列入著作权法管辖范围。[2]前一说法有一定道理,而后一说法更有利于保护作者的权利。因为,冒名发表作品,一般是假冒名家姓名,就冒名作品而言,被冒者固然不享有著作权,但被冒者一般都有质量较好的已发表作品,就作品的创作享有较高的声誉,冒名作品的质量通常比被冒者本人作品的质量低,对被冒者与作品创作有关的人格造成损害,冒名发表作品,应当列入著作权法管辖范围。我国《著作权法》第48条规定,制作、出售假冒他人署名的作品的,构成侵犯著作权。这一规定不无道理。而《伯尔尼公约》规定的禁止他人不正当地署名中,也包含了禁止冒名发表作品。

(三)修改权

修改权,是指作者自己修改或授权他人修改作品的权利。

所谓修改,通常指作品完成后又对作品予以改变的行为,既包括对思想和内容的实质改变,也包括对作品思想和内容不变的前提下对纯表现形式的修改。

---

〔1〕 刘春田:《新版以案说法——知识产权法篇》,中国人民大学出版社2006年版,第35~36页。
〔2〕 郑成思:《知识产权法》,法律出版社2003年版,第316页。

作品是作者思想感情的体现，是作者人格的延伸，作品内容引发的责任须由作者承担。因此，作品只能由作者自己修改或者授权作者信任的人修改，他人未经作者同意不能擅自修改，以免损害作者感情、加重作者责任。

修改权"行"的一面，是指作者有权自己修改作品或授权他人修改作品。例如，学者发表论文后，感到论文的观点错误或不全面，或者论据不足，它可以更改或完善观点，补充论证。"禁"的一面，是指作者有权禁止他人未经许可修改作者的作品。例如，报刊编辑感到作者文章观点错误或不全面，或者论据不足，或者人物刻画不深刻、情节过于简单，他不能擅自更改文章观点，补充论据或者增添人物描写和情节，而必须由作者自己修改或经作者同意后修改。

作品发表之前，修改权存在的意义不大，作品发表之后，修改权的规定就很有必要了。例如，一部作品发表后很畅销，出版社准备抓紧时间再版，而此时，作者感到不少地方需要修改，作者的修改对作者的声誉和读者都可能有益，但修改需要时间，可能会影响出版社的经济利益。此时，若无修改权的规定，出版社就很可能拒绝作者修改作品。

法律对修改权有一定的限制。报刊编辑对文章作文字性的修改和删减，不侵犯作者修改权，当然，这一修改以不影响文章的实质内容为限。计算机软件用户为使计算机软件在自己电脑上更好地运行，对计算机软件进行修改，也不侵犯作者修改权。这一修改同样也有限度，修改后的软件只能用户自己用，一旦供其他人使用，就构成侵犯修改权。

（四）保护作品完整权

保护作品完整权，是指保护作品不受歪曲、篡改的权利。

所谓歪曲，是指曲解作品原意，更改、丑化作者观点的行为。所谓篡改，是指擅自增补、删节、变更作品内容的行为。

作品是作者思想感情的体现，是作者人格的延伸。作者对作品内容承担责任。他人对作品的歪曲、篡改，会损害作者感情、损毁作者声誉，同时还可能影响作者的收益，甚至引发不应该作者承担的责任和后果。因此，作者或其继承人及其他著作权受让人有权保护作品不受他人歪曲、篡改。

保护作品完整权实际上是修改权"禁"的一面进一步的延伸与递进。简言之，修改权是禁止他人擅自修改作品，无论是改好还是改坏；保护作品完整权则是禁止他人把作品改坏或丑化作品。侵犯修改权，不一定侵犯保护作品完整权；侵犯保护作品完整权，则必然侵犯修改权。

第二节 著作财产权

一、著作财产权的概念和特征

著作财产权，也称经济性权利，是指著作权人通过自己使用或者许可他人以一定方式使用作品，获取经济利益的权利。

著作财产权是著作权与财产权的交叉，有财产权的属性。一般认为，著作财产权有可分离性和有限性的特征。

可分离性是指著作财产权可以和作者相分离，可以转让、许可他人使用，还可以继承、赠与。世界各国的著作权法，大抵规定了著作财产权可以继承；除德国等少数国家外，大多数国家都规定著作财产权可以转让。根据我国《著作权法》第10条规定，著作财产权可以许可他人行使，也可以全部或部分转让。《著作权法》第19条规定，著作权属于公民的，公民死亡后，著作财产权在法定的保护期内，依照继承法的规定转移；著作权属于法人或者其他组织的，法人或者其他组织变更、终止后，由承受其权利、义务的法人或者其他组织享有。

有限性是指著作财产权受到保护期制度、合理使用、法定许可等制度的限制。我国《著作权法》规定了著作财产权的保护期，一般为作者终身加死亡之后50年；还规定了"合理使用"、"法定许可"等制度，允许其他人在符合法定情形时，可以不经著作权人同意，使用作品。这些规定能够协调作者与社会公众之间的利益，在鼓励作者创作积极性的基础上，促使作品最大限度地造福社会。

二、著作财产权的内容

（一）复制权

复制权，是指以印刷、复印、拓印、录音、录像、翻录、翻拍等方式将作品制作一份或者多份的权利。复制是著作权人实现财产权益的基础，其关键在于再现作品。

从不同的角度，按照不同的标准，可以将复制进行不同的分类。

按照复制的手段，可以将复制分为手工复制和机械复制。手工复制是指以手抄、拓印、雕刻等人工手段的复制。机械复制是指以印刷、录音、照相、复印等手段借助某种机械的复制。

按照复制的方式，可分为接触性复制和非接触性复制。接触性复制是指在复制时与被复制的客体进行接触的复制，如印刷、复印、拓印等。非接触性复制是指复制时与被复制的客体保持一定距离的复制，如录音、录像、翻录、翻拍等。

按照复制的结果，可以将复制分为三种类型：第一种是不改变原作载体或虽改变原作载体但不改变其表现方式的复制。这是最常见的一种复制。例如，复印、印刷、手抄、翻录、翻拍等。第二种复制是从无载体变为有载体的复制。这种复制主要针对口头作品和现场表演而言，包括录音、录像等。第三种复制是从平面到立体或者从立体到平面的复制。从平面到立体的复制，主要是指根据艺术作品、建筑作品的设计图制作艺术作品、修建建筑作品；从立体到平面的复制，主要指将立体的艺术作品和建筑作品用摄影的方式复制下来。

一些国家同时规定了复制权与出版权，而我国《著作权法》并未规定出版权，而是将出版看成是复制的一种，将出版权吸收进复制权中。

复制权"行"的一面是指著作权人有权自己复制或许可他人复制作品，"禁"的一面是指著作权人有权禁止他人未经许可复制作品。根据我国《著作权法》的规定，复制的方式包括印刷、复印、拓印、录音、录像、翻录、翻拍等，未将临摹明确列入。因为临摹对临摹者的技术要求很高，临摹过程中临摹者一般都要付出创造性劳动。因此，未经许可临摹他人的绘画作品，不侵犯复制权，而只能算侵犯演绎权。此外，复制权还受"合理使用"等制度的限制。例如，为学校课堂教学或者科学研究，少量复制已经发表的作品，不侵犯复制权。对设置或者陈列在室外公共场所的艺术作品进行临摹、绘画、摄影、录像，也不侵犯复制权。

（二）发行权

发行权是指以出售或赠与方式向公众提供作品的原件或复制件的权利。这是一项非常重要的传播权利。只有通过发行作品，著作权人才能够实现经济利益，没有发行，复制权的存在就会变得没有意义。

根据我国《著作权法》的规定，发行行为的构成，必须同时满足三个要件：①发行作品的方式为出售或赠与；②发行的对象为不特定的多数人；③发行的对象包括作品的原件和复制件。

发行权"行"的一面是指著作权人有权自己发行或许可他人发行作品。"禁"的一面是指著作权人有权禁止他人未经许可发行其拥有著作权的作品。

发行权适用"权利穷竭"原则。对于经由著作权人之手以出售、赠与等方式发行出来的作品，他人可以自由地再次出售、赠与而不受著作权人的限制。因为，著作权人在发行作品时，已经有了获取经济利益的机会，如果之后作品每次出售、赠与都要经过著作权人的同意，必然会过度妨碍作品的传播。

（三）出租权

出租权，是指有偿许可他人临时使用电影作品和以类似摄制电影的方法创作的作品、计算机软件的权利，计算机软件不是出租的主要标的的除外。

1990 年我国《著作权法》出台时，把出租放进发行中，作为发行权行使的一种方式。2001 年《著作权法》修改时才把出租权单列出来。严格说来，出租是发行的一种方式。不过，出租和出售、赠与也有区别，出售和赠与会导致作品固定载体或复制载体所有权的转移，而出租则不会，租期届满后，作为租赁物的固定载体或复制载体应当返还出租人。

根据我国《著作权法》第10条第7项的规定，享有出租权的作品是电影作品和以类似摄制电影的方法创作的作品、计算机软件两类作品。另据《著作权法》第42条，录音录像制品的制作者也享有出租权。因此，出租权"行"与"禁"的范围比较窄。"行"的一面是指影视作品与计算机软件著作权人、录音录像制品制作者可以自己出租或许可他人出租作品。"禁"的一面是指影视作品与计算机软件著作权人、录音录像制品制作者可以禁止他人未经许可出租其拥有著作权的影视作品、计算机软件和录音录像制品。其他作品的出租权益，则由作品载体的物权所有人享有，如传统的图书出租，收益归出租人所有。如此规定，虽然限制了其他作品著作权人的利益，却有利于作品的传播，促进了公共利益。同时，还与世界贸易组织《与贸易有关的知识产权协定》、《世界知识产权组织版权公约》接轨。

法律对计算机软件的出租权规定有例外，当计算机软件不是出租的主要标的时，行为人不经许可的出租，不侵犯出租权。例如，海上货物运输中的租船运输，现代条件下，船舶的管理基本上都已使用电脑和电脑软件。此时，电脑软件显然不是出租的主要标的，软件著作权人不能主张船舶出租人侵犯其出租权。

（四）展览权

展览权，是指公开陈列美术作品、摄影作品的原件或者复制件的权利。

根据我国《著作权法》规定，享有展览权的作品仅限于美术作品和摄影作品。实践中，一些名作家文字作品的手稿也会展览，不过，此时已经不是文字作品意义上的展览，而是将其当成是美术品或文物来展览了。

在特定情况下，展览权和发表权会产生联系。发表权属于著作人身权，但是发表权不能单独行使，必须与著作财产权中的一种或几种一起行使，换句话说，发表的方式多样化。如果展览的作品是未发表的作品，则该作品即以展览方式发表。此时，展览权和发表权同时行使。

展览权还可能与物权发生冲突。展览权的行使，必须借助作品的固定载体或复制载体。在著作权法领域，作品与作品载体区分得很清楚，作品载体的转移，不等于作品的转移，也就不等于著作权的转移。根据我国《著作权法》第18条的规定，美术作品原件所有权的转移，也不视为该作品著作权的转移，但是，展览权是例外。美术作品原件的展览权随原件所有权的转移而转移，即美术作品原件的展览权由原件持有人享有。这一规定，解决了著作权人与作品载体物权所有人不同一的情形下，展览权与物权可能产生的冲突。

展览权的行使，经常涉及肖像权、隐私权等民事权利。肖像权是民法中规定的人身权，是人的基本权利，人身权的法律保护应当优先于展览权的法律保护，著作权人行使展览权要受到肖像权的限制。如果展出作品涉及第三人隐私，还应当经隐私权人许可，否则，著作权人展览权的行使，会侵犯他人隐私权。

（五）表演权

表演权，是指公开表演作品，以及用各种手段公开播送作品的表演的权利。

表演的形式，包括现场表演和机械表演两种。现场表演也称活表演，是指演员直接或者借助技术设备以声音、表情、动作公开再现作品，如演奏乐曲、上演剧本、朗诵诗词等。机械表演是指借助放映机、录像机、录音机等机械设备将自然人的表演公开播送。机械表演可以打破时间、地域限制，再现表演，更有利于作品广泛、持久的传播。

表演权"行"的一面是指著作权人有权自己表演或授权他人表演其拥有著作权的作品。"禁"的一面是指著作权人有权禁止他人未经许可表演其拥有著作权的作品。

我国《著作权法》在合理使用制度中，对表演权进行了一定的限制。免费表演已经发表的作品，该表演未向公众收取费用，也未向表演者支付报酬。此时，表演者即使未经过著作权人同意，也不构成侵权。

（六）放映权

放映权，是指通过放映机、幻灯机等技术设备公开再现美术、摄影、电影和以类似摄制电影的方法创作的作品等的权利。

我国《著作权法》于1990年出台时，没有规定放映权，2001年修改时增加了这一权利，这反映了随着社会发展著作权内容扩充的趋势。《伯尔尼公约》中没有这一权利的规定。这表明我国对影视作品、美术作品和摄影作品的保护水平已经高于《伯尔尼公约》的保护水平。

放映权"行"的一面，是指美术作品、摄影作品和影视作品的著作权人有权自己放映或授权他人放映其拥有著作权的作品。"禁"的一面是指著作权人有权禁止他人未经许可放映其拥有著作权的美术作品、摄影作品和影视作品。这里需要注意的是，放映权的客体范围仅限于美术作品、摄影作品和影视作品三类。

（七）广播权

广播权，是指以无线方式公开广播或者传播作品，或以有线传播或者转播的方式向公众传播广播的作品，以及通过扩音器或者其他传送符号、声音或者图形的类似工具向公众传播广播的作品的权利。

广播的形式，包括三种：①无线广播。即通过空间传播电磁波及其他传播介质的方式进行广播。主要包括广播电台、电视台的广播。这类广播，一般是长距离的广播。②有线广播。即播放设备与音箱、显示设备之间有传播线缆相联接的广播。如旅店、饭店、游乐场、校园、火车等场所的有线麦克风广播系统，单位内部的闭路电视系统等。③扩音器和其他传送声音、符号、图像的工具的广播。如使用扬声器、录音机的广播。这类广播，其效果往往与有线广播相同，不过，广播者与听众、观众之间的距离比有线广播近，可谓现场广播。

广播权"行"的一面是指作者有权自己广播或授权他人广播其拥有著作权的作品。"禁"的一面是指作者有权禁止他人未经许可广播其拥有著作权的作品。

广播权与广播组织权也容易混淆，它们之间有区别也有联系。实践中，一些电台、电视台常常广播其自己制作的节目，此时，他们既是作者也是广播者，既享有著作权也享有广播组织权。当然，如果他们的节目是根据他人作品制作而成，则他们广播权与广播组织权的行使，要受到原作品著作权人的制约。

（八）信息网络传播权

信息网络传播权，是指以有线或者无线方式向公众提供作品，使公众可以在其个人选定的时间和地点获得作品的权利。

信息网络传播权是我国《著作权法》2001 年修改时，为适应网络时代的著作权保护需要而增加的一项著作权内容。鉴于信息网络传播权比较特殊，《著作权法》第 59 条将其纳入国务院另行规定之列。2006 年 5 月 10 日，国务院第 135 次常务会议通过了《信息网络传播权保护条例》，该条例于 2006 年 7 月 1 日起施行。

根据《信息网络传播权保护条例》的规定，信息网络传播权的权利主体包括著作权人、表演者、录音录像制作者；权利客体包括作品、表演、录音录像制品。

信息网络传播权"行"的一面包括两项：①权利主体有权自己或者授权他人通过信息网络向公众传播其作品、表演和录音录像制品；②权利主体有权对其传播内容采取技术措施加以保护。"禁"的一面包括三项：①权利主体有权禁止他人未经许可擅自将其拥有权利的作品、表演和录音录像制品在信息网络上传播；②权利主体有权禁止他人擅自删除或改变其在信息网络上的传播内容；③权利主体有权禁止他人实施反技术措施的行为。

《信息网络传播权保护条例》对信息网络传播权进行了一定的限制：①该条例第 6、7 条规定了 9 种合理使用的情形。在此情形下，通过信息网络提供他人作品，可以不经过权利人许可，不支付报酬。②该条例第 8 条规定了法定许可的情形。为通过信息网络实施九年制义务教育或者国家教育规划，可以不经著作权人许可，使用其已经发表作品的片断或者短小的文字作品、音乐作品或者单幅的美术作品、摄影作品制作课件，由制作课件或者依法取得课件的远程教育机构通过信息网络向注册学生提供，但应当向著作权人支付报酬。③该条例第 12 条还规定了 4 种可以避开技术措施而不构成侵权的情形。

（九）摄制权

摄制权，是指以摄制电影或者以类似摄制电影的方法将作品固定在载体上的权利。

摄制实际上就是将以文字作品为主的其他表现形式的作品转换成影视作品，包括电影、电视、录像等作品。摄制是演绎的一种重要方式，影视作品通过声音、图像等综合传递信息，比单纯靠文字符号传递信息的文字作品更形象、直观，更具有表现力和感染力。一部影响力不大的文字作品，转换成影视作品后，可能具有更大的影响力。

摄制权"行"的一面是指著作权人有权自己或许可他人将其作品摄制成影视作品。"禁"的一面是指著作权人有权禁止他人未经许可将其作品摄制成影视作品。在实践中，著作权人一般是许可电影制片厂等制片人来摄制，而制片人一般也邀请原著作者参与摄制。新的电影作品产生后，所有参与摄制的人享有署名权，而著作权则归制片人享有。

（十）改编权

改编权，是指改编作品，创作出具有独创性的新作品的权利。

一般说来，改编作品改变了原作品的表现形式，但同时保留了原作品的主要内容和特征。实践中一些常见的改编有：小说改编为剧本或连环画、长文缩写为文摘、将诗歌编入戏曲唱段或音乐作品的词中、将民间音乐改编为音乐作品、将民间故事改编为剧本等。

改编权包括"行"与"禁"两个方面，"行"的一面是指著作权人有权自己或许可他人改编其拥有著作权的作品，"禁"的一面是指著作权人有权禁止他人未经其许可改编其作品。

（十一）翻译权

翻译权，是指将作品从一种语言文字转换成另一种语言文字的权利。

尽管《著作权法》没有明确，但翻译权一般只涉及口述作品、文学作品、影视作品等表现形式包含语言文字的作品。那些不通过语言文字表现的作品，如美术作品，不存在翻译权的问题。

翻译权包括"行"与"禁"两个方面，"行"的一面是指著作权人有权自己或许可他人将其拥有著作权的作品翻译成其他语言文字的作品，"禁"的一面是指著作权人有权禁止他人未经许可将其拥有著作权的作品翻译成其他语言文字的作品。

根据我国《著作权法》的规定，翻译权要受到"合理使用"制度的限制。我国《著作权法》将语言文字分为四类：汉语言文字、少数民族语言文字、外国语言文字、盲文。根据《著作权法》第 22 条第 1 款第 11、12 项规定："将中国公民、法人或其他组织已经发表的以汉语言文字创作的作品翻译成少数民族语言文字作品在国内出版发行"以及"将已经发表的作品改成盲文出版",属于"合理使用",可以不经过著作权人同意,也可以不支付报酬。

（十二）汇编权

汇编权,是指将作品或者作品的片断通过选择或编排,汇集成新作品的权利。

汇编权的客体范围很宽,除了立体的美术、建筑和模型作品之外,平面的作品都可以汇编。实践中较常见的汇编作品有:论文集、书集、报刊杂志、画集等。

汇编权包括"行"与"禁"两个方面。"行"的一面是指著作权人有权自己或许可他人汇编其拥有著作权的作品。例如,某法学家将其最近几年发表的论文汇编成论文集。"禁"的一面是指著作权人有权禁止他人未经许可汇编其拥有著作权的作品。

（十三）应当由著作权人享有的其他权利

这是我国《著作权法》的一个兜底规定,以防止列举出现遗漏而导致对著作权人的保护产生空白或盲区。《著作权法》虽然没有明确这"其他权利"究竟是人身性的还是财产性的,但《著作权法》第 10 条第 2、3 款将其与前述 12 项著作财产权一道,归入可以转让、可以许可之列。从这一点看,这"其他权利"应当属于财产性的,一旦具体化,不会超出复制、传播和演绎的范围。

三、著作财产权的利用

（一）使用许可

1. 使用许可的概念。著作权使用许可,是指著作权人许可他人以一定方式使用作品的行为。对于作品,著作权人可以自己使用,也可以许可他人使用。我国《著作权法》规定的 13 项著作财产权内容,即是 13 种使用作品的方式。使用许可中的"一定方式"包括这 13 种使用作品的方式。

著作权的使用许可有以下四个特征:

（1）使用许可的对象是 13 项具体的财产权利。许可的范围仅限于"使用"作品的范围。实践中,修改作品也可以许可他人修改,但是"修改"不属于"使用"的范围,因此,许可使用不包括许可修改。

（2）可以一权多许。同样一项使用作品的权利,著作权人可以同时许可多个其他人同时使用。例如,一项翻译权,甲著作权人可以同时许可乙、丙、丁、戊等数人,由他们分别将其作品翻译成其他语言文字的作品。

（3）使用许可不改变作品著作权的归属。在许可使用中,著作权主体不改变,被许可人只是取得了作品的使用权,而不能成为新的著作权人。

（4）被许可人必须按照约定的方式和时间、地域范围使用作品，非经著作权人同意，不得再许可第三人。例如，甲许可乙将其小说翻译成英语，英译本在英国范围内销售。此时，乙就不能将小说改编成剧本，也不能将小说翻译成法语，英译本销售范围还不能超出英国领土范围，否则就构成侵权。乙如想将翻译成英语的权利再许可给丙，必须经过甲的同意。

一般说来，使用许可可以分为专有许可和非专有许可。专有许可是指排除著作权人自己使用作品和再许可其他人使用作品的许可。非专有许可则不排除著作权人自己使用作品，也不排除著作权人再许可其他人使用作品。

2. 著作权使用许可合同。著作权使用许可合同是著作权人与被许可人就著作权的许可使用意思表示一致而达成的协议。

实践中比较常见的著作权许可使用合同有：图书出版合同、合作出版合同、报刊刊登作品合同、作品改编合同、作品摄制合同、翻译许可合同、表演合同等。

根据我国《著作权法》第 24 条的规定，著作权许可使用合同主要包括以下内容：

（1）许可使用的权利种类。《著作权法》规定的复制权、发行权、出租权、展览权、摄制权、翻译权、改编权、汇编权等 13 种使用作品的权利，究竟许可哪一种或哪几种，在合同中应当明确，凡是未明确写进合同的权利，被许可人不得行使。

（2）许可使用的权利是专有使用权或者非专有使用权。著作权许可使用是专有许可还是非专有许可，由著作权人与被许可人在合同中约定，双方未约定或者约定不明确，视为专有许可。在专有许可的情况下，双方应当签订书面合同，并可以向著作权管理部门备案，但是，报社、期刊社刊登作品除外。

（3）许可使用的地域范围、期间。许可使用的地域范围包括哪些地域，在合同中应当写清楚，一般以一个国家或者独立关税区为地域范围。同时，双方在合同中还应当明确合同的有效期，《著作权法》于 2001 年修改时，取消了对著作权许可使用合同的时间限制，但合同的期限再长，也不得超过作品的保护期。

（4）付酬的标准和办法。使用作品的付酬标准可以由当事人约定，也可以按照国务院著作权行政管理部门会同有关部门制定的付酬标准支付报酬。当事人约定不明确，按照国务院著作权行政管理部门会同有关部门制定的付酬标准支付报酬。至于付酬办法，可以采用预付部分使用费的办法，也可以采用版税或一次付清的办法。

（5）违约责任。著作权许可使用合同依法成立生效后，就有法律效力，对双方都有约束力。但由于种种原因，在实践中违约的情形并不少见。因此，为了保证合同纠纷的迅速解决，双方应当约定，一旦一方违约，不履行合同义务或者不完全履行合同义务，应当承担什么责任。

（6）双方认为需要约定的其他内容。除了上述内容之外，双方还可以根据许可使用合同的类型、许可使用权利的内容和其他实际情况约定合同其他内容。如修改稿件的范围、丢失作品的赔偿、被许可方有无再许可的权利等。

（二）著作权转让

1. 著作权转让的概念。著作权转让，是指著作权人将著作财产权全部或者部分转让给他人的行为。著作权转让是著作权人实现权利、获取利益的重要手段。由于时间、精力、知识条件、技术条件、经济条件等因素的限制，著作权人不可能自己行使全部的著作财产权。例如，不懂外语的作家难于翻译作品，一般作者都没有经济条件将作品摄制成电影。为了将利益最大化，除使用许可外，著作权转让也是著作权人的一个合理选择。

著作权的转让有以下三个特征：

（1）转让的对象是著作财产权。根据我国《著作权法》第10条第3款的规定，转让的对象，仅限于13项著作财产权，即复制权、发行权、出租权、展览权、表演权、放映权、广播权、信息网络传播权、摄制权、改编权、翻译权、汇编权、应当由著作权人享有的其他权利等13项权利。著作权人可以转让其中的一项或几项，也可以全部转让。

（2）著作权转让导致著作权主体的变更。著作权一旦转让，权利归属就发生变化，对于所转让的权利，原著作权人不再享有，而由受让人享有。这是著作权转让与著作权使用许可区别的关键所在。

（3）著作权转让与作品载体无关。作品载体的转让，不代表著作权的转让；著作权的转让，也不以作品载体的转移为要件。这是著作权转让与物权转让的根本区别。物权的转让，必须由出让方将转让标的物交付受让方，方可完成。而著作权的转让，无论著作权人是否将作品载体交付受让方，均不影响著作权转让合同的成立生效。

2. 著作权转让合同。著作权转让，应当签订书面合同。转让合同可以到著作权行政主管机关备案。

根据《著作权法》第25条规定，著作权转让合同包括下列主要内容：

（1）作品的名称。转让合同上写明作品名称非常重要，在作者有一部以上作品的情况下，可以明确转让对象，防止此作品与彼作品使用权的混淆。

（2）转让的权利种类、地域范围。《著作权法》规定了13项使用作品的权利，著作权人与受让人究竟转让哪一项或哪几项，在合同中要写明确，以免以后出现纠纷。地域范围包括哪些地域，在合同中也应当写清楚，一般以一个国家或者独立关税区为地域范围。

（3）转让价金。在著作权转让中，收取价金是著作权人的主要权利，支付价金是受让人的主要义务。因此，转让价金应当在合同中写清楚。至于具体数额，双方可根据转让权利项目的多少、地域范围、作品的类型和质量、作品的影响力等因素来确定。

（4）交付转让价金的日期和方式。按约定支付价金，是受让方的主要义务。双方应当在合同中明确支付价金的时间、地点、是一次付清还是分期付款等。

（5）违约责任。违约责任是合同一方不履行或不完全履行合同义务，依法应当承担的后果。在合同中明确违约责任，有助于合同纠纷的解决。

（6）双方认为需要约定的其他内容。

（三）其他利用方式

除使用许可和转让外，根据相关法律的规定，著作财产权还有以下其他的利用方式。

1. 企业出资。根据我国《公司法》、《合伙企业法》等法律的规定，知识产权出资是股东和合伙人的出资方式之一，作为知识产权的核心内容之一，著作财产权应当可以作为出资方式。不过在以著作权向公司出资的情形下，需要估价并办理财产转移手续，等同于将著作权转让给公司。股东以著作权出资后，著作财产权归公司所有，而股东则获得股份，享有股权。

2. 质押。根据我国《担保法》的规定，在著作财产权上可以设立权利质权，作为债的担保。超过期限债务人不履行债务时，债权人有权依法以该著作财产权折价或者以拍卖、变卖该财产权的价款优先受偿。2010 年 2 月 26 日我国修改《著作权法》，增加了对著作权质押的规定，根据这一规定，以著作权出质的，由出质人和质权人向国务院著作权行政管理部门办理出质登记。

3. 信托。著作权信托是指著作权人将著作权托付给受托人，并约定取得报酬的标准和办法，受托人以自己的名义按照一定的目的对著作权进行管理或处分，由此而获得的收益归指定的受益人所有的法律行为。在信托关系中，著作权属于受托人，但受托人必须按照信托目的行使著作权，以确保信托关系中受益人的利益。

4. 责任财产。著作财产权作为责任财产加以利用的情形主要是两种：①作为破产财团。破产财团是指债务人破产后，债权人能够从债务人方面获得的清偿债务的全部财产。当债务人资不抵债被宣告破产后，债务人享有的著作财产权可以成为破产财团的组成部分，用以清偿债务。②强制执行对象。人民法院受理当事人申请，依照调解书、判决书和仲裁书的结果对被执行人强制执行时，被执行人享有的著作财产权可以成为强制执行对象。但强制执行的范围仅限于已发表的作品。

引例解析

两被告侵犯署名权还是姓名权，学术界有两种观点。第一种观点认为，两被告侵犯的是原告的姓名权。其主要理由是：署名权是"表明作者身份，在作品上署名的权利"，"法律规定署名权的根本目的，在于保障不同作品来自不同作者这一事实不被人混淆，署名即是标记，旨在区别。署名权的内容包括作者有权决定是否在作品上署名，署真名还是假名以及署名顺序等。署名权保护的是作者与其创作的作品及其复制件的真实联系，因此，署名权的享有必然以作者所创作的特定作品及其复制件的存在为前提……在本案中，《毛泽东肖像》画并非原告所创作，不属于原告的作品，因此原告不能对其享有任何著作权，署名权自然也不存在。"[1]第二种观点认为，两被告侵犯的是原告的署名权。我们赞成第二种观点。主要理由是：第一种观点认定的署名权的内容范围过窄，仅涵盖了署名权"行"的一面，而没有包括署名权"禁"的一面。署名权"禁"的一面中，包含有禁止他人不正当地署名的内容。本案《毛泽东肖像》画属于冒名作品，属于不正当地署名。这一冒名不是一般的冒名，会给原告吴冠中的声誉造成损害，在给被告带来不合理的收入的同时，可能影响原告本应取得的收入。这与著作权中的人身权与财产权都密切相关。从逻辑上说，本案两被告既侵犯了姓名权，也侵犯了署名权，知识产权法是民法的一个子部门，民法是普通法，著作权法是特别法，根据特别法优于普通法的原则，应当由著作权法管辖。故应当适用《著作权法》，认定本案两被告侵犯原告署名权。本案审判实践中，两审法院均认定被告侵犯署名权。

思考题

1. 著作人身权包括哪些具体的权利内容？
2. 什么是著作财产权？著作财产权有何特征？包括哪些具体的权利内容？
3. 如何认识著作人身权的不可让与性？

---

〔1〕 刘春田主编：《新版以案说法——知识产权法篇》，中国人民大学出版社 2006 年版，第 35 页。

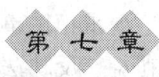

著作权的主体及权利归属

☞ **学习要点**

学习本章理解掌握著作权主体的概念和类型，重点掌握一般作品的著作权归属和特殊作品的著作权归属。特殊作品著作权的归属是学习的重点和难点。

◆ **引读案例**

A影视公司编剧甲于 2006 年 5 月 10 日完成电影剧本《海魂》的编写并提交给单位，A 公司于 2006 年 8 月组织摄制组拍摄，于 2007 年 12 月 10 日完成摄制。2007 年 6 月，B 影视公司和某乙分别找到甲。B 公司欲将《海魂》拍摄成电视剧；某乙欲将《海魂》翻译成英语。

问题： 剧本《海魂》和电影《海魂》的著作权归属何人？对于 B 公司和某乙的请求，甲能否答应？

第一节 著作权的主体

著作权主体，又称著作权人，是指依法对文学、艺术和科学作品享有著作权的人。按照不同的标准，可以将著作权主体进行不同的分类。通常将著作权主体分为以下两类：

一、公民、法人和其他组织

按照著作权主体的存在形态，可以将其分为自然人、法人、非法人组织和国家。

作品的创作是一种创造性的脑力劳动，而脑力劳动是自然人劳动的一种重要方式。自然人只要参加了作品的创作，除了法定的特殊情况外，就能够成为作品的作者，享有著作权。此外，自然人还可以通过受让、继承等方式承接他人的著作权，从而成为著作权主体。各国立法无一例外均规定自然人是当然的著作权主体。

法人和非法人组织能否成为著作权主体，各国的立法规定不一致，学术界也有一定的争论。尤其对于非法人组织成为著作权主体，异议较多。主要原因是，法人是法律上拟制的人，虽然具有独立的主体资格，能够独立承担民事责任，却不能像自然人一样从事智力活动。而非法人组织不仅不能从事智力活动，且不能独立承担民事责任。但是，在实践中，确有一些作品代表了法人或非法人组织的利益、反映法人或非法人组织的整体意志，而不反映具体创作的公民的意志和感情，其后果也不由具体创作的公民承担。考虑这一实际情况，我国《著作权法》第11条第3款规定："由法人或者其他组织主持，代表法人或者其他组织意志创作，并由法人或者其他组织承担责任的作品，法人或者其他组织视为作者。"

国家一般不是著作权主体，只有在两种特殊情况下，如果著作权仍在保护期内，才能够成为著作权主体：①非集体组织成员的自然人作者死亡，无人继承又无人接受遗赠；②作为著作权人的法人或者非法人组织终止，没有其他组织承接其权利义务。

二、本国主体与外国主体

根据著作权主体的国籍，可以将其分为本国主体和外国主体。本国主体包括中国公民、法人和其他组织，外国主体包括外国人和无国籍人。

由于著作权的地域性，本国主体与外国主体在著作权法的待遇上差别明显。其差别主要是两点：

（一）作品受保护的条件不同

本国主体的作品，只要创作完成就自动受著作权法保护；外国主体的作品，只有符合下列条件之一，方可受到保护：①作者所属国或者经常居住地国与中国签署著作权保护方面的协议，或者共同参加著作权保护方面的国际条约；②作品首先在中国境内出版；③未与中国签订协议或者共同参加国际条约的国家的作者以及无国籍人的作品首次在中国参加的国际条约的成员国出版，或者在成员国和非成员国同时出版。当然，其中的出版时间并不苛刻，在国外首先出版后30日内在中国境内出版的，视为该作品同时在中国境内出版。而那些未与中国签订协议或者共同参加国际条约的国家的作者以及无国籍人，其作品如果在非成员国首先发表，不受我国《著作权法》保护。

（二）保护期的起算点不同

内国主体属于著作权法保护范围的作品，一般自创作完成之日起受我国《著作权法》保护。而外国主体受我国著作权法保护的作品，其保护期的起算点有两种：①所属国或者经常居住地国与中国签署著作权保护方面的协议、或者共同参加著作权保护方面的国际条约的作者，其作品自创作完成之日起受我国《著作权法》保护；②那些通过作品在中国或中国参加的著作权保护国际条约成员国首先或同时发表而受我国《著作权法》保护的作者，其作品自首次发表之日受保护。

第二节　著作权的归属

一、著作权归属的一般原则

我国《著作权法》第11条第1款规定："著作权属于作者，本法另有规定的除外。"

作者是完成作品创作的人。通常需要两个要件：①直接参加了作品的创作活动。必须从事直接产生作品的创作活动，才能构成为作者。仅仅为他人的创作进行组织协调、提供服务、后勤保障乃至提供咨询意见，都不能成为作者。②创作成果属于法律规定的作品范围。具体说来，就是创作成果必须达到作品的层次且属于我国《著作权法》保护范围。如果创作成果仅仅是一种表达形式，尚称不上作品，就无所谓作者；如果作品不属于《著作权法》保护范围，则该作者就不是著作权法意义上的作者。

证明作者的直接证据是在作品上署名。我国《著作权法》第11条第4款规定："如无相反证明，在作品上署名的公民、法人或者其他组织为作者。"

作者的情形具体可分为两种：①作者是自然人。自然人独立进行创作活动，按自己的意志创作作品。则作品创作完成或首次发表后，该自然人是作者。作品的创作是一种事实行为而非法律行为，故能否成为作者的关键是看其是否从事了创作活动，与其是否具有民事行为能力没有关系。未成年人也可能成为作者。②作者是法人或其他组织。如果作品是由法人或其他组织主持，代表法人或其他组织的意志创作，并由法人或者其他组织承担责任，则该法人或其他组织视为作者。

二、特殊作品的著作权归属

（一）演绎作品的著作权归属

演绎作品，是指对原作品进行某种形式的再创作或者转换而形成的新作品。演绎作品虽然不同于原作品，但并未改变原作品创作思想的基本表达形式。具体包括改编、翻译、注释、整理已有作品而产生的作品。

对演绎作品是否进行保护以及保护到何种程度，关系到原作品作者和演绎作品作者的切身利益。原作品作者在创作作品时花费了大量的创造性劳动，不容忽视；而演绎不等同于简单地再现作品，演绎作品作者在对原作品进行演绎的过程中也支付了大量的创造性劳动，同样不容忽视。偏颇一方，就是对另一方的不公平。各国著作权法一般都兼顾了两者的利益。

根据我国《著作权法》的规定，演绎作品的著作权属于演绎作品作者，但演绎作品作者著作权的行使要受到原作品作者的制约。该制约主要表现在两个方面：①演绎作品作者行使著作权时不得侵犯原作品的著作权；②第三人要使用演绎作品，必须经过演绎作品作者和原作品作者的双重同意。

（二）合作作品的著作权归属

合作作品，是指两人以上合作创作的作品。

参加合作创作的人为合作作者。要成为合作作者，必须具备两个要件：①要有共同创作的意思表示。合作各方要相互表达共同创作的愿望，并就合作作品的有关问题达成一致。如果没有共同创作的意思表示，即不能成为合作作者。例如，未经他人同意，在他人创作的曲谱上填词，或者将他人的歌词谱曲，不能算合作作者。这样的作品也不能算合作作品。②要直接参加创作。如果是为他人的创作提供服务、后勤保障乃至参考意见，都不能算合作作者。

合作作品的著作权，由合作作者共同享有。具体可分为两种情况：

1. 可以分割使用的合作作品。这类合作作品在分割后，各个部分仍然能单独形成一个完整的作品。例如，歌词与歌曲，分开之后，都能够独立成为作品。对这类合作作品，作者对各自创作的部分可以单独享有著作权，但行使著作权时不得侵犯合作作品整体的著作权。

2. 不能分割使用的合作作品。这类合作作品在分割之后，各个部分不能单独形成一个完整的作品。例如，甲乙两人合作创作一部80回的长篇小说，甲写前60回，乙写后20回，前后两部分分开，都不能成为一部完整的小说。对这类作品，著作权由各合作作者共同享有，通过协商一致行使；不能协商一致，又无正当理由的，任何一方不得阻止他方行使除转让以外的其他权利，但是，所得收益应当合理分配给所有合作作者。注意，这里是"合理分配"，而不是"平均分配"。所谓"合理"，要综合考虑各合作作者的创作量、行使著作权的费用等因素。

（三）汇编作品的著作权归属

汇编作品，是指汇编若干作品、作品的片断或者不构成作品的数据或者其他材料，对其内容的选择或者编排体现独创性的作品。

汇编作品可以进一步分为三类，这三类汇编作品的著作权，差异较大：

1. 汇编享有著作权的已有作品而形成的汇编作品。将享有著作权的已有作品按一定的标准和顺序选择、编排进汇编作品中，例如，论文集、报刊等。这类汇编作品的著作权，类似于演绎作品。著作权归属于汇编人，但汇编人行使著作权时，要受到原作品作者的制约。

2. 汇编不享有著作权的已有作品而形成的汇编作品。将已经进入公有领域的不享有著作权的作品按一定的标准和顺序选择、编排成汇编作品。例如，唐诗三百首、宋词精选、古文赏析等。汇编人仅就其设计和编排的结构或形式享有著作权，如果汇编人对这些入选作品有点评的，其对点评部分享有著作权。但是汇编人不能阻止他人使用这些没有著作权的原作品。不过因为原作品不享有著作权或者著作权已超过保护期，其行使权利不用受原作品作者的制约。

3. 汇编不构成作品的数据或者其他材料而形成的汇编作品。将一些尚未达到作品层次的材料，进行独创性地选择和编排，形成作品。例如，数据库、调查统计表、邮电部门编的电话号码本等。这类汇编作品，如果属于《著作权法》保护范围，等同于原始作品，著作权属于汇编人；而汇编人的地位也等同于原作品作者，其在法律范围内行使著作权，不受任何人干预和制约。

（四）影视作品的著作权归属

影视作品包括电影作品和以类似摄制电影的方法创作的作品，是指摄制在一定的介质上，由一系列有伴音或者无伴音的画面组成，并且借助适当装置放映或者以其他方式传播的作品。

严格按逻辑划分，影视作品应当属于演绎作品的范畴。但影视作品是在制片人耗费巨资的基础上，投入大量的人力、物力，由编剧、导演、演员、摄影、作词、作曲等共同创作而成，情形比较特殊，所以将其单列出来。

著作权法对影视作品著作权归属的规定，实际上就是平衡和协调制片人和编剧、导演、演员、摄影、作词、作曲等主体之间的利益。在创作影视作品时，财力、物力需要由制片人承担，人力需要由制片人组织协调，制片人的这些投入需要有回报，否则，谁也不愿当投资创作的制片人，影视作品就难于产生。同时，编剧、导演、演员、作词、作曲等实际完成创作的作者，在影视作品创作过程中所付出的大量创作性劳动，也不容忽视，否则，谁也不愿意参与影视作品的创作，影视作品同样难于产生。各国著作权法都是在根据本国实际，平衡这些主体之间的利益，以促进影视作品创作的繁荣。

我国《著作权法》较好地协调了这些主体之间的利益关系。根据《著作权法》第15条规定，影视作品的著作权由制片人享有，但编剧、导演、摄影、作词、作曲等作者享有署名权，并有权按照与制片人签订的合同获得报酬。影视作品中的剧本、音乐等可以单独使用的作品，作者有权单独行使其著作权。这样，既为制片人收回投资奠定了权利基础，也充分尊重了实际完成创作的众多作者的人身权和财产权。

（五）职务作品的著作权归属

职务作品，是指公民为完成法人或者其他组织工作任务所创作的作品。所谓的"工作任务"，是指公民在该法人或者该组织中应当履行的职责。

职务作品在西方国家称为雇佣作品。职务作品的著作权归单位还是归个人，实际上就是著作权法在调整单位和个人、雇佣方与受雇方的利益。对此，各国著作权法的利益倾向各不相同：大陆法系国家主要倾向于保护作者利益；英美法系国家主要倾向于保护雇佣方利益；东欧国家则两者兼顾。

我国《著作权法》对职务作品著作权归属的规定，以保护作者利益为主，兼顾单位利益。具体的权利归属分两种情况：

（1）一般情况下，著作权归作者个人，但是单位有权优先使用。作品完成2年内，未经单位同意，作者不得许可第三人以与单位使用的相同方式使用该作品。当然，如果单位同意，作者还是可以许可第三人以与单位使用的相同方式使用作品，不过，此时单位可以分取报酬，具体比例由作者与单位约定。超过2年，则该职务作品与一般作品无异。这2年的时间，从作者向单位提交作品之日起算。

（2）两种特殊的职务作品，作者享有署名权，著作权的其他权利由法人或者其他组织享有，法人或者其他组织可以给予作者奖励：①主要是利用法人或者其他组织的物质技术条件创作，并由法人或者其他组织承担责任的工程设计图、产品设计图、地图、计算机软件等职务作品。这里的"物质技术条件"，是指该法人或者该组织为公民完成创作专门提供的资金、设备或者资料。②法律、行政法规规定或者合同约定著作权由法人或者其他组织享有的职务作品。

（六）委托作品的著作权归属

委托作品，是指受托方接受委托方委托，按照委托方的意志和具体要求进行创作并收取报酬的作品。

在委托方是单位的情况下，职务作品与委托作品容易混淆。此时，可用两种办法对其进行区分：①看单位和作者是否存在劳动雇佣关系。如果不存在这一关系，所创作的作品必然属于委托作品；②在存在劳动雇佣关系的情况下，进一步看作品的创作是否属于作者的本职工作。当然，实践中可能会因岗位职责不明确，使这一问题复杂化，这就需要根据具体情况进行分析。

著作权法对委托作品著作权归属的规定，实际上是调整委托方和受托方的利益关系。我国《著作权法》倾向于保护受托方也就是作者的利益，兼顾委托方利益。《著作权法》第17条规定："受委托创作的作品，著作权的归属由委托人和受托人通过合同约定。合同未明确约定或者没有订立合同的，著作权属于受托人。"根据这一规定，双方可以约定委托作品的著作权包括著作人身权和著作财产权全部由委托方享有。

（七）匿名作品的著作权归属

匿名作品，是指因作者未署名或者未署真名而无法确定作者身份的作品。

对于匿名作品，我国《著作权法》未作规定，《著作权法实施条例》弥补了这一漏洞。该条例第13条规定："作者身份不明的作品，由作品原件的合法持有人行使除署名权以外的著作权。作者身份确定后，由作者或者其继承人行使著作权。"

引例解析

甲作为 A 影视公司的编剧，其完成的剧本《海魂》属于职务作品，著作权归属甲，除非双方事先约定了著作权归属 A 公司。而电影《海魂》属于影视作品，著作权属于 A 公司，编剧甲和摄制组的成员享有署名权和获得报酬的权利。

根据著作权法的规定，从作品提交单位之日起 2 年内，非经单位同意，职务作品的作者，不得许可第三人以和单位相同的方式利用作品。B 影视公司欲将《海魂》拍摄成电视剧，和作者甲所在单位 A 公司利用作品的方式相同，且时间未超过 2 年，所以，是否同意 B 公司的请求，甲应该和 A 公司协商决定。而某乙欲将《海魂》翻译成英语，和 A 公司利用作品的方式不同，所以，是否同意某乙的请求，甲可单独决定。

思考题

1. 什么是著作权主体？著作权主体一般可按哪几种标准进行分类？
2. 我国《著作权法》对特殊作品的著作权归属，有哪些规定？
3. 为什么在自然人作者死亡无人继承又无人受遗赠，以及在法人或其他组织变更或终止而没有其他法人或其他组织承接其权利义务的情况下，著作权主体要规定为国家？

邻 接 权

☞　**学习要点**

学习本章应了解邻接权的含义，明确邻接权与著作权的共同点和不同点，重点掌握表演者、音像制作者以及广播组织的权利和义务。表演者、音像制作者和广播组织的权利是学习的重点与难点。

◆　**引读案例**

2008 年 7 月，原告上海某公司合法出版、发行齐某首张个人音乐专辑盒式磁带及 CD 唱片，收录齐某演唱的 10 首歌曲。另一专辑 CD 光盘由上海某声像出版社出版发行，收录齐某演唱的另外 10 首歌曲。2010 年 11 月，原告在中山某商场购买了一张广州某影音公司、惠州某光电公司擅自出版、复制、发行的齐某成名金曲珍藏版 CD 光盘。此光盘收录了齐某演唱的歌曲 16 首，其中有上述两张光盘中的 11 首歌曲。经查，惠州某光电公司加工涉案光盘是受广州某影音公司委托；中山某商场销售的涉案 CD 光盘来源合法。

问题：被告中山某商场、广州某影音公司、惠州某光电公司是否应当承担侵权责任？

第一节　邻接权概述

一、邻接权的概念及其产生

邻接权来自英文"neighboring rights"，意思是与著作权邻近的权利，指作品的传播者对其传播作品的创造性劳动成果所享的权利。在我国著作权法中，这种权利称为"与著作权有关的权益"。邻接权一般包括表演者权、音像制作者权和广播电视组织者权。

邻接权制度的产生是著作权法随着科学技术的发展而不断完善的结果。早期人们欣赏表演必须亲临现场，但音像、无线电传播技术的发展，唱片、电影片大量复制，广泛发行。人们足不出户即可通过传播媒体欣赏节目，这样表演者的收入减少，另外录制品被任意翻录和播放的广播、电视被无偿播放，使得录制者和广播电视组织者的竞争力降低，经济利益受损。在这种情况下，保护这些作品传播者利益的呼声日益高涨，邻接权制度应运而生。

目前保护邻接权的国际公约，最早的是 1961 年的《保护表演者、音像制作者和广播组织的国际公约》（简称《罗马公约》），该公约的缔结使对邻接权的保护制度跃上了一个新台阶。该公约规定，成员国至少要对表演者、音像制作者和广播组织的权利予以保护，并规定了应给予的最低保护标准。此外，国际上已缔结的保护邻接权的公约还有《世界知识产权组织表演和录音制品条约》、《保护唱片制作者防止唱片被擅自复制的公约》、《人造卫星播送载有节目信号的公约》。这些公约的缔结，为邻接权的保护开辟了更为广阔的天地。

我国在《著作权法》中确立了较为完整的邻接权制度，同时又相继出台了《音像制品管理条例》、《关于加强版权管理的通知》、《音像制品出版管理办法》、《音像制品复制管理办法》、《电子出版物管理暂行规定》等若干保护邻接权的行政法规和行政规章。

二、邻接权与著作权的关系

（一）邻接权与著作权的联系

邻接权与著作权关系密切，其联系在于：

1. 两者都与作品相联系。著作权与作品存在直接联系，著作权因作品的创作而产生。邻接权是因作品的传播而产生，与作品的联系是间接的。表演者表演的对象一般是作品，录制者是对表演活动的录制，而广播电视组织所播放的广播电视一般也是针对表演者的表演活动所进行的。

2. 两者都具有法定性。著作权及邻接权的主体、客体及内容均来自于法律的直接规定。有关著作权的一些规定也适用于邻接权的保护。如权利的自动取得原则、合理使用、权利质押等。

3. 两者具有某些共同的特征。如都具有专有性、地域性和时间性等特征。

（二）邻接权与著作权的区别

邻接权虽从属于著作权，但二者并不等同。其区别在于：

1. 权利的主体不同。著作权的主体是作品的创作者，包括自然人、法人或其他组织；邻接权的主体是表演者、音像制作者、广播电视组织，除表演者外，几乎都是法人。

2. 权利的客体不同。著作权保护的对象是文学、艺术和科学作品；邻接权保护的对象是作品传播者的劳动或投入。前者体现了作者的创造性劳动，后者主要体现了传播者的创造性劳动。

3. 权利的内容不同。著作权的内容是指作者对其作品享有发表、署名等人身权和复制、发行等财产权利；而邻接权中除表演者权外不包括精神权利，主要是表演者对表演，音像制作者对其音像制品，广播电视组织对其广播、电视节目的财产权利。著作权的财产权利也比邻接权的财产权利丰富。

尽管邻接权人享有法律所规定的权利，但根据《著作权法实施条例》的规定，邻接权人在行使权利时，不得损害被使用作品和原作品著作权人的权利。

第二节　表演者权

一、表演者的定义

按照《罗马公约》第 3 条（a）项的定义，表演者是指"演员、歌唱家、音乐家、舞蹈演员和表演、歌唱、演说、朗诵、演奏或以别的方式表演文学或艺术作品的其他人员。"但对表演者的定义，有广义和狭义之分。在广义上，表演者不仅包括对享有著作权的文学、艺术作品进行表演的人，同时也包括对公有领域内文学、艺术作品进行表演的人，以及进行非作品表演的人。在狭义上，表演者只包括那些对文学、艺术作品进行表演的人，而不包括表演非文学艺术作品的人，例如杂耍演员、杂技演员、体育运动员或在舞台上或电影中进行临时表演的人。可见《罗马公约》对表演者的定义属于上述狭义的范畴。不过，《罗马公约》第 9 条允许缔约国把保护扩大到不是表演文学、艺术作品的艺人。《世界知识产权组织表演和录音制品条约》对表演者的定义与《罗马公约》基本一致，不同之处在于其特别指出表演民间文学艺术作品的人员也属于该定义项下的表演者。

我国《著作权法实施条例》第 5 条第 6 项规定，表演者是指演员、演出单位或者其他表演文学、艺术作品的人。所以我国法律上的表演者的含义是狭义的。另外根据《著作权法》第 36 条第 1 款的规定，我国著作权法上的表演者不仅包括演员，还包括演出单位。至于演员和演出单位的关系，则由合同法来调整。

二、表演者权的内容

（一）表演者的权利

1. 表演者的人身权利。表演者的人身权利主要是两项：一是姓名受尊重权，即《著作权法》第 38 条第 1 款第 1 项规定，表演者对其表演有表明表演者身份的权利；二是表演受尊重权，《著作权法》第 38 条第 1 款第 2 项规定，表演者有保护表演形象不受歪曲的权利。该权利旨在保护表演者的艺术声誉。

2. 表演者的财产权利。根据《著作权法》第 38 条第 1 款第 3~6 项规定，表演者的财产权利有以下四种：

（1）许可他人现场直播，公开传送其现场表演并获报酬的权利。现场直播指表演者在进行现场表演时，通过广播电台、电视台将其表演实况同时播出。公开传送其现场表演是指通过现场直播以外的其他的手段和方式传送表演者的现场表演。一般而言，通过现场直播或公开传送其现场表演都会对表演者的收入有影响，所以应取得表演者的许可并向其支付报酬。

（2）许可他人录音录像，并获得报酬的权利。这是表演者对制作音像制品的控制权，对以营利为目的将表演录音录像的，录制者应事先经表演者许可，并支付报酬。而对于非营利性的音像如新闻报道或个人欣赏、教学科研等目的的录制，现行著作权法规定录制者也应事先经表演者许可，并支付报酬。

（3）许可他人复制、发行录有其表演的音像制品，并获得报酬的权利。对表演进行音像并将录制品发行，使表演者的表演在更大的范围重复再现，会使表演者的表演机会大大减少，特别是将音像制品进行商业性使用的现象对表演者的利益构成极大威胁，所以法律规定他人在复制、发行录有其表演的音像制品时要征得表演者的同意，并应向表演者支付报酬。

（4）许可他人通过信息网络向公众传播其表演，并获得报酬的权利。这是《著作权法》修改新增的内容，是为了适应网络技术发展而及时提出的对著作权及有关权利的保护措施。互联网技术的发展，使网络已走进千家万户，网络传播速度快，传播方式快捷，成本低。但网络侵权现象日趋严重。所以著作权法增加了表演者权利内容，加强了对表演者权的保护。

（二）表演者的义务

根据《著作权法》第29条和第37条的规定，表演者在使用他人作品时，应履行一定的义务，表演者的义务有：

（1）表演者使用他人作品演出，表演者应当取得著作权人许可，并支付报酬。演出组织者组织演出，由该组织者取得著作权人许可，并支付报酬。

（2）表演者使用改编、翻译、注释、整理已有作品而产生的作品进行演出，应当取得改编、翻译、注释、整理作品的著作权人和原作品的著作权人许可，并支付报酬。

（3）表演者依照著作权法使用他人作品的不得侵犯作者的署名权、修改权、保护作品完整权和获得报酬的权利。

第三节　音像制作者权

一、音像制作者的定义

音像制作者是指将声音、图像或二者的结合首次固定于特定物质载体上的人。音像制作者权是指音像制作者对其音像制品所享有的权利。音像制品包括录音制品和录像制品。录音制品，是指任何对表演的声音和其他声音的录制品；录像制品，是指电影作品和以类似摄制电影的方法创作的作品以外的任何有伴音或者无伴音的连续相关形象、图像的录制品。

二、音像制作者的权利

音像制作者对其制作的音像制品，享有以下权利：

1. 音像制作者对其制作的音像制品，享有许可他人复制、发行并获得报酬的权利。复制是指将音像制品的母带制作成一份或多份。发行是指将音像制品的复制件提供给不特定的公众。这项权利较能有效遏制现实生活中大量存在的盗版音像制品现象，保护音像制作者的权利。被许可人复制发行音像制品，还应取得著作权人表演者许可，并支付报酬。

2. 音像制作者对其制作的音像制品，享有许可他人出租并获得报酬的权利。出租是指利用音像制品的复制件向公众出租并取得租金。值得注意的是音像制作者在行使出租权时不必征得著作权人和表演者的同意，也不必支付报酬。我国《著作权法》还规定，著作权人对电影作品和以类似摄制电影的方法创作的作品、计算机软件享有出租权。除这两类作品的著作权人外的其他著作权人并不享有出租权，表演者对其表演也不享有出租权，所以音像制作者对其制作的音像制品单独享有出租权。

3. 音像制作者对其制作的音像制品，享有许可他人通过信息网络向公众传播并获得报酬的权利。通过互联网络向公众传播是指通过互联网络上的网站向不特定的公众传播。信息网络传播权的确立，无疑增大了音像制作者权利行使的范围和方式。基于此项权利任何网络服务提供者或个人下载音像制品，都应取得音像制作者的许可，并向其支付报酬。被许可人通过信息网络向公众传播音像制品，还应当取得著作权人、表演者许可，并支付报酬。

外国人、无国籍人在中国境内制作、发行的录音制品，受著作权法保护。外国人、无国籍人根据中国参加的国际条约对其制作、发行的录音制品享有的权利受著作权法的保护。

三、音像制作者的义务

音像制作者使用他人作品制作音像制品，应当取得著作权人许可，并支付报酬。

音像制作者使用改编、翻译、注释、整理已有作品而产生的作品，应当取得改编、翻译、注释、整理作品的著作权人和原作品著作权人许可，并支付报酬。

录音制作者使用他人已经合法录制为录音制品的音乐作品制作录音制品，可以不经著作权人许可，但应当按照规定支付报酬；著作权人声明不许使用的不得使用。

音像制作者制作音像制品，应当同表演者订立合同，并支付报酬。

第四节　广播组织者权

一、广播组织的定义

广播组织，是指通过无线电波传播由声音或图像或由二者构成的实况或录音制品的人，包括广播电台和电视台。"广播"系指以无线的方式播送，使公众能接收声音或图像，或图像和声音，或图像和声音表现物。"广播"在此不得被理解为包括通过计算机网络进行的播送。广播组织者权是指广播电台和电视台对其播放的广播、电视所享有的权利。

二、广播组织者的权利

根据《著作权法》第45条的规定，广播电台、电视台有权禁止未经其许可的下列行为：

1. 将其播放的广播、电视转播。转播广播、电视是将一个广播组织的广播节目被另一个广播组织同时广播的行为。广播电台、电视台在制作节目的过程中要经过大量的程序，付出大量的创造性劳动，为确保其合法权益，应赋予广播组织对其制作的广播节目享有控制权。

2. 将其播放的广播、电视录制在音像载体上以及复制音像载体。

三、广播组织者的义务

1. 广播电台、电视台播放他人未发表的作品，应当取得著作权人许可，并支付报酬。这种作品涉及作者的发表权、署名权等著作人身权和播放权等财产权，所以著作权人有权决定是否允许广播组织播放其作品及是否支付报酬。

2. 广播电台、电视台播放他人已发表的作品，可以不经著作权人许可，但应当支付报酬。

3. 广播电台、电视台播放已经出版的录音制品，可以不经制作权人的许可，但应当支付报酬。当事人另有约定的除外。

4. 电视台播放他人的电影作品和以类似摄制电影的方法创作的作品、录像制品，应当取得制片者或者录像制作者许可，并支付报酬；播放他人的录像制品，还应当取得著作权人许可，并支付报酬。

引例解析

上海某文化传播公司为涉案11首歌曲录音制品的制作人，享有录音制作权。惠州某光电公司未经许可复制涉案光盘构成了对文化传播公司权利的侵害，应承担相应的法律责任。广州某影音公司应就其向惠州某光电公司出具复制委托书的行为承担相应的责任。中山某商场销售的光盘虽具有合法来源，但光盘为侵权制品，应停止销售此光盘。惠州某光电公司和广州某影音公司侵犯了上海某文化传播公司享有的录音制作权，应承担停止侵权、赔偿经济损失的法律责任。

思考题

（一）选择题[1]

1. 甲创作并演唱了《都是玫瑰惹的祸》，乙公司擅自将该歌曲制成彩铃在网络上供免费下载。乙公司侵犯了甲的哪些权利？

A. 信息网络传播权

B. 广播权

C. 表演者权

D. 发行权

2. 李某于 2006 年 8 月 4 日创作完成小说《别来烦我》，2007 年 3 月 5 日发表于某文学刊物后被张某改编成剧本，甲公司根据该剧本拍成同名电视剧，乙电视台将该电视剧进行播放。对此，下列哪一选项是错误的？

A. 李某从 2007 年 3 月 5 日起对小说享有著作权

B. 张某对剧本享有著作权

C. 甲公司将该剧本拍成电视剧应当取得李某和张某的许可并支付报酬

D. 乙电视台播放该电视剧应当取得甲公司许可并支付报酬

3. 甲电视台获得了某歌星演唱会的现场直播权，乙电视台未经许可对甲电视台直播的演唱会实况进行转播，丙广播电台经过许可将现场演唱会制作成 CD，丁音像店从正规渠道购买到 CD 用于出租，戊未经许可将丙广播电台播放的演唱会录音录下后上传到网站上传播。下列哪些选项是正确的？

A. 甲电视台有权禁止乙电视台的转播

B. 乙电视台侵犯了该歌星的表演者权

C. 丁音像店应取得该歌星或丙广播电台的许可并向其支付报酬

D. 戊的行为应取得丙广播电台的许可并应向其支付报酬

4. 叶某创作《星光灿烂》词曲并发表于音乐杂志，郝某在个人举办的赈灾义演中演唱该歌曲，南极熊唱片公司录制并发行郝某的演唱会唱片，星星电台购买该唱片并播放了该歌曲。下列哪些说法是正确的？

A. 郝某演唱《星光灿烂》应征得叶某同意并支付报酬

---

[1] 本书各章选择题选自历年国家司法考试真题。

B. 南极熊唱片公司录制该歌曲应当征得郝某同意并支付报酬

C. 星星电台播放该歌曲应征得郝某同意

D. 星星电台播放该歌曲应征得南极熊唱片公司同意

（二）简答题

1. 如何理解邻接权与著作权的关系？

2. 表演者的权利和义务有哪些？

3. 录像制品制作者权与电影作品和以类似摄制电影的方法创作的作品的著作权有何区别？

4. 广播电视组织者享有的权利的特点。

著作权的期限和限制

☞ **学习要点**

学习本章应了解著作权和邻接权的保护期限、法定许可和强制许可制度，重点掌握对著作权和邻接权合理使用的要件和情形。合理使用制度是学习的难点。

◆ **引读案例**

高某是蒙古族人，懂得蒙文和汉语。高某发现一本署名为其其格的蒙文小说《美丽的家园》，很好地表现了蒙古族人民的生活，于是决定将其翻译成汉族文字。但他翻译之前并没有取得该小说作者的同意，高某将其翻译成同名汉文小说后，署名译者高某，原作作者其其格。该书由某文艺出版社出版后销路不错，但高某未将所得收益分配给其其格。其其格知道此事后，认为高某的行为侵犯了她的翻译权、出版权和获得报酬的权利。

问题： 高某的行为是合理使用行为还是侵权行为？

第一节　著作权的期限

著作权的期限是指著作权人对其作品享有专有权的期限。规定著作权和著作邻接权的期限，是为了协调著作权人、邻接权人和社会公众利益。保护期一旦届满，该作品即进入公有领域，社会成员可以自由地、无偿地使用，著作权人就丧失了对作品的专有使用权。

一、著作人身权的保护期限

根据我国《著作权法》第20条规定，作者的署名权、修改权、保护作品完整权的保护期不受限制。

作者的署名权、修改权、保护作品完整权与作者的人身联系最为密切，即使作者死亡后，他人也不得侵犯。法律如此规定的目的是在于保护作者在死亡或消灭后的人格利益，也是为了维护社会公共利益。法人或非法人组织作品的著作人身权，由法人或非法人组织享有。享有著作人身权的法人或者其他组织变更、终止时，其著作人身权由承受其权利义务的法人或其他组织保护；没有承受这三项人身权的权利义务的法人或者其他组织的，著作人身权则应由国家主管部门保护其不受侵犯。

须注意的是，发表权是著作人身权的一项重要内容，我国《著作权法》规定其保护期与著作财产权的保护期相同，是作者终身加死后 50 年。可见，发表权与财产权联系非常紧密，作者将作品公之于众的同时也在行使财产权，它往往同复制权、录制权、展览权等相联系。对发表权加以限制，能促使作品及早发表、满足社会公众的精神文化需要。

在著作邻接权中，只有表演者权涉及到人身权的保护。表演者对其表演有表明表演者身份的权利和保护表演形象不受歪曲的权利。这两项人身权利的保护期也不受限制。

二、发表权和著作财产权的保护期限

关于著作财产权保护期限的计算，立法上有两种计算方法：一是死亡起算主义，即作者终生享有著作权或邻接权加死亡后若干年，死亡起算不是从作者死亡的确切日期开始，而是从其死亡之年末或者翌年年初开始计算。该种方法已为多数国家所采用。二是发表起算主义，即作者享有著作权或邻接权从作品发表之年末或者翌年年初起的若干年限内，不论作者生存与否。少数国家采用这种立法体例。在我国，关于著作权的保护期间兼采用以上两种计算方法。对于一般作品，采用死亡起算主义；对于特殊作品，则采用发表起算主义。

（一）普通作品的保护期

1. 公民作品的保护期。根据我国《著作权法》第 21 条的规定，公民的作品，其发表权和著作财产权的保护期为作者终生及其死亡后 50 年，截止于作者死亡后第 50 年的 12 月 31 日；如果是合作作品，截止于最后死亡的作者死亡后第 50 年的 12 月 31 日。即采用"死亡起算主义"，死亡后的第一年是作者去世的次年，从这一年算到第 50 年的 12 月 31 日截止。该保护期是固定的，与作品是否发表及何时发表无任何关系。

2. 单位作品的保护期。根据我国《著作权法》第 21 条第 2 款规定，法人或者其他组织的作品、著作权（署名权除外）由法人或者其他组织享有的职务作品，其发表权、著作财产权利的保护期为 50 年，截止于作品首次发表后第 50 年的 12 月 31 日，但作品自创作完成后 50 年内未发表的，著作权法不再保护。

（二）特殊作品的保护期

1. 影视作品、摄影作品的保护期。由于电影作品和以类似摄制电影的方法创作的作品、摄影作品一般是在他人作品或者原作品的基础上再创作而产生的，因此，许多国家给予这类作品的保护期限要比自然人原创的作品的保护期限短。我国著作权法将这些作品与单位作品同等对待，其发表权和著作财产权的保护期限为 50 年，截止于作品首次发表后第 50 年的 12 月 31 日，但作品自创作完成后

50 年内未发表的，著作权法不再保护。

2. 作者身份不明作品的保护期。根据《著作权法实施条例》的规定，作者身份不明的作品，对其著作财产权的保护期为 50 年，截止于作品首次发表后第 50 年的 12 月 31 日。作者身份一旦确定，则适用一般公民的著作财产权保护期限。

3. 计算机软件的保护期。我国《计算机软件保护条例》第 14 条规定，软件著作权，自软件开发完成之日起产生。自然人对软件作品享有著作权的，保护期为自然人终生及其死后 50 年，截止于自然人死亡后第 50 年的 12 月 31 日；软件作品是合作开发的，截止于最后死亡的自然人死亡后的第 50 年的 12 月 31 日。法人或者其他组织的软件著作权，保护期为 50 年，截止于软件首次发表后的第 50 年的 12 月 31 日，但软件自开发完成之日起 50 年内未发表的，不再予以保护。

（三）著作邻接权的财产权保护期

表演者权中的财产权利的保护期为 50 年，截止于该表演发生后的第 50 年的 12 月 31 日；录音录像制作者财产权利的保护期为 50 年，截止于制品首次制作完成后第 50 年的 12 月 31 日；广播电视组织者权利的保护期为 50 年，截止于该广播、电视首次播放后第 50 年的 12 月 31 日。

第二节　著作权的限制

在保护作者及其他著作权人和传播者利益的同时，还必须兼顾社会公共利益，防止权利被滥用，妨碍和束缚科学技术的进步和文化的繁荣。因此，当今世界各国的著作权立法，无不对著作权和邻接权予以一定的限制。如日本《著作权法》第 30～49 条规定了某些行为在何种情况、场合或条件下不构成对著作权的侵犯；第 67～74 条则对实行强制许可的条件、范围进行了规定。英国《著作权法》第 6～10 条规定了 10 种对著作权的限制措施。

广义上著作权的限制包含著作权保护期的限制和地域的限制。这里讲的著作权的限制是著作权权能的限制。根据我国《著作权法》的规定，其限制措施主要有合理使用、法定许可和强制许可。

一、合理使用制度

著作权合理使用制度起源于美国，1841 年美国法官 Joseph Story 在审理 Folsom v. Marsh 的案件中，借鉴以往相关判例，对合理使用制度的基本思想作了深入阐述，奠定了后来的美国著作权立法的基础，并对世界各国著作权立法产生了深远的影响。著作权合理使用是指自然人、法人或者其他组织根据法律的规定，在特定条件下使用他人享有著作权的作品不必征得权利人的许可，也不必向其支付报酬的制度。

（一）合理使用的条件

1. 著作权合理使用必须出于正当的非商业目的。由于对作品的合理使用不需付酬，如果使用者使用作品是以营利为目的，就会对著作权人产生极其不利的后果。所以合理使用的目的仅限于为了个人学习、研究或欣赏或为了教学、科研、宗教等非营利性的公共事业的需要。

2. 被使用的作品一般是已发表的作品。发表权是作者的一项人身权，只有作者有权决定是否将自己的作品公之于众，任何人都不得强迫作者发表作品，作者不愿发表的作品他人更不得使用。但我国《著作权法》第 22 条第 1 款第 8 项规定的情形可以针对未发表的作品进行合理使用。

3. 应尊重作者的人身权利和其他财产权利。合理使用制度仅限制作者的部分财产权，即许可权和获得报酬权。所以使用作品时应当指明作者姓名、作品名称，并且不得侵犯著作权人依法享有的其他权利。《TRIPS 协定》和《伯尔尼公约》都对合理使用的原则作了一定的限制，明确规定合理使用作品，不得影响作品的正常使用，也不得不合理地损害著作权人的合法权利。

4. 使用作品的方式必须符合法律的规定。各国著作权法在规定合理使用原则的同时，对合理使用的情形进行了列举，以便明确合理使用的范围。只有严格依据法律规定的方式来使用，才构成合理使用。

（二）合理使用的情形

根据我国《著作权法》第 22 条的规定，合理使用包括以下情形：

（1）为个人学习、研究或者欣赏，使用他人已经发表的作品；

（2）为介绍、评论某一作品或者说明某一问题，在作品中适当引用他人已经发表的作品；

（3）为报道时事新闻，在报纸、期刊、广播电台、电视台等媒体中不可避免地再现或者引用已经发表的作品；

（4）报纸、期刊、广播电台、电视台等媒体刊登或者播放其他报纸、期刊、广播电台、电视台等媒体已经发表的关于政治、经济、宗教问题的时事性文章，但作者声明不许刊登、播放的除外；

（5）报纸、期刊、广播电台、电视台等媒体刊登或者播放在公众集会上发表的讲话，但作者声明不许刊登、播放的除外；

（6）为学校课堂教学或者科学研究，翻译或者少量复制已经发表的作品，供教学或者科研人员使用，但不得出版发行；

（7）国家机关为执行公务在合理范围内使用已经发表的作品；

（8）图书馆、档案馆、纪念馆、博物馆、美术馆等为陈列或者保存版本的需要，复制本馆收藏的作品；

（9）免费表演已经发表的作品，该表演未向公众收取费用，也未向表演者支付报酬；

（10）对设置或者陈列在室外公共场所的艺术作品进行临摹、绘画、摄影、录像；

（11）将中国公民、法人或者其他组织已经发表的以汉语言文字创作的作品翻译成少数民族语言文字作品在国内出版发行；

（12）将已经发表的作品改成盲文出版。

以上12项规定，同样适用于对出版者、表演者、录音录像制作者、广播电台、电视台的权利的限制。

二、著作权法定许可

法定许可，是指依照著作权法规定，以特定方式使用他人已发表的作品，可不必征得著作权人的许可，但应向其支付报酬并尊重著作权人其他权利的制度。

法定许可作为对著作权的一种限制，是许多国家著作权法普遍推行的一种制度。但总的来说大陆法系国家的法定许可的适用范围要宽于英美法系国家的法定许可的使用范围。我国著作权法对法定许可作了明文规定。但同时对三种法定许可方式赋予著作权人以保留权，即著作权人可以事先声明排除法定许可的适用，这与国际上通行的法定许可又有所不同。

根据我国现行著作权法规定，法定许可使用的方式有以下五种：

（1）为实施九年制义务教育和国家教育规划而编写出版教科书，除作者事先声明不许使用的外，可以不经著作权人许可，在教科书中汇编已经发表的作品片段或者短小的文字作品、音乐作品或者单幅的美术作品、摄影作品，但应当按照规定支付报酬，指明作者姓名、作品名称，并且不得侵犯著作权人依照本法享有的其他权利。

（2）作品刊登后，除著作权人声明不得转载、摘编的外，其他报刊可以转载或者作为文摘、资料刊登，但应当按照规定向著作权人支付报酬。

（3）录音制作者使用他人已经合法录制为录音制品的音乐作品制作录音制品，可以不经著作权人许可，但应当按照规定支付报酬；著作权人声明不许使用的不得使用。

（4）广播电台、电视台播放已经发表的作品，可以不经著作权人许可，但应当支付报酬。

（5）广播电台、电视台播放已经出版的录音制品，可以不经著作权人许可，但应当支付报酬。当事人另有约定的除外。具体办法由国务院规定。

三、著作权强制许可

著作权法定许可在特定条件下，由著作权行政管理部门根据情况，将对已发表作品进行特殊使用的权利授予申请获得此项权利的申请使用人的制度，也称强制许可证制度。但使用人应当向著作权人支付报酬，并不得损害著作权人的其他权利。

著作权强制许可制度与法定许可制度都是不需征得著作权人的许可，但都应当按照规定向著作权人支付报酬的著作权制度。二者的不同之处表现为：①使用的程序和根据不同。强制许可使用是使用人先向著作权人请求许可使用，遭拒绝后向著作权行政管理机关申请许可，根据获得强制许可证进行使用；而法定许可则不需任何手续，直接按照法律的直接规定进行使用。②使用对象不同。强制许可使用的作品仅限于文字作品；而法定许可使用的作品范围较为广泛。③使用方式不同。强制许可使用方式仅限于对文字作品的翻译或复制；而法定许可的方式可以是汇编、转载、摘编、播放和制作录音制品等。

著作权强制许可制度与合理使用制度都是在使用作品时无须征得著作权人的同意。二者的不同之处表现为：①支付报酬不同。强制许可使用人应向著作权人支付报酬；而合理使用不必向著作权人付酬。②使用手续不同。强制许可使用是在使用人以合理的条件要求使用，著作权人无正当理由拒绝后，使用人申请著作权行政管理机关授权其使用的，而合理使用只要使用人具备合理使用的条件即可，不需其他任何手续。

强制许可使用制度最早见于英国 1919 年的《版权法》，最初适用的目的仅限于将音乐作品录制成唱片。美国 1919 年的《版权法》也规定了强制许可的条款。随着世界经济往来的频繁，德国、日本、法国等大陆法系的国家也陆续接受了这一制度，使用对象也扩展至其他文字作品，同时它还为两个主要著作权国际公约即《伯尔尼公约》和《世界版权公约》所认可。但都对强制许可使用的规定甚为苛刻，也仅承认发展中国家著作权主管机关享有向申请人颁发翻译或复制外国作品强制证的权利，所以实践中只被如墨西哥、几内亚等少数国家采用。我国《著作权法》没有规定这种制度，但是由于我国已经加入《伯尔尼公约》和《世界版权公约》，故也可引用有关强制许可的规定。

引例解析

高某的行为属于侵权行为，侵犯了《美丽的家园》的作者其其格的翻译权、出版权和获得报酬的权利。并不属于著作权合理使用的第 11 种情形：将中国公民、法人或者其他组织已经发表的以汉语言文字创作的作品翻译成少数民族语言文字作品在国内出版发行。出版社也没有尽到合理审查的义务。

思考题

（一）选择题

1. 下列哪些行为不属于侵犯著作权的行为？

A. 某电视台为了报道油画展览的盛况，在电视新闻中播放了展览的油画

B. 某教授在世纪论坛上的演讲词被电台全文报道

C. 法院为了查证将张某发表的文章复制了 3 篇

D. 出版社将蒙文发表的作品翻译成汉文在国内出版发行

2. 某刊物不愿让别的刊物随意转载其刊物上发表的文章，下列做法哪些是可行的？

A. 在刊物上发表不得转载的声明

B. 在每一篇文章都刊载作者不许转载的声明

C. 在刊物的声明中载明所有作者均已授予本刊专有使用权

D. 不须作任何声明

3. 甲创作的一篇杂文，发表后引起较大轰动。该杂文被多家报刊、网站无偿转载。乙将该杂文译成法文，丙将之译成维文，均在国内出版，未征得甲的同意，也未支付报酬。下列哪一观点是正确的？

A. 报刊和网站转载该杂文的行为不构成侵权

B. 乙和丙的行为均不构成侵权

C. 乙的行为不构成侵权，丙的行为构成侵权

D. 乙的行为构成侵权，丙的行为不构成侵权

（二）简答题

1. 如何理解我国法律规定的合理使用的 12 种具体情形？

2. 如何理解合理使用、法定许可和强制许可三者之间的关系？

著作权的管理与保护

☞ **学习要点**

学习本章主要了解著作权集体管理组织的作用、著作权集体管理组织的性质和著作权集体管理组织的主要职责，重点掌握著作权侵权行为的种类及侵犯著作权的法律责任。

◆ **引读案例**

《丁香花》曾是网络上非常流行的歌曲，其词曲作者和原唱者是唐磊，他也凭这样一首歌而迅速蹿红。其同名专辑还未出版发行前，南京音像出版社却发行了收录有唐磊同名歌曲《丁香花》的一盘合辑。唐磊主张权利，可南京音像出版社却认为自己因为已经向中国音乐著作权协会支付词曲著作权使用费而没有侵害唐磊的著作权。而事实上，中国音乐著作权协会并没有根据授权合同的约定与南京音像出版社洽谈使用费，而是以法定许可的名义收取了使用费，导致《丁香花》以 200 元价格被贱卖。

问题： 中国音乐著作权协会能否将歌曲以法定许可的方式让南京音像出版社使用？

第一节 著作权的管理

一、著作权的集体管理

（一）著作权集体管理的概念和意义

1. 著作权集体管理的概念。著作权集体管理，是指著作权集体管理组织经著作权人、与著作权有关的权利人（统称权利人）的授权，集中行使和保护权利人的有关权利的活动。

著作权集体管理制度是著作权保护的一项重要制度。较之专利、商标以及其他知识产权而言，著作权集体管理制度是在知识产权保护领域中的一种独有制度。

2. 著作权集体管理产生的必要性。著作权集体管理制度是著作权制度的重要组成部分，是著作权制度发展到一定阶段的产物。

　　早期的著作权交易主要都是集中在作者本人和作品使用者之间进行，交易方式比较简单，而且早期的作品形式比较单一，多数都以著作为主，因而当时的交易行为主要都是出版。因此，作者进行著作权交易的主要对象就是图书出版公司，交易的过程就是作者和出版公司签订出版合同。但是，毕竟著作权的保护对象为作品，作品是无形的智力成果，不像有形的财产如土地、房屋那样容易被权利人控制，任何人都可以根据自己的需要利用作品；也因为作品能满足人们学习、研究、娱乐等精神需要，它的利用也已覆盖了社会生活的各个角落。随着复制和传播技术的发展，作品的使用形式也日趋复杂化、多样化、国际化，作品的使用范围也不断扩大，作品的创作者不可能擅长利用各种可能的方式使用作品，充分实现作品的价值，不懂得如何利用法律保护自己对创作作品的权益。即便作者明确自身的权益，也懂得利用法律维护自己的权益，却有可能没有精力和兴趣去与作品的使用者一一谈判协商，与侵害著作权的人对簿公堂。

　　例如，音乐作品的作者享有表演权，包括现场表演和机械表演。除了合理使用范畴的免费表演之外，任何人向公众演唱音乐作品，或向公众播放载有音乐作品的录音制品，都应当事先征得音乐作品著作权人的许可，并支付报酬。然而，现场表演和机械设备播放音乐作品的情况随时可能发生，不可能每一次都签订许可合同，音乐作品著作权人也难以知悉是否有和有多少个人或组织在何时何地表演或播放自己的作品；同样，表演者和播放者每次都要找到著作权人并获得许可也并非易事。特别是现代网络技术的发展，突破了时空的限制，作品的传播范围更广，作者知悉作品的使用者和收取使用费更难，而侵权发生的可能性也越大。为了解决著作权人和邻接权人无力、无法行使著作权的困难，扩大实现作品的利用和传播，充分保护作品创作人的合法权益，著作权集体管理的方式应运而生。

　　3. 著作权集体管理的产生和发展。著作权集体管理制度最早产生于18世纪的法国。1847年，法国的作曲家保罗·昂里翁、维克多·帕里佐和埃尔纳·布尔热到巴黎香榭丽舍田园大街的一家咖啡馆喝饮料，发现咖啡馆正在演奏他们创作的音乐——《米歇尔大妈看意大利歌剧》。而他们事先并没有许可过这家咖啡馆表演他们的作品，也没有获得过报酬。因此，三人拒绝向咖啡馆付帐，理由是咖啡馆靠他们的音乐作品招揽生意而没有向他们付费，他们也可以不付饮料费。而后，昂里翁和布尔热向塞纳省商业法庭起诉了咖啡馆。1849年，法国法院判决三名词曲作家胜诉。这场诉讼为成立征收音乐作品版税的中央机构奠定了基础。1851年2月28日，作者作曲者音乐出版协会（SACEM）成立，成为世界上最早的音乐作品著作权的集体管理组织。此外，1777年法国成立了戏剧立法局，这是一个负责管理其会员权利的作者协会。1791年，立法局演变为收取出版税的总代理社。1892年，最终成立了戏剧作者作曲者协会（SACD），这是世界上最早的由作家组织变成的作者协会。后来，几乎所有欧洲和其他一些地区国家都效仿法国，广泛成立各种集体管理组织。1926 年，为了协调和巩固各个集体管理组织之间的合作关系，上述集体管理机构在巴黎成立了国际作者作曲者协会联合会（CISAC）。[1] 现在，欧洲各国以及美国、日本等已建立了相当完善的集体管理制度，所涉及的范围已经从最初的文学、音乐扩展到美术、摄影、电影以及网络、多媒体等领域，在各国的著作权管理和保护中发挥了重要作用。

4. 著作权集体管理的意义。集体管理作为著作权个人管理的补充和实现著作权人权利的有效手段，已成为现代著作权法制不可或缺的重要组成部分。其在实现著作权的全面保护，促进经济法制发展，增进经济文化交流，解决网络时代著作权保护问题等方面，均发挥出相当重要的作用。

（1）帮助著作权人实现权利。在著作权集体管理制度下，著作权人面对强大的使用者，不用再担心无法与之抗衡，而完全可以借助著作权集体管理组织的团体力量，以优势地位与使用者谈判并发放许可合同，使作者的创作能得到相应的经济回报，从而能有效地提高对作品的使用效率。同时，也使著作权人从管理著作权的繁琐工作中解脱出来，集中精力创作。

（2）帮助使用者节省费用。使用者也是著作权集体管理的获益者。使用者能通过集体管理组织获得授权许可，合法大量地使用各种作品，无需与各种权利人联系及谈判，可以减少环节，节省费用，也减少了因非法使用而引发的纠纷。

（3）促进文化发展和交流。集体管理组织的桥梁纽带作用的发挥，使创作人能节省大量的时间和精力从事更多的创作，开发出更多的科学文化作品，进而促进社会整体文化经济的发展；使用人也因此能更便利地利用他人著作，用于其他个人创作或者其他方面的使用，促进知识文化的传播，也最终有利于一国经济文化的发展。而随着科技的发展和经济全球一体化的格局加速了信息的国际流通，作品的传播范围也突破了一国境内的限制。作品的跨国的使用，更须通过本国集体管理组织与外国相关管理团体订立契约，互相代为管理其著作在该国的使用，从而使著作权在国际上受到妥善保护，也藉此增进国际文化交流。

5. 我国著作权集体管理制度。我国 1990 年颁布的《著作权法》没有对著作权集体管理组织加以规定。著作权集体管理制度的真正确立是在 2001 年《著作权法》修改之后，立法时考虑的因素主要有三个方面：①我国《著作权法》规定了报刊转载等形式的作品使用制度，如果没有著作权集体管理制度的配合，难以有效保护著作权人的权益；②随着网络和数字化技术的飞速发展和广泛应用，

---

〔1〕　〔西〕德莉亚·利普希克：《著作权与邻接权》，联合国教科文组织译，中国对外翻译出版公司2000 年版，第 320 页。

各类作品的复制、传播变得非常容易，作品被使用的频率大大提高，著作权集体管理制度成为著作权人和作品使用人的一座桥梁，同时可以有效监控著作权侵权行为；③世界发达国家都已建立了较为完备、科学的著作权集体管理体系，著作权集体管理制度的优越性充分显现。因此，在学习国际先进经验的基础上，我国在修改后的《著作权法》第8条对著作权集体管理作出了原则性的规定：著作权人和与著作权有关的权利人可以授权著作权集体管理组织行使著作权或者与著作权有关的权利。著作权集体管理组织被授权后，可以以自己的名义为著作权人和与著作权有关的权利人主张权利，并可以作为当事人进行涉及著作权或者与著作权有关的权利的诉讼、仲裁活动。上述规定，形成了我国著作权集体管理制度的基本框架和原则。2005年国务院又颁布实施了《著作权集体管理条例》，对著作权集体管理组织的性质、设立方式、权利义务、著作权许可使用费的收取和分配以及对其的监督管理和法律责任等作了具体规定，从而使我国的著作权集体管理制度走向完善。

（二）著作权的集体管理组织

著作权集体管理组织，是指为权利人的利益依法设立，根据权利人授权、对权利人的著作权或者与著作权有关的权利进行集体管理的社会团体。

1. 著作权集体管理组织的特征。

（1）非官方性。从世界范围来看，著作权集体管理组织主要有民间私人团体和官方、半官方机构两种形式。成立最早的法国戏剧作家协会（SACD）就是非官方的民间机构。第二次世界大战后，官方和半官方机构形式开始出现在东欧国家，后来又在第三世界国家、尤其是使用法语的国家中建立。而发达的市场经济国家仍然坚持集体管理机构的民间性，只是加强了对民间集体管理机构的国家监督。

1993年我国成立了第一个著作权集体管理组织，即中国音乐著作权协会MC-SC（Music Copyright Society of China），实行会员制；同年，国家版权局设立了中国著作权使用报酬收转中心。1998年经国家编委批准，由国家新闻出版署和国家版权局成立了中国版权保护中心，其下设中国文字作品著作权协会和美术、摄影作品著作权集体管理机构，两者分别对文字作品和美术作品进行集体管理。而中国版权保护中心是由国家新闻出版署和国家版权局直接领导的综合性的版权社会管理和社会服务机构。由此可见，长期以来，我国的集体管理组织采取的是官方扶持的民间社团组织形式。我国《著作权集体管理条例》第3条中也明确规定："本条例所称著作权集体管理组织，是指为权利人的利益依法设立，根据权利人授权、对权利人的著作权或者与著作权有关的权利进行集体管理的社会团体。"著作权集体管理组织的非官方性还意味着不得强迫著作权人加入集体管理组织，即使著作权人已经自愿加入，仍然有退出的自由。

（2）非营利性。全球多数国家规定集体管理组织为非营利性组织。如世界作者作曲者大会、英国的音乐著作权集体管理组织（PRS）。也有部分国家采取营利性组织的形式，如俄罗斯。但这种形式易造成组织为追求自身利益的最大化而损害著作权人和邻接权人的利益，与组织的宗旨相悖；采用营利性组织形式，也易与现存的著作权代理机构和中介组织混淆。著作权集体管理组织的目的是为了维护著作权人的合法权益和促进社会文化艺术事业的发展和繁荣，非营利性的公益组织形式是集体管理组织的最佳选择，也符合国际社会发展的潮流。我国《著作权法》第 8 条第 2 款规定，著作权集体管理组织是非营利性组织。《著作权集体管理条例》第 29 条也规定：著作权集体管理组织收取的使用费，在提取管理费后，应当全部分配给权利人，不得挪作他用。而在实际操作中，诸如中国音乐著作权协会等也的确实现了为广大作者和使用者服务的公益机构的职能。

（3）垄断性。根据世界知识产权组织关于著作权和邻接权集体管理的基本原则，在通常情况下，就同一种类的权利而言，一个国家只应成立一个管理机构。从各国对于著作权集体管理组织的垄断性与否的具体做法看，主要有绝对垄断，自由竞争和相对垄断三种形式。绝对垄断的集体管理组织主要以意大利和前苏联为代表，意大利作者协会（意大利版权组织）管理包括文字、音乐、戏剧、美术、摄影、电视等所有作品权利，只有版权组织有权进行著作权的集体管理，代作者收取版税。第二种自由竞争的集体管理组织形式主要以英美等国为代表。在不允许垄断存在的美国，同一类作品允许多家著作权集体管理组织存在，如音乐作品公开演奏权就由美国作曲者作者出版协会、欧洲戏剧作者作曲者协会和美国音乐广播公司三家共同管理。相对垄断的类型则是以德国、法国和日本为代表的按照行业划分、互不交叉的著作权集体管理组织。我国《著作权集体管理条例》的第 7 条中要求，"不与已经依法登记的著作权集体管理组织的业务范围交叉、重合"。这也表明新立法对于集体管理组织的垄断性的一定认可，这种垄断权是为了保证集体管理组织在履行职责时的有效性和权威性。

（4）自愿性。大部分国家集体管理组织实行会员制，即由著作权人和邻接权人申请加入各集体管理组织，将作品的权利转交给集体管理组织统一管理，并定期获得组织分配的作品使用报酬。自愿性的集体管理组织又可分为信托关系型、代理关系型和行纪关系型的集体管理组织。也有部分国家如意大利和阿根廷实行强制性加入，德国和法国的法律条文中也有相关规定。自愿入会制度有利于保护著作权人和邻接权人的经济权利和精神权利，也便于调动作者创作的积极性。所以，我国的著作权集体管理组织和著作权人之间，是通过合同方式建立的平等主体之间的带有信托性质的民事法律关系。《著作权集体管理条例》的第

19、20 条的规定中也体现了对著作权人加入著作权集体管理组织自愿性的维护。会员与集体管理组织签订合同，将其权利委托给集体管理组织管理，著作权集体管理组织有权以自己的名义代行著作财产权，包括作品的使用、监督使用、收费和诉讼等。

2. 著作权集体管理组织的类别。

（1）根据是否有营利目的，可以把著作权集体管理组织分为营利性和非营利性组织。多数国家规定著作权集体管理组织为非营利性组织。

（2）根据集体管理组织的法律性质及法律地位来划分，世界各国的集体管理组织可以分为官方性、非官方性和半官方性的。

（3）根据权利人授予的专有权来划分，可以把著作权集体管理组织分为完全的和部分的集体管理组织。完全的集体管理组织可以行使的权利包括：和使用者就应付的使用报酬和其他条件进行谈判，授权使用和监督使用，以及收取使用报酬并向权利人进行分配等。部分的集体管理是指权利人只授予集体管理机构部分的专有权利，因而后者也只能行使部分的权利。

（4）根据集体管理组织的布局来划分，可以把著作权集体管理组织分为分立的和综合的集体管理组织。综合的集体管理组织是对各种不同类型的作品的使用权集中统一管理。如俄罗斯著作权协会（RAO）和意大利的作者出版者协会（SIAE）等。分立的集体管理组织是按照作品的类别分别成立协会，主要任务是向著作权使用者收取使用费，并向著作权人分配。例如，德国有四家主要的集体管理组织：德国音乐表演权和机械复制权联合会（GEMA）、德国文字与科学作品集体管理协会（VG – WORT）、德国美术作品集体管理协会（VGBILD – KUNST）和德国邻接权集体管理协会（GVL）。

传统的著作权集体管理组织主要是音乐作品著作权的集体管理组织。其原因在于音乐作品最经常地被公开表演、播放和向公众广播，而著作权人又最难以行使专有权利、收取许可费。我国最早的集体管理组织就是中国音乐著作权协会。但是，随着现代科学技术的发展，特别是复制手段和传播手段的飞速更新，针对文字作品、美术作品、电影作品等作品类型的著作权集体管理组织也在许多国家建立起来。今天世界各国成立的著作权集体管理组织，早已不再局限于对音乐作品著作权的集体管理。我国于 1998 年成立了文字作品著作权协会，2008 年又成立了摄影著作权协会。直至今天，世界各国成立的著作权集体管理组织，早已不再局限于对音乐作品著作权的集体管理。

3. 著作权集体管理组织的设立。

（1）设立的条件。德国《关于实施著作权和相关权法》第 1 条规定：进行著作权集体管理必须获得许可，由监督机关根据当事人的书面申请决定是否给予许可。我国台湾地区"著作权中介团体条例"第 7 条规定，有下列情事之一者，主管机关对中介团体设立之申请应不予许可：名称与业经许可之中介团体名称相同者、依申请许可之资料显示不能有效管理中介业务者、申请事项有违反法令或者虚伪者等。

我国《著作权集体管理条例》第 6 条规定："除依照本条例规定设立的著作权集体管理组织外，任何组织和个人不得从事著作权集体管理活动。"这说明我国对著作权集体管理组织也实行登记许可制，未经登记许可的，不能成立集体管理组织并开展活动。

著作权集体管理组织可以由享有著作权或者与著作权有关的权利的中国公民、法人或其他组织发起设立。在《著作权集体管理条例》第 7 条规定了设立集体管理组织应当具备以下要件：①发起设立著作权集体管理组织的权利人不少于 50 人；②不与已经依法登记的著作权集体管理组织的业务范围交叉、重合；③能在全国范围代表相关权利人的利益；④有著作权集体管理组织的章程草案、使用费收取标准草案和向权利人转付使用费的办法草案。一类作品只设立一家著作权集体管理组织，这是各国的通例，我国是与国际惯例相符的。

（2）设立的程序。根据我国《著作权集体管理条例》第 9~16 条的规定，申请设立著作权集体管理组织，应当向国务院著作权管理部门提交证明符合该条例第 7 条规定的条件的材料。国务院著作权管理部门应当自收到材料之日起 60 日内，作出批准或者不予批准的决定。批准的，发给著作权集体管理许可证；不予批准的，应当说明理由。在获得许可证之后，申请人应在 30 日内依照有关社会团体登记管理的行政法规到国务院民政部门办理登记手续。完成登记手续、取得登记证书之后，申请人应在 30 日内将其登记证书副本报国务院著作权管理部门备案；国务院著作权管理部门应当将报备的登记证书副本以及著作权集体管理组织章程、使用费收取标准、使用费转付办法予以公告。著作权集体管理组织设立分支机构，应当经国务院著作权管理部门批准，并依照有关社会团体登记管理的行政法规到国务院民政部门办理登记手续。经依法登记的，应当将分支机构的登记证书副本报国务院著作权管理部门备案，由国务院著作权管理部门予以公告。

4. 著作权集体管理组织的职责、收费与分配。

（1）职责。各国著作权集体管理组织的职责都很相似，我国《著作权集体管理条例》第 2 条规定，著作权集体管理组织可以自己的名义进行下列活动：与使用者订立著作权或者与著作权有关的权利许可使用合同；向使用者收取使用费；向权利人转付使用费；进行涉及著作权或者与著作权有关的权利的诉讼、仲裁等。

（2）许可与收费。从各国的实践来看，许可的方式基本可分为两种。第一种方式是采用一揽子许可，适用于使用者对作品的需要量较大的情况，能减少许可成本、提高许可效率。如对广播电台、电视台，以及宾馆、超市、航空公司、娱乐场所等播出或播放大量音乐作品就不可能实行一个一个的单项许可。例如，英国"表演权协会"一直尽量采用一揽子许可方式，以避免管理成本的上升。第二种方式是单项许可，即著作权集体管理组织针对每一次特定的使用作品行为，向使用者发放许可并收取许可费。例如，演唱会的组织者需使用享有著作权的音乐作品，就要与音乐著作权集体管理组织就许可费进行谈判，根据票价、场地面积等支付许可费。

对于收费标准，有的国家由政府管理部门制定，但多数西方国家由著作权集体管理组织自行制定并公布。使用者如果对该收费标准不满，可以启动与著作权集体管理组织的争端解决机制，如提起仲裁或向法院起诉。例如，英国的集体管理组织如无法就许可费与使用者达成协议，则由英国版权仲裁庭确定费率。在"唱片表演公司"使用的 60 种标准许可费率中，有 2 种即是通过版权仲裁庭仲裁程序确定的。

根据我国《著作权集体管理条例》第 13 条规定，著作权集体管理组织应当根据下列因素制定使用费收取标准：①使用作品、录音录像制品等的时间、方式和地域范围；②权利的种类；③订立许可使用合同和收取使用费工作的繁简程度。我国集体管理收费模式是在政府颁布基本标准的情况下，由集体管理组织与使用者自由协商。

为了防止集体管理组织滥用权利，损害作品使用者合理使用作品，条例中对集体管理组织发放许可的条件和类型作了限定：集体管理组织应以书面形式与使用者订立非专有许可使用合同，期限不得超过 2 年，期满可以续订。

（3）分配。著作权集体管理组织收取的许可费在扣除必要的管理费以维持日常运作之后，都要分配给会员。我国《著作权集体管理条例》中还要求集体管理组织应根据权利人的作品使用情况制定使用费转付办法。

对于被使用的作品明确的，使用费则直接分给该会员，但是，由于被许可者使用的作品数量众多，要准确记录和统计哪一位会员的作品在何种情况下被使用了多少次，有时是非常困难的。对此，许多国家都规定被许可者有义务对作品使用情况加以记录。如英国"报纸许可机构"的 B 型许可就要求被许可人有健全的会计制度，能够对每一次复制的情况都加以准确记录。有些国家法律甚至授权集体管理组织进入被许可人的营业场所，对其账务账本进行检查。我国《著作权集体管理条例》中也规定记录被使用作品的情况是被许可人的义务，并且要求这些记录应保存 10 年以上。

二、著作权的行政管理

著作权的行政管理，是指国家著作权行政管理机关，通过行政行为，代表国家对著作权和邻接权保护工作进行管理的行为。

（一）行政管理机关

根据我国《著作权法》第7条的规定，我国的著作权行政管理分为中央和地方两级。国家版权局作为国务院著作权行政管理部门主管全国的著作权行政管理工作；各省、自治区、直辖市人民政府的著作权行政管理部门主管本行政区域的著作权管理工作。在有关著作权违法行为的管辖级别上是有一定区分的，国家版权局颁布的《著作权行政处罚实施办法》（2003年）第6条规定："国家版权局可以查处全国有重大影响的违法行为，以及认为应当由其查处的其他违法行为。地方著作权行政管理部门负责查处本辖区发生的违法行为。"

（二）各级管理机关的主要职责

国务院著作权行政管理部门，主要有以下职责：①贯彻著作权法律、法规，制定与著作权行政管理有关的办法；②查处在全国有重大影响的著作权侵权案件；③批准设立著作权集体管理机构、涉外代理机构和合同纠纷仲裁机构，并监督、指导其工作；④负责著作权涉外管理工作；⑤负责国家享有的著作权管理工作；⑥指导地方著作权行政管理部门的工作；⑦承担国务院交办的其他著作权管理工作。

各省、自治区、直辖市人民政府的著作权行政管理部门，行政上隶属于地方人民政府，受地方人民政府领导，业务上受国家版权局指导，执行国家版权局交办的工作，其职责主要由各省、自治区、直辖市人民政府确定，一般包括：负责著作权法及相关法规、规章在本地区的贯彻、实施；查处著作权侵权行为，进行行政处罚；为著作权人及其他有关部门提供法律咨询、服务；做好本地区著作权法的宣传、普及工作；为著作权人订立专有许可使用合同、转让合同，进行备案等。

目前，我国已基本形成国家版权局、省级版权行政主管部门和地市版权行政主管部门的三级著作权行政管理体系。著作权行政管理部门在保障著作权人的权利过程中，起着重要的作用，各种相关的行政法规、规章从实际操作的角度为权利人提供了便利。[1]

---

〔1〕 饶传平：《网络法律制度——前沿与热点专题研究》，人民法院出版社2005年版，第186页。

第二节　著作权的保护

一、侵犯著作权的行为

侵犯著作权的行为，是指未经著作权人或邻接权人许可，又无法律上的根据，擅自对著作权法保护的作品进行利用，或以其他非法手段行使著作权或邻接权的行为。著作权是民事权利的一种，侵犯著作权的行为属于民法上的一般侵权行为，因此在构成要件上应符合一般民事侵权的构成要件。

关于侵犯著作权和邻接权的行为的具体表现形式，我国《著作权法》第47、48条采取列举方法，规定了如下11种：

(1) 未经著作权人许可，发表其作品的行为。这种行为主要侵犯了作者的作品发表权。未经著作权人同意而擅自将其作品予以发表，或者未按著作权人决定的时间、地点和形式发表其作品，都构成对著作权人发表权的侵犯。比如，档案馆未经作者同意将保存的他人尚未发表的手稿进行出版，这不仅侵犯了作者的发表权这一著作人身权，也构成了对作者著作财产权的侵犯。

(2) 未经合作作者许可，将与他人合作创作的作品当做自己单独创作的作品发表的行为。合作作品的著作权应当由合作作者共同享有，任何一个作者无权独自行使对合作作品的著作权。将合作作品当作自己单独创作的作品发表，不仅侵犯了其他合作人的发表权，还侵犯了其他合作人的署名权及获得报酬权，也欺骗了使用作品的单位或个人，欺骗了社会公众。

(3) 没有参加创作，为谋取个人名利，在他人作品上署名的行为。署名权是作者专享的著作人身权。法律规定，如无相反证明，推定在作品上署名的人即为作者，享有作者的相应权利。在现实中，往往有些没有参加创作的人却以自己的权势或利用作者的某种不利地位，要求在他人创作的作品上署名，抢占他人的创作成果。这类行为，著作权人有权依法予以抵制并追究侵权责任。但如果作者为扩大作品的影响力而要求没有参加创作的名人在自己创作作品上署名，则不以侵权论处。

(4) 歪曲、篡改他人作品的行为。这种行为侵害了作者的保护作品的内容、观点、形式等不受歪曲、篡改的权利。著作权法保护作品的完整性不受侵犯，作者有权对作品进行修改，也可以授权他人修改自己的作品。但是，未经作者许可，任何人无权修改其作品，否则属于侵犯作者的保护作品完整权。如未经作者同意，在编辑、演绎作品的过程中，对作品的观点、内容作歪曲作者原意的修改；擅自给作品加上不合作品主题的插图、注释；将一严肃作品放在低俗、搞笑的场合利用等。

（5）剽窃他人作品的行为。剽窃作品是指将他人创作的作品当作自己的作品发表的行为。例如，将他人创作的情节、故事进行加工后，以改头换面的形式发表。2009 年某大学校长及其指导博士生的一篇会议论文，实际是智利某大学教授的发表论文的删节版，原论文有 12 页之多，而在被抄袭后删为 5 页左右，内容基本没有改变。这种剽窃抄袭他人作品内容是严重侵犯他人著作权的行为。但是要注意的是，不同作者对同一主题同一事件的创作可能会出现巧合的情况，或者对于众所周知的历史史料、自然知识、地理知识等素材进行利用而创作类似作品，这些都不属于剽窃。

（6）未经著作权人许可，以展览、摄制电影和以类似摄制电影的方法使用作品，或者以改编、翻译、注释等方式使用作品的行为。作品的展览权、摄制权、改编权、翻译权、注释权等均为著作权人的财产权，除法律有明确规定外（如合理使用和法定许可使用的情形），未经著作权人同意，擅自以上述方法使用作品的，构成著作权侵权。比如，20 世纪 90 年代中国美术家协会未经许可，且在作者一再声明制止的情况下，将青年画家黄鸣的油画《三把椅子》送到境外展览，就被人民法院判定为侵权。

（7）使用他人作品，应当支付报酬而未支付的。利用他人作品，除在合理使用场合以外，均应按规定或合同约定向著作权人支付报酬，包括法定许可和强制许可的场合。比如，广播电台、电视台使用他人已发表的作品制作广播、电视节目，只要不是作者声明不许使用的，都可以不经著作权人许可而使用，但应当按照规定支付报酬，否则构成著作权侵权。但要注意的是，因违反著作权合同而未向著作权人支付报酬的，既属于违约行为，又属于侵犯著作权的行为。权利人可以选择一种诉由起诉。

（8）未经电影作品和以类似摄制电影的方法创作的作品、计算机软件、录音录像制品的著作权人或者与著作权有关的权利人的许可，出租其作品或者录音录像制品的行为。出租权也是著作财产权，未经权利人许可进行出租是侵权行为。

（9）未经出版者许可，使用其出版的图书、期刊的版式设计的行为。出版者对其出版的图书、期刊的版式设计享有许可或禁止他人使用的专有权利。从使用该版式设计的图书、期刊首次出版后的 10 年内，未经出版者许可，使用这一版式设计的均为侵犯出版者的版式设计权的行为。

（10）未经表演者许可，从现场直播或者公开传送其现场表演，或者录制其表演的。表演者对其表演享有许可他人从现场直播和公开传送其现场表演，并获得报酬的权利，以及许可他人录音录像，并获得报酬的权利。未经许可进行利用是一种侵权行为。

（11）其他侵犯著作权和邻接权的行为。这是一种兜底性规定。著作权法对侵犯著作权的表现形式，未作完全穷尽的规定。随着科学技术的发展，会有新的作品利用方式不断产生，进而会产生新的侵犯著作权的行为。

二、侵犯著作权的法律责任

行为人违反著作权法的规定，侵犯他人著作权或邻接权的，依法应当承担法律责任。侵犯著作权与邻接权的法律责任有民事责任、行政责任和刑事责任。

（一）侵犯著作权的民事责任

著作权是民事权利的一种，因此，对于侵犯著作权以及邻接权的行为应要求侵权人承担以赔偿损失为主的民事责任。我国著作权法规定的民事责任形式主要有四种：

1. 停止侵害。这是指责令侵权人立即停止正在实施的侵犯他人著作权的行为，如停止复制、停止发行等。侵权行为人无论在主观上有无过错，都必须停止侵权，防止侵害扩大。

2. 消除影响。这是指责令侵权人在侵权行为所及的范围内澄清事实，以消除因侵权行为给受害人带来的不良影响。著作权既包括人身权也包括财产权。侵犯著作权人的人身权利时，常常会给权利人的人格、声望等带来不良影响。消除这种不良影响，以澄清事实、恢复权利人的名誉，是著作权人非常重要的一种救济方式。侵权行为造成影响的范围多大，就应在多大的范围内消除影响。

3. 赔礼道歉。这是指责令侵权人在一定范围之内，向受害人公开承认错误，表示歉意。这种责任方式也是一种对精神损害承担的责任，并且也能在一定程度上起到消除影响的作用。例如，在法庭当庭表示歉意，或者在报刊、杂志等媒体上公开发表致歉声明。上述两种责任方式可以单独适用，也可以与其他责任方式一起适用。

4. 赔偿损失。这是指责令侵权行为人在因侵权行为造成权利人的财产损失时，给予一定的财产补偿。这是使用最广、最常见和有效的一种责任形式。赔偿损失主要适用于对著作财产权的侵害；对著作人身权的侵害，只有给权利人造成一定的经济损害时，才能适用赔偿损失的方法。比如，出售假冒他人署名的作品，会因质量低劣对作者造成名誉的损害同时，也带来经济利益的损失。我国《著作权法》第49条规定："侵犯著作权或者与著作权有关的权利的，侵权人应当按照权利人的实际损失给予赔偿；实际损失难以计算的，可以按照侵权人的违法所得给予赔偿。赔偿数额还应包括权利人为制止侵权行为所支付的合理开支。""权利人的实际损失或者侵权人的违法所得不能确定的，由人民法院根据侵权行为的情节，判决给予50万元以下的赔偿。"

（二）侵犯著作权的行政责任

对于著作权的侵权除了适用民事责任外，某些侵权行为还应承担相应的行政责任。著作权侵权的行政责任是指，国家著作权行政管理机关依照法律、法规，对侵犯著作权行为的人给予的行政制裁措施。世界上大多数国家只规定了民事责任和刑事责任，而没有规定行政责任，原因在于著作权是私权，属于民法调整范围，不宜用行政权力干预。但在我国，著作权侵权现象较为普遍和严重，著作权侵权行为同时也会破坏国家对书刊、音像、演出、广播等事业的行政管理，扰乱社会主义文化市场秩序；此外，我国也有依靠行政力量解决社会问题的传统，现阶段保留行政责任的规定也是必要的。

在《著作权法》第48条、《计算机软件保护条例》第24条，以及《著作权行政处罚实施办法》第3条的规定中对要求承担行政责任的著作权侵权行为进行了规定。

进行行政处罚的方式主要有：①责令停止侵权行为，即要求侵权行为人停止侵害著作权的行为；②没收违法所得，即对侵权行为人违法所得的稿酬和利润予以没收；③没收、销毁侵权复制品，即对违法复制著作权人所得的复制品，著作权行政管理部门有权予以没收和销毁；④罚款，即著作权行政管理机关强制侵权人在一定期限内向国家缴纳一定数量货币；⑤情节严重的，著作权行政管理部门还可以没收主要用于制作侵权复制品的材料、工具、设备等。上述这些处罚方式，既可单独适用，也可以合并适用。

（三）刑事责任

著作权是一种私权，侵犯著作权的行为在多数情况下应当只导致承担民事责任的后果。但是，某些严重侵犯著作权的行为，如大量制作、贩卖盗版书籍、计算机软件、音像制品等不仅会影响著作权人自身的利益，还会扰乱市场经营秩序、助长藐视著作权的不良心理，导致对社会公共利益的严重损害。大部分国家都在著作权法或刑法中规定了侵犯他人著作权所应承担的刑事责任。

我国1990年颁布的《著作权法》没有关于侵犯著作权的刑事责任的规定，1994年，为了有效打击严重著作权侵权行为，由全国人大常委会通过了《关于惩治侵犯著作权的犯罪的决定》，规定了数种构成刑事犯罪的著作权侵权行为。1997年修订《刑法》时，在《刑法》第三章"破坏社会主义市场经济秩序罪"中增加了"侵犯知识产权犯罪"，作为第七节。其中，第217条"侵犯著作权罪"和第218条"销售侵权复制品罪"是专门针对著作权犯罪的。另外，《著作权法》第48条也规定，有该条列举的八种侵权行为，构成犯罪的，依法追究刑事责任。

引例解析

本案中，南京音像出版社以法定许可的名义向音协缴纳费用显然是不能成立的。法定许可是根据法律的直接规定，以特定方式使用他人已经发表的作品可以不经著作权人的许可，但应当向著作权人支付使用费，并尊重著作权人的其他各项人身权利和财产权利的制度。出版发行商业性质的音像制品显然并不属于法定许可的范畴。南京音像出版社应和著作权人进行协商，而著作权人唐磊已经授权音协，就应该由音协这样一个集体管理组织根据集体管理协议，代表著作权人和使用人进行洽谈，实现作品的许可使用权利。而中国音协没有尽到著作权集体管理组织最基本的忠实管理义务，损害了著作权人的利益，没有发挥著作权集体管理组织的应有作用。

思考题

（一）选择题

1. 某影视中心在一电视连续剧中为烘托剧情，使用播放了某正版唱片中的部分音乐作品作为背景音乐。中国音乐著作权协会（音乐作品著作权人授权的集体管理组织）以该使用行为未经许可为由要求制片人支付报酬。该协会的要求被拒绝后，遂向法院起诉。下列说法哪些是错误的？

A. 播放行为是合理使用行为

B. 播放行为侵犯了音乐作品著作权人的表演权

C. 播放行为侵犯了录音制品制作者的播放权

D. 中国音乐著作权协会不是正当原告

2. 下列哪些出租行为构成对知识产权的侵犯？

A. 甲购买正版畅销图书用于出租

B. 乙购买正版杀毒软件用于出租

C. 丙购买正版唱片用于出租

D. 丁购买正宗专利产品用于出租

3. 甲公司的游戏软件工程师刘某利用业余时间开发的"四国演义"游戏软件被乙公司非法复制，丙书店从无证书贩手中低价购进该盗版软件，丁公司从丙书店以正常价格购买该软件在其经营的游戏机上安装使用。下列哪些说法是正确的？

A. 甲公司应当对刘某进行奖励

B. 丙书店应当承担赔偿损失等法律责任

C. 丁公司不承担赔偿责任

D. 乙公司、丙书店应当承担共同侵权的民事责任

4. 甲从书画市场上购得乙的摄影作品《鸟巢》，与其他摄影作品一起用于营利性展览。丙偷偷将《鸟巢》翻拍后以自己的名义刊登在某杂志上，丁经丙同意将刊登在该杂志上的《鸟巢》又制作成挂历销售。对此，下列哪一选项是正确的？

A. 甲无权将《鸟巢》进行营利性展览

B. 丙的行为构成剽窃

C. 丙的行为侵犯了乙的发表权

D. 丁应停止销售，但因无过错免于承担赔偿责任

（二）简答题

1. 如何认识著作权集体管理的性质和法律地位？

2. 背景音乐使用中存在哪些主要法律问题？

3. 如何认定网络服务商的侵权责任？

4. 互联网上的 MP3 资源共享是否属于合理使用？

第 十 一 章

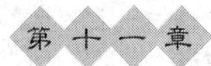

计算机软件的法律保护

☞ **学习要点**

学习本章应了解计算机软件的不同法律保护模式，计算机软件著作权的主体、客体、内容、归属、期限以及限制，重点掌握计算机软件著作权的登记与保护问题。

◪ **引读案例**

2003 年上半年，王某从天利公司技术员严某处取得了非法拷贝的天利公司开发的《天丽鸟自来水智能系统》软件，并让天利公司程序员肖某将软件源代码稍作修改并更名为《泓瀚自来水智能调度、信息发布、热线服务系统》。嗣后，王某即以杭州泓瀚软件系统有限公司的名义，将"泓瀚软件"销售给青岛市自来水公司和大同市自来水公司，获利 16 万元。

问题： 王某的行为是否侵犯了他人软件著作权？

第一节   计算机软件保护概述

一、计算机软件概述

对于计算机软件的概念，世界上尚无统一的定义。1978 年 WIPO《保护计算机软件示范法条例》将计算机软件的概念解释为：计算机软件包括程序、程序说明和程序使用指导三项内容。"程序"指能够使计算机具有信息处理能力，以标志一定功能、完成一定任务或产生一定结果的指令集合。"程序说明"指用文字、图解或其他方式，对计算机程序中的指令所作的足够详细、足够完整的说明和解释。"程序使用指导"是指除了程序和程序说明以外的，用以帮助理解和实施有关程序的其他辅助材料。

我国 1991 年发布《计算机软件保护条例》，对软件作出的定义与 WIPO 的基本一致："计算机软件"是指计算机程序及其有关文档。"计算机程序"是指为了得到某种结果而可以由计算机等具有信息处理能力的装置执行的代码化指令序列，或者可被自动转换成代码化指令序列的符号化指令序列或者符号化语句序列。计算机程序包括源程序和目标程序，同一程序的源文本和目标文本应当视为同一作品。"文档"是指用自然语言或者形式化语言所编写的文字资料和图表，用来描述程序的内容组成、设计、功能规格、开发情况、测试结果及使用方法。如程序设计说明书、流程图、用户手册等。

二、计算机软件的法律保护模式

计算机软件的法律保护伴随着计算机行业以及软件产业的蓬勃发展而日益受到人们的关注。1969 年，IBM 公司率先将计算机软件与计算机硬件分离，独立计价销售，从而使软件开始脱离硬件成为独立的产业部门，软件产业也从此获得迅猛的发展，与此同时计算机软件的侵权行为也越来越多。因此，如何有效地保护计算机软件成为各国关注的问题。

（一）著作权保护

由于计算机软件具有作品的特性，用著作权法来保护软件已经成为国际通用的做法。1972 年，菲律宾在其著作权法中把计算机软件列为"文学艺术作品"中的一项，作为著作权法的保护对象，从而成为世界上第一个用著作权法来保护计算机软件的国家。美国版权局早在 1964 年就开始接受程序的登记，国会于1974 年设立了专门委员会，研究同计算机有关的作品生成、复制、使用等问题，并于 1976 年和 1980 年两次修改版权法，明确了由版权法保护计算机软件。随后，匈牙利于 1983 年，澳大利亚及印度于 1984 年先后把计算机软件列为版权法的保护客体。欧洲共同体在 1991 年 5 月 14 日颁布的《欧共体计算机程序法律保护指令》中明确要求各成员国对计算机程序要视之为《伯尔尼公约》所规定的文学作品给予著作权法的保护。在美国和欧共体的强力推动下，日本、巴西、澳大利亚、韩国都把计算机软件列入到了著作权法的保护当中。由于软件著作权具有严格的地域性，而软件的传播与利用是无国界的，因此通过订立国际条约实现软件版权的国际保护就显得十分必要。通过著作权来保护计算机软件得到了国际层面的支持。《TRIPS 协定》第 10 条第 1 款规定："计算机程序，无论是源代码还是目标代码，应根据《伯尔尼公约》（1971）作为文字作品来保护。"世界知识产权组织于 1996 年 12 月 20 日通过的《世界知识产权组织版权条约》第 4 条也明确规定无论计算机程序表达方式或表达形式如何，均作为《伯尔尼公约》第 2 条意义上的文学作品受到保护。

软件的著作权保护的优势在于：①简便易行。软件从其开发完成之日起就可自动获得法律保护。同时，世界上大多数国家可以用现有的著作权法来保护软件，省去了繁琐的立法程序。②保护及时。软件著作权自软件开发完成之日自动产生，无需像专利一样等待漫长的审查期，与软件作品更新换代快、生命周期短的自然属性相适应。③保护广泛。著作权保护只要求作品具有"独创性"，而无专利保护的"新颖性、创造性、实用性"要求，因此采用著作权法保护软件，可以使不同水平的软件、不同创作阶段的软件包括可行性分析、流程图、模块、源程序，目标程序、程序说明书等都能获得法律保护。④软件著作权只保护软件的"表达形式"，而不保护软件的"创作思想"，因此，其他开发者可以利用原有的创作思想去开发新软件，这有利于软件的创新和优化。

但是，由于计算机软件具有不同于一般文字艺术作品的特殊性，著作权保护也存在其缺陷：著作权只保护软件的"表达形式"而不保护"创作思想"，这虽然有利于软件的开发创新，但软件中最核心的往往就是其思想。软件的设计原理、算法模型、处理过程和运行方法是一部软件成功的关键，也是其最有价值的部分，极容易被复制和改编。

（二）专利保护

在大多数国家，都没有直接把计算机软件纳入专利法的保护范围，因为一开始计算机软件被认作是一种思维步骤。但在实践中，人们逐渐认识到当计算机软件同硬件设备结合为一个整体，软件运行对硬件设备带来影响时，不能因该整体中含有计算机软件而将该整体排除在专利法保护客体范围之外，计算机软件自然而然地应当作为整体的一部分可得到专利法的保护。1976 年日本专利厅发布的《关于电子计算机程序发明的审查标准》第一部分、1977 年英国公布的对计算机软件的审查方针，以及 1978 年美国对计算机软件发明初步形成的 FREEMAN 两步分析法审查法则及它们的后续修改中普遍规定：单独的计算机软件是一种思维步骤，不能得到专利法的保护；和硬件设备或方法结合为一个整体的软件，若它对硬件设备起到改进或控制的作用或对技术方法作改进，这类软件和设备、方法作为一个整体具有专利性。国际上，《欧洲专利公约》规定对软件专利的审查标准要注重实质，一项同软件有关的发明如果具有技术性就可能获得专利。《专利合作条约》规定软件专利具有地域性限制，一个软件在他国获得专利的前提是进行专利申请。

专利法赋予专利权人享有专利产品的制造、使用、许诺销售、销售、进口方面的独占权，对计算机软件的保护力度非常强。但是用专利法保护计算机软件存在着很大障碍：①专利只保护利用自然规律所作出的发明创造，而不保护自然规律、逻辑法则本身，而软件与算法有密切关系，因此很多软件被认为是一种数学公式，反映的是自然法则和逻辑思维过程，不能成为专利法的客体。能够获得专利权的通常是与某种设备、机器结合在一起工作，实际上是整个设备、机器中组成部分的那些计算机程序。②专利保护要求软件具有新颖性、创造性和实用性，但很多软件因达不到这一标准而被排除在保护范围之外。③专利审批时间比较长，而软件的生命周期通常比较短，很多软件还未等到专利授权就被市场淘汰了。④软件受到专利保护的前提是将软件内容充分公开，而软件内容公开后他人很容易根据软件中的思想、原理、程序开发出类似的新软件，反而不利于软件开发人的权利保护。⑤专利的强保护和独占性，一定程度上不利于其他的软件开发者的进一步开发和创新。

（三）商业秘密保护

除了通过著作权和专利保护计算机软件外，由于软件核心内容——源代码符合商业秘密所独具的非公开性、商业价值性和保密性，一些国家试图采用商业秘密来保护计算机软件。

适用商业秘密保护计算机软件还具有以下两方面优点：①商业秘密法没有关于保护期限的规定，因此，在不泄密的情况下，计算机软件权利人的利益能得到最大限度的保护。②商业秘密保护方式下，计算机软件权利人还有权制止其他人未经许可而披露、获得或使用有关信息、技术。

但是，商业秘密保护也有其弊端。商业秘密法并未禁止反向研究。反向研究又叫反向编译，是通过对计算机软件进行反编译，得到该程序的源代码。计算机软件的源代码是一部软件的书写语言，是软件的核心秘密。通过反向研究获得软件源代码就等于获得了软件程序，使得原有软件所有人权利丧失。其次，受商业秘密保护的软件一旦泄密，除了依据保密合同、协议对泄密者或者依据反不正当竞争法对盗窃者、第三人追究责任以外，软件所有权人几乎没有其他救济方法。同时，除美国等个别国家外，绝大多数国家都没有专门的商业秘密法，其有关商业秘密的保护规定散见于合同法、反不正当竞争法、刑法及侵权法中，不利于国际范围内对计算机软件进行统一的保护。

（四）专门立法保护

针对著作权、专利及商业秘密保护方法存在的弊端，一些国家开始寻求以专门立法的形式来保护计算机软件。1983年日本通产省提出以"程序权"为核心的"程序权方案"保护软件，但此方案最终因国际压力和本国文化厅的反对而夭折。世界知识产权组织于1971年接受了联合国关于探讨制定计算机软件保护国际协定的可能性请求，于1978年制定出计算机软件保护示范条款。1983年6月，计算机软件法律保护委员会在日内瓦召开会议，世界知识产权组织提出了《计算机软件保护条约》的草案，规定了参加该条约的各成员国国内法律必须达到的"最低要求"，但该草案并未被许多欧洲国家及发展中国家所接受。[1]因此，通过专门立法来保护计算机软件目前尚缺乏可操作性。

此外，还有观点提出对计算机软件进行综合保护，即以著作权法为核心，以

---

〔1〕　吴汉东等：《知识产权基本问题研究》，中国人民大学出版社2005年版，第207页。

专门法保护为主体，实行由专利法、合同法和反不正当竞争法等法律共同组成的多层次保护。[1]

三、我国保护计算机软件的立法

我国保护计算机软件的立法起步较晚但发展迅速。1990 年《著作权法》将计算机软件列入作品范围，并明确规定关于软件保护的具体规定由国务院另行制定，从而确立了我国对计算机软件采取著作权保护。1991 年 6 月国务院发布了《计算机软件保护条例》。我国于 2001 年修改《著作权法》后，又重新修订了《计算机软件保护条例》。2002 年国家版权局公布了《计算机软件著作权登记办法》，并于 2004 年 6 月进行了修订。至此，我国计算机软件著作权保护体系基本建立。

第二节　计算机软件著作权

我国《著作权法》和《计算机软件保护条例》确立了计算机软件受到著作权保护。计算机软件著作权与一般著作权相比有其特殊之处。

一、软件著作权的主体

软件著作权的主体即软件著作权人，是指对软件享有著作权的自然人、法人或者其他组织。根据《计算机软件保护条例》的规定，软件著作权属于软件开发者，条例另有规定的除外。软件开发者，是指实际组织开发、直接进行开发，并对开发完成的软件承担责任的法人或者其他组织；或者依靠自己具有的条件独立完成软件开发，并对软件承担责任的自然人。如无相反证明，在软件上署名的自然人、法人或者其他组织为开发者。

中国公民、法人或者其他组织对其所开发的软件，不论是否发表，均享有著作权。外国人、无国籍人的软件首先在中国境内发行的，或者依照其开发者所属国或者经常居住地国同中国签订的协议或者依照中国参加的国际条约享有的著作权，受本条例保护。

二、软件著作权的客体

计算机软件的客体包括计算机程序及其有关文档。计算机程序及其有关文档要取得著作权必须具备两个条件：一是独创性，即软件必须由开发者独立开发；二是固定性，即软件已经固定在某种有形物体上。这里的有形物体是指一定的存储介质，如纸带、磁盘、磁带、光盘、图表等。如同一般著作权只保护思想的表

---

〔1〕　黄涛："计算机软件法律保护模式之比较"，载《当代法学》2003 年第 5 期。

达而不保护思想本身一样，软件著作权也不延及开发软件所用的思想、处理过程、操作方法或者数学概念等。

三、软件著作权的内容

软件著作权包括人身权利和财产权利两方面的内容：

（一）人身权利

（1）发表权。即决定软件是否公之于众的权利。软件著作权人有权决定是否发表以及何时、何地、以何种方式发表软件。发表权是一次性的，软件一经发表，发表权即告终结。

（2）署名权。即表明开发者身份，在软件上署名的权利。

（3）修改权。即对软件进行增补、删节，或者改变指令、语句顺序的权利。

（二）财产权利

软件著作财产权的内容没有普通作品著作财产权的内容丰富，主要包括以下内容：

（1）复制权。即将软件制作一份或者多份的权利。

（2）发行权。即以出售或者赠与方式向公众提供软件的原件或者复制件的权利。

（3）出租权。即有偿许可他人临时使用软件的权利，但是软件不是出租的主要标的的除外。例如，出租一台装有计算机软件的计算机，该计算机是出租的主要标的，此时软件著作权人不能对其享有出租权。

（4）信息网络传播权。即以有线或者无线方式向公众提供软件，使公众可以在其个人选定的时间和地点获得软件的权利。

（5）翻译权。即将原软件从一种自然语言文字转换成另一种自然语言文字的权利。需要注意的是，软件程序语言的编译或者汇编，不属于自然语言的转换。

（6）应当由软件著作权人享有的其他权利。

四、软件著作权的归属

一般情况下，软件著作权属于软件开发者所有。如无相反证明，在软件上署名的自然人、法人或者其他组织为开发者。此外，《计算机软件保护条例》还规定了软件著作权归属的几种特殊情形：

（一）合作开发

由两个以上的自然人、法人或者其他组织合作开发的软件，其著作权的归属由合作开发者签订书面合同约定。无书面合同或者合同未作明确约定，合作开发的软件可以分割使用的，开发者对各自开发的部分可以单独享有著作权；但是，行使著作权时，不得扩展到合作开发的软件整体的著作权。合作开发的软件不能分割使用的，其著作权由各合作开发者共同享有，通过协商一致行使；不能协商一致，又无正当理由的，任何一方不得阻止他方行使除转让权以外的其他权利，但是所得收益应当合理分配给所有合作开发者。

（二）委托开发

接受他人委托开发的软件，其著作权的归属由委托人与受托人签订书面合同约定；无书面合同或者合同未作明确约定的，其著作权由受托人享有。

（三）指令开发

由国家机关下达任务开发的软件，著作权的归属与行使由项目任务书或者合同规定；项目任务书或者合同中未作明确规定的，软件著作权由接受任务的法人或者其他组织享有。

（四）职务开发

自然人在法人或者其他组织中任职期间所开发的软件有下列情形之一的，该软件著作权由该法人或者其他组织享有，该法人或者其他组织可以对开发软件的自然人进行奖励：①针对本职工作中明确指定的开发目标所开发的软件；②开发的软件是从事本职工作活动所预见的结果或者自然的结果；③主要使用了法人或者其他组织的资金、专用设备、未公开的专门信息等物质技术条件所开发并由法人或者其他组织承担责任的软件。

五、软件著作权的期限和限制

软件著作权自软件开发完成之日起产生。自然人的软件著作权，保护期为自然人终生及其死亡后50年，截止于自然人死亡后第50年的12月31日；软件是合作开发的，截止于最后死亡的自然人死亡后第50年的12月31日。法人或者其他组织的软件著作权，保护期为50年，截止于软件首次发表后第50年的12月31日，但软件自开发完成之日起50年内未发表的，不再受保护。

为了平衡软件著作权人同社会公众的利益，《计算机软件保护条例》对软件著作权人的权利进行了限制。一方面规定了软件的合理使用，即为了学习和研究软件内含的设计思想和原理，通过安装、显示、传输或者存储软件等方式使用软件的，可以不经软件著作权人许可，不向其支付报酬；另一方面，明确规定了软件的合法复制品所有人享有的权利，主要包括：①根据使用的需要把该软件装入计算机等具有信息处理能力的装置内；②为了防止复制品损坏而制作备份复制品。这些备份复制品不得通过任何方式提供给他人使用，并在所有人丧失该合法复制品的所有权时，负责将备份复制品销毁；③为了把该软件用于实际的计算机应用环境或者改进其功能、性能而进行必要的修改，但是，除合同另有约定外，未经该软件著作权人许可，不得向任何第三方提供修改后的软件。

第三节 计算机软件著作权的登记与保护

一、软件著作权的登记

我国《著作权法》规定，作品著作权的取得自创作完成即依法自动产生，无需履行任何手续或者登记备案程序。《计算机软件保护条例》也规定软件著作权自软件开发完成之日起产生。软件著作权的自动取得给软件著作权人享有权利带来了便利，但是也使得侵权诉讼中举证困难。为了弥补软件著作权自动取得的缺陷，促进我国软件产业发展，增强我国信息产业的创新能力和竞争能力，国家著作权行政管理部门鼓励软件登记，并对登记的软件予以重点保护。

《计算机软件保护条例》规定了软件的自愿登记制度，软件著作权人可以向国务院著作权行政管理部门认定的软件登记机构办理登记。软件登记机构发放的登记证明文件是登记事项的初步证明。《计算机软件著作权登记办法》则进一步细化了软件著作权登记的事项。根据该办法，国家版权局主管全国软件著作权登记管理工作，国家版权局认定中国版权保护中心为软件登记机构。中国版权保护中心可以在地方设立软件登记办事机构，并须在设立后1个月内报国家版权局备案。软件著作权登记申请人应当提交相关材料及证明，并交纳规定的费用。中国版权保护中心对于符合《计算机软件保护条例》及《计算机软件著作权登记办法》的申请予以登记，发给相应的登记证书，并予以公告。登记证明文件只是登记事项的初步证明，国家版权局根据最终的司法判决以及著作权行政管理部门作出的行政处罚决定可以撤销登记。

二、侵犯软件著作权行为及其法律责任

（一）只承担民事责任的侵权行为

根据《计算机软件保护条例》第23条的规定，有下列侵权行为的，应当根据情况，承担停止侵害、消除影响、赔礼道歉、赔偿损失等民事责任：

（1）未经软件著作权人许可，发表或者登记其软件的。

（2）将他人软件作为自己的软件发表或者登记的。

（3）未经合作者许可，将与他人合作开发的软件作为自己单独完成的软件发表或者登记的。

（4）在他人软件上署名或者更改他人软件上的署名的。

（5）未经软件著作权人许可，修改、翻译其软件的。

（6）其他侵犯软件著作权的行为。

（二）承担民事责任、行政责任、刑事责任的侵权行为

根据《计算机软件保护条例》第24条的规定，未经软件著作权人许可，有

下列侵权行为的，应当根据情况，承担停止侵害、消除影响、赔礼道歉、赔偿损失等民事责任；同时损害社会公共利益的，由著作权行政管理部门责令停止侵权行为，没收违法所得，没收、销毁侵权复制品，可以并处罚款；情节严重的，著作权行政管理部门并可以没收主要用于制作侵权复制品的材料、工具、设备等；触犯刑律的，依照刑法关于侵犯著作权罪、销售侵权复制品罪的规定，依法追究刑事责任：

（1）复制或者部分复制著作权人的软件的。

（2）向公众发行、出租、通过信息网络传播著作权人的软件的。

（3）故意避开或者破坏著作权人为保护其软件著作权而采取的技术措施的。

（4）故意删除或者改变软件权利管理电子信息的。

（5）转让或者许可他人行使著作权人的软件著作权的。

（三）软件复制品持有人的法律责任

软件的复制品持有人不知道也没有合理理由应当知道该软件是侵权复制品的，不承担赔偿责任；但是，应当停止使用、销毁该侵权复制品。如果停止使用并销毁该侵权复制品将给复制品使用人造成重大损失的，复制品使用人可以在向软件著作权人支付合理费用后继续使用。

（四）不视为侵权行为的情形

为了保护软件开发者的合法开发、促进软件产业的发展，《计算机软件保护条例》规定软件开发者开发的软件，由于可供选用的表达方式有限而与已经存在的软件相似的，不构成对已经存在的软件的著作权的侵犯。

引例解析

天利公司合法开发的《天丽鸟自来水智能系统》软件受到法律保护，依法享有软件著作权，包括软件著作人身权和财产权。王某指使肖某将软件源代码稍作修改并更名为《泓瀚自来水智能调度、信息发布、热线服务系统》的行为侵犯了天利公司软件著作权中的修改权。嗣后，王某以杭州泓瀚软件系统有限公司的名义，将"泓瀚软件"复制并销售给青岛市自来水公司和大同市自来水公司的行为还侵犯了软件著作财产权中的复制权和发行权。因而王某的行为侵犯了天利公司的软件著作权，应当依法承担法律责任。

思考题

（一）选择题

下列哪些出租行为构成对知识产权的侵犯？

A. 甲购买正版畅销图书用于出租

B. 乙购买正版杀毒软件用于出租

C. 丙购买正版唱片用于出租

D. 丁购买正宗专利产品用于出租

（二）案例分析

2000 年 5 月 30 日，北京天正工程软件有限公司（以下简称"天正公司"）取得国家版权局颁发的软著登字第 0004904 号"计算机软件登记证书"，登记软件名称为"天正建筑软件 IIV3.0"（以下简称"天正建筑 3.0 版"），著作权人为天正公司，该证书推定天正公司自 1999 年 10 月 21 日起在法定的期限内享有该软件的著作权。陈立群是天正公司的股东和总工程师，其于 2000 年 2 月 25 日、4 月 5 日和 4 月 18 日分三次邮寄给天正公司上海办事处负责人杨燕村"建筑 3.5 版"软件。2000 年初，杨燕村未经天正公司同意，以天正公司上海办事处的名义对外发出升级版快讯，声称天正公司在"天正建筑 3.0 版"基础上将于 2000 年 2 月正式推出"建筑 3.5 版"。之后，杨燕村以天正公司名义，在上海地区发行"建筑 3.5 版"，同时为"天正建筑 3.0 版"软件用户提供免费升级服务。"建筑 3.5 版"与"天正建筑 3.0 版"相比，除删除了后者中所有的"天正"字样外，还在其基础上对部分程序作了修改，并根据用户需要增加了一些新的功能，但是两者的设计思想及基本内容一致，并且使用了相同的加密部件、教学光盘和用户手册等配套用品。

2000 年 6 月 22 日，天正公司致函杨燕村，指出其销售行为并未经过公司许可，要求其立即停止"建筑 3.5 版"软件销售及升级活动，并说明情况。杨燕英解释称原以为陈立群寄给其的软件是公司即将发行的新版本，出于市场考虑，在未收到公司正式升级通知情况下，提前在上海进行升级活动。2000 年 11 月 13 日，天正公司撤销天正公司上海办事处，并要求杨燕村与天正公司办理交接手续。杨燕村不接受天正公司单方面撤销办事处的决定，并继续发行"建筑 3.5 版"软件。2000 年 12 月 18 日，天正公司以杨燕村侵犯"天正建筑 3.0 版"软件著作权为由将其诉至法院。

问题：本案中"建筑 3.5 版"软件属于职务开发软件还是侵权软件？

第三编
商标法

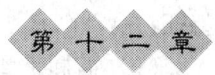

商标法概述

☞ **学习要点**

学习本章应了解商标的概念与特征、商标的分类和商标法的历史发展，重点掌握商标权的特征。

◆ **引读案例**

"金华火腿"商标是浙江省食品有限公司的注册商标。但因浙江省金华市生产金华火腿的其他企业在产品外包装上使用了包含"金华火腿"字样的商品标识，浙江省食品有限公司认为这是一种侵权行为，并请求工商部门给予确认。浙江省工商局就"金华火腿"字样的正当使用问题向国家工商行政管理总局商标局请示。国家工商行政管理总局商标局做出了《关于"金华火腿"字样正当使用问题的批复》，认为"金华特产火腿"、"××（商标）金华火腿"和"金华××（商标）火腿"属于法律规定的正当使用方式。浙江省食品有限公司认为该批复侵犯了其注册商标专用权，请求法院撤销该批复。

问题：浙江省金华市生产金华火腿的其他企业在产品外包装上使用了包含"金华火腿"字样的商品标识的行为是否合法？[1]

第一节 商标概述

一、商标的概念

商标是商品和商业服务的标记，是指商品生产者、经营者、服务提供者为了使自己生产、销售的商品或提供的服务，与其他商品或服务相区别而使用的一种标记。这种标记一般由文字、图形、三维标志和颜色组成，以及上述要素的组合构成，并用于商品或商品包装上、服务场所或服务说明书上。商标作为企业开拓市场的先锋，其含义已远超出其作为产品或服务的识别标记本身，而成为产品或服务质量、信誉、知名度的载体，凝聚了企业投入的大量智慧和资金，是企业重要的无形资产之一。商标具有表明商品来源或出处、保证商品或服务质量、广告

---

〔1〕 "'金华火腿'商标行政案一审宣判"，载法易网：www.148365.com.

宣传、传递企业文化等功能,[1]有企业的"黄金名片"美称。商标具有以下特征:

(1)商标是商品和商业服务的标记。这与国家、军队、政党、社团、文体组织等的标记相区别,也与其他不与商品和商业服务相联系的单纯美术作品相区别。

(2)商标是区别不同商品生产者、经营者或商业服务提供者的商品或服务的标记。使用于商品生产或商业服务领域的标记,并非都为商标。如表示商品光洁度、商品毒性、金银器纯度的符号,质量认证标记等,是表示商品某种性质或质量的通用标记,不能区别不同的商品或服务,因此不是商标。

(3)商标是具有显著特征的标记。即商标使用的文字、图形或其组合,应具有显著特征,便于识别。

二、商标与相关标记的关系

在商业活动中,有许多与商标十分近似的其他标志或标记,很容易与商标相混淆,有必要加以比较。

(一)商标与商品名称

商品名称是指用以区别其他商品而使用在本商品上的称号。它可分为通用名称和特定名称。商品通用名称是对同一类商品的一般名称,如电视机、计算机、手表等等。商品通用名称不能区别同一种类的不同商品。如计算机这一通用名称无法区别"联想"公司生产的计算机与"长城"公司生产的计算机。商品的特定名称,是指对特定商品的称呼,如加饭酒、茅台酒、两面针牙膏等。商品的特定名称符合法定条件,可注册为商标。商品名称与商标的主要区别有:

(1)商品名称属公有信息,为公众所有,人人均可使用;而商标具有专有性。

(2)商品的通用名称可用来区别不同种类的商品,商品的特定名称用来区别同种类的商品;而商标除具有区别商品或服务的来源外,还能区别不同商品或服务的提供者。

(3)商品名称系自然产生,无须办理任何手续,一般情况下不受法律的保护,只有知名商品的特有名称,才能获得《反不正当竞争法》的保护;商标如需获得商标法的保护须经申请核准(驰名商标除外)。

应当注意的是,如果商标(尤其是驰名商标)所有人对其商标使用和保护不当,则有可能使该商标逐步转化为家喻户晓的商品通用名称,失去显著性,导

---

〔1〕 王连峰:《商标法》,法律出版社 2003 年版,第 8 页。

致商标专用权的丧失。例如，阿司匹林（Aspirin）、尼龙（Nylon）等原本为驰名商标，因使用不当而成为商品通用名称，导致商标所有人丧失其专用权。

（二）商标与商品装潢

商品装潢是以图案、绘画、色彩或文字来装饰、美化、宣传商品的附着物或包装物。商标可能是商品装潢的一部分。两者的主要区别在于：

（1）使用目的不同。商品装潢的目的是为了保护商品、美化商品和宣传商品，引起人们对商品的美感和需求欲望；商标旨在区别商品或服务来源，以示同一种商品或近似商品的不同生产者和销售者。

（2）专有性不同。装潢不具有专有性，亦无须注册，使用者可根据市场需要，随时变动装潢图案和文字，而无需经过批准；商标经过注册后非经主管机关核准不得改变。但若商品装潢的包装图案作为商标依法注册，则该商品装潢具有商标属性。

（3）表达的内容不同。装潢的立意在于介绍、渲染和美化商品，装潢的内容须与商品的内容相一致，使消费者通过装潢了解商品的内容；注册商标须具有显著性，直接表示商品的名称、质量、原料、功能、用途等特点的文字和图形一般不能作为商标申请注册。

（4）受保护的法律依据不同。商标通常受商标法的保护；而商品装潢可以作为实用美术作品受著作权法保护，知名商品的装潢还可以受反不正当竞争法保护。

（三）商标与商号

商号，又称企业标志、厂商标志，是商事主体用于将自己与其他商事主体相区分的识别性标记。商号往往是企业名称的一部分，如在"北京同仁堂科技发展股份有限公司"这一企业名称中，"同仁堂"是商号。商号权属于《巴黎公约》所定义的工业产权范畴，经依法登记而取得的商号，受法律保护。商号与商标有一定联系，商号有时是商标的组成部分或同一内容。两者的区别主要有：

（1）两者的功能不同。商标主要是用来区别商品或服务来源，代表着商品或服务的信誉；商号主要用来区别不同企业，代表着厂商的信誉，与商品的生产者或经营者相联系。

（2）两者的取得途径和法律效力不同。商标按照《商标法》的规定获得注册，具有专有性。其专有性在全国范围内有效，并有法定的时效性；商号按照《企业登记管理条例》等法规登记注册，也具有专有性，其专有性在所登记的工商行政管理机关管辖的地域范围内有效。

（3）两者受法律保护的依据不同。注册商标受《商标法》保护；而商号受《民法通则》和企业法规保护。

（四）商标与商务标语

商务标语是用于产品或者服务中的一个短句，它常常与商标相配合出现在广告、商品宣传材料上。其主要涉及产品或服务的性能、特点，多为赞美、称颂之辞，如"海尔真诚到永远"（海尔公司）、"一切皆有可能"（李宁公司）、"我选择我喜欢"（安踏公司）等。两者的主要区别是：

（1）两者的稳定性不同。商标注册后，商标注册人不能随意改变商标的文字、图形、颜色等要素，具有相对的稳定性；但商务标语可根据市场的变化进行适当调整，稳定性不强。

（2）两者所涉及的内容不同。商标不宜直接涉及产品的质量、数量等；而商务标语的内容多涉及商品或服务的质量，且可以适当夸张。

（3）两者受保护的效力范围不同。注册商标的专用权由商标权人享有，他人未经授权不得使用；而一般的商务标语，如"质量上乘"、"价格优惠"等不具有区别商品或服务来源的作用，不能由某人专有或独占，但商务标语如具有一定的独创性可受到著作权法保护。

（4）两者受法律保护的依据不同。注册商标主要受商标法保护；而具有独创性和文学艺术价值的商务标语主要受著作权法保护。

（五）商标与特殊标志

所谓特殊标志是指在经国务院批准举办的全国性或国际性的文化、体育、科学研究及其他社会公益活动中所使用的，由文字、图形组成的名称及缩写、会徽、吉祥物等标志，如奥林匹克五环图案、希望工程标志均属于特殊标志。特殊标志所有人对其标志享有专用权，可以在与所有人公益活动相关的广告、纪念品及其他物品上使用该标志，并可许可他人为商业目的而将该标志用于商品或者服务项目上。它与商标有着明显区别：

（1）特殊标志的所有人是文化、体育、科学研究及其他社会公益活动的主办者，不以营利为目的；而商标的所有者一般为商事主体。

（2）两者的功能不同。在商品上使用特殊标志并不表示产品的出处，而是表明该商品或者服务项目的经营者取得了标志所有人的许可，或者与标志所标示的事业或者活动之间有支持关系、赞助关系；而商标的功能主要在于区分商品或服务的来源。

（3）两者受保护的期限不同。注册商标的保护期限为 10 年，从核准注册之日起计算，期满可以申请续展，续展次数不受限制，每次续展的时间为 10 年；特殊标志的有效期为 4 年，自核准登记之日起计算，有效期满前 3 个月内可提出延期申请，延长的期限由国务院工商行政管理部门根据实际情况和需要决定。

（六）　商标与域名

域名是互联网上地址的表示形式，由字母、数字组成。一个完整的域名有两个以上部分组成，从左至右分别为顶级域名、二级域名、三级域名。例如世界知识产权组织的地址为 http//：www. wipo. int，其中 wipo. int 为该组织的域名。其中 int 为顶级域名，是表示类别的通用域名，wipo 则为二级域名，为注册人专有。常见的顶级域名有 com.、org.、edu. 分别表示公司企业等营利性机构、非营利性组织、教育机构。除了通用顶级域名外，还有由两个字母组成的国家代码表示的顶级域名。如中国的国家代码为 cn。从商业角度看，域名把用户引导到网络上某个特定位置，成为识别网上主体身份的标志。虽然域名具有商业标志的某些功能，但与商标存在明显的区别：

（1）域名具有国际性，"互联网无国界"使得域名无地域性特征，也无商品或服务类别的限制。域名中的类别域名只是表示注册人所属行业、机构性质。商标具有地域性，只在特定国家和地区范围内受法律保护，且须用于特定的商品或服务上。

（2）域名具有唯一性，域名一经在先申请注册就事实上排除了相同域名存在的可能性。这种强有力的"排他性"是由域名技术属性决定的。商标以一定商品或服务为界，相同或近似的商标可以为不同人所拥有，例如"天坛"、"熊猫"只要各自的商品类别不同，各自使用，相安无事。

（3）域名实行先注册先占，所有域名都必须注册才能使用，一旦注册就在网络空间获得唯一存在的权利。商标不经注册也可以使用，经注册而取得商标权。

（七）　商标与地理标志

地理标志是指标示某商品来源于某地区，该商品的特定质量、信誉或者其他特征，主要由该地区的自然因素或者人文因素所决定的标志。如"宁夏枸杞"、"烟台苹果"、"西湖龙井"等即属此例。地理标志与商标都有标识商品来源的功能，但两者存在较大区别：[1]

（1）就功能而言，商标表示商品出自何"人"；而地理标志则表明商品源自何"地"，与特定的某一地区的某类生产经营者相联系。

（2）就构成要素而言，商标的构成不得直接使用描述产品产地、原料、功能、用途等的文字或图形；地理标志直接以地理名称或符号说明产品的地理来源，暗示产品所具有的特定质量和优良品质。

---

〔1〕　参见胡开忠：《商标法学教程》，中国人民大学出版社 2008 年版，第 15 页。

（3）就权利主体而言，商标的权利主体为单一的企业或个人，非经许可，任何第三人不得使用；而地理标志可以作为证明商标，由该标志所标示的地区经营者的代表申请注册，该地区的经营者共同使用。

（4）就权利内容而言，商标可以许可、转让给他人使用；而地理标志的转让受到严格限制，通常只能由该地域内的人共同使用，凡是一定地域范围内的经营者，只要其提供的产品源于该地理场所并符合规定的质量标准，均有权使用。

三、商标的种类

（一）按商标的形态划分

按商标的形态划分，可分为平面商标、立体（三维）商标和其他形态的商标。

1. 平面商标，平面商标包括了文字商标、图形商标和组合商标，以二维形式出现。文字商标，以纯文字构成，不含其他图形成分。各国文字都可以用作商标。我国是多民族的国家，文字商标以汉字和汉语拼音为多，少数民族文字也可用作商标。文字的组合可以是生造的、无任何含义的、杜撰的，如"SONY"商标即为典型。图形商标是指商标由人或事物的形状、图案，包括具体图形或抽象图形，只要其特征显著，均可作为商标。此类商标题材广泛、包罗万象，不受语言的限制。但其不便称谓，交流困难。组合商标是指商标由文字、图形组合构成。组合商标是使用较多的商标，其图文并茂，引人注目。组合商标要求文字与图形和谐一致，联系密切。组合商标注册后作为一个整体对待，不得擅自更改其组合或排列。2001 年修订的《商标法》新增了颜色组合商标。

2. 立体（三维）商标，指以某种独立的三维形状出现的商标类别，多数是以产品的外形或者产品的某一部分外形或者产品的实体包装作为商标。美国是最早接受立体商标注册的国家，例如可口可乐的饮料瓶。但"仅由商品自身的性质产生的形状、为获得技术效果而需有的商品形状或者使商品具有实质性价值的形状，不得注册。"

3. 其他形态商标，主要是指以音响、气味等特殊形态出现的商标类别，如美国 NBC 广播公司以其特有的三音调（Three Tone Chime）乐曲作为自己的服务商标进行注册，又如在美国销售的一种散发着"夹竹桃花香味"的绣花线和纱线，这种香味便是这种绣花线和纱线使用的注册商标。目前对这些特殊形态商标提供注册保护的国家或地区逐渐增多。我国《商标法》未规定听觉商标和味觉商标。

（二）按照商标的使用对象划分

根据商标的使用、服务对象不同，可以分为商品商标和服务商标。

1. 商品商标。商品商标是指生产者或销售者用于自己生产、制造、加工、拣选或者经销的商品上（包括在商品的容器上或者包装上）的商标。例如用于饮料上的"可口可乐"，用于家用电器上的"SONY"，用于汽车上的"TOYO-TA"，用于服装上的"李宁"等。商品商标又分为生产者的生产商标和销售者的销售商标。

2. 服务商标。服务商标又称服务标志、服务标记、服务标章，是指提供服务的企业、自然人为了与他人提供服务项目相区别，而用于自己所提供的服务项目上的商标。服务商标适用于服务行业，如用于快餐食品的"麦当劳"，用于饭店服务的"全聚德"，用于药店服务的"同仁堂"，中国人民保险公司的标记"PICC"等都属此类。"服务"在国际分类中列有八大类：广告与实业、保险与金融、建筑与修理、交通、运输与贮藏、材料与处理、教育与娱乐、杂项服务等。

（三）按照商标的用途划分

1. 联合商标，指同一商标所有人在同一种或同类商品上注册的若干个近似商标。这些近似商标中首先注册的或者主要使用的商标为正商标，其余的为正商标的副商标。如娃哈哈（正商标）—哈娃娃、娃娃哈、哈哈娃（副商标）；全聚德（正商标）—德聚全、聚全德、全德聚（副商标）等均属此类。联合商标的注册，其目的是为了保护其正商标，防止他人影射。因此，副商标不受3年不使用则撤销其注册商标的限制。由于联合商标是相近似的若干商标的群体，它们只能属于一个商标所有人，故不得分割转让，必须作为一个整体办理。

2. 防御商标，指驰名商标或已为公众熟知的商标的所有人在不同类别的商品或服务上注册相同商标。原商品商标为正商标，注册在另外不同类别商品或服务上的商标为防御商标。注册防御商标的目的是为了防御。由于驰名商标给其所有人带来巨大利益，一般消费者不易了解其确切的经营范围。因此，在不同类别的商品或者服务上，他人如果使用，消费者因慕驰名商标之名，对产品或者服务来源会发生误认。防御商标能防止此类现象发生。如，某厂生产"白玉"牌牙膏，遂又在化妆品、香皂、洗涤剂上注册使用该商标，后者即构成防御商标。

3. 证明商标，也称"保证商标"，用来证明商品的原产地、特殊质量、原料、制造工艺、精密度或其他特征的商标。如国际羊毛组织的纯羊毛标志"IN-TERNATIONAL WOOL MARK"即为证明商标。这种商标的商品生产者、经营者自己不得注册，须由商会、机关或其他团体申请注册，申请人对于使用该证明商标的商品质量具有检测能力，并负保证责任。凡商品质量达到证明标准的生产经营者，经证明商标的所有人许可，都可使用证明商标。

此外，根据商标的管理来分类，可划分为注册商标和未注册商标；根据商标的寓意来分类，可划分为有含义商标和无含义商标；根据商标的市场信誉程度来分类，可划分为普通商标和驰名商标。

第二节　商标法的概念和历史发展

一、商标法的概念

（一）商标法的定义

根据我国《商标法》的规定，商标法是调整在注册、使用、管理和保护商标等活动中所形成的社会关系的法律规范的总和。商标法有广义和狭义之分。广义的商标法又称实质意义上的商标法，不仅包括现行的《商标法》，还包括《商标法实施条例》、《集体商标、证明商标注册和管理办法》、《商标印制管理办法》和《商标评审规则》等法规，同时还包括宪法、民法、刑法等法律中有关商标的规定，以及我国缔结或参加的有关商标的国际条约等。而狭义的商标法，又称形式意义上的商标法，仅指《商标法》。

相对于其他法律规范而言，商标法具有以下特点：

1. 起源于侵权法。从历史上看，近代商标法起源于侵权法，其内容主要是规定仿冒商标和商号等不正当竞争行为以及相对应的制裁措施。但现代商标法旨在确认和保护商标权所有人的权利，制止商标领域的不正当竞争行为只不过是保护商标权的一种措施。[1]

2. 调整对象广泛。由商标法所调整的法律关系包括商标注册人与国家商标管理机构、其他民事主体等，在商标注册、使用、管理以及保护等活动过程中所形成的各种社会法律关系。这种法律关系既包括平等主体之间在有关商标权的转让、继承、使用许可等方面的民事法律关系，也包括在商标注册、管理等方面商标注册人或使用人与国家商标管理机关之间的行政法律关系。同时还包括有关制裁商标侵权及假冒商标行为的刑事法律关系。

3. 实体规范和程序规范兼具。商标法的绝大部分属于实体法规范，如商标权的归属、行使、保护以及商标权的内容等。但有关商标的注册、异议、撤销等规范则属于保证权利和义务得以实施的程序性规定，属于程序法规范。

（二）商标法的调整对象

商标法是调整因商标注册、使用、管理和保护商标专用权等活动所产生的各种关系的法律规范体系。其调整的法律关系主要有四类：

1. 商标管理关系。商标管理关系，是指商标管理机关与商标注册申请人之

---

〔1〕　参见吴景明、戴志强等编著：《商标法：原理·规则·案例》，清华大学出版社2006年版，第3页。

间，在商标的注册、使用和管理过程中所发生的关系。具体包括：商标注册申请的核准关系；商标权的使用和转让关系；商标权的续展和保护关系；商标的印制关系等。

2. 商标使用关系。商标使用关系，是指商标注册人与他人之间因注册商标的转让、许可使用和争议所发生的关系。具体包括：对初步审定、予以公告的商标有异议的异议人与被异议人之间的关系；对已核准注册的商标有争议，争议人与被争议人之间的关系；因商标的转让、许可和继承而发生的转让人与受让人、许可人与被许可人、继承人与被继承人之间的关系等。

3. 商标保护关系。商标保护关系，是指商标权人与被侵权人之间因保护商标专用权而发生的关系。具体包括商标的行政保护关系、商标的司法保护关系等。

4. 商标管理机关内部的商标关系。商标管理机关内部的商标关系，是指国家工商行政管理部门与地方各级工商行政管理部门在商标管理中所发生的关系。主要表现在《商标法》对他们各自的职责所作的划分不同。如国家商标局负责对申请注册的商标进行审核；地方各级工商管理部门负责对商标侵权行为进行查处等。

二、商标法的历史发展

在西方，商标最早起源于西班牙。当时的游牧部落把烙印打在自己的牲畜上，以区别不同主人的牲畜。在中国，东周时期便出现了"杜康"作为酒的标志；东汉铁器上铸有"川"字作为产品标记；在南北朝后期的北周的文物中，就有以陶器工匠"郭彦"书名的粗制陶器标记；到了宋代，山东济南有一家刘家针铺，就以白兔作为商品的标记，这是我国迄今发现使用最早、设计图案较为完整的商标图样。随着 13 世纪欧洲行会的盛行，商品经济的较快发展，一些产品制造者和行会都有特定的印章作为其生产的商品标记。到了十七八世纪，商标使用范围更广，商标的形式也日益完备，但还没有产生独立的商标制度。现代意义上商标法律制度发轫于西方工业发达国家，我国的商标法律制度产生于 20 世纪初。

（一）国外商标法律制度的产生和发展

国外商标法律制度的产生和发展，经历了以下几个时期：

1. 商标法的产生。19 世纪初期，商标单行法规出现。开创近代商标制度的是 1804 年法国《拿破仑法典》，该法首次肯定了商标作为无形财产受法律保护。最早关于商标保护的单行法是 1803 年法国的《关于工厂、制造场和作坊的法律》，该法第 16 条把假冒商标以私自伪造文件罪予以处罚。1857 年法国又制定了世界上最早的一部成文商标法，即《关于以使用原则和不审查原则为内容的制造标记和商标的法律》，通常认为该法是世界上第一部具有现代意义的商标法。

2. 商标法的发展。19 世纪中后期，商标法律制度进一步发展。紧随法国其后，英国于 1862 年颁布了《商品标记法》，1875 年颁布了《注册商标法》。美国于 1870 年制定了《商标法》，德国于 1874 年颁布了《商标保护法》，日本于 1884 年颁布了《商标条例》。这一时期商标保护的特点为：注册使用与不注册使用都可以取得商标的专用权。到了 19 世纪中后期，商标法律制度已经获得了相当程度的发展。进入 20 世纪后，许多国家都先后制定和完善了自己的商标法，从而使商标法成为各国通行的法律制度。

3. 商标法的国际化。商标法律制度的国际化以 1883 年缔结的《巴黎公约》为起点。围绕着《巴黎公约》，又陆续签订了一些和商标有关的国际公约和协定，如 1891 年的《商标国际注册马德里协定》，《制止商品产地虚假或者欺骗性标记马德里协定》，1957 年《商标注册用商品和服务国际分类尼斯协定》，1966 年《保护原产地名称及其国际注册里斯本协定》，1973 年《商标注册条约》及《商标图形国际分类维也纳协定》等。这些商标国际保护条约的缔结，使商标保护呈现出国际化的趋势。1994 年通过的《TRIPS 协定》，对商标的保护提出了更高的标准，要求各成员一体遵守，商标制度进一步国际化。为适应世界经济的快速发展和对商标国际保护的要求，各国商标法也做了多次修改。

（二）中国商标制度的产生与发展

虽然我国宋代就出现了商标，但由于中国长期处于封建社会中，商品经济不发达，作为商品标记的商标也没有被广泛使用，现代意义的商标制度出现较晚。

1. 旧中国时期的商标制度。明朝以后，商品生产和交换进一步发展，商标争议案件开始出现。1736 年，清朝乾隆年间，苏松府长洲县曾处理过布商黄友龙冒用他人商标一案。经当地官府裁决为"即奉督、府、藩各宪批准勒石永禁"。这是官府查禁仿冒商标的典型案件。[1]但是当时封建官府对发生的商标纠纷，告到官府的才受理，无专门的商标立法。到了 1825 年，即清朝道光五年，绮藻堂布业总公所对使用的商标进行校勘，并订立"牌谱"。规定"名牌第一第二字，或第二第三字，不准有接连两字相同，并不准接连两字内有音同字异及音形相同，如天秦或天泰、大成或大盛等字样"。此规定旨在防止商标混淆。此后各布局均以此办理，逐成惯例。

我国正式使用"商标"一词始于清朝光绪年间。1902 ~ 1904 年，清政府分别和英国、美国、葡萄牙等国签订了双边条约，以保护外国人的商标权。为了履行

---

〔1〕 夏叔华：《商标法要论》，中国政法大学出版社 1989 年版，第 52 页。

与各国签订的条约，清政府在 1903 年设立商部，并在商部内成立商标登录局，请当时掌管清政府海关的总税务司英国人赫德起草商标章程草案，在参照各国商标法后拟定为《商标注册试办章程》，并于 1904 年批准实施。这是中国历史上第一部商标法规。该章程共计 28 条，细目 23 条；实行注册原则和申请在先原则；注册商标有效期为 20 年，期满可以续展；保护商标专用权。

1923 年北洋政府颁布了《商标法》和《商标法实施细则》。该法实行注册原则、兼顾在先使用原则；保护商标专用权；注册商标有效期为 20 年，可以续展；并规定了对侵权行为的处罚等。1927 年国民政府成立，1930 年颁布了《商标法》和《商标法实施细则》。该法于 1935 年和 1938 年进行了两次修改。1949 年以后，我国台湾地区一直沿用该法，并进行了数次修改。

2. 新中国的商标法律制度。中华人民共和国成立后，先后制定了三部商标法律文件。

（1）1950 年的《商标注册暂行条例》。新中国成立后，1950 年 7 月 28 日，政务院颁布了《商标注册暂行条例》，这是新中国第一部有关商标管理的法规。同年 9 月 29 日又批准实行了《商标注册暂行条例实施细则》。这一时期商标立法的特点为：采用自愿注册原则；注册取得商标专用权，有效期为 20 年；实行申请在先和审查原则；废除外国在中国的特权；规定前国民党政府商标局核准注册的商标应重新注册。

（2）1963 年的《商标管理条例》。为加强商标管理，督促企业保证和提高产品质量，1963 年国务院公布了《商标管理条例》。该条例的主要内容和特点为：商标实行全面注册制，未注册商标一律不能使用；简化商标申请注册的审定手续，将注册商标的审定公告由两次改为一次；强调商标的管理监督职能；没有对商标专用权的保护做出规定。该条例突出了商标管理的内容，但对商标权人的保护不够。文革期间，商标法制受到破坏，商标注册工作被迫停止，商标使用处于混乱状态。

1978 年，国务院决定成立国家工商行政管理局，下设商标局，开始对全国商标进行清理整顿，恢复了商标的统一注册。随着改革开放方针的确立和国际国内经济形势的发展，国家开始着手制定新的商标法。

（3）1982 年的《商标法》。1982 年 8 为 23 日，第五届全国人民代表大会常务委员会第二十四次会议通过了《中华人民共和国商标法》，于 1983 年 3 月 1 日起施行。这是新中国成立后，制定的第一部保护知识产权的法律。该法的主要内容和特点有：确立了对商标专用权的保护；申请在先和使用在先相结合；自愿注册和强制注册相结合；行政保护与司法保护相结合等原则。1983 年 3 月 10 日，国务院发布了《商标法实施细则》。

随着社会主义市场经济的逐步建立，商标法的修改也提上了议事日程。1993年2月22日，第七届全国人民代表大会常务委员会第三十次会议通过了《关于修订〈中华人民共和国商标法〉的决定》，同时通过了《关于惩治假冒注册商标犯罪的补充规定》，加大了惩治假冒注册商标犯罪和处罚商标侵权行为的力度。1993年7月15日，经国务院批准第二次修订了《商标法实施细则》。这次商标法修改的主要内容有：不得将地名作为商标使用；将商标的保护范围扩大到服务商标；增加了商标注册审查的补正程序；重新界定了商标侵权行为的范围，加大了惩治商标侵权行为的力度等。

为适应我国社会主义市场经济发展的需要和加入WTO的要求，2001年10月27日，第九届人民代表大会常务委员会第二十四次会议通过了《关于修改〈中华人民共和国商标法〉》的决定，修改后的《商标法》自2001年12月1日起施行。2002年8月11日国务院发布了第三次修订的《商标法实施条例》。这次商标法修改的主要内容有：扩大了商标的构成要素；对集体商标、证明商标和地理标志进行保护；将商标注册的申请人扩大到了自然人；禁止以官方标志、检验印记作为商标注册；增加了对驰名商标的保护；禁止代理人或者代表人恶意注册商标；完善了商标优先权的规定；增加了司法审查的规定；修改和增加了商标侵权行为的规定；规定了商标侵权的赔偿数额；增加了保护商标权的临时措施等。

第三节　商标权的概念和特征

一、商标权的概念

商标权，是指商标所有人对其注册商标进行支配并排除他人侵害的权利，包括对注册商标的占有、使用、收益和处分的权利。我国和世界上大多数国家都实行注册制度，只有依法注册才能取得商标权。仅仅使用而未注册的商标，其使用人不享有受法律保护的商标权。因此，所谓商标权，其主体是注册商标所有人，客体是注册商标。

商标权是个集合概念。从权利内容上看包括专有使用权、禁止权、转让权、使用许可权等。其中，商标专用权是一项最基本的权利，即商标所有人有权按照自己的意志使用注册商标并禁止其他人未经许可使用。其他权利则由商标专用权派生而来。正是由于这个原因，一般都不加区分地将商标权与商标专用权相提并论。我国现行法律就使用"商标专用权"替代"商标权"。[1]

---

〔1〕　我国《商标法》第3条第1款规定："经商标局核准注册的商标为注册商标……商标注册人享有商标专用权，受法律保护。"

尽管如此，商标权与商标专用权是两个既相互联系但又有不同内涵与外延的概念。完整的商标权是注册商标所有人对其注册商标享有的排他性支配权，除了自己独占性使用外，权利人可以对客体以其他方式进行支配。这些权利都与专用权相联系，但又是专用权所不能包含的。"商标专用权"英文的规范译文为 exclusive right to use，而"商标权"的译文为 trademark right（或者 exclusive right）。从语义上看二者涵义不同。实际上，我国的商标注册人享有完整的商标财产权，除了专用权，还有转让权、许可权、质押权等。因此，无论从法理上还是实践方面看，商标专用权这一概念未能全面揭示商标权的内容，无法涵盖商标所有人享有的权利。[1]

二、商标权的特征

（一）独占性

又称专有性或垄断性，是指商标注册人对其注册商标享有独占使用权。赋予注册商标所有人独占使用权的基本目的，是为了通过注册建立特定商标与特定商品的固定联系，从而保证消费者能够避免混淆并能接受到准确无误的商品来源信息。换句话说，在商业中未经许可的所有使用，都将构成对商标专用权的侵害。这种专用权表现为三个方面：

（1）商标注册人有权依据《商标法》的相关规定，将其注册商标使用在其核准使用的商品、商品包装上或者服务、服务设施上，任何他人不得干涉。

（2）商标注册人有权禁止任何其他人未经其许可擅自在同一种或类似商品上使用与其注册商标相同或者近似的商标。

（3）商标注册人有权许可他人使用自己的注册商标，也可以将自己的注册商标转让给他人，这种许可或转让要符合法律规定并履行一定的法律手续。

（二）时间性

时间性是指商标专用权有期限限制。在有效期内，商标专用权受法律保护，超过有效期限不续展的，则不再受到法律保护。各国的商标法，一般都规定了对商标专用权的保护期限，有的国家规定得长些，有的国家规定得短些，多则 20 年，少则 7 年，大多数为 10 年。我国《商标法》规定注册商标的有效期为 10 年，自核准注册之日起计算。

（三）地域性

地域性是指商标专用权的保护受地域范围的限制。注册商标专用权仅在商标注册国受法律保护，非注册国无保护义务。在我国注册的商标要在其他国家获得

---

〔1〕 吴汉东主编：《知识产权法》，中国政法大学出版社 2002 年版，第 247 页。

商标专用权并受到法律保护，就必须分别在这些国家进行注册，或者通过《马德里协定》等国际知识产权条约在协定的成员国申请领土延伸保护。

引例解析

北京市一中院审理认为，根据《商标法实施条例》第49条规定，注册商标中含有本商品的通用名称、图形、型号，或者直接表示商品的质量、主要原料、功能、用途、重量、数量及其他特点，或者含有地名，注册商标专用权人无权禁止他人正当使用。浙江省食品有限公司的注册商标为"金华火腿"，其中"火腿"是商品的通用名称，"金华"是地名，因此他人对"金华"、"火腿"有权依法正当使用。同时，"金华"并非一般地名，由于"金华火腿"为该地特产之缘故，该地名已具有地理标志的含义。"金华火腿"这一地理标志作为一种属于特定区域的、公共的知识产权应受法律保护。"金华火腿"作为地理标志，具有标示产品来源于原产地域，并以此标示产品的特定质量、信誉或者其他特征的功能。符合该地理标志使用条件者对"金华火腿"字样的使用，是基于该地理标志的上述功能，其使用具有自身的正当目的，不能推定有与浙江省食品有限公司产品混淆的恶意。国家工商行政管理总局商标局的批复对"金华火腿"字样正当使用的方式也提出了要求，以在实际使用中使之与原告的注册商标有所区别，这与《商标法》保护注册商标专用权的原则并无冲突。因此，国家工商行政管理总局商标局认定"金华特产火腿"、"××（商标）金华火腿"和"金华××（商标）火腿"属于《商标法实施条例》第49条所述的正当使用方式，并无违法之处。

"金华"是火腿的地理标志，它应属于该地区的所有人，不应该属于某一家企业。属于该地区的任何火腿生产者和经营者达到一定的条件的均可使用。尽管由于历史的原因，"金华"被注册为普通商标，被浙江省食品有限公司独占，但金华地区的其他经营者也有权将"金华"作为商品的产地标识来使用，该商标的所有人不能阻止他人在相同的商品上用"金华"二字来表明商品产地。

思考题

1. 商标的种类有哪些？
2. 如何区别商标与商号、域名？
3. 商标权的特点有哪些？

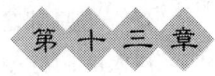

商标权的取得和丧失

☞　**学习要点**

学习本章应了解商标权取得的方式、商标注册的程序、注册商标的注销与撤销，重点掌握商标注册的条件。

◆　**引读案例**

"红河"商标是大兴安岭北奇神保健品有限公司的注册商标，2000 年 11 月 28 日转让给济南红河饮料制剂经营部。2001 年 8 月 13 日云南红河光明股份有限公司向商标评审委员会提出撤销该商标的申请。认为"红河"是云南省红河州及红河县两级行政区划的名称，是县级以上行政区划的地名且不具有其他含义，不得作为商标注册。[1]

问题： 云南红河光明股份有限公司向商标评审委员会提出撤销该商标的理由是否成立？

第一节　商标权的取得

一、商标权的取得方式

商标权的取得分原始取得和继受取得两种。前者是指商标权通过注册、使用而取得；后者是指商标权人之商标权是基于他人既存之商标权而取得，依此种方式取得商标权并非创设新权利，因而此种商标权之范围、内容及性质等，皆以原有商标权为限。商标权的继受取得主要有以下两种情况：一是根据合同转让取得；二是根据继承取得。

商标权的原始取得有以下几个原则：

（一）使用原则

使用原则，即使用取得商标权原则，是指商标权因商标的使用而自然产生，商标权根据商标的使用事实而得以成立。按照使用原则，谁是商标的首先使用人，谁就取得该商标的专用权，可以排斥他人对该商标进行可能导致混淆的

---

〔1〕 罗传伟、马晓莉编著：《商标法案例学理精解》，中国经济出版社 2004 年版，第 3 页。

使用。

在使用原则之下，商标权归最先使用商标的人所有，这无疑较为公平合理。但权利人的商标权随时可能因先用人的存在而被推翻，这就使得商标权长期处于一种不稳定的状态，而权利的不稳定以及先使用事实的难以确认又使商标的保护和管理工作难以有效进行。故随着注册制度的确立，使用原则日渐衰微，采用者越来越少。原先采用使用原则的国家，大都转采注册原则或混合原则。目前，世界上只有极少数国家仍然采用使用原则。

（二）注册取得

注册原则，即注册取得商标权原则，是指商标权因注册事实而成立，只有注册商标才能取得商标权。在注册原则之下，商标注册是商标权原始取得的唯一途径。要想取得商标权，就必须经过商标注册这一法律程序。

在制度构成上，注册原则往往是与申请在先原则相结合的。即在注册原则之下，如有数人就同一商标申请注册，商标权将授予最先申请人。但在数人就同一商标同时申请注册时，则采用使用原则，商标权归最先使用人所有。

采用注册原则时，因注册事实非常客观，便于查证，故依注册产生的商标权处于一种较为稳定的状态。而在商标权较为稳定时，对其保护与管理也容易得多。这是注册原则的优点之所在。然而，对于商标先用人来说，如果其未能及时将商标予以注册，则可能因他人的抢先注册行为而丧失对其商标的控制权，这显然有失公平。尤其是在先使用人的商标已经有一定知名度时更是如此。整体而言，注册原则是适应社会经济发展和对商标的保护与管理工作的需要的，因此其为世界上大多数国家所采用。

（三）混合原则

混合原则，即折衷原则，是指在确定商标权的成立时，兼顾使用与注册这两种事实，商标权既可因注册而产生，也可因使用而成立。混合原则融使用原则与注册原则于一体，是两者相折衷的结果。按照混合原则，商标权原则上属于商标的注册人所有，但是商标的先使用人可以在法律规定的一定期限内提出争议或指控，请求予以撤销该注册商标，若法定期限内无人提出争议或指控，商标注册人始取得无可争辩的商标权。

在混合原则之下，商标注册首先只起推定商标权成立的作用。只有在法定期限届满后才成为确立商标权的根据；而商标使用也并非如其在使用原则下那样确立商标权，其只是使先使用人获得对抗注册商标之权利。可见，混合原则并非使用原则与注册原则的简单相加，而是兼采两原则之所长。然而，混合原则虽然兼顾了先注册人和先使用人的利益，保持了两者利益的均衡，但也给商标的管理和保护工作开展带来了相当的难度，故世界上采用混合原则的国家并不太多。

我国《商标法》第3条规定："经商标局核准注册的商标为注册商标，包括商品商标、服务商标和集体商标、证明商标；商标注册人享有商标专用权；受法律保护。"可见，我国奉行的是注册取得商标权原则。但是依《商标法》第29条规定，两个或两个以上的商标注册申请人，在同一种商品或类似商品上，以相同或者近似的商标申请注册的，初步审定并公告申请在先的商标；同一天申请的，初步审定并公告使用在先的商标，驳回其他人的申请，不予公告。《商标法实施条例》第19条又进一步规定，两个或者两个以上的申请人，在同一种商品或类似商品上，以相同或者近似的商标在同一天申请注册的，各申请人应当按照商标局的通知，在30天内交送第一次使用该商标的日期的证明。同日使用或者均未使用的，各申请人可以自商标局通知之日起30天内自行协商，并将书面协议报送商标局，超过30天达不成协议的，在商标局主持下，由申请人抽签决定。可见，我国既采取注册原则又兼顾使用原则。

二、商标注册的条件

申请商标注册，须具备一定的条件才能获准注册，取得商标权。我国《商标法》对商标注册的申请人和申请注册的商标，规定了应具备的条件。

（一）商标注册申请人的条件

我国《商标法》第4条规定："自然人、法人或者其他组织对其生产、制造、加工、拣选或者经销的商品，需要取得商标专用权的，应当向商标局申请商品商标注册。自然人、法人或者其他组织对其提供的服务项目，需要取得商标专用权的，应当向商标局申请服务商标注册。"《商标法》第5条规定："两个以上的自然人、法人或者其他组织可以共同向商标局申请注册同一商标，共同享有和行使该商标专用权。"

商标注册申请人扩大到自然人，这是2001年《商标法》的修改点之一。这满足了自然人使用商标的要求，尊重了个人的市场主体地位，有利于推动城乡经济繁荣。但也造成了如下问题：部分自然人申请注册商标后，却不从事实际的经营活动，使许多注册商标闲置不用，占用了有限的商标资源；数量巨大的以自然人名义提出的注册申请增大了商标局的审查工作任务和行政负担；较低的申请门槛使一些申请人成为了"商标掮客"，其申请注册或抢注他人知名商标的唯一目的是对商标进行投资和买卖，这种投机性的注册和转让使市场秩序产生了一定的混乱，带来了不良的社会影响。为此，2007年2月，商标局出台了《自然人办理商标注册申请注意事项》[1]，以规范自然人申请商标注册。

申请人也可以是两个以上的自然人、法人或者其他组织。多个主体共同向商标局申请注册同一商标的，共同享有和行使该商标专用权。根据《商标法实施条例》第16条规定："共同申请注册同一商标的，应当在申请书中指定一个代表人；没有代表人的，以申请书中顺序排列的第一人为代表人。"

外国人或者外国企业在中国申请商标注册的，应当按其所属国和中华人民共和国签订的协议或者共同参加的国际条约办理，或者按对等原则办理。外国人或者外国企业在中国申请商标注册和办理其他商标事宜的，应当委托国家认可的具有商标代理资格的组织代理。对外国申请人规定这一程序上的要求是为了保护外国申请人的合法权益、保证商标法律事务的质量和提高商标注册机关的工作效率。其他国家也都对外国申请人规定了强制委托代理。

申请商标注册的国内申请人可以自己直接到商标局办理注册申请手续，也可以委托商标代理组织办理。

（二）商标构成的条件

1. 注册商标的必备要件，也称注册商标的积极条件，主要包括两项：一是应当具备法定的构成要素；二是应当具有显著特征。

（1）申请注册的商标必须符合法定的构成要素。我国《商标法》第8条对商标的构成要素作了明确的规定："任何能够将自然人、法人或者其他组织的商品与他人的商品区别开的可视性标志，包括文字、图形、字母、数字、三维标志

---

[1] 该《注意事项》的主要内容为：

1. 个体工商户可以以其《个体工商户营业执照》登记的字号作为申请人名义提出商标注册申请，也可以以执照上登记的负责人名义提出商标注册申请。以负责人名义提出申请时应提交以下材料的复印件：①负责人的身份证；②营业执照。

2. 个人合伙可以以其《营业执照》登记的字号或有关主管机关登记文件登记的字号作为申请人名义提出商标注册申请，也可以以全体合伙人的名义共同提出商标注册申请。以全体合伙人的名义共同提出申请时应提交以下材料的复印件：①合伙人的身份证；②营业执照；③合伙协议。

3. 农村承包经营户可以以其承包合同签约人的名义提出商标注册申请，申请时应提交以下材料的复印件：①签约人身份证；②承包合同。

4. 其他依法获准从事经营活动的自然人，可以以其在有关行政主管机关颁发的登记文件中载明的经营者名义提出商标注册申请，申请时应提交以下材料的复印件：①经营者的身份证；②有关行政主管机关颁发的登记文件。

5. 自然人提出商标注册申请的商品和服务范围，应以其在营业执照或有关登记文件核准的经营范围为限，或者以其自营的农副产品为限。

6. 对于不符合《商标法》第4条规定的商标注册申请，商标局不予受理并书面通知申请人。申请人提供虚假材料取得商标注册的，由商标局撤销该注册商标。

7. 办理转让商标申请，受让人为自然人的，应参照上述事项办理。

和颜色组合，以及上述要素的组合，均可以作为商标申请注册。"根据该规定，我国商标的法定构成要素主要是视觉商标，包括平面商标和立体商标以及颜色组合商标。我国商标法排除了听觉、味觉和电子数据传输等作为商标的构成要素。

（2）申请注册的商标应具有显著性。所谓显著性，也称商标的可识别性和独特性，是指商标应当具有区别于其他标志的显著特征。因为商标是区别商品的标志，如果它本身不具有显著性，则无法区别商品或服务的来源。《巴黎公约》和《TRIPS 协定》均将显著性、具有识别能力作为商标受保护的基本条件。我国《商标法》第9、11 条[1]从正反两方面规定了商标显著性条件。如同著作权法所要求的独创性、专利法所要求的新颖性一样，显著性是商标法对其保护客体的基本要求。就显著性的类型看，有固有显著性和获得显著性两种情形。

第一，固有显著性。固有显著性是指一个标志具有天然的显著特征，它来自于一个标志的正确创设或选用。从法律上讲，只要没有包含禁止使用的标志，即达到最低限度的显著性要求。显著性程度依其文字、图形的设计、选用的差别，形成了所谓强商标和弱商标之分。①臆造商标。臆造商标是由杜撰的文字、词汇所构成的无特定含义的商标。如"Kodak"（柯达）即为典型。由于杜撰词汇、文字本身无任何含义，与其标示的商品或服务不存在任何联系，其他经营者如果不是出于恶意也就不会使用，因而，这种词汇的唯一性和独特性使其成为理想的商标标识，是显著性最强的商标。②任意商标。任意商标由一个现成的、具有字典含义的词汇构成，但又与商品或服务的内在特征和质量等无直接关联。例如"娃哈哈"商标，国外威士忌酒的商标"BLACK&WHITE"等都是比较成功的任意商标。任意商标的显著性程度低于臆造商标，但仍属于显著性较强的商标。③暗示性商标。暗示性商标由常用词构成，它以隐喻、暗示的手法提示商品的属性或某一特点。例如，商标"健力宝"（饮料）、"野马"（自行车）即为其例。商标的组成要素不得涉及产品的属性和功能，不得直接描述产品的种类、质量、主要原料、产地等。暗示性商标尚未违反这一最低限度要求，因而仍具显著特征，但其显著性较弱。

第二，获得显著性。获得显著性或称"第二含义"，是指一个缺乏固有显著性的标志经长期连续使用而产生新的含义，具备识别商品的能力时，该标志即被视为具备了显著特征，可以注册。获得显著性是基于使用而产生的，只有经过长期、连续的使用，令消费者将该标志与特定商品和其经营者联系在一起时，才可

---

　　[1]《商标法》第11 条第1 款规定："下列标志不得作为商标注册：①仅有本商品的通用名称、图形、型号的；②仅仅直接表示商品的质量、主要原料、功能、用途、重量、数量及其他特点的；③缺乏显著特征的。"

认为该标志在原有含义之外产生了新的"第二含义"。获得显著性规则在《巴黎公约》和《TRIPS 协定》中均有体现。如《TRIPS 协定》第 15 条第 1 项规定，如果标志不具有区别相关商品或者服务的固有属性，成员可以根据其通过使用取得的显著性，给予注册。我国原商标法未规定商标的获得显著性，但商标主管部门实际运用这一规则处理过某些特例。如准予"黑又亮"（鞋油）、"两面针"（牙膏）、"五粮液"（酒）商标获得注册。现行《商标法》第 11 条确立了获得显著性规则，依据该条规定，通用名称、描述性标志和其他缺乏显著性的标志，如通过使用取得了"第二含义"，便可以作为商标注册。

第三，显著性的退化和丧失。具有显著性的商标如使用或保护不当可能导致显著性退化或完全丧失，使一个原为有效注册或使用的商标演变为商品通用名称，从而进入公有领域无法为注册人专有专用。如某个非常有名的商标，由于商标所有人的使用和管理不当，造成该商标逐渐成为同种商品的代名词，而商品广告、同行业竞争者也把该商标作为普通名称使用，最终使该驰名商标失去了商标的功能成为一个普通名词。

2. 注册商标的禁止条件，也称注册商标的消极要件，是指注册商标的标记不应当具有的情形。

（1）不得侵犯他人的在先权利或合法利益。商标不得侵犯他人的在先权利，如外观设计专利权、著作权、姓名权、肖像权、商号权、特殊标志专用权等。此外，申请注册的商标不得在相同或类似商品上与已注册或申请在先的商标相同或近似；就相同或者类似商品申请注册的商标是复制、摹仿或者翻译他人未在中国注册的驰名商标，容易导致混淆的，不予注册并禁止使用；就不相同或者不相类似商品申请注册的商标是复制、摹仿或者翻译他人已经在中国注册的驰名商标，误导公众，致使该驰名商标注册人的利益可能受到损害的，不予注册并禁止使用；未经授权，代理人或者代表人以自己的名义将被代理人或者被代表人的商标进行注册，被代理人或者被代表人提出异议的，不予注册并禁止使用；不得以不正当手段抢先注册他人已经使用并有一定影响的商标。

（2）不得违反商标法规定的禁止注册或使用的某些标志。

第一，禁止作为商标注册或使用的标志。

其一，同中华人民共和国的国家名称、国旗、国徽、军旗、勋章相同或者近似的，以及同中央国家机关所在地特定地点的名称或标志性建筑物的名称、图形相同的。这里的"国家名称"包括全称、简称和缩写，我国国家名称的全称是"中华人民共和国"，简称为"中国"、"中华"，英文简称或者缩写为"CN"、"CHN"、"P. R. C"、"CHINA"、"P. R. CHINA"、"PR OF CHINA"；"国旗"是五星红旗；国徽的中间是五星照耀下的天安门，周围是谷穗和齿轮；"军旗"是中国人民解放军的"八一"军旗，军旗为红底，左上角缀金黄色五角星和"八一"两字；"勋章"是国家有关部门授给对国家、社会有贡献的人或者组织的表示荣誉的证章；"中央国家机关所在地特定地点或者标志性建筑物"包括"中南海"、"钓鱼台"、"天安门"、"新华门"、"紫光阁"、"怀仁堂"、"人民大会堂"等。

China/中国

但有下列情形之一的除外：

描述的是客观存在的事物，不会使公众误认的。例如：

　指定使用商品：化妆品

商标含有与我国国家名称相同或近似的文字，但其整体是报纸、期刊、杂志名称或者依法登记的企事业单位名称的。

例如：

指定使用服务：汽车运输、空中运输

其二，同外国的国家名称、国旗、国徽、军旗相同或者近似的，但该国政府同意的除外。国家名称包括中文和外文的全称、简称和缩写；国旗是指由国家正式规定的代表本国的旗帜；国徽是由国家正式规定的代表本国的标志；军旗是国家正式规定的代表本国军队的旗帜。

但有下列情形之一的除外：

一是，经该国政府同意的。

二是，具有明确的其他含义且不会造成公众误认的。

例如：

⟨*Frank*⟩　指定使用商品：服装、鞋、领带

（与法国国名"FRANCE"相差两个字母，但英文含义为"坦白的、真诚的"，也是常用英文人名"弗兰克"）

三是，商标同外国国名的旧称相同或者近似的。

例如：

花旗（美国旧称）指定使用商品：服装

四是，商标的文字由容易使公众认为是两个或者两个以上中文国名简称组合而成，不会使公众发生商品产地误认的。

例如：

中泰 指定使用商品：铁锤

（中国和泰国的中文简称的组合）

五是，商标含有与外国国家名称相同或近似的文字，但其整体是企业名称且与申请人名义一致的。

例如：

DEUTSCHE BANK（英文译为"德意志银行"）

其三，同政府间国际组织的旗帜、徽记、名称相同或者近似的，但经该组织同意或者不易误导公众的除外。政府间国际组织，是指由若干国家和地区的政府为了特定目的通过条约或者协议建立的有一定规章制度的团体。例如：联合国、欧洲联盟、东南亚国家联盟、世界贸易组织、世界知识产权组织等。国际组织的名称包括全称、简称或者缩写。例如：联合国的英文全称为 United Nations，缩写为 UN；欧洲联盟的中文简称为欧盟，英文全称为 European Union，缩写为 EU。

商标的文字构成、图形外观或者其组合足以使公众将其与政府间国际组织的名称、旗帜、徽记相联系的，判定为与政府间国际组织的名称、旗帜、徽记相同或者近似。

例如：

UN（"UN"为联合国的英文缩写）

但有下列情形之一的除外：

一是，经该政府间国际组织同意的。

二是，具有明确的其他含义或者特定的表现形式，从而不易误导公众的除外。

例如：

WHO 华特健康广场 指定使用服务：推销（替他人）

（"WHO"与世界卫生组织的英文简称字母构成相同，但具有明确含义"谁"）

其四，与表明实施控制、予以保证的官方标志、检验印记相同或者近似的，但经授权的除外。官方标志、检验印记，是指官方机构用以表明其对商品质量、性能、成分、原料等实施控制、予以保证或者进行检验的标志或印记。

例如：

（中国强制性产品认证标志）　　　　（免检产品标志）

但有下列情形之一的除外：

一是，经该官方机构授权的。适用本条规定，申请人应当提交经授权的书面证明文件。

二是，具有明确的其他含义或者特定的表现形式，从而不会误导公众的。

例如：

☞指定使用商品：手机用电池；手机用充电器

其五，同"红十字"、"红新月"的标志、名称相同或者近似的。

"红十字"标志是国际人道主义保护标志，是武装力量医疗机构的特定标志，是红十字会的专用标志。"红新月"是阿拉伯国家和部分伊斯兰国家红新月会专用的，性质和功能与红十字标志相同的标志。红十字标志是白底红十字；红新月标志是向右弯曲或者向左弯曲的红新月。

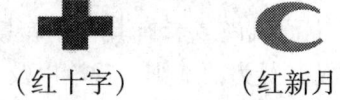

（红十字）　　　（红新月）

但具有明确的其他含义或者特定的表现形式，从而不会误导公众的除外。

例如：

　　　　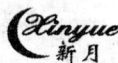

　　　　指定使用商品：灭火器械　　指定使用商品：印刷油墨、颜料

其六，带有民族歧视性的。民族歧视性，是指商标的文字、图形或者其他构成要素带有对特定民族进行丑化、贬低或者其他不平等看待该民族的内容。民族歧视性的判定应综合考虑商标的构成及其指定使用的商品、服务。商标的文字构成与民族名称相同或者近似，并丑化或者贬低特定民族的，可判定为带有民族歧视性。

例如：

印第安人　指定使用商品：卫生洁具
INDIAN

但有明确的其他含义或者不会产生民族歧视性的除外。

例如：

　指定使用商品：花露水

其七，夸大宣传并带有欺骗性的。夸大宣传并带有欺骗性，是指商标对其指定使用商品或者服务的质量等特点作了超过固有程度的表示，容易使公众对商品或者服务的质量等特点产生错误的认识。

例如：

指定使用商品：矿泉水

但未作夸大宣传，不会误导公众的除外。

例如：

指定使用商品：失眠用催眠床垫

其八，有害于社会主义道德风尚或者有其他不良影响的。社会主义道德风尚，是指我国人们共同生活及其行为的准则、规范以及在一定时期内社会上流行的良好风气和习惯；其他不良影响，是指商标的文字、图形或者其他构成要素对我国政治、经济、文化、宗教、民族等社会公共利益和公共秩序产生消极的、负面的影响。有害于社会主义道德风尚或者具有其他不良影响的判定应考虑社会背景、政治背景、历史背景、文化传统、民族风俗、宗教政策等因素，并应考虑商标的构成及其指定使用的商品和服务。

例如：

干掉它们！

GANDIAO TAMEN

其九，县级以上行政区划名称或者公众知晓的地名，但该地名具有其他含义或者作为集体商标、证明商标组成部分的除外，已经注册的使用地名的商标继续有效；商标中有商品的地理标志，而该商品并非来源于该标志所标示的地区，误导公众的，不予注册并禁止使用；但是，已经善意取得注册的继续有效。

县级以上行政区划包括县级的县、自治县、县级市、市辖区；地级的市、自治州、地区、盟；省级的省、直辖市、自治区；两个特别行政区即香港、澳门；台湾地区。县级以上行政区划的地名以我国民政部编辑出版的《中华人民共和国行政区划简册》为准。本条中的县级以上行政区划地名包括全称、简称以及县级以上的省、自治区、直辖市、省会城市、计划单列市、著名的旅游城市的拼音形式。公众知晓的外国地名，是指我国公众知晓的我国以外的其他国家和地区的地名。地名包括全称、简称、外文名称和通用的中文译名。地名具有其他含义，是指地名作为词汇具有确定含义且该含义强于作为地名的含义，不会误导公众的。

第二，禁止作为商标注册但可以作为未注册商标或其他标志使用的标志。

其一，仅有本商品的通用名称、图形、型号的；仅仅直接表示商品的质量、主要原料、功能、用途、重量、数量及其他特点的；缺乏显著特征的。前述所列标志经过使用取得显著特征，并便于识别的，可以作为商标注册。

其二，以三维标志申请注册商标的，仅由商品自身的性质产生的形状、为获得技术效果而需有的商品形状或者使商品具有实质性价值的形状，不得注册。

三、商标注册的原则和手续

（一）商标注册的原则

1. 申请在先原则。申请在先原则又称注册在先原则，指两个或两个以上的申请人，在相同或类似的商品上以相同或者近似的商标申请注册时，申请在先的商标，其申请人可获得商标专用权，在后的商标注册申请予以驳回。从制度构成上讲，申请在先原则是商标注册原则的延伸。申请在先原则意味着，任何经营者如果只是一味使用商标，而未将该商标进行注册，仍然不能获得受法律保护的独占权。申请在先原则鼓励、支持企业及时进行商标注册，引导企业重视和爱护自己的无形资产。

我国《商标法》第29条规定："两个或者两个以上的商标注册申请人，在同一种商品或者类似商品上，以相同或者近似的商标申请注册的，初步审定并公告申请在先的商标；同一天申请的，初步审定并公告使用在先的商标，驳回其他人的申请，不予公告。"这一规定明确了我国实行的是以申请在先原则为主，以使用在先为补充的审核制度。申请日不同的，申请在后的商标不论其实际使用与否，优先审查，优先注册，申请在后的商标则无条件地应予驳回。申请日为同一天的，采用使用在先的办法，优先考虑首先使用该商标人的申请。申请人应当提供最早使用该商标的日期的证据。同日使用或者均未使用的，申请人可以自行协商解决。协商不成的，申请人以抽签方式确定一个申请人或者由商标局裁定确定一个申请人。

实行申请在先原则可能会诱发抢注商标和商标掮客。利用申请在先原则抢注他人驰名商标或者损害他人在先合法权利的现象日益增多，相关的纠纷案件频繁发生。原《商标法》并未对商标抢注问题作出明确的规定。2001年修改后的《商标法》对商标抢注作出明确规定。该法增设的第31条规定："申请商标注册不得损害他人现有的在先权利，也不得以不正当手段抢先注册他人已经使用并有一定影响的商标。"该规定表明：在坚持注册原则、申请在先原则的基础上，强调商标申请在先须符合诚实信用原则。

2. 自愿注册原则。自愿注册，是指商标使用人是否申请商标注册取决于自己的意愿。自愿注册原则是一种国际惯例，符合知识产权的私权性质。商标使用人是否要取得或者放弃商标权利，都是在行使自己的民事权利，不受他人非法干涉。依自愿注册原则，商标无论注册与否均可使用，但注册商标和未注册商标在法律上地位不同。注册商标享有专用权，未注册商标不具有受法律保护的专用权。即使如此，商标使用人依自愿注册原则仍可以根据自身需要决定是否申请注册，确定商标战略，如一些地产地销、试产试销的产品、短期经营的产品使用商标多不申请注册。而对那些长期生产经销、质量稳定可靠、市场前景看好的商品使用的商标应及时进行注册。

实行自愿注册原则的同时，我国商标法对极少数商品仍保留了强制注册办法。《商标法》第6条规定，国家规定必须使用注册商标的商品，必须申请商标注册，未经核准注册的，不得在市场销售。这是一项强制性规定，商标使用人应当自觉遵守，否则将受到法律的制裁。目前我国必须使用注册商标的商品只有烟草制品，包括卷烟、雪茄烟和有包装的烟丝。强制注册的立法目的主要是便于对这类与人的健康密切相关的商品的质量进行管理和控制。

3. 优先权原则。优先权是《巴黎公约》赋予其成员国国民申请工业产权时在申请日期上的优先利益。根据《巴黎公约》第4、11条的规定，商标注册申请的优先权，时间为6个月；对在国际展览会上首次展出的商品的临时保护，可以给予优先权，时间也是6个月。我国修改以前的《商标法》没有关于优先权的规定。原《商标法实施细则》对优先权作了规定。实务中，商标主管部门承认和保护外国申请人的优先权，但是没有涉及展览会临时保护的优先权形式。为了进一步完善优先权的规定，修订后的《商标法》增加了两条有关优先权的规定。据此，商标注册优先权的发生事由包括"首次申请"和"首次使用"。

（1）首次申请而产生的优先权。商标注册申请人自其商标在外国第一次提出商标注册申请之日起6个月内，又在中国就相同商品以同一商标提出商标注册申请的，依照该外国同中国签订的协议或者共同参加的国际条约，或者按照相互承认优先权的原则，可以享有优先权。

（2）首次使用而产生的优先权。商标在中国政府主办的或者承认的国际展览会展出的商品上首次使用的，自该商品展出之日起6个月内，该商标的注册申请人可以享有优先权。

优先权并不自动产生，申请人要求优先权的，应当在提出商标注册申请的时候提出书面声明，并且在3个月内提交第一次提出的商标注册申请文件的副本或者展出其商品的展览会名称、在展出商品上使用该商标的证据、展出日期等证明文件；未提出优先权声明或者逾期未提交证明文件的，视为未要求优先权。

（二）商标注册的手续

我国《商标法》对申请商标注册的手续及要求作了明确的规定。

1. 申请商标注册的要求。申请注册的商标，要符合下列规定，才能取得注册：

（1）按照商品分类表填报，实行"一件商标一份申请"。申请商标注册，应当按规定的商品分类表填报使用商标的商品类别和商品名称。换言之，申请人在填写申请书时，应当指定在哪一类别的哪些商品上和服务项目上使用该注册商标。填报的依据是商品分类表。

所谓商品分类表，是指划分商品和服务类别的文件，根据商品的性质、用途、原料以及不同的服务将其分为若干类，每类又分若干种。按照这种归类方式划分的商标注册使用表，称为商标分类表。它是商标管理中的重要法律文件，是划分商品和服务类别，确定商品名称的主要依据。世界上许多国家采用的商品分类表不尽相同，有的采用本国制定的分类表，有的采用国际商品分类表。

为方便我国企业到国外申请商标注册，从 1988 年 11 月起，我国开始采用《商品注册用商品和服务国际分类表》。该分类表是 1975 年 6 月 15 日在法国尼斯签订的，故又称《尼斯协定》，它把商品分为 34 类，服务项目分为 8 类，共 42 类。我国于 1994 年 8 月 9 日加入了尼斯联盟。实践证明这种分类方法是成功的，它不仅极大地方便了商标申请人，而且规范了商标主管机关的管理，密切了国际间商标事务的联系。自 2002 年 1 月 1 日起，我国开始采用尼斯分类第 8 版，其中商品为 34 个类，服务为 11 个类。

（2）同一申请人在不同类别的商品上使用同一商标的，应当按商品分类表提出注册申请。申请人在填报一份申请书时，只能申请注册一件商标，即所谓"一件商标一份申请"。1993 年修改后的商标法，取消了分类申请的限制，即一份申请只能就一件商标提出注册申请，但允许申请注册的同一商标用于不同类别的商品上。

（3）注册商标需要在同一类的其他商品上使用的，应当另行提出注册申请。因为注册商标的专用权，仅限于在经商标局核准的商品上使用，商标权人要扩大使用范围，如扩大到同类的其他商品或服务上，就应当重新提出注册申请，才能得到商标的专用权。

（4）注册商标需要改变其标志的，应当重新提出注册申请。商标一旦被注册，非经申请，在使用时，不允许变更其构成要素，否则，不仅有可能丧失其商标权，而且有可能侵犯他人的商标专用权。

（5）注册商标需要变更注册人的名义、地址或者其他注册事项的，应当提出变更申请。商标注册人名义的变更，会影响到商标专用权的归属，如果不办理变更手续，则商标权还归原来的商标所有人；如果地址变更了不及时办理变更手续，商标管理机关就会失去和商标权人的联系。

（6）商标申报的事项和提供的材料应当真实、准确和完整。申请人应当如实填报各种事项，对提供的材料应当准确和完整，不得弄虚作假。对药品商标的申请注册，应当附送卫生行政部门发给的《药品生产企业许可证》或《药品经营企业许可证》。申请卷烟、雪茄烟和有包装的烟丝的商标注册，应当附送国家烟草主管机关批准生产的证明文件。

2. 申请商标注册应提交的文件及费用。按照《商标法实施条例》第13条的规定，申请商标注册，应当向国家工商局商标局交送商标注册申请书、商标图样、黑白墨稿、附送有关证明文件并交纳费用。

（1）商标注册申请书。在一份申请书中只能填写一件商标，商标名称要与商标图样一致。一份申请书上可以包括若干个类别。对难于确定类别的商品和服务，应附加说明。商品的名称应当按照《商品分类表》中的商品名称来填写。如果是新商品，应当附加说明。申请人的名称，应当与营业执照上的名称一致。填写的地址，应当是申请人的实际的详细地址。委托商标代理机构办理的，应当提交1份《商标代理委托书》。

（2）商标图样。申请人应提交商标图样5份，图样的长和宽不大于10厘米，不小于5厘米。商标图样应当清晰、便于粘贴，用光洁耐用的纸张印制或者用照片代替。指定保护颜色的商标，应当交送着色图样5份，并附送黑白墨稿1份。以三维标志申请注册商标的，应当在申请书中予以声明，并提交能够确定三维形状的图样。以颜色组合申请注册商标的，应当在申请书中予以声明，并提交文字说明。商标为外文或者包含外文的，应当说明含义。

（3）证明文件。申请注册商标，应当提交必要的证明文件。如烟草制品上注册商标应附送相关部门批准的证明文件。经有关主管部门检查许可才能生产的商品（如低压电器、机床电器等），如申请注册商标的，必须提交主管部门颁发的生产许可证。国内的报刊、杂志申请商标注册的，应当提交新闻出版部门发给的全国统一刊号（CN）的报刊登记证。申请办理证明商标和集体商标的，还应提交证明商标和集体商标的申请人主体资格证明和商标使用管理规则。申请的商标为人物肖像的，应当提供人物肖像人的授权并经公证机关公证。外国人或者外国企业申请商标注册的，还应交送代理委托书。此外，按工作需要或对等原则要求，有时还应提交国籍证明、本国注册证明、互惠协议证明、商品单等。

（4）缴纳费用。按照国家工商行政管理局的规定，交纳申请费、注册费。上述各种书件和费用，应当在申请时一次齐备，否则不予受理。申请手续不完备的，予以退回，由申请人补充修改，并且不保留申请日期。

四、商标注册的审查与核准

对符合《商标法》规定的商标申请，商标局应予以受理并开始对其进行审查。世界各国对商标的审查主要采取两种方式：一种为不审查制，又称形式审查制；一种为审查制，即不仅要进行形式审查，还要进行实质审查。目前大多数国家采用审查制，我国商标法也采用审查制。

（一）商标注册的形式审查

形式审查，是指商标局根据《商标法》、《商标法实施条例》以及其他有关的规章，对商标注册申请的形式要件合法性进行审核的行为。形式要件，是指《商标法》、《商标法实施条例》以及其他有关的规章在申请主体、申请日期、商品或服务及其所在类别、规费及其缴纳方式等方面所规定的要求和条件。

1. 形式审查的内容。形式审查的主要内容为：①审查商标申请人的主体资格和商标申请的程序。商标申请人如果不具有申请商标注册的主体资格或超越了法人行为能力范围，则不能办理商标注册申请或其他商标注册事宜。如果外国商标申请人未经指定的商标代理组织代理的，或者商标代理组织未出具外国申请人所出具的委托书原件的，也一律不予受理。②审查商标的申请日期，编写申请号。③审查商标申请所申报的商标数量。根据一件商标一类商品/服务一份申请的原则，审查该申请是否符合一份申请书只在一类商品/服务项目上申报了一件商标。凡在一份申请书上申报了两件以上的商标名称或图形，均不予以受理。④审查有关商标申请书的填写是否正确和符合规定，应提交的书件、商标图样是否齐备并符合要求，代理手续是否完备，申请注册费用是否交纳等。⑤申请注册集体商标或者证明商标的，未附送主体资格证明文件或者商标使用管理规则等文件的，则由商标局予以退回，申请日期不保留。⑥申请地理标志的，如果没有指定商标种类为集体商标或者证明商标的，即使附送了资格证明和商标使用管理规则等文件，商标局仍将按照普通商标来对待。

2. 形式审查的结果。凡申请手续符合规定，提交的书件资料齐备并按照规定填写商标注册申请书的，商标局发给商标注册申请《注册申请受理通知书》，进入实质审查。如果申请手续不齐备或者未按照规定填写申请书件的，商标局不予受理，并退回有关商标申请书件，申请日期、申请号不予保留。如果重新申请，补齐所有手续后再作申报。如申请人或代理人自行更换了盖有商标局骑缝章的商标图样，该申请书失效，如需继续申请，应重新办理手续，并交纳申请费用。如果手续基本齐备或者申请书件基本符合规定，但是需进一步修改和完善的，商标局发给《注册申请补正通知书》。限定申请人在收到该通知之日起 30 天内，按通知书中指定的内容补正并连同该通知一并交回商标局。在限期内补正并交回商标局的，保留申请日期、申请号；未作补正或者超过补正期限的，商标局不予受理，有关商标申请书件予以退回申请原件，申请日期不予保留。

（二）商标注册的实质审查

商标注册申请的实质审查，是商标局根据《商标法》、《商标法实施条例》以及其他有关规章，对经过形式审查、决定受理的商标注册申请，按其申请日期的先后，对构成商标的文字、图形、字母、数字、三维标志、颜色组合或者上述要素的组合，通过检索、分析、对比和必要的调查研究，审核其实质要件的合法性，以确定是否准予初步审定并予以公告的行政行为。实质审查是决定申请商标能否获得商标专用权的关键环节。

1. 商标实质审查的法律依据。商标实质审查的法律依据主要是《商标法》第10～13条、第16、28、29条以及《商标法实施条例》第19条。实质审查主要涉及以下三个方面，即是否具有显著性、是否使用了法律禁用的文字、是否与在先权利发生冲突。

2. 商标实质审查的结果。商标注册申请的实质审查结果有三：①在全部指定商品（或服务）上使用商标的注册申请符合商标法有关规定，由商标局初步审定，并予以公告；②在全部指定商品（或服务）上使用商标的注册申请不符合商标法的有关规定或与他人的在先商标权利发生冲突，由商标局驳回申请，不予公告；③在部分指定商品或服务上使用商标的注册申请符合商标法有关规定，而在其余部分指定商品或服务上使用商标的注册申请不符合规定或与他人的在先商标权利发生冲突，则商标局对在前一部分指定商品（或服务）上使用商标的注册申请予以初步审定，并予以公告，同时对在其余部分指定商品（或服务）上使用商标的注册申请予以驳回。

（三）初步审定并公告

商标局对受理的商标注册申请，依照《商标法》及《商标法实施条例》的有关规定进行审查，对符合规定的或者在部分指定商品上使用商标的注册申请符合规定的，予以初步审定，并予以公告；对不符合规定或者在部分指定商品上使用商标的注册申请不符合规定的，予以驳回或者驳回在部分指定商品上使用商标的注册申请，书面通知申请人并说明理由。

商标局对在部分指定商品上使用商标的注册申请予以初步审定的，申请人可以在异议期满之日前，申请放弃在部分指定商品上使用商标的注册申请；申请人放弃在部分指定商品上使用商标的注册申请的，商标局应当撤回原初步审定，终止审查程序，并重新公告。

（四）异议及异议的复审

1. 申请商标的异议程序。所谓异议是指任何人对某一经过初步审定并公告的商标，在法定期限内，向商标局提出该商标不予注册的反对意见，即要求商标局在规定的3个月异议期满后不要核准该商标注册。公告期满无异议的，予以核

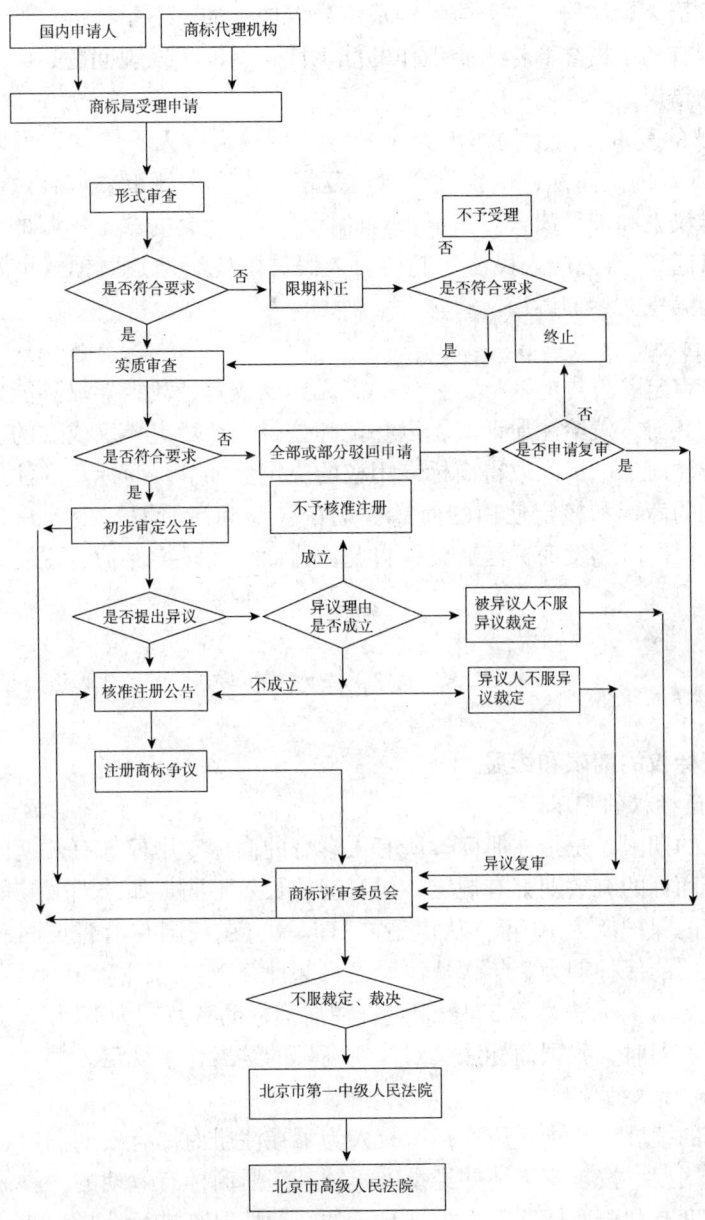

商标注册申请流程图[1]

---

[1] 参见中华商标网：http：//sbj. saic. gov. cn/sbsq/zclct. asp，访问时间：2010 年 2 月 1 日。

准注册，发给商标注册证并公告；经裁定异议成立的，不予核准注册。设定异议程序的目的有利于提高商标审查工作的准确性，有助于发现问题，纠正初步审定可能发生的错误。

2. 异议的复审。商标局作出异议的裁定后，当事人不服的，可以自收到通知之日起 15 日内向商标评审委员会申请复审，由商标评审委员会做出裁定，并书面通知异议人和被异议人。当事人对商标评审委员会的裁定不服的，可以自收到通知之日起 30 日内向人民法院起诉。人民法院应当通知商标复审程序的对方当事人作为第三人参加诉讼。

（五）商标的核准注册

对初步审定并公告的商标，公告期满无异议或者经裁定异议不能成立的，由商标局核准注册，发给注册证并予以登记和公告。经裁定异议成立的，不予核准注册。核准注册是申请人取得商标专用权的决定性环节。商标获准注册后，由商标局将核准的商标和核定使用的商品登记在《商标注册簿》上，并刊登在商标注册公告上；同时颁发商标注册证，自此注册商标受法律保护，注册人享有商标专用权。

第二节　商标权的丧失

一、商标权的期限和续展

（一）商标权的期限

商标权的期限，是指注册商标所有人享有的商标专用权的有效期间。各国商标法对注册商标的有效期都有规定，但时间的长短不同，如欧洲大陆的一些国家规定商标权的保护期为 10 年，从申请之日起算；在英国及沿袭英国制度的一些国家，商标权的保护期为 7 年，从注册之日起计算；美国则为 20 年。

我国现行《商标法》第 37 条规定，注册商标的有效期为 10 年，自核准注册之日起计算。同时，我国商标法又对注册商标的续展作了规定。

（二）商标权的续展

商标权的续展，是指注册商标所有人为了在注册商标有效期满后，继续享有注册商标专用权，按规定申请并经批准延续其注册商标有效期的一种制度。商标权的续展制度有利于商标所有人根据自己的经营情况来进行选择，或者延长注册商标有效期，或者通过不续展的方式放弃一些商标权。

我国《商标法》第 38 条规定："注册商标有效期满，需要继续使用的，应当在期满前 6 个月内申请续展注册；在此期间未能提出申请的，可以给予 6 个月的宽展期。宽展期满仍未提出申请的，注销其注册商标。每次续展注册的有效期为 10 年。续展注册经核准后，予以公告。"根据《商标法实施条例》第 27 条规定，续展注册商标有效期自该商标上一届有效期满次日起计算。上述规定表明，在注册商标有效期满前后的一段时间内，商标所有人都可以申请续展注册，续展次数不受限制。由此可见，注册商标的续展，实际上是商标权期限的延长，只要商标权人按照规定及时办理续展注册手续，商标权就可永远存在。

我国《商标法实施条例》对续展申请的条件作了规定：①续展注册申请人必须是注册商标所有人，可以是原注册商标所有人，或者是继承人或受让人；②提出的时间必须是在其注册商标有效期满前后 6 个月内；③应向商标局交送 1 份《商标续展注册申请书》、5 份商标图样，并交回原《商标注册证》；④缴纳申请费和注册费。

商标局在收到续展注册申请后，经过审查，认为符合商标法规定的，予以核准，将原《商标注册证》加注发还，并予以公告。经审查认为不符合法律规定的，商标局以《驳回通知书》的形式告知申请人，并返还续展注册费。被驳回的理由主要有以下几点：①注册商标的续展申请过了宽展期；②自行改变了注册商标的文字、图形或其组合；③自行扩大了注册商标核定使用的商品范围；④其他违反商标法规定的行为。对驳回续展注册申请不服的，可以在收到通知之日起 15 天内，向商标评审委员会申请复审。

二、注册商标的注销

（一）注册商标注销的概念

注册商标的注销是指商标局根据商标注册人本人或者他人的申请，将注册商标注销或部分注销的法律程序。注销申请的申请日期，以递交日或寄出的邮戳日为准。注销申请不需要交纳任何商标规费。

（二）注册商标注销的情形

1. 商标注册人申请注销其注册商标的。向商标局提出申请，注销注册商标可以是整体注销，也可以注销部分指定商品或服务项目。注销申请经商标局核准后，该注册商标专用权或该注册商标专用权在部分指定商品上的效力自注销申请之日起终止。

2. 商标注册人消亡，无继受主体的。注册人已死亡或终止 1 年以上的且未办理商标移转手续的，任何人可以向商标局申请将该商标注销。向商标局申请注销该商标的，应当提交该商标注册人死亡或者终止的证据。经商标局核准注销的注册商标，其专用权自该商标注册人死亡或终止之日起终止。

3. 期满不续展的。注册商标有效期满后，在法律规定的宽展期内仍未提出续展申请的，该商标予以注销。这是商标局鉴于注册商标已经失效的事实作出的注销行为，不需要任何人的申请，该注册商标专用权的效力自有效期满次日起终止。

（三）注册商标注销的程序

1. 商标注册人主动提出的注销申请的受理和审查。申请人可以直接到国家工商行政管理总局商标局办理注销申请，也可以委托商标代理组织办理注销申请。外国人或外国企业应当委托国家认可的具有商标代理资格的组织代理。

注册人申请注销其注册商标或部分指定使用商品的，应提交下列文件：注销申请书；申请人的主体资格证明文件（营业执照、身份证等）；直接办理的，应附经办人的身份证复印件；委托代理组织办理的，还应付商标代理委托书；交回原《商标注册证》，不能交回的应说明原因；共有商标的注册人申请注销时，应由代表人办理申请手续，但需要附上其他共有人同意注销的书面声明。

注销申请符合以下规定的，商标局予以核准，发给相应的通知，并予以公告：①申请书填写内容完整、符合规定；②申请人名义与商标局档案登记的注册人名义一致；③名义不一致的，应附送登记机关出具的变更证明文件；④申请注销的商标为有效注册商标；⑤申请部分注销的，其申请书填写的注销商品/服务项目与其注册时指定使用的商品/服务项目相符。经审查，注销申请不符合上述规定的，不予核准，发给退回通知书。

2. 商标注册人死亡/终止注销申请的受理和审查。商标注册人死亡/终止注销申请是指申请人根据《商标法实施条例》第 47 条的规定，以注册人已经死亡或者终止 1 年以上且未办理商标移转手续为由，申请注销该注册人的注册商标的注销申请。

根据《商标法实施条例》第 47 条的规定，办理商标注册人死亡/终止注销申请应提交以下申请文件：注册人死亡/终止注销申请书；申请人的主体资格证明文件（营业执照、身份证等）；直接办理的，应附经办人的身份证复印件；委托代理组织办理的，还应附商标代理委托书；注册人死亡/终止的证据材料。

提交了上述申请材料且申请材料符合形式要求的，商标局予以受理并发给受理通知书。提交的申请材料不全或申请材料不符合形式要求的，商标局不予受理并通知申请人。

关于证据材料的形式要求，主要是指证据材料应为原件，不能提供原件的可以提供经公证的复印件或经原件保存单位签章确认与原件相符的复印件，证据材料应具有证明力。

商标局对死亡/终止注销申请的审查重点主要是，申请人提供的证据材料能否有效证明注册人已经终止或死亡。由于商标权利主体的多样性，调整商标权利主体的权利义务关系的法律法规不尽相同，其死亡或者终止的法律定义也各不相同。

三、注册商标的撤销

（一）注册商标撤销的概念

商标局根据商标注册人违反商标管理法规的行为或商标评审委员会根据争议商标与他人注册在先的商标构成相似的事实，依法撤销该注册商标的法律制度。商标撤销包括三种情况：因注册不当商标的撤销；因注册商标争议而裁定撤销；因使用不当而被撤销。撤销商标与注销商标不同。注销商标是由于商标注册人自动放弃专用权引起的；而撤销商标或是商标局对商标注册人违反商标法规所给予的处罚，或是商标评审委员会对注册商标发生争议时所作出的终局决定。

（二）注册商标撤销的情形

根据我国《商标法》及其实施条例的相关规定，注册商标的撤销可分为依申请撤销和依职权撤销。主要情形有：

1. 因注册不当商标的撤销。已经注册的商标，如有下列情形的，由商标局撤销该注册商标，其他单位和个人可以请求商标评审委员会裁定撤销该注册商标：①采用了不得作为商标使用和注册的标志的；②以欺骗手段或者其他不正当手段取得注册的。

2. 因注册商标争议而裁定撤销。已经注册的商标，有下列情形的，自商标注册之日起 5 年内，商标所有人或者利害关系人可以请求商标评审委员会裁定撤销该注册商标。对恶意注册的，驰名商标所有人不受 5 年的时间限制：①复制、摹仿或者翻译他人未在中国注册的驰名商标，容易导致混淆的；②复制、摹仿或者翻译他人已经在中国注册的驰名商标，误导公众，致使该驰名商标注册人的利益可能受到损害的；③未经授权，代理人或者代表人以自己的名义将被代理人或者被代表人的商标进行注册，被代理人或者被代表人提出异议的；④商标中有商品的地理标志，而该商品并非来源于该标志所标示的地区，误导公众的。但是，善意取得注册的除外；⑤申请商标注册损害他人现有的在先权利，或者以不正当手段抢先注册他人已经使用并有一定影响的商标。

3. 因使用不当而被撤销。根据我国《商标法》第 44 条的规定，使用注册商标有下列行为之一的，由商标局责令限期改正或者撤销其注册商标：①自行改变注册商标的；②自行改变注册商标的注册人名义、地址或者其他注册事项的；③自行转让注册商标的；④连续 3 年停止使用注册商标的。

根据《商标法实施条例》第 39 条之规定，有《商标法》第 44 条第 1～3 项行为之一的，由工商行政管理部门责令商标注册人限期改正；拒不改正的，报请商标局撤销其注册商标。有《商标法》第 44 条第 4 项行为的，任何人可以向商标局申请撤销该注册商标，并说明有关情况。商标局应当通知商标注册人，限其自收到通知之日起 2 个月内提交该商标在撤销申请提出前使用的证据材料或者说明不使用的正当理由；期满不提供使用的证据材料或者证据材料无效并没有正当理由的，由商标局撤销其注册商标。上述证据材料，包括商标注册人使用注册商标的证据材料和商标注册人许可他人使用注册商标的证据材料。

此外，根据《商标法》第45条的规定，使用注册商标，其商品粗制滥造，以次充好，欺骗消费者的，可以视具体情况由商标局撤销其注册商标。

（三）注册商标被撤销的法律后果

商标局、商标评审委员会撤销注册商标，撤销理由仅及于部分指定商品的，撤销在该部分指定商品上使用的商标注册。注册商标被撤销的，自撤销之日起1年内，商标局对与该商标相同或者近似的商标注册申请，不予核准。注册商标被撤销的，原《商标注册证》作废；撤销该商标在部分指定商品上的注册的，由商标局在原《商标注册证》上加注发还，或者重新核发《商标注册证》，并予公告。

依照《商标法》第41条的规定撤销的注册商标，即因注册不当商标的撤销和因注册商标争议而裁定的撤销，其商标专用权视为自始即不存在。有关撤销注册商标的决定或者裁定，对在撤销前人民法院作出并已执行的商标侵权案件的判决、裁定，工商行政管理部门作出并已执行的商标侵权案件的处理决定，以及已经履行的商标转让或者使用许可合同，不具有追溯力。但因商标注册人恶意给他人造成的损失，应当给予赔偿。

对商标局撤销注册商标的决定，当事人不服的，可以自收到通知之日起15日内向商标评审委员会申请复审，由商标评审委员会做出决定，并书面通知申请人。当事人对商标评审委员会的决定不服的，可以自收到通知之日起30日内向人民法院起诉。人民法院应当通知商标裁定程序的对方当事人作为第三人参加诉讼。

引例解析

本案涉及地名作为商标注册的问题。根据我国《商标法》的规定，县级以上行政区划的地名或者公众知晓的外国地名，不得作为商标。但是，地名具有其他含义或者作为集体商标、证明商标组成部分的除外。商标评审委员会经审查认为，"红河"虽然为县级以上行政区划的地名，但按其字面含义和构词习惯已经能够使人理解为是一条河流的名称，且确为自然地理中已存在的河流名称，具有县级以上行政区划地名以外的其他含义。据此，商标评审委员会作出"对'红河'商标所提撤销理由不成立，维持该注册商标"的裁定。

思考题

（一）简答题

1. 商标权取得有哪些方式？

2. 商标注册的条件有哪些？

3. 怎样理解商标权被撤销的法律后果？

（二）案例思考题

1. 张乐平自 20 世纪 30 年代起即创作了大脑袋、圆鼻子、头上仅有三根毛的"三毛"漫画形象；自 1936 年 3 月出版其漫画集《三毛第一集》起，至 1995 年 10 月再版《三毛流浪记（全集）》止，先后出版各类"三毛"漫画集达 33 次之多；其代表作有《三毛从军记》、《三毛流浪记》、《三毛新事》等。张乐平去世后，其作品的使用权及获得报酬权在著作权保护期内由冯雏音等继承。1996 年冯雏音等人发现江苏三毛集团公司销售的产品上注册使用的商标为"三毛"漫画形象，遂向法院提起诉讼。

问题：本案中三毛集团将"三毛"漫画形象注册为商标的行为是否侵犯了冯雏音等人的著作权？

2. 山东省胶南市某矿泉水有限公司把"中国之水"四个字作为未注册商标印制并贴在装有矿泉水的大桶上，该行为被胶南市工商局发现，认为该公司使用的未注册商标"中国之水"违反了《商标法》的有关规定，责令该公司立即将"中国之水"的字样消除。然而该公司认为，"中国之水"是未注册商标，不构成侵犯他人商标专用权，工商机关无权干预，并拒绝将其消除。

问题：（1）"中国之水"未经核准注册，工商机关是否有权干预？

（2）工商机关的干预有商标法上的依据吗？

第十四章

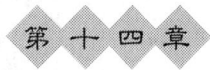

商标权的内容与限制

☞　**学习要点**

学习本章应了解商标权的特征，重点掌握商标权的具体内容和限制。

◆　**引读案例**

自 2002 年 8 月 12 日开始，我国开始在北京、天津、杭州、深圳四城市进行发放 2002 式机动车号牌试点。2002 式机动车号牌编号字符数由 5 位升至 6 位，使用阿拉伯数字和英文字母按照"3＋3"的方式编排。由于此次"个性车牌"在 3 个英文字母和 3 个数字组合上没有太多的限制，因此出现了许多个性化车牌。其中一些车牌内容有伤风化，如 SEX－001、TMD－168 等；还有一些借用了著名商标的名称，如 TCL007、IBM001、BMW002 等；许多为公众所熟知的甚至是在世界上都十分著名的标识、机构名称、国家名称的英文缩写也被注册成车牌号，如 FBI、USA、WTO 等。

问题：将他人商标用于自己的汽车牌号是否侵犯他人的商标权？为什么？

第一节　商标权的内容

商标权的内容，是指商标权人对其注册商标依法所享有的一系列权利。具体包括：商标使用权与使用许可权、商标处分权、商标标记权与续展权等。

一、商标使用权与使用许可权

商标使用权与商标许可使用权是商标权人最常使用的两项权利。

（一）商标使用权

1. 商标使用权的概念和效力范围。商标使用权，又叫商标专有使用权，是指商标权人对其注册商标享有完全独占使用的权利。商标使用权主要包括两方面的内容：①商标权人有权将其注册商标使用在核定的商品或服务项目上。根据商标法的规定，注册人使用的商标应当与核准注册的商标在文字、图形、组合或其他构成要素上相一致，不得自行改变其注册商标。而且商标权人使用注册商标的商品应当和国家商标局核定使用的商品相一致。如果不符合这两个要求会承担相关法律责任。②商标权人有权用其注册商标做广告。商标使用权是商标权人最基本的权利，它体现了商标权作为一种财产权所具有的排他性。

2. 商标禁止权的效力范围。当商标专用权受到侵犯时，商标权人有权请求工商行政管理部门处理，也可以向人民法院起诉，以制止他人使用其注册商标，商标权人的这项权利又称为商标禁止权。商标禁止权是商标使用权的对立面，是商标使用权具有排他性的体现，具体表现为禁止他人非法使用、印制注册商标等。但商标使用权和商标禁止权的效力范围不同：商标使用权的效力范围是以核准注册的商标和核定使用的商品为限；而商标禁止权的效力范围是以与核准注册的商标相同或类似的商标，和与核定使用的商品同种或类似商品为限。因此，各国商标法通常都规定，注册商标使用权的禁止权的范围要大于注册商标的使用权范围。比如，甲拥有注册商标"红叶"，其核定使用的商品为男装。那么甲行使其商标使用权的效力仅限于将"红叶"商标用于男装商品上；而甲行使其商标禁止权的效力包括禁止他人将"红叶"商标用于男装商品上，以及禁止他人将"枫叶"商标用于女装商品上。可见，商标禁止权的效力范围大于商标使用权的效力范围，这样更有利于保护商标权人的权益。这样规定的目的，有利于全方位地保护商标权人的商标使用权。

（二）商标许可使用权

1. 商标许可使用的概念和种类。商标许可使用权，是指商标权人通过签订许可使用合同，许可他人使用其注册商标的一种权利，商标权人可以因此而获得收益。双方通过合同约定，被许可人在支付商标使用费后，可以在约定的时间和范围内使用商标权人的注册商标。许可使用不同于转让，商标权人不出让注册商标的所有权，被许可人只取得了注册商标的使用权，而注册商标的所有权仍属于原商标权人。

商标许可使用权是商标权人的一项重要权利。我国《商标法》第40条规定了商标许可制度，这也是国际通用的一项法律制度。这项制度是现代商标法所规定的重要内容之一，它使商标权人能够享受到商标权所产生的财产收益，同时被许可人利用该注册商标打开自己产品的销路从而获得利益。商标权的许可使用制度符合市场经济发展的需要，为当事人创造了双赢的局面。

对于商标使用许可制度的意义，主要有：①商标使用许可权是商标专用权的一个重要内容。②商标许可使用往往同技术转让、技术引进联系在一起。对被许可人来说，通过使用享有一定信誉的商标，既可以提高企业素质，又可以借助商标信誉较快地开拓市场，扩大销路，促进生产发展，取得更好的经济效益。③商标许可使用要求被许可人必须保证与许可人商品质量一致，这就需要许可人与被许可人进行有条件的合作。通过双方合作，可以减少滞销产品的生产，提供更多的适销商品，进一步调剂市场，满足广大消费者的需要，也有利于减少浪费，提高全社会的经济效益，促进国民经济的发展。④商标许可使用可以扩大出口，促进对外贸易发展。[1]

商标权的许可使用形式主要有三种：独占使用许可、排他使用许可和普通使用许可。

（1）独占使用许可。独占使用许可，是指商标注册人在约定的期间、地域内，以约定的方式，将该注册商标仅许可一个被许可人使用，商标注册人依约定不得使用该注册商标。

独占使用许可在商标许可使用中具有最强的排他性。首先，只有被许可人有权使用被许可的注册商标，除此以外任何人包括商标权人本人都不得使用该注册商标；其次，被许可人有权禁止他人使用该注册商标，即如果他人实施了侵犯商标权的行为，被许可人可以要求停止侵权并赔偿损失，这类似于商标权人的商标禁止权。

（2）排他使用许可。排他使用许可是指商标注册人在约定的期间、地域内，以约定的方式，将该注册商标仅许可一个被许可人使用，商标注册人依约定可以使用该注册商标但不得另行许可他人使用该注册商标。

排他使用许可的排他性比独占使用许可略弱，排他使用许可中的商标权人可以与被许可人同时使用被注册商标。

（3）普通使用许可。普通使用许可是指商标注册人在约定的期间、地域内，以约定的方式，许可他人使用其注册商标，并可自行使用该注册商标和许可他人使用其注册商标。普通使用许可的排他性是上述三种许可中最弱的。

以上三种许可的情况在实践中大量存在。当事人在订立商标使用许可合同时，应当注意对许可的种类、时间、地域和方式等做出明确的约定，以避免合同履行中出现纠纷。

2. 商标许可使用合同。

（1）商标许可使用合同的内容。商标权人许可他人使用其注册商标，应当签订书面合同。商标权人与获得注册商标使用权的人签订的该合同是商标许可使用合同，商标权人为许可人，后者为被许可人。商标权使用许可合同的内容应包括：

第一，双方当事人的名称、地址和法定代表人的姓名。被许可人的主体资格要符合商标法的规定，即必须是依法成立的企业、事业单位、社会团体、个体工商户、个人合伙以及符合商标法规定的外国人或者外国企业。

---

〔1〕　参见刘剑文、张里安主编：《现代中国知识产权法》，中国政法大学出版社1993年版，第259～260页。

第二，许可使用的注册商标的名称、注册证号码、使用商品的种类和名称、使用的期限。被许可使用的商标，必须与核准注册的商标一致；被许可使用的商品，必须是核定使用的商品；许可使用商标的期限，不能超过注册商标的专用权期限。

第三，许可使用商品的质量标准。商标是企业的一项无形资产，商标的价值在于它的声誉。商标的声誉并非一朝一夕能够取得，而是商标所有人经过长期努力，投入大量资金和辛勤劳动培育而成的。法律规定商标权人的监督义务，是为了避免被许可人使用注册商标的商品质量达不到商标权人的商品质量，从而使商标丧失了表明商品质量的功能，使消费者无法通过商标对那些质量稳定、可靠的商品进行选择。

第四，许可人监督商品质量的措施。许可人应当监督被许可人使用其注册商标的商品质量。在合同中应当约定许可人监督商品质量的具体措施。

第五，被许可人保证商品质量的措施。被许可人应当保证使用该注册商标的商品质量。在合同中应当约定被许可人保证商品质量的具体措施；并在其商品或包装上标明被许可人的名称和商品产地。

第六，商品销售的价格、销售区域。

第七，商标许可使用费的计算方法和付费方式。

第八，违约责任。

第九，合同发生纠纷后的解决方法。发生纠纷后的解决方法，包括协商、调解、仲裁、诉讼等方式，双方当事人在合同中可进行选择。

第十，许可使用的商标被侵权后的处理方式。因商标使用许可的方式不同，被许可的禁止权的范围也不同。许可人应维护被许可人的使用权，当有侵权行为发生时，许可人应当及时采取有效措施予以制止；被许可人应当协助许可人进行调查等。

第十一，其他事项。

通过签订商标使用许可合同，可以明确使用双方的权利和义务：对许可人来讲，在合同的有效期内，不得放弃续展，不得申请注销其注册商标，不得向第三人转让，以保持注册商标的有效性。如果因上述行为给被许可人造成损失的，许可人应承担相应的责任。对被许可人来讲，未经许可人的书面授权，不得将商标使用权转让给第三人，同时要按照合同的约定交纳商标使用许可费。

（2）商标使用许可合同的备案。根据我国《商标法》第41条规定，商标使用许可合同应当报商标局备案。

实施备案制度的目的在于方便国家商标局对全国商标使用许可情况进行管理，规范商标使用市场，有利于及时发现问题，更好地维护双方当事人的合法权益。关于商标使用许可合同的备案情况，商标局要通过公告向社会公布，使其他企业了解该商标使用的情况，同时也便于消费者选购各类商品。

但在实际生活中，还存在着一些商标使用许可合同不备案的情形，一旦发生纠纷，对方当事人往往以许可合同未经备案主张该合同无效。根据最高人民法院的司法解释，商标使用许可合同未经备案的，不影响该许可合同的效力，但当事人另有约定的除外。商标使用许可合同未在商标局备案的，不得对抗善意第三人。所谓善意第三人，是指该商标使用许可合同当事人以外的第三人，与商标权人就涉及该商标进行交易，对该商标使用许可未备案不知情的人。比如，在先的商标使用许可合同中商标权人甲与被许可人乙约定为独占使用许可合同，但没有备案，在甲与丙后订立的商标使用许可合同的被许可人丙对前一个合同又不知情，则丙为善意第三人。乙不得因自己是独占被许可人而请求确认甲与丙的合同无效。

商标使用许可必须采用书面形式。商标使用许可合同备案的具体程序是：自使用许可合同签订之日起3个月内，将许可合同副本交送其所在地县级工商管理部门存查，由许可人报送商标局备案，并由商标局予以公告。商标局对上报合同进行审查，符合规定的，予以备案，并刊登在《商标公告》上。如果违反上述规定的，由许可人或者被许可人所在地工商行政管理机关责令限期改正；拒不改正的，处以1万元以下的罚款，直至报请商标局撤销该注册商标。

3. 当事人的主要义务。仅仅涉及商标使用权的许可，不能被视为技术转让。但不论是单独的商标使用许可合同，还是包含在技术转让合同中的商标使用许可条款，当事人的主要义务均包括以下内容：

（1）商品质量控制。许可他人使用商标即意味着把商标声誉寄附于被许可人的行为和其提供的商品之上。所以，许可人有义务监督被许可人保证其产品质量，包括在授予许可使用权之前，许可人对被许可人的法人资格、生产能力、经营管理、产品质量等进行考察、测试；也包括签订许可使用合同之后，许可人密切注意被许可人的生产销售情况，防止被许可人在产品质量、销售服务中有任何有损于商标声誉的现象发生。而被许可人则有保证商品不出现质量问题或使用商标不损害许可人利益的义务。

（2）商标权的维护。许可人有义务保证商标权的确定性，具体包括：①许可合同项下的商标权真实可靠，是经商标行政主管机关核准注册的商标，并且该商标仍处于法律保护的有效期限内；②许可人不得在同一地区内与两个以上的人签订独占许可合同；③在合同有效期间，未经被许可人同意，许可人不应将该注册商标任意转让给第三人；④许可人还应采取有效措施维系其商标权并承担所需费用，以维护被许可人的使用权。

二、商标处分权

（一）商标处分权的概念

商标处分权，是指商标权人对其注册商标在法律规定的范围内作出最终处理的权利，即决定其注册商标在事实上或法律上命运的权利。商标处分权具体主要包括注册商标的转让权、出资权和出质权等。

（二）商标权的转让

1. 商标权转让的概念。商标权的转让，是指商标权人将其注册商标的所有权转让给他人。

商标权是一种可以转让的财产权利。商标权人与他人签订合同将商标权转让后，原商标权人的商标权随之消失，而受让人继受取得商标权从而成为新的商标权人。转让商标权是原商标权人对其注册商标行使处分权的方式之一。商标的转让可以是有偿的，也可以是无偿的。

商标转让是发展市场经济的客观需要，在改革开放过程中发挥着积极作用：①商标转让有利于企业兼并和联营；②商标转让可以更好地发挥商标作用，符合双方当事人的利益；③商标转让可以促进对外贸易事业的发展。[1]

2. 商标权转让的原则。各国商标法都规定了商标权的转让，但商标权转让的原则不尽相同。归纳起来，有两种方式：连同转让原则和自由转让原则。

（1）连同转让原则。连同转让原则，是指商标注册人在转让注册商标时必须连同使用该注册商标的企业或企业经营的业务一并转让，而不能只转让注册商标。

采用这种原则的国家只有少数。实行连同转让原则的国家认为，商标的本质功能是区别商品的来源，是一种识别标记。因此，商标与使用该商标的企业或企业的信誉密切相连，当注册商标与其所属的企业分离时，会引起消费者的误认，导致该商标的商品质量下降。

（2）自由转让原则。自由转让原则，是指注册商标人既可以把注册商标连同企业一起转让，也可以将注册商标与企业分离，单独转让其注册商标。

目前大多数国家的商标法采用自由转让原则。他们认为，商标权作为一种无形财产权，可以脱离企业经营而单独转让给其他企业。许多国家的商标法同时规定，在商标权人将注册商标与其企业分开转让时，受让人应当保证使用该注册商标的商品质量。我国《商标法》也采用自由转让原则，第 39 条规定："转让注册商标的，转让人和受让人应当签订转让协议，并共同向商标局提出申请。受让

---

〔1〕　参见刘剑文、张里安主编：《现代中国知识产权法》，中国政法大学出版社 1993 年版，第 253～254 页。

人应当保证使用该注册商标的商品质量。"

3. 商标权转让的程序。各国商标法都规定，注册商标的转让，必须依照法律规定的程序进行，其转让行为才能产生法律效力。根据我国《商标法》及其《实施条例》的有关规定，商标权的转让程序主要有：

(1) 签订注册商标转让协议。转让注册商标，应由商标权人和受让人就转让事项达成协议，签订注册商标转让协议；同时，双方应当共同向商标局交送《转让注册商标申请书》一份，附送原《注册商标证》，并交纳申请费和注册费。如果转让使用于烟草制品等国家规定必须使用注册商标的商品上的商标，受让人还应当提供烟草主管部门颁发的相关证明文件；受让人还必须具备商标法规定的主体资格。实践中，具体的申请手续由受让人办理。

(2) 商标局对转让注册商标的申请进行审查。商标局审查的内容有：申请手续是否完备；转让的商标与使用的商品是否和原核准注册的商标以及核定的商品一致；双方使用的商品质量是否一致；是否交纳了相关费用等。通过审查后，商标局认为符合商标法规定的，予以核准，发给受让人相应证明，并予以公告，受让人自公告之日起享有商标专用权；对不符合规定的，予以驳回。

(3) 申请人对商标局驳回其注册商标转让申请的复审。申请人对商标局驳回其注册商标转让申请不服的，可在收到驳回通知之日起15天内，提交《驳回转让复审申请书》一份，向商标评审委员会申请复审，同时附送原《转让注册商标申请书》，由商标评审委员会作出裁定。

4. 商标权转让的限制规定。注册商标所有人虽然可以按照自由原则进行转让，行使其处分权，但由于商标权的转让涉及多方利益主体，因此商标法对商标权的转让也做了限制规定，主要表现在以下几个方面：

(1) 在同一种或类似的商品上注册的相同或近似的商标应当一并转让，不得分开转让。实践中，如果对同一种或类似商品上注册的相同或近似的商标分开转让，就会形成两个以上的主体在相同或类似的商品上使用同一商标的情况，从而误导消费者，造成市场上商品来源的混淆。

(2) 已经许可他人使用的注册商标不得随意转让。转让已许可他人使用的注册商标的行为，会影响甚至损害到被许可人的利益。在商标所有人行使转让权时，必须征得被许可人同意，如果被许可人不同意，可以协商先行解除使用许可合同，再办理注册转让申请手续。受让人在取得被转让的注册商标后，也可以与原被许可人签订注册商标的使用许可合同。总之，商标权人转让已经注册许可他人使用的注册商标时，不得损害被许可人的合法利益。

(3) 受让人必须保证使用该注册商标的商品或者服务的质量。由于注册商标具有标志商品或服务的功能，对消费者的消费行为具有重要的指导作用，因此，注册商标的受让人应当和转让人一样，重视并保证使用该注册商标的商品或者服务的质量，这也是我国商标法规定的受让人应承担的义务之一。

（4）商标权转让前商标使用许可合同的效力问题。在实践中，商标权经转让后，一些新的商标权人不承认原商标注册人曾与他人订立的商标使用许可合同，向人民法院主张原来的商标使用许可合同无效。这样做的结果，显然会损害到被许可人的利益。最高人民法院的有关司法解释规定：注册商标的转让不影响转让前已经生效的商标使用许可合同的效力，但商标使用许可合同另有约定的除外。这样规定，一方面，肯定了原商标使用许可合同的效力；另一方面，也体现了当事人约定优先的原则。如原来的商标使用许可合同约定，因商标转让终结商标使用合同的，应当按照约定办理。

（三）商标权的出资

我国《公司法》第 27 条规定："股东可以用货币出资，也可以用实物、知识产权、土地使用权等可以用货币估价并可以依法转让的非货币财产作价出资；但是，法律、行政法规规定不得作为出资的财产除外。对作为出资的非货币财产应当评估作价，核实财产，不得高估或者低估作价。法律、行政法规对评估作价有规定的，从其规定。全体股东的货币出资金额不得低于有限责任公司注册资本的 30% 。"

将注册商标作价向其他企业出资，是在商标有一定知名度后继续扩大影响、提高覆盖面的较好办法。从国外来看，世界名牌企业向海外扩张，大体经历了产品输出、资本输出和品牌输出三个阶段。进行品牌输出，不必花费投资，便可以获得巨额利润，同时又将其品牌即商标侵入他国消费者心中。例如，美国的宝洁公司进入中国后，采取合作手段，同中方举办合资企业，先将中国的具有知名度的商标作价入股，然后搁置不用，最终推出自己的名牌商标，这样做的结果是宝洁几乎垄断了中国的名牌洗衣粉市场。我国企业在和外商合资时，应当注意保护我国自己的驰名商标。

（四）商标权的质押

我国《物权法》第 223 条第 5 项规定，可以转让的注册商标专用权可以用于质押。商标权是一种无形的财产权，具有经济价值，尤其是一些企业的驰名商标的价值远远超过其有形资产的价值。允许商标权人将其注册商标进行质押能够更大地体现商标权的经济价值。商标专用权质押之后，商标专用权人，即出质人，仍然可以继续实施其权利，既可以自己在核定使用的商品上使用其注册商标，也可以禁止他人未经其许可的使用，只是不经质权人同意，不得转让或许可他人使用；出质人经质权人同意转让或者许可他人使用的，出质人所得转让费、许可费应当向质权人提前清偿所担保的债权，或者向与质权人约定的第三人提存。

将注册商标质押也是商标权利用的一种方式。注册人通过将其注册商标质押，可以向金融机构申请贷款，盘活资金，加大对商品生产的投入，提高产品质量，改善经营管理，加大对产品和商标的广告宣传力度，以提升其注册商标的知名度，更好地为企业创造经济效益和社会效益。

1. 商标权质押合同的内容。出质人与质权人应当订立商标专用权质押书面合同，向国家工商行政管理总局商标局申请登记。商标专用权质押登记的申请人应当是商标专用权质押合同的出质人与质权人。商标专用权质押合同应当包括以下主要内容：①出质人与质权人的名称（姓名）、地址；②被担保的债权种类、数额；③债务人履行债务的期限；④出质注册商标的清单；⑤担保的范围；⑥当事人约定的其他事项。

商标专用权质押合同自登记之日起生效。

2. 申请商标权质押登记应当提交的文件。申请商标专用权质押登记时，应当提交下列文件：①规定填写的《商标专用权质押登记申请书》；②出质人及质权人企业营业执照复印件（须经发证机关确认盖章）；③质押合同副本（外文本应当附中文译本 1 份，以中文译本为准）；④质押商标《商标注册证》复印件；⑤委托代理人办理登记的，应当提交被代理人的委托书；⑥其他应当提交的材料。

上述证明文件如有不实，由申请人承担法律责任。申请人提交的文件不齐备的，登记机关应当要求申请人补正，不补正或补正不符合要求的，不予受理。对符合申请要求的，登记机关予以受理，受理日期即为申请日期。

3. 商标权质押的申请。商标局制订了《国家工商行政管理总局注册商标专用权质权登记程序规定》，对商标权质押的有关问题作了明确规定。出质人和质权人应当订立书面合同并向国家工商行政管理总局商标局申请质押登记，并应提交相应的文件。登记机关应于受理登记申请之日起 5 个工作日内，作出是否予以登记的决定。符合登记条件的，由商标局颁发《商标专用权质押登记证》；对出质人不是商标专用权人等不符合法律规定的，不予登记。

4. 商标权质押的登记和撤销。登记机关应当于受理登记申请之日起 5 个工作日内，作出是否予以登记的决定。符合上述登记条件的，国家工商行政管理总局商标局予以登记，发给《商标专用权质押登记证》。

依《国家工商行政管理总局注册商标专用权质权登记程序规定》第 8 条规定，有下列情形之一的，登记机关不予登记：①出质人不能证实其为注册商标权利人的；②合同的签订违反法律法规强制性规定的；③商标专用权已经被撤销、被注销或者有效期满未续展的；④商标专用权已被人民法院查封、冻结的；⑤其他不符合法律法规规定的。依《国家工商行政管理总局注册商标专用权质权登记程序规定》第 9 条规定，有下列情形之一的，登记机关应当撤销登记：①登记后发现有属于本办法第 8 条规定情形之一的；②质权合同无效或者被撤销的；③出质的注册商标因法定程序丧失专用权的；④提交虚假证明文件或者以其他欺骗手段取得商标专用权质权登记的。

从中国目前的金融市场看，尽管我国法律规定商标专用权中的财产权可用作贷款的质押权，但由于缺乏具体的操作办法和受无形财产权不保险的落后观念影响，致使这一有效质押形式在中国举步维艰。可喜的是，一些金融机构已开始转变观念，借助法律优势，积极扩大质押范围和形式。

三、商标标记权与续展权

（一）商标标记权

使用注册商标，可以在商品、商品包装、说明书或者其他附着物上标明"注册商标"字样或注册标记。

（二）商标续展权

商标的续展权，是指商标权人在注册商标有效期届满前，向商标注册机关申请并经批准，延续其注册商标期限的一种权利。根据我国《商标法》规定，注册商标的有效期为 10 年，商标权人需要继续使用其注册商标的，应当在期满前 6 个月内申请续展注册，续展注册经核准后予以公告，每次续展注册的商标有效期仍为 10 年；如果在注册商标期满前 6 个月内商标权人没有提出申请，还可以给予其 6 个月的宽展期，但宽展期仍未提出申请的，注销其注册商标。

根据《商标法实施条例》第 27 条规定，续展注册商标有效期自该商标上一届有效期满次日起计算。上述规定表明，在注册商标有效期满前后的一段时间里，商标所有人都可以申请续展注册，续展的次数不受限制。由此可以看出，注册商标的续展，实际上是商标权期限的延长，只要商标权人按照规定及时办理续展注册手续，商标权就可永远存在，换言之，商标权就成为一种相对的永久权。

关于续展申请的条件，我国《商标法》及《商标法实施条例》作了以下规定：①续展注册申请人必须是注册商标所有人，可以是原注册商标所有权人，或者是继承人或受让人；②提出的时间必须是在其注册商标有效期满前 6 个月内；③应向商标局交送商标续展注册申请书。

商标局在收到续展注册申请后，经过审查，认为符合商标法规定的，予以核准，发给相应证明，并予以公告。

第二节 商标权的限制

任何权利都是有限制的，即使像商标权这样一种具有排他性、垄断性的知识产权也不例外。

一、商标的合理使用

商标的合理使用是指不经商标权人同意而善意无偿使用他人注册商标的合法行为。商标的合理使用主要包括叙述性使用和指示性使用两类。

（一）叙述性合理使用

在我国，关于商标的叙述性使用长期以来为人们所忽视，相关制度更是欠缺，在实践中造成了极为不利的影响。只有在我国的《商标法实施条例》中可以见到它的踪迹。《商标法实施条例》第49条规定："注册商标中含有的本商品的通用名称、图形、型号，或者直接表示商品的质量、主要原料、功能、用途、重量、数量及其他特点，或者含有地名，注册商标专用权人无权禁止他人正当使用。"这是商标合理使用的典型体现，是我国商标制度进一步完善的例证。

商标叙述性合理使用的限制在许多国家的商标法中其实均有规定，例如《法国知识产权法典》第L713－6条，《德国商标法》第23条，《意大利商标法》第1条之2，《日本商标法》第26条等，《TRIPS协定》第17条也有类似规定。商标叙述性合理使用一般应具备以下构成要件。

（1）构成该商标的词汇为普通词汇，即该词汇除作为商标使用外还具有其他意义。尤其是由显著性较弱的描述性词汇构成的商标，由于构成这类商标的描述性词汇还有可能被他人用来表示商品或服务的名称、种类、质量、原料、数量、功能、用途、产地、形状、工艺、使用方法等特点，因而这类商标受合理使用限制的可能性更大。比如，"两面针"既是牙膏的商标，又是许多牙膏生产商在生产牙膏时使用的原料，因此其他牙膏生产商可以对"两面针"这一词汇进行合理使用。

（2）对商标的叙述性合理使用应当是以正常的方式表明自己的姓名、名称或地址，或者以正常的方式表示自己的商品或服务的名称、种类、质量、原料、数量、功能、用途、产地、形状、工艺、使用方法等特点，因而这类商标适用合理使用限制的可能性更大。

（3）对商标标识的使用应当符合诚实信用的原则，而并非出于不正当竞争的目的。

各地人民法院近年来处理了不少涉及商标叙述性合理使用的纠纷。在有些案件中法院肯定了在一定条件下对注册商标的使用不构成侵权。例如，在重庆白市驿板鸭厂诉重庆凌峰食品公司商标侵权一案中，"白市驿"为重庆市一生产板鸭的地名，而重庆白市驿板鸭厂注册了"白市驿"为注册商标，被告在其生产的板鸭包装上使用了"白市驿风味"，被诉侵犯了原告的商标权。一审法院认定侵权成立，二审法院认为"白市驿"为商品产地名称，被告以正常方式表示商品产地，并且不会造成消费者混淆，不构成商标侵权行为。

（二）指示性合理使用

对商标的合理使用还包括处于指示性目的对商标的使用。欧盟关于商标保护的一号指令就规定，为表明商品或服务的用途，尤其是作为零配件所必须时，可以使用该商标，只要使用符合诚实的工商惯例。国家工商局先后于 1995 年和 1996 年两次发布通知，在通知中，国家工商局指出，"①未经商标注册人允许，他人不得将其注册商标作为专卖店、专营店、专修店的企业名称或营业招牌使用。②商品销售网点和提供某种服务的站点，在需说明本店经营商品及提供服务的业务范围时，可使用'本店修理某某产品'、'本店销售某某零件'等叙述性文字，且其字体应一致，不得突出其中商标部分"。比如，甲经营一家主要维修"宝马"汽车的汽车修理厂，虽然甲不是宝马的特约经销商，但甲可以在经营中使用"宝马修理维护"的广告。也就是说，经营者在销售商品或提供服务时有权为了表明商品的来源而使用他人的商标。零配件的经营者也有权为了表明其零配件所匹配的产品而使用该产品的商标。这些出于指示性目的对他人商标的使用，只要符合诚实的商业惯例，就属于商标合理使用的范畴。

二、商标先用权

商标先用权，是指那些在他人获得商标注册之前已经开始使用的商标的所有人，在他人获得商标注册之后还享有在原有范围内继续使用该商标的权利。作为商标法先申请原则的补充，商标先用权主要目的是保护那些虽未注册但已经在市场上建立了一定声誉的商标使用人的利益。

商标先用权制度主要存在于那些只承认商标权注册产生的国家和地区，如法国、日本和我国台湾地区。在这些国家或地区，由于商标的使用并不能导致商标专有权的产生，所以，如果没有商标先用权制度，商标使用人使用多年的商标一旦被他人注册成功，其多年经营的成果就有毁于一旦的危险。比如，甲多年经营 A 商标并已深入人心但没有注册 A 商标，而乙后来将 A 商标注册为己有，由甲仅使用而不注册的商标则不受到商标法的保护，因此，乙可能将甲之前经营积攒的人脉声誉等全部据为己有。为了平衡注册商标权人与商标在先使用人之间的利益，有的国家或地区的商标法中就规定了商标先用权制度。而在那些既承认商标权使用产生，又同时承认商标权注册产生的国家，则一般没有商标先用权制度。

商标先用权的产生和行使一般应具备以下构成要件：

（1）商标在先使用人应在他人商标注册申请以前已经在该商标注册申请有关的指定商品或类似商品上使用该商标或类似商标，或将该商标作为商号加以使用。有的国家还规定，在他人商标注册时在先使用人对该商标的使用应达到一定年限，如5年。

（2）在该商标注册申请前，商标在先使用人已为该商标建立起了一定的市场声誉，也就是具有一定的知名度，不一定非要达到在相关领域驰名的程度。

（3）商标在先使用人的继续使用不得出于不正当竞争的目的。比如，甲是在先使用人，一直将A商标使用在生产自行车的领域，但A商标一直没什么名气，消费者对A商标也没什么好的口碑。乙后来将A商标注册为某相机的商标，并用心经营，A商标作为相机商标广为人知并具有一定的市场声誉。这时甲基于商标先用权可以继续使用A商标在自行车领域，但甲在使用时应当附加适当标识以防止与乙的相机生产业务相混淆。甲更不能故意将自己一直使用的A商标用于生产相机。

比较典型的商标权侵权纠纷就是将他人已经使用但未注册的商标注册后反而起诉正当使用人侵权，由于我国法律没有赋予在先使用人先用权方面的抗辩权利，法院往往判决在先使用人败诉，造成了一种合法不合理的无奈局面。如果能恰当地运用商标先用权的理论，既能保护注册商标权人的权利，又能维护在先登记使用商标的当事人应当享有的权益。我国现行商标法中没有先用权制度的规定。

三、商标权用尽

商标权用尽，是指商标权人本人或经其同意将但有注册商标的商品首先投入市场以后，无论何人使用或转售带有该商标的商品都不侵犯商标权。商标权用尽制度的主要作用在于平衡商标权人与商品所有权人之间的利益，即商标权人一旦将带有商标的商品投入市场后就无权干预商品所有权人对商品的处分。因此，商标权用尽制度实际上是商品所有权人的权利对商标权的一种限制。

目前关于商标权用尽问题的争议主要集中在权利用尽适用范围方面。一般对权利用尽在一国范围内适用并无争议，但对于商标权利用尽能否在国际范围内适用，即平行进口是否应当允许则存在两种截然相反的意见。赞成者认为商标权仅赋予了权利人对商标权人首次投入市场行为的控制权，一旦商标已合法投入市场权利人就无权再加以干涉，因此平行进口应当允许；而反对者则认为，由于商标权具有地域性，因此权利用尽也只意味着在一国国内的权利用尽，并不能导致在另一国的商标权当然用尽。正是由于这种不同意见的存在，《TRIPS协定》也不得不回避了这一难题。商标平行进口过去在我国基本上没有发生过，但由于我国的经济发展使我国相对于某些东南亚国家由商品低价国变为高价国。如何处理平行进口将成为我国法院面临的一个课题。

四、商标权滥用之禁止

现实中有时会出现商标权人为了不正当竞争的目的行使商标权的情形，在此情形下当然应适用禁止权利滥用的原则来限制其商标权的行使。构成商标权滥用一般应具备以下构成要件：

（1）有商标权存在，即权利人通过注册申请获得商标专有权，即使权利人的权利是由于商标审查人员的疏忽或通过不正当手段获得的，在其被确认为无效之前也应认为商标权存在，并且商标权人的行为在表面上属于行使商标权利的行为。

（2）该行使权利的行为损害他人利益。例如，将他人未注册的知名商标注册后反过来禁止他人使用；或者将他人已驰名的商标另类注册后反过来向他人出售等。这些行为貌似行使商标权，实则损害了他人的合法利益，应属于滥用权利的行为。

（3）有损害他人利益或不正当竞争之故意。例如，主观不知他人未注册驰名商标的存在而申请注册，则其后行使权利的行为不应视为权利滥用。

我国商标法虽然一直未规定商标权限制的内容，但我国的商标实践中已经出现了不少这方面的案件。

引例解析

将他人注册商标作为自己车牌号使用，是否侵犯商标权。对此不能一概而论，对于普通商标来说，不侵犯商标权。因为普通商标的主要功能是识别商品，法律对普通商标的保护，是保证这一功能的实现，防止消费者产生混淆。所以，只要不在相同或类似商品上使用相同或近似商标，就不构成侵权。而对于驰名商标来说，则可能被认定侵权。因为驰名商标除了具有识别功能外，还在消费者中享有崇高声誉。法律对驰名商标的保护，既要保护识别功能的实现，还要保护其崇高的声誉。将驰名商标作为车牌号使用，会损害驰名商标的声誉，造成驰名商标的淡化，最终造成驰名商标显著性的退化和丧失。

思考题

（一）选择题

1. 甲厂经乙厂许可，在某省独占使用乙厂的注册商标。后发现当地的丙厂也使用了该商标。经查，丙厂是经过外省对同一商标享有独占使用权的丁厂的违法许可而使用该商标的。甲厂的下列请求哪一个不能成立？

A. 请求乙厂承担违约责任

B. 请求丁厂承担侵权责任

C. 请求丙厂承担侵权责任

D. 请求丙丁厂连带承担侵权责任

2. 甲公司为其牛奶产品注册了"润语"商标后,通过签订排他许可合同许可乙公司使用。丙公司在其酸奶产品上使用"润雨"商标,甲公司遂起诉丙公司停止侵害并赔偿损失,法院判决支持了甲公司的请求。在该判决执行完毕后,"润语"注册商标因侵犯丁公司的著作权被依法撤销。下列哪些选项是错误的?

A. 甲公司和乙公司可以作为共同原告起诉丙公司

B. 甲公司与乙公司的许可合同应当认定为无效合同,乙公司应当申请返还许可费

C. 甲公司获得的侵权赔偿费构成不当得利,应当返还给丙公司

D. 甲公司获得的侵权赔偿费应当转付给丁公司

3. 甲公司于 2000 年 2 月开始使用"乐翻天"作为其儿童玩具的名称,其注册商标为"熊猫"。在玩具包装盒广告宣传中,均突出宣传"乐翻天",致使消费者熟知"乐翻天"而不熟悉其注册商标。2004 年 3 月,当地的乙公司对本公司的儿童玩具申请注册为"乐翻天",3 年后取得了商标注册证。下列哪些选项是正确的?

A. 乙公司的行为属于合法竞争

B. 甲公司可向商标评审委员会申请撤销乙公司的注册商标

C. 乙公司没有侵犯甲公司的商标专用权

D. 乙公司对"乐翻天"享有先用权

4. A 市甲厂是某种饮料的商标注册人,在与 B 市乙厂签订的该商标使用许可合同中,特别约定乙厂使用甲厂商标的饮料全部使用甲厂的包装瓶,该包装瓶仅标注甲厂的名称和产地。该合同未报商标局备案即付诸履行。下列哪些说法是正确的?

A. 该商标使用许可合同无效

B. 该特别约定无效

C. 乙厂使用甲厂的包装瓶侵犯了甲厂的企业名称权

D. 乙厂使用甲厂的包装瓶侵犯了消费者的知情权

5. 1992 年 2 月 19 日,甲企业就其生产的家用电器注册了"康威"商标。后来乙企业使用该商标生产冰箱,并在 2002 年 4 月开始销售"康威"牌冰箱。下面哪些说法是正确的?

A. 甲对其商标的续展申请应当在商标有效期届满后的 6 个月内提出

B. 乙企业对"康威"的使用为非法使用

C. 乙企业可以在 2002 年 8 月 19 日后在家用电器上申请获得注册"康威"商标

D. 甲企业在商标续展期内仍享有商标专用权

（二）简答题

1. 商标权包括哪些具体内容？

2. 怎样理解商标的合理使用？

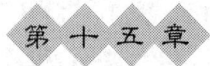

商标权的保护

☞　**学习要点**

　　学习本章应了解商标权的保护范围、驰名商标的认定与保护、集体商标与证明商标的认定与保护，重点掌握商标侵权行为的主要表现形式、商标侵权行为的法律责任。

◆　**引读案例**

　　生产"梦特娇"服饰的法国博内特里塞文奥勒有限公司在国家工商总局商标局注册了"MONTAGUT"、"梦特娇"文字商标和花图形商标。标有上述商标的商品在中国大陆各地销售，享有较高的商誉。

　　2005 年 11 月，博内特里塞文奥勒有限公司发现上海梦娇公司未经许可，在其网址为 www.mtg1890.com 的网站上及宣传手册、加盟店牌匾上使用原告的"花图形"标识、"MONTAGUT"及"梦特娇干洗"字样。此外，梦娇公司还在公司网站、加盟店牌匾等对外宣传中大量使用"法国梦特娇干洗"、"梦特娇洗衣国际集团"、"法国梦特娇干洗连锁"、"源自法国洗衣连锁"、"源自法国、服务中国"、"浪漫的法式高档洗衣"等宣传语进行宣传。据此，法国博内特里塞文奥勒有限公司认为上海梦娇公司的上述行为构成了对其商标专用权的侵犯，因而作为原告，以上海梦娇公司为被告，起诉至法院，请求判令被告立即停止侵犯原告"梦特娇"、"MONTAGUT＋花图形"、"花图形"的商标专用权，并承担赔偿责任。

　　问题："MONTAGUT"、"梦特娇"图文商标是否属于驰名商标？被告的行为是否构成侵权？

第一节　特殊商标的保护

一、驰名商标的保护

（一）驰名商标概述

1. 驰名商标的概念。所谓驰名商标（Well-Know Mark），是指经过长期使用，在市场上享有较高声誉，并为公众所熟知的商标。这一概念最早见于《保护工业产权巴黎公约》（以下简称《巴黎公约》）1925 年海牙文本第 6 条之 2，其内容为："凡系被成员国认定为驰名商标的，不论在请求保护的成员国注册与否，他人抢先注册的应禁止注册，已经注册的应撤销注册，并禁止使用。"此后，《TRIPS 协定》第 16 条又对驰名商标的内容作出了进一步规定，将对驰名商标的保护延伸到服务商标，并扩大了驰名商标的保护范围等。

驰名商标并非特定的商标种类，任何一种商标，不论商品商标还是服务商标，集体商标还是证明商标，都可以被作为驰名商标而加以保护，因而驰名商标背后所体现的实际是一种特殊保护制度。

2. 驰名商标的特征。和普通商标相比，驰名商标具有如下特征：

（1）具有很强的识别性。驰名商标的设计一般比较突出、醒目，便于消费者"认牌购物"，因而驰名商标本身往往蕴含着巨大的经济效益。例如，著名的国产体育用品商标"LI – NING（李宁）"，其字母是简单明了的汉语拼音李宁二字，而图片则是主色调为红色的第一个大写字母"L"和"N"的变形，造型动感时尚，充分体现了体育品牌所蕴涵的活力和进取精神。

（2）商标使用时间较长。一个商标之所以驰名，不论注册与否，其在市场上的使用一般都经历了较长的历史，这种长期的使用往往造就了商标的知名度。如汽车品牌"VOLVO（沃尔沃）"的商标使用已逾百年了。

（3）在市场上享有较高信誉。除了使用时间较长，驰名商标本身更意味着一种质量保证，因此才能获得消费者很高的认知度。如大家熟知的"海尔"电器，商品本身质量过硬，并且售后服务及时周到，一直保有着较高的市场占有率。

（4）保护具有特殊性。正因为驰名商标具有前述三项特征，才使得在对其的保护上需要采取不同于普通商标的特殊手段。各国立法普遍对驰名商标实行特殊保护，不论驰名商标是否注册，商标所有人都有禁止他人使用和注册的权利。此外，对于已注册的驰名商标，还实行跨类保护。

3. 驰名商标保护的意义。在市场经济飞速发展的今天，驰名商标能够给该商标的注册人、使用人带来巨大的经济利益，因此，它是企业在激烈竞争中能够脱颖而出的一项重要法宝，也是我国未来经济发展的希望，对驰名商标的保护具有重大的意义。

从微观层面上说，这种特殊保护不但直接有利于驰名商标权人，而且更加有利于维护消费者的合法权益。由于驰名商标蕴含着极大的商业价值，因此市场中极易大量出现围绕驰名商标的侵权行为，而处于相对弱势的广大消费者无疑是最大的受害者。针对于此，只有实施对驰名商标的特殊保护，方可有力地打击各种侵权行为所引发的不正当竞争，保护商标权人和消费者的正当权益。

从宏观层面来看，保护驰名商标既是市场经济的内在需要，也是促进我国经济发展的客观需要。市场经济是法治经济，在强调追求利益最大化的同时，更注重公平、秩序。"根据有关资料分析，除少量因市场因素沉沦的外，凡市场好、发展快的驰名商标，大多陷于被假冒、侵权的泥潭中，假冒侵权尚品量多面广。"[1]面对这样的情况，对驰名商标的特殊保护就成为市场自身健康运作的必然需求，这一方面符合企业和消费者的根本利益，另一方面则体现了国家的根本利益。在经济全球化背景下，企业之间、地区之间、国家之间的经济竞争在某种程度上即表现为商标之争。随着我国重返世贸，我们面临着来自国际的史无前例的巨大竞争压力，也迎来了无数的发展机遇。这一客观趋势要求我们必须提高自身的知识产权保护水平，而驰名商标的保护正是衡量这一水平的重要标志。我们不仅要保护本国的驰名商标，也要保护外国的驰名商标，在维护民族企业的同时，吸引更多外资，积极地创造良好的市场环境，大力推动我国经济的健康快速发展。

4. 驰名商标的立法。1982 年我国制定《商标法》时，尚没有驰名商标的规定。1985 年，我国先后正式加入了《巴黎公约》和《TRIPS 协定》，对其中有关驰名商标的条款均没有作出保留，因而有义务执行保护驰名商标的相关规定。从1989 年开始，国家工商行政管理局开始对国内的驰名商标进行认定。1995 年，国务院知识产权办公会议办公室制定了《有效保护及实施知识产权的行动计划》，正式对驰名商标的保护做出了明确规定。1996 年，国家工商总局发布了《驰名商标认定和管理暂行规定》，进一步规范了驰名商标的认定与保护。

2001 年修正的新《商标法》及 2002 年公布的《商标法实施条例》增加了对驰名商标认定和保护的规定。涉及驰名商标保护的还有 2001 年最高人民法院公布的《最高人民法院关于审理涉及计算机网络域名民事纠纷案件适用法律若干问题的解释》（以下简称《域名纠纷解释》）及 2002 年最高人民法院公布的《最高人民法院关于审理商标民事纠纷案件适用法律若干问题的解释》（以下简称《商标纠纷解释》）。2003 年 6 月 1 日国家工商行政管理总局发布的《驰名商标认定和保护规定》（以下简称《规定》）正式生效。2009 年 4 月 23 日，最高人民法院发布《关于审理涉及驰名商标保护的民事纠纷案件应用法律若干问题的解释》。目前，我国关于驰名商标的法律保护已逐渐走上正轨并不断完善。

（二）驰名商标的认定

1. 驰名商标的认定方式。驰名商标有两种基本认定方式：主动认定和被动

---

[1] 王莲峰：《商标法学》，北京大学出版社 2007 年版，第 161 页。

认定。

（1）主动认定方式。又称事前认定，是指并不存在实际权利纠纷的情况下，有关部门出于预防将来可能发生权利纠纷的目的，应商标所有人的请求，对商标是否驰名进行认定。主动认定着眼于预防可能发生的纠纷，是行政机关认定驰名商标的方式。例如韩国、泰国的商标注册部门就掌握着一份自己主动认定的驰名商标名单（对外不公开），以为日后审查时参考。中国商标协会于2002年初公布了包括"同仁堂"在内的196项驰名商标，2002年2月8日，国家工商管理总局商标局发出通知，认定"汇源"商标为中国驰名商标。主动认定方式不适用于司法机关。虽然主动认定能提供事先的保护，使商标所有人避免不必要的纠纷，但主动认定不符合国际惯例。尤其是采用批量认定的方式，若把握不准难免陷入滥评，也易导致企业之间、地区之间的攀比。

（2）被动认定方式。又称事后认定，是在商标所有人主张权利时，也即存在实际的权利纠纷的情况下，应商标所有人的请求，有关部门对其商标是否驰名进行认定。自2003年6月1起，国家工商行政管理总局发布的《规定》正式生效，改变了我国之前的主动认定方式，确定了驰名商标采取被动认定方式。被动认定是司法机关认定驰名商标的基本模式，目前为西方多数国家所采用，被视为国际惯例。被动认定为驰名商标提供的保护虽然是消极被动的，但这种认定是以达到实现跨类保护和撤销抢注为目的，而且它具有很强的针对性。因而所得到的法律救济是实实在在的，这种法律救济解决了已实际发生的权利纠纷。被动认定也可以为行政机关所采用。

2. 驰名商标的认定机构。驰名商标的认定机构为商标注册国或使用国的主管机关，《巴黎公约》规定：驰名商标的认定必须由国家法律规定的机关进行。具体到我国，根据有关规定，我国驰名商标的认定机构包括国家工商行政管理局及人民法院。

（1）行政认定。认定机构为国家工商行政管理总局商标局及其商标评审委员会。根据《商标法实施条例》第5条的规定，在商标注册、商标评审过程中产生争议时，有关当事人认为其商标构成驰名商标的，可以相应向商标局或者商标评审委员会请求认定驰名商标，驳回违反《商标法》第13条规定的商标注册申请或者撤销违反《商标法》第13条规定的商标注册。有关当事人提出申请时，应当提交其商标构成驰名商标的证据材料。

商标局、商标评审委员会根据当事人的请求，在查明事实的基础上，依照《商标法》第14条的规定，认定其商标是否构成驰名商标。

（2）司法认定。认定机构为人民法院。根据最高人民法院发布的《关于审理涉及驰名商标保护的民事纠纷案件应用法律若干问题的解释》的规定，在下列民事纠纷案件中，当事人以商标驰名作为事实根据，人民法院根据案件具体情况，认为确有必要的，对所涉商标是否驰名作出认定：①以违反商标法第13条的规定为由，提起的侵犯商标权诉讼；②以企业名称与其驰名商标相同或者近似为由，提起的侵犯商标权或者不正当竞争诉讼；③符合本解释第6条规定的抗辩或者反诉的诉讼。在下列民事纠纷案件中，人民法院对于所涉商标是否驰名不予审查：①被诉侵犯商标权或者不正当竞争行为的成立不以商标驰名为事实根据的；②被诉侵犯商标权或者不正当竞争行为因不具备法律规定的其他要件而不成立的。

可见，国家工商行政管理总局商标局及其评审委员会在2003年《规定》生效前，采取"主动批量认定"的方式，而《规定》生效后与人民法院一样均采取"被动个案认定"的方式。不论是行政认定抑或司法认定，都须有当事人的请求并提交证据，且认定的效力仅存在于个案之中。当事人对曾经被认定为驰名商标的商标有异议的，人民法院有权根据该商标当时的情况和案件具体情况做出重新认定。

3. 驰名商标的认定标准。1999年9月，保护工业产权巴黎联盟及世界知识产权组织大会通过了《关于驰名商标保护规定的联合建议》（以下简称《联合建议》），为各国认定驰名商标的标准提供了一个基本原则。结合国际社会的基本原则及我国的实践，根据《商标法》第14条的规定以及《规定》的要求，认定驰名商标应当考虑的因素包括：

（1）相关公众对该商标的知晓程度。首先，这里的"相关公众"，包括与商标所标示的某类商品或者服务有关的消费者，生产前述商品或者提供服务的其他经营者以及经销渠道中所涉及的销售者和相关人员等；其次，这里存在一个地域标准，即仅仅指本国的"相关公众"，而不应扩大到"本国之外的公众"，应以对驰名商标提供特殊保护的国家或地区的地域范围为准。

（2）该商标使用的持续时间。一个商标要想取得良好的市场信誉，必须经过使用。无论是注册商标还是未经注册的商标，只有通过使用才能体现其价值，并为公众所认可。商标的使用时间长，说明该商标所标示的商品或服务质量优异。如前所述，世界驰名商标的使用历史均较长，如"可口可乐"、"大众"等，已使用几十年乃至上百年。

（3）该商标的任何宣传工作的持续时间、程度和地理范围。为了要让公众熟知商标，除了本身良好的信誉，还需要广为宣传。在市场经济条件下，传统的"好酒不怕巷子深"观点是远远不够的。宣传的力度越大、范围越宽，公众的熟知程度才越高，商品及服务的覆盖面一旦广泛起来，其知名度自然就提升了。不少消费者对某商品最初的知晓正来自商标宣传。

（4）该商标作为驰名商标受保护的记录。根据《巴黎公约》和《TRIPS 协定》的规定，驰名商标在该公约和协议成员国中都是受保护的，如果能够提供曾经作为驰名商标受过保护的记录及相关证明文件，对在我国认定该商标为驰名商标将起到重要作用。此外，在我国，如果一个商标曾经被国家工商局认定为驰名商标，或在诉讼中被人民法院认定为驰名商标而受保护，那么也可作为认定驰名商标的因素之一。

（5）该商标驰名的其他因素。这里的其他因素主要包括使用该商标的商品或服务的销售或经营额、销售或服务区域、市场占有率等。这条标准实际属于"兜底"规定，既可弥补前四项的空白，又为今后增补留下了充足的空间。

以上所列标准是认定驰名商标的基本因素，而驰名商标的声誉和知晓程度并非一成不变的，除了上述因素外，具体程度的判断还可通过消费者调查或民意测验等结合实际情况来考察。根据《规定》第 10 条的要求，商标局、商标评审委员会在认定驰名商标时，应当综合考虑上述各项因素，但不以该商标必须满足上述规定的全部因素为前提。

（三）驰名商标的保护

我国 2001 年修正的《商标法》对驰名商标的保护基本上与《巴黎公约》和《TRIPS 协定》的规定是一致的。根据我国立法的规定，对驰名商标的保护包括以下内容：

1. 不予注册并禁止使用。在相同或者类似商品上复制、摹仿或者翻译他人未在中国注册的驰名商标，容易导致混淆的；或者在不相同或者不相类似商品上复制、摹仿或者翻译他人已经在中国注册的驰名商标，误导公众，致使该驰名商标注册人的利益可能受到损害的，不予注册并禁止使用。

2. 撤销注册。已经注册的，如果与驰名商标发生冲突，自注册之日起 5 年内，驰名商标注册人可以请求商标评审委员会予以撤销，但恶意注册的不受 5 年时间的限制。

3. 禁止作为商号登记。商标所有人认为他人将其驰名商标作为企业名称登记，可能欺骗公众或者对公众造成误解的，可以向企业名称登记主管机关申请撤销该企业名称登记。

4. 禁止作为域名注册。商标所有人认为他人将与其驰名商标相同或者近似的文字注册为域名，并且通过该域名进行相关商品交易的电子商务，容易使相关公众产生误认的，可以向域名注册机构申请撤销该域名注册。

二、集体商标和证明商标的保护

根据商标具有的特殊功能，商标可分为集体商标和证明商标。2001 年修正的《商标法》正式增加了有关这两种商标的规定。2003 年，国家工商行政管理总局进一步修改并发布了《集体商标、证明商标注册和管理办法》，对这两类商标的申请、注册、使用和管理做出了具体规定。

（一）集体商标的保护

1. 集体商标的概念和特征。集体商标（Collective Mark）又称"团体商标"，是指以工商业团体、协会或者其他组织名义注册，供该组织成员在商事活动中使用，以表明使用者在该组织中的成员资格的标志。例如行业协会注册的商标供协会成员使用。集体商标的作用是向消费者表明商品或服务来自某一组织，使用该商标的商品或服务项目具有共同的特点。

集体商标有如下特征：

（1）申请注册人为组织体。普通商标的申请人可以是自然人、法人或其他组织。而集体商标的申请人一般为工商业团体、协会或者其他组织，个人不能成为集体商标的申请人。

（2）申请时要提交使用管理规则。集体商标的申请者，必须提交主体资格证明文件并详细说明集体组织成员的名称和地址。其中一个非常重要的文件便是使用管理规则。使用管理规则的内容主要包括使用该集体商标的宗旨、使用该商标的商品或服务要达到的品质、集体成员相关的权利义务责任等一系列统一制度。普通商标申请人则无需提供使用管理规则。

（3）使用范围有限定。集体商标只能由该商标注册组织的成员在商事活动中使用，非该组织成员一律不能使用。普通商标可以被所有人许可给他人使用。

2. 集体商标的意义。我国自 1995 年开始受理集体商标申请注册。随着经济的发展，越来越多的市场主体开始关注集体商标并进行申请及注册。如中国医药商协会 2004 年 8 月 20 日向国家工商行政管理总局商标局提出注册集体商标的申请，经审核，于 2007 年 8 月 7 日核准注册，有效期为 10 年（如图 1）。

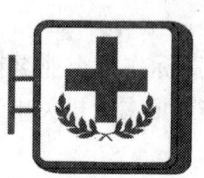

设计说明：绿十字标识图案为白底绿十字，并衬以绿叶。绿十字标识的"白底"，意喻洁净、卫生、纯正；"绿色"，表示生命、健康、无害。

图 1：中国医药商协会集体商标图样

中国医药商业协会制订了"绿十字"集体商标的使用管理规则，确定全国 10 家信用等级在 A 级以上的重点药品连锁企业为首批使用企业。"绿十字"集体商标的使用，规范了药品销售行业标准，侵权使用的"绿十字"标识也将退出市场，帮助企业保持良好的社会形象。根据规定，绿十字标识并非永久制，一旦发现药房出现严重质量问题并受到消费者投诉或被行业主管部门通报批评，将终止授权。

集体商标的使用对于带动产业化经营、扩大市场份额是十分有益的。因其使用的"共有性"特点，能够达到为产品节约成本，保护产业，创出品牌和规模效益的目的。对于广大中小企业而言，集中起来共同提高商品或服务的质量标准，创立一个优质的集体商标，是在激烈角逐中提升竞争力的良策。

此外，申请注册了集体商标后，凡是享有这一品牌使用权的集体成员，在遵守法律法规的同时还需遵循内部使用管理规则，否则就要被追究相应的责任。这样一来，对维护市场秩序，保护消费者利益也大有裨益。

3. 集体商标的法律保护。我国《商标法》的第 3 条以及国家工商行政管理总局发布的《集体商标、证明商标注册和管理办法》对集体商标的保护进行了规定，我国的集体商标已纳入正常的法制轨道。对集体商标的保护可体现在以下几个方面：

（1）禁止非集体成员使用。集体商标区别于普通商标的一大特点便在于"集体"二字，因而集体商标绝不能允许非集体成员使用。使用集体商标的，使用人需履行一系列手续，并经注册人发放《集体商标使用证》方可使用。在使用过程中还需遵循使用管理规则。集体商标注册人的成员发生变化的，注册人应当向商标局申请变更注册事项，由商标局公告。

（2）保障商品或服务的品质。集体商标注册人对使用该证明商标的商品或服务负有检验监督的义务。如果集体商标人没有对该商标的使用进行有效管理或者控制，致使该商标使用的商品达不到其使用管理规则的要求，对消费者造成损害的，应由工商行政管理部门责令限期改正；拒不改正的，处以违法所得 3 倍以下的罚款，但最高不超过 3 万元；没有违法所得的，处以 1 万元以下的罚款。

另外，集体商标专用权被侵权的，注册组织不但可依据法律请求工商行政管理机关处理，或者直接向人民法院起诉，其经过公告的集体商标使用人亦可作为利害关系人参与上述请求。

（二）证明商标的保护

1. 证明商标的概念和特征。证明商标（Certificate Mark）又称"保证商标"，是指由对某种具体商品或服务有检测和监督能力的组织注册，而由注册人以外的人使用于其商品或者服务，用以证明该商品或者服务的原产地、原料、制造方法、质量或者其他特定品质的标志。

使用证明商标须经商标注册人认证许可，被许可使用人经营的商品或服务必须符合证明商标使用章程规定的条件。例如国际羊毛局注册并负责管理的纯羊毛标志，还有绿色食品标志等，都是市场上常见的证明商标。

证明商标具有如下特征：

（1）申请注册人为组织体。普通商标的申请人可以是自然人、法人或其他组织。而证明商标的申请人一般为具有监督该证明商标所证明的特定商品品质的能力的组织，个人不能成为证明商标的申请人。

（2）申请时要提交使用管理规则。证明商标的申请者，必须提交主体资格证明文件并详细说明其所具有的或者其委托的机构具有的专业技术人员、专业检测设备等情况。其中一个非常重要的文件便是使用管理规则。使用管理规则的内容主要包括使用该证明商标的宗旨、使用该商标的商品或服务要达到的品质、使用人相关的权利义务责任等一系列制度。普通商标申请人则无需提供使用管理规则。

（3）注册人自己不能使用该证明商标。证明商标的注册人不能在自己经营的商品或服务上使用该证明商标，只能准许符合条件的他人通过履行一定手续使用证明商标。唯有如此，也才能更好地履行其监督职能。普通商标注册人必须在自己经营的商品或服务上使用自己的注册商标，如若许可他人使用，则必须签订许可合同。

2. 证明商标的意义。对于使用证明商标的商家而言，一旦商品或服务使用了证明商标，就证明其商品或服务具有了较高的品质或是达到了某一特定标准，商家在创立知名品牌时就有了质量基础和信任基础，在竞争中就处于优势地位。

对于广大消费者来讲，证明商标可以告诉消费者，使用该商标的商品或服务已经通过检测，消费者可以放心大胆地消费。使用带有证明商标的商品，既可获知商品信息，又能获得一定的安全保障，满足了人们生活水平不断提高的需要，保证了消费者的权益。

此外，注册原产地证明商标，还有利于保护我国的众多地方名优土特产品，有益于维护国家经济发展。如 2006 年 9 月 18 日，浙江省农业厅经济作物管理局申请注册了"龙井茶"证明商标（如图 2），便是对浙江省特产龙井茶的保护。

龙井茶
Longjing Tea

图 2：浙江省龙井茶证明商标图样

3. 证明商标的法律保护。结合 2001 年修正的《商标法》第 3 条以及国家工商行政管理总局发布的《集体商标、证明商标注册和管理办法》对证明商标的保护的规定，对证明商标的保护体现在以下几个方面：

（1）禁止注册人自身使用。证明商标的注册人不得在自己提供的商品或服务上使用该证明商标。这是证明商标的一大特点，也是法律对证明商标的一种保护。如果注册人自己使用该商标，那么自己证明自己产品的品质便毫无意义，此外，也会造成注册人与其他使用人之间的不平等。

（2）不得拒绝符合条件者使用。凡符合证明商标使用管理规则规定条件的，在履行该证明商标使用管理规则规定的手续后，可以使用该证明商标，注册人不得拒绝办理手续。这样做的目的在与防止注册人利用其自身商标权利人的地位对市场进行垄断。保护证明商标的目的在于鼓励经营者为社会提供越来越多的高品质商品或服务，如果注册人只允许一部分商家使用而拒绝其他符合条件者，显然是不公平的，不利于经济发展。

同时，证明商标注册人准许他人使用其商标的，注册人应当在1年内报商标局备案，由商标局公告。

（3）保障商品或服务的品质。证明商标注册人没有对该商标的使用进行有效管理或者控制，致使该商标使用的商品达不到其使用管理规则的要求，对消费者造成损害的，由工商行政管理部门责令限期改正；拒不改正的，处以违法所得3倍以下的罚款，但最高不超过3万元；没有违法所得的，处以1万元以下的罚款。

第二节　侵犯商标权的判定

一、商标权的保护范围

商标权人所享有的商标专用权，以核准注册的商标和核定使用的商品或服务为限。也就是说，"核准注册的商标"与"核定使用的商品或服务"这两个要素加在一起，构成了商标专用权的保护范围。在这一基础上，对商标权的保护，便意味着商标权人有权禁止他人在与其核定使用的相同商品服务或者类似商品服务上使用与其核准注册商标相同或者近似的商标。

可见，为了更好地保护商标权，保护范围显然要大于商标专用权本身的内容。不仅在与核定使用的相同商品或服务上使用与核准注册商标相同的商标是被禁止的，在与核定使用的"相类似"的商品或服务上使用与注册商标"相近似"的商标，在与核定使用的相同商品或服务上使用与注册商标"相近似"的商标，在与核定使用的"相类似"的商品或服务上使用与注册商标相同的商标的行为都是被禁止的。这样规定，有利于更加全面地保护商标专用权。

二、商标权保护的理论基础

（一）制止混淆

1. 混淆的含义。所谓"混淆"是指，已经或者可能对商品或服务的来源及有关方面发生误认。目前，依我国规定，会发生商标法上混淆的包括两个内容：

①对商品或服务的"来源"或"出处"发生误认，即把假冒者的商品或服务误认为是商标权人的商品或服务，这种混淆通常发生在同种商品或服务上；②对商品或服务的其他方面发生误认。这里的其他方面是指，误认为不相同或不类似的商品或服务之间存在某种联系。例如隶属关系、赞助关系、许可关系等。

根据程度不同，混淆可分为现实混淆和可能混淆。现实混淆即购买者客观上已经发生了误认误购的事实，可能混淆则不要求已经产生混淆的事实，而是足以发生混淆即可。根据我国有关商标的法律规定，只要求存在混淆的可能性，便可构成混淆。

2. 混淆的认定。如何认定混淆是司法与行政实践中的一个重要问题。根据我国工商行政部门和人民法院在各自工作范围内的经验，认定混淆可遵循以下原则：

（1）主观标准。以相关公众的一般注意力为标准。相关公众是指与商标所标识的某类商品或者服务有关的消费者和经营者。

（2）客观标准。商标是否会引起混淆，取决于商标的相似程度和商品的类似程度。使用相同商标则必然产生混淆，而使用近似商标是否构成混淆，要结合各种因素加以考察，包括但不限于：商标之间的近似程度、商品的差异大小、等级、价格高低、知名程度等，上述因素应当给予综合考虑。[1]

通常来说，商标的显著性和知名度越高，受保护的范围越宽，其他商标与其近似也越容易被认定为混淆；而显著性弱的商标，所受保护的范围就相对要窄。例如由普通词汇或通用名词构成的商标，其他商标即使与其相近似，也难以认定为混淆。当然，需要强调的一点是，构成商标混淆的认定均是在个案中进行的。

3. 制止混淆与商标权保护。商标是消费者识别商品来源的标志，消费者通过商标识别商品的提供者，经营者通过商标吸引消费者。因而防止消费者因为商标的使用行为而对商品来源等内容发生混淆，成为商标法最基本的目标。制止混淆是确定商标保护范围的根本出发点之一，为了保护商标专用权，商标权以外的其他人在相同或者近似的商品或服务上使用相同或者近似的商标足以构成混淆的，均构成侵犯商标专用权。

（二）反淡化

1. 淡化的含义。所谓"淡化"，简单来讲就是减损、削弱驰名商标识别性和显著能力的行为。与混淆不同，淡化行为主要是针对驰名商标而言的，其主要表现形式有两种：冲淡与玷污。

---

〔1〕　吴汉东主编：《知识产权法》，法律出版社 2009 年版，第 282 页。

冲淡是指，无权使用人将相同或近似的商标使用在与驰名商标既不相同也不类似的商品或服务上，使得该驰名商标与其商品之间的特定联系弱化。例如：将"强生"作为商标使用在蛋糕、饮品上。虽然蛋糕、饮品这些商品与驰名商标"强生"所核准使用的医疗卫生保健用品之间并无竞争关系，但这种使用容易使驰名商标与其商品或服务间的特定联系逐渐减弱、甚至消失，侵蚀了驰名商标特有的吸引力及广告价值。同时，这样做在无形中也阻碍了驰名商标所有人在未来向新的市场领域开拓的步伐。换句话说，"强生"商标所有人在今后或有可能进军糕点、饮品产业，如果不对前述举例中的行为加以禁止，那么驰名商标所有人的权益就要受到损害。

砧污是指，将与驰名商标相同或近似的商标使用在某些商品或服务上或者用于某种环境下，可能使该驰名商标的良好信誉被贬低、毁损。例如，将某食品的驰名商标使用在某厕所清洗用品上，将某化妆用品的驰名商标使用在带有色情内容的网站上等。这种使用行为会导致消费者对驰名商标产生不雅的联想及厌恶的情绪，从而砧污了该商标的形象，有损其价值。

2. 淡化的认定。认定淡化，关键在于明确其本质，即利用消费者的某种联想进而从他人驰名商标的良好声誉中不正当地获取利益。驰名商标所具有的巨大价值凝聚了所有者大量财力与精力的长期投入，是所有者宝贵的无形资产。而他人的淡化行为会逐渐弱化驰名商标的个性、损毁其声誉，这种不利影响往往是潜在的、间接的、无法量化却又极为危险的。久而久之，甚至威胁驰名商标的存废。

3. 反淡化与商标权保护。反淡化是在避免混淆的基础之上提出的商标权保护理论，其主要针对的是驰名商标，也体现了对驰名商标的特殊保护。最早进行商标反淡化立法的是美国，正如美国律师协会知识产权分会主席史密斯先生所说：如果允许"劳斯莱斯"餐馆、"劳斯莱斯"裤子、"劳斯莱斯"糖果等"劳斯莱斯"品牌存在的话，不出10年，"劳斯莱斯"商标就不再是世界著名商标。其实这好比一个逐渐稀释和冲淡的过程，极有可能导致驰名商标丧失显著性。

现阶段，我国商标法尚没有明确承认反淡化保护。也就是说，目前的商标权保护范围主要以制止混淆为首要目的。不过《商标法》第13条第2款的规定："就不相同或者不相类似商品申请注册的商标是复制、摹仿或者翻译他人已经在中国注册的驰名商标，误导公众，致使该驰名商标注册人的利益可能受到损害的，不予注册并禁止使用。"可以被看作是赋予驰名商标人以反淡化的权利。

三、侵犯商标权的表现形式

侵犯商标专用权的行为又叫商标侵权行为，是指未经商标所有人同意，擅自使用与注册商标相同或近似的标识，或妨碍商标权人使用注册商标等一切损害商标权人合法利益的行为。

根据我国《商标法》第 52 条、《商标法实施条例》第 50 条以及《最高人民法院关于审理商标民事纠纷案件适用法律若干问题的解释》（以下简称《商标纠纷解释》）第 1 条的规定，侵犯商标权的行为的表现形式有以下几种：

（一）假冒或仿冒他人注册商标

1. 假冒或仿冒他人注册商标的概念。假冒或仿冒他人注册商标，是指未经商标注册人的许可，在同一种商品或者类似商品上使用与其注册商标相同或者近似的商标。这是最典型的商标侵权行为。要想合法地使用他人的注册商标，应经商标注册人许可，签订注册商标使用许可合同并在商标局备案。未经上述程序，不论行为人主观是故意抑或过失，均构成对他人商标专用权的侵犯。

假冒或仿冒他人注册商标包括假冒他人注册商标和仿冒他人注册商标两类行为。其中，假冒他人注册商标是指未经商标权人同意，在同一种商品上使用与他人的注册商标相同的商标。仿冒他人注册商标是指具有下列行为之一者：①非法在同一种商品上使用与他人的注册商标近似的商标；②非法在类似商品上使用与他人注册商标相同的商标；③非法在类似商品上使用与他人注册商标近似的商标。

2. 认定标准。根据《商标纠纷解释》第 9、11 条的规定，商标相同是指，被控侵权的商标与原告的注册商标相比较，二者在视觉上基本无差别。商标近似是指，被控侵权的商标与原告的注册商标相比较，其文字的字形、读音、含义或者图形的构图及颜色，或者其各要素组合后的整体结构相似，或者其立体形状、颜色组合近似，易使相关公众对商品的来源产生误认或者认为其来源与原告注册商标的商品有特定的联系。

类似商品是指，在功能、用途、生产部门、销售渠道、消费对象等方面相同，或者相关公众一般认为其存在特定联系、容易造成混淆的商品。类似服务是指，在服务的目的、内容、方式、对象等方面相同，或者相关公众一般认为存在特定联系、容易造成混淆的服务。商品与服务类似是指，商品和服务之间存在特定联系，容易使相关公众混淆。

此外，我们可将《商标纠纷解释》第 10 条所列举的认定商标相同或者近似原则归纳为：

（1）注意力标准。要以相关公众的一般注意力为标准。相关公众是指与商标所标识的某类商品或者服务有关的消费者和经营者。这里是以他们的一般或者说正常注意力为判断标准，既不能是特定专家所具有的注意力，也不能是个别缺乏常识的公民的注意力。

（2）比对原则。既要进行对商标的整体比对，又要进行对商标主要部分的比对，比对应当在比对对象隔离的状态下分别进行。

所谓"整体比对"，是把商标作为一个整体，以其给相关公众留下的整体印象来作为判断依据。依此原则，即便两个商标的单独构成要素是相同的，但只要整体看起来不同，就不能判断为近似商标，反之亦然。

所谓"对商标主要部分的比对"，是把在商标构成中其主要识别作用的要素单独拿出来进行比对。这种方法与"整体比对"的方法配合使用，两种方法下只要有一种比对结果造成了消费者的误认，就可判断为近似商标。

特别需要指出的是，无论是前面哪种方法，都需要将两个比对对象放在不同的地点与时间分别分析，这样一来能更加有效地保证比对结果的真实性，客观地反映出混淆的可能性。

（3）显著性和知名程度。判断商标是否近似，还应当考虑请求保护注册商标的显著性和知名度。显著性是商标注册的构成要件，显著性越强，商标的识别能力越强。知名度则标志着消费者对于商标的知晓及认同程度，反映了一个商标的声誉及价值。一个商标的显著性及知名度越高，越容易招致不法者的模仿，通过制造、使用与他人显著性、知名度高的注册商标近似的商标来谋取不当利益，侵犯商标权人权利。因此，判定近似商标时，显著性与知名度成为一个重要的考量因素。

（二）销售侵犯注册商标专用权的商品

这属于一种在流通环节侵犯他人注册商标专用权的行为。通常来说，侵犯注册商标专用权的商品，除了靠生产者自行销售外，往往还会借助其他销售者的销售活动到达消费者手中。这种销售者的行为同样起到了使消费者对商品的来源及有关方面发生误认的混淆效果，不但侵犯了商标专用权，更损害了消费者的利益，因此需要承担法律责任。

需要注意的是，这一行为构成商标侵权时原则上不论销售者主观是否"明知"或"应知"，而只考察其客观上是否实际实施了该行为。只要存在销售侵犯商标权商品的行为，即构成商标侵权行为，应当停止继续销售。但是，构成商标侵权行为不一定都要承担赔偿责任，根据《商标法》第56条第3款的规定，如果销售者不知道自己所售为侵犯商标权的商品，同时能够证明自己是合法取得的并且能够说明提供者，那么就不能追究其赔偿责任；反之，则依据过错推定原则而承担赔偿责任。对于这种情形，在实践中有几个判定标准，符合其中之一的，便可认定销售者主观上不属于"不知道"自己所售的为侵犯商标权的商品：①更换、调换销售商品上的商标被当场查获的；②因同一违法事实受到过处罚后再犯的；③事先已被警告拒不改正的；④故意选取不正当进货渠道，且价格明显低于已知正品的；⑤在发票、账目等会计凭证上弄虚作假的；⑥专业公司大规模经销商标侵权商品的；⑦案发后转移、销毁物证，提供虚假证明、虚假情况的。

（三）伪造、擅自制造他人注册商标标识或者销售伪造、擅自制造的注册商标标识

所谓"伪造"是指，未经他人许可而仿照他人注册商标的图样及物质实体制造出与该注册商标标识相同的商标标识。

所谓"擅自制造"是指，未经他人许可，没有商标印制合同而私自印制商标标识，或者在商标印制合同规定的印数之外，又私自加印商标标识的行为。这里的行为人一般为从事商标印刷的企业或者个体工商户，属于"擅自制造"的情况大致有两种：①没有商标权人授权和委托而制造其商标标识；②虽有商标权人的授权或委托，但超出授权或委托而制造其商标标识。

所谓"商标标识"是指，由商标图案组成的、附着于商品之上的物质载体。例如商标标牌、商标瓶贴、织带，等等。

伪造与擅自制造行为的共同之处在于未经商标注册人的许可，区别在于，前者所造的商标标识是假的，而后者所造的商标标识本身是真的。而不管是伪造还是擅自制造，其最终的目的都在于把非法获得的商标标识用于自己或他人生产或销售的同种或者类似商品之上，以假充真、以次充好，获取非法利益。

销售伪造、擅自制造的注册商标标识的行为，则是指以上述商标标识进行买卖，这里的买卖包括批发也包括零售，包括内部销售也包括外部销售。其行为扰乱了市场经济秩序，为商标侵权行为打开了便利之门，因而需要被追究法律责任。

（四）未经商标注册人同意，更换其注册商标并将该更换商标的商品又投入市场

国外立法将这种行为称为"反向假冒"并加以禁止和制裁。这是我国2001年修正《商标法》时新增加的规定。

所谓"反向假冒"是指，将他人在商品上的合法商标消除，换上自己或第三人的商标，并将该商品再投放向市场进行销售。在商品流通过程中，常见的商标侵权行为一般表现为：假冒他人注册商标用于自己的商品，把自己的商品说成是他人的商品。而"反向假冒"行为的特点就在于与前述商标侵权行为相反：未经商标权人的同意，撤下原商标换上自己的商标，将他人的商品说成是自己的商品。这种行为侵犯了消费者的知情权，不仅使消费者对商品的来源、生产者、提供者产生误认，也妨碍了注册商标发挥其应有的体现质量、指示信誉等功能，极大地破坏了注册商标人自身商品的正常销售。

反向假冒的构成要件如下：

（1）行为人未经商标权人的同意，擅自更换原来的注册商标。换言之，如果是自愿为他人提供产品的行为，则不属于反向假冒。例如在定牌生产中，生产

者将其生产的产品提供给需求方，需求方贴上自有的商标而非生产者的商标进行销售，由于这一行为是双方协商的结果，经过了生产者的许可，因而属于一种互利合作的正常贸易行为。

（2）行为人将更换商标后的商品再次投向流通领域。消费者在买到贴有原有商标的商品后，又自行撤换原有商标的行为是被排除在反向假冒之外的。因为这时商品已经过流通领域到达消费者手中，商标的功用已实现，所以谈不上侵权。只有更换商标后再次投入到流通领域的行为才是我们要加以禁止的。

我国首例商标反向假冒案例发生在北京。北京京工服装工业集团服装一厂（以下简称京工服装集团）的"枫叶"牌商标于1979年10月31日依法注册，核定的使用范围包括：大衣、夹克、西服、上衣。其后该商标有效期续展至2003年2月。1993年12月19日，北京同益广告公司（以下简称同益公司）得到鳄鱼国际机构有限公司授权，在北京销售"鳄鱼"皮革制品和"卡帝乐"服饰系列等，使用期从1994年1月1日至1995年12月31日。1994年4月7日，同益公司与北京百盛轻工发展有限公司达成协议，同意同益公司在北京百盛轻工发展有限公司下属的百盛购物中心内设置"鳄鱼"专卖店。1994年4月15日，同益公司以每条188.03元价格购买京工服装集团"枫叶"牌男西裤26条，随后将其中25条西裤的"枫叶"商标更换为"卡帝乐"商标，将产地标注为新加坡，并在百盛购物中心"鳄鱼"专卖店以560元的价格销售。在销售期间，此事被京工服装集团发现，起诉百盛购物中心侵权，后又将同益公司、鳄鱼公司追加为共同被告。

原告京工服装集团认为，其是"枫叶"牌商标的合法权利人，被告同益公司的行为既是对消费者经济利益的损害，又是对原告的产品信誉、声誉的恶意破坏，扰乱了社会经济秩序，违反了诚实信用的原则，败坏了原告在消费者心目中的形象。三被告均应该承担侵权责任。

北京市中级人民法院受理了该案，对于案件纠纷的定性产生了较大分歧。第一种观点认为：同益公司的行为构成商标侵权，尽管《商标法》（1993年修正）对本案中的侵权行为未明确规定，但可将该行为认定为《商标法》第38条第4款的"其他侵犯商标专用权的行为"。第二种观点认为：《商标法》未明文规定同益公司的行为是一种侵权行为，同益公司的行为应是一种不正当竞争行为。第三种观点认为：法律没有规定这样的行为为侵权行为，因而不能任意扩大解释《商标法》的规定而认定同益公司构成侵权。这几种观点争论不休，一直到1998年6月10日，经法院审判委员会讨论决定，才对此案进行一审公开宣判：同益公司损害了京工服装集团的商业信誉，构成侵权；百盛购物中心、鳄鱼公司没有过错，不承担侵权责任。

由于原被告均为上诉，该案件至此方告一段落。根据当时的《商标法》第

38条和《商标法实施细则》第41条的规定，反向假冒不属于商标法规定的7种侵权行为。故法院最终认定原告的行为不是商标侵权行为，而是虚假表示商标所体现的信息的一种欺诈行为，违反了诚实信用原则，属于不正当竞争行为。

虽然当时法院未认定此反向假冒行为是一种商标侵权行为，但是就商标法理论以及今天《商标法》的规定来看，这是一起典型的商标反向假冒案件，其性质为侵犯商标专用权的一种。现代商标具备基本功能与延伸功能，前者体现为识别、区分等传统作用，后者则主要包括商誉积累、企业形象扩展等无形资产功能。对商标进行保护，就应当禁止他人擅自实施影响商标上述功能发挥的行为，只有这样，才能真正保护商标与商品在思想上的关联性，进而保护其中体现的合法利益。商标与商品在思想上的关联性是商标侵权理论的基础与前提，在反向假冒行为中，行为人非法破坏了这种受法律保护的商标与商品的"关联性"，其性质与正向仿冒一样，都侵犯了商标权人的合法权利，抢夺了商标权人对特定商品的使用权。故从商标法的理论角度出发，反向假冒也是一种侵犯商标专用权的行为，对这一行为的打击，是从更高层次上保护商标专用权。

（五）给他人的注册商标专用权造成其他损害的行为

这属于一款弹性的兜底规定。根据《商标法实施条例》第50条以及最高人民法院《商标纠纷解释》第1条的规定，这些"给他人注册商标专用权造成其他损害的行为"包括以下行为：

1. 在同一种或者类似商品上，将与他人注册商标相同或者近似的标志作为商品名称或者商品装潢使用，误导公众的。这种行为是将他人的注册商标变为自己商标外的商业标志使用，其目的是利用他人注册商标的声誉进行不正当竞争。其不利后果至少有两方面：①造成消费者的混淆，使消费者对于商品的来源或行为人与商标权人之间的关系产生误认；②商标淡化，他人注册商标的显著性容易被减弱，甚至转变为商品的通用名称。

2. 故意为侵犯他人注册商标专用权行为提供仓储、运输、邮寄、隐匿等便利条件的。随着经济的发展，商标侵权行为也变得愈加复杂，往往由一系列环节构成。其中仓储、运输、邮寄、隐匿等行为就是为整个侵权行为过程服务的。这些行为虽然没有直接侵犯商标专有权，但从本质上为侵权行为提供了便利条件，因而间接侵害了商标权人的权益，必须承担商标侵权责任。

3. 将与他人注册商标相同或者相近似的文字作为企业的字号在相同或者类似商品上突出使用，容易使相关公众产生误认的。我国的商标注册机构为国家商标局，而企业名称、字号的登记机关为各地工商行政管理部门，由于分属两个不同部门，因而在实践中极易造成企业名称字号与在先的注册商标发生冲突的情形。这种情况既包括巧合，也包括一些企业和个人故意在相同或近似的商品上使用他人注册商标作为自身字号搭便车的行为。无论如何，这类行为会造成相关公众的误认，侵害了商标专用权人的利益，也破坏了诚实信用的市场准则。当然，需要注意的是，这种侵权行为的构成必须是将与他人注册商标相同或相似的文字作为自己企业的名称或字号，在与注册商标所标识的"相同或类似"商品上，"突出醒目地使用"，并造成了公众产生误认的结果。

4. 复制、摹仿、翻译他人注册的驰名商标或其主要部分在不相同或者不相类似商品上作为商标使用，误导公众，致使该驰名商标注册人的利益可能受到损害的。该规定与《商标法》第13条第2款的规定相似而又不同。后者是指这样的商标在申请注册时不予通过并禁止使用，而前者是指这样的商标已然取得了注册，而且被长期使用，对驰名商标权人的利益造成了损害，那么这种行为就构成了商标侵权行为。在具体认定这类行为时，需要注意的是，侵权人复制、摹仿、翻译的是他人"已经注册"的驰名商标的"整体"或"其主要部分"，在不相同或不相类似的商品上，造成了相关公众的误认，并使驰名商标权人的利益可能受到损害。

5. 将与他人注册商标相同或者相近似的文字注册为域名，并且通过该域名进行相关商品交易的电子商务，容易使相关公众产生误认的。为了适应计算机技术及网络技术的发展，将商标权的保护延伸到网络世界是极为必须的。这里的"相关商品交易"是指，在同一种或类似商品上的交易。

第三节　侵犯商标权的法律责任

侵犯商标权引起纠纷的，可通过自力救济与公力救济两种途径解决。所谓自力救济是指，基于商标权人所享有的专有权，商标权人可自行对侵害人行使物权性质的请求权，要求其停止侵害。换句话说，双方可就纠纷协商解决。如果不愿协商或协商不成的，则需求助于公力救济。所谓公力救济是指，商标权人或者利害关系人可以请求国家公权力机关借助国家强制力来介入纠纷的解决。我国处理商标侵权案件的国家机关为工商行政管理机关和人民法院。在商标权受到侵害时，被侵权人或者任何人均可以向工商行政管理部门投诉或者举报；被侵权人也可以直接向人民法院起诉。

一旦被认定侵犯了他人的商标权，行为人就需对违法侵权行为承担相应的法律后果。根据商标法的有关规定，侵犯商标权应承担的法律责任分为民事责任、行政责任和刑事责任。

一、民事责任

（一）民事责任的承担方式

根据《民法通则》、《商标法》及相关法规的有关规定，侵犯商标权的民事责任主要有以下三种承担方式：

1. 停止侵害。权利人为了制止侵权行为的继续，使商标专用权恢复至专有状态，可要求侵权人立即停止侵害行为。此项针对侵权人的请求权是基于商标专用权的排他性而产生的，因此不以侵权人的主观过错为要件，也不论权利人是否受到实际的经济损失。

2. 消除影响。权利人可要求侵权人消除因其侵权行为给注册商标造成的不良影响。侵犯商标权的行为，不仅损害了商标权人的合法利益，更使得注册商标的声誉受到负面影响，因而，在实践中，权利人可要求侵权人通过新闻媒体向权利人公开道歉，以消除不良的影响。

3. 赔偿损失。故意或过失侵犯商标权给权利人造成财产损失的，权利人可以请求侵权人赔偿其损失。赔偿损失是侵权人承担民事责任的主要方式，其目的是使权利人因侵权行为遭受的经济损失获得补偿。

需要承担赔偿损失责任的行为需满足四个构成要件：损害事实、损害与行为之间的因果关系、行为的违法性以及行为人的主观过错。但需要指出的是，在实践中要证明行为人行为时存在主观过错有一定的困难。因此，法律对赔偿损害责任的承担采取过错推定的方式，即由行为人证明自己不存在过错。如若行为人不能证明，则推定其在明知或者应知的情况下实施了违法侵权行为，应当承担赔偿损失的责任。前文曾经提到过的我国《商标法》第56条第3款的规定，便是以过错推定作为认定承担赔偿损失责任的法律依据。

关于赔偿损失的数额，《商标法》第56条第1、2款作出了明确规定，赔偿损失的数额，为侵权人在侵权期间因侵权所获得的利益，或者被侵权人在被侵权期间因被侵权所受到的损失，包括被侵权人为制止侵权行为所支付的合理开支。对于侵权人因侵权所得的利益，或者被侵权人因被侵权所受到的损失难以确定的，由人民法院根据侵权行为的情节判决给予50万元以下的赔偿。对于这些规定，需要注意以下几点：

（1）赔偿额计算方法的选择。《最高人民法院关于审理商标民事纠纷案件适用法律若干问题的解释》（以下简称《商标纠纷解释》）第13条规定："人民法院依据商标法第56条第1款的规定确定侵权人的赔偿责任时，可以根据权利人选择的计算方法计算赔偿数额。"可见，对于赔偿额的计算，我国是尊重当事人的意思自治的，不但人民法院在审判中可以根据案情依法选择，当事人也有权进行选择。一般情况下，人民法院的选择应立足于当事人的选择要求。另外，如果当事人之间就上述方法以外的损害赔偿额计算方法能够达成一致的，在不违反国家法律和社会公共利益及他人合法权益的情况下，人民法院应当准许。

（2）赔偿额的计算方法。根据《商标法》第 56 条的规定，确定侵犯商标权的赔偿数额有三种：

第一，按照侵权人在侵权期间因侵权所获得的利益来确定。《商标纠纷解释》第 14 条规定："商标法第 56 条第 1 款规定的侵权所获得的利益，可以根据侵权商品销售量与该商品单位利润乘积计算；该商品单位利润无法查明的，按照注册商标商品的单位利润计算。"所谓"商品单位利润"，即指每件商品的平均利润。

第二，按照被侵权人在被侵权期间因被侵权所受到的损失来确定。《商标纠纷解释》第 15 条规定："商标法第 56 条第 1 款规定的因被侵权所受到的损失，可以根据权利人因侵权所造成商品销售减少量或者侵权商品销售量与该注册商标商品的单位利润乘积计算。"在现实生活中，有可能出现这样的情形：某种商品的市场需求量很大，即使已有侵权行为发生，被侵权人的商品销售量也无减少，甚至有时还会出现上升的趋势。当然，这样的行为为毕竟对权利人潜在的销售市场造成了侵害，行为人利用他人专有的注册商标而非法获利，所以同样应当承担赔偿损失的责任。对此，《商标纠纷解释》才规定还可以根据侵权商品销售量与注册商标商品的单位利润乘积来确定赔偿额。

无论选择第一或第二哪种方法来确定赔偿额，侵权人的赔偿数额还应当包括被侵权人为制止侵权行为所支付的合理开支。制止侵权行为所支付的合理开支，包括权利人或者委托代理人对侵权行为进行调查、取证的合理费用。人民法院根据当事人的诉讼请求和案件具体情况，可以将符合国家有关部门规定的律师费用计算在赔偿范围内。具体来看，合理开支可包括：被侵权人所支付的用于制止侵权行为的交通费、调查费、鉴定费以及适当的律师费及其他合理费用。

在侵权人因侵权所获得利益以及被侵权人因被侵权所受到的损失都能够确定的情况下，当事人可以选择其中的一种，请求人民法院以此为标准做出判决。

第三，给予法定数额的赔偿。在实践中，有很多侵犯商标权的案件难以取得充分的证据来确定侵权人因侵权所得的利益或者被侵权人因被侵权所受的损失，损害赔偿额不易计算。在这种情况下，人民法院根据多年的审判实践经验，总结出法定数额赔偿的确定方式，以防止案件久拖不结，从而有利于更好保护商标权人的合法利益。

《商标纠纷解释》第 16 条规定："侵权人因侵权所获得的利益或者被侵权人因被侵权所受到的损失均难以确定的，人民法院可以根据当事人的请求或者依职权适用商标法第 56 条第 2 款的规定确定赔偿数额。人民法院在确定赔偿数额时，应当考虑侵权行为的性质、期间、后果，商标的声誉，商标使用许可费的数额，商标使用许可的种类、时间、范围及制止侵权行为的合理开支等因素综合确定。"

这里需要注意的是：①给予法定数额的赔偿一定是在侵权获利及侵权损失难以确定的情况才采用的赔偿计算方式。但凡能用证据确定赔偿额的，不能采取法定赔偿额。②制止侵权行为的合理开支应当包括在50万元的法定赔偿额范围内。

综上所述，除了停止侵害、消除影响以及赔偿损失这几种主要的民事责任承担方式外，人民法院在审理侵犯商标权的纠纷中，还可以适用《民法通则》中列举的排除妨碍、消除危险等民事责任承担方式。这些民事责任的承担可以单独适用，也可合并适用。此外，人民法院还可以作出罚款，收缴侵权商品、伪造的商标标识和专门用于生产侵权商品的材料、工具、设备等财物的民事制裁决定。

（二）民事责任的执法措施

为了保证前述民事责任的切实落实，维护商标权人的合法权益。2001年修改《商标法》时，又增加了一些新的有关民事执法措施的规定。

1. 诉前临时措施。根据《商标法》第57条的规定，商标注册人或者利害关系人有证据证明他人正在实施或者即将实施侵犯其注册商标专用权的行为，如不及时制止，将会使其合法权益受到难以弥补的损害的，可以在起诉前向人民法院申请采取责令停止有关行为和财产保全的措施。可见，诉前临时措施是专门针对实践中的"即发侵权"而采取的，这种规定，旨在保护商标权人的合法利益，将即将发生的侵权行为扼杀在萌芽状态，最大程度地减少权利人的损失。

申请人民法院采取临时保护措施的，应当注意以下问题：

（1）申请人须是商标注册人或者利害关系人，包括独占许可合同、排他许可合同的被许可人、商标专用权的合法继承人等。

（2）申请人必须提供证据，能够证明他人正在实施或者即将实施侵犯商标权的行为，同时证明如果不及时制止该行为，将会使申请人的合法权益遭受难以弥补的损害。

（3）申请内容为责令停止有关行为或财产保全措施，权利人可申请人民法院同时采取这两项措施，也可申请采取其中一项措施。可要求停止的行为包括生产、制造、加工侵权商品的行为，销售侵权商品的行为等一系列侵犯商标专用权的行为；财产保全则是指采取查封、扣押、冻结或者法律规定的其他方法强制控制与案件有关的财产的措施。

（4）申请应当在起诉前向人民法院提出。

（5）要求申请人提供担保，申请人不提供担保的，人民法院驳回其申请。这里的担保包括现金、有价证券或其他信用担保。申请人在人民法院采取临时措施后，应在15日内向人民法院提起诉讼，15日不起诉的，人民法院将解除临时措施。

（6）申请有误的，申请人应当赔偿被申请人因诉前临时措施所遭受的损失。

2. 诉前证据保全。根据《商标法》第58条的规定，为制止侵权行为，在证据可能灭失或者事后难以取证的情况下，当事人可向人民法院提出保全措施。诉前证据保全必须是在起诉之前提出申请，且申请目的必须是为了制止侵权行为，并存在"证据可能灭失或者以后难以取得"的情况。如果不及时采取必要的保全措施，很可能给权利人造成无法弥补的损失，因而法律才赋予当事人以这样的权利。

（三）民事责任的时效与管辖

1. 诉讼时效。侵犯商标权行为的诉讼时效与一般的民事诉讼时效一样，为2年，自注册人或者利害关系人知道或者应当知道侵权行为之日起计算。但需要注意的是，如果商标注册人或者利害关系人超过2年起诉的，而侵权行为在起诉时仍在持续，那么在该注册商标专有权的有效期限内，人民法院仍应判决被告停止侵权行为，损害赔偿额应自权利人向人民法院起诉之日起向前推算2年计算。

2. 管辖。根据《商标纠纷解释》第6条的规定，因侵犯商标权纠纷提起的民事诉讼，由侵权行为的实施地、侵权商品的储藏地或者查封扣押地、被告住所地人民法院管辖。对涉及不同侵权行为实施地的多个被告提起的共同诉讼，原告可以选择其中一个被告的侵权行为实施地人民法院管辖。

二、行政责任

（一）行政责任的承担方式

侵犯商标权的行政责任主要有以下几种承担方式：①责令立即停止侵权；②收缴并销毁侵权商标标识；③消除现存商品上的侵权商标；④没收、销毁侵权商品和专门用于制造侵权商品、伪造注册商标标识的工具；⑤对侵犯注册商标专用权，尚未构成犯罪的，工商行政管理部门可视情节处以罚款。罚款数额为非法经营额3倍以下；非法经营额无法计算的，罚款数额为10万元以下。

此外，《商标纠纷解释》第21条第2款规定："工商行政管理部门对同一侵犯注册商标专用权行为已经给予行政处罚的，人民法院不再予以民事制裁。"

（二）行政责任的执法措施

根据《商标法》第53条的规定，因侵犯商标专用权行为引起纠纷的，由当事人协商解决。不愿协商或协商不成的，商标注册人或利害关系人可以向人民法院起诉，也可向侵权人所在地或侵权行为地县级以上工商行政管理机关告发或检举。这体现了我国特有的处理商标侵权行为的司法与行政——"双轨制度"。

当事人一旦选择了通过行政途径解决侵权纠纷，只要工商行政管理机关确认属于其依职权的管辖范围，且人民法院尚未受理该案，便会立案。一经立案，根据《商标法》第55条的规定，工商行政管理机关就会展开调查取证，可行使下列职权：①询问有关当事人，调查与侵犯他人注册商标专用权有关的情况；②查阅、复制当事人与侵权活动有关的合同、发票、账簿以及其他有关资料；③对当事人涉嫌从事侵犯他人注册商标专用权活动的场所实施现场检查；④检查与侵权活动有关的物品，对有证据证明是侵犯他人注册商标专用权的物品，可以查封或者扣押。

工商行政管理部门在查处侵犯注册商标专用权的行为时，对涉嫌犯罪的，应当及时移送司法机关处理。

当事人对工商行政管理部门处理决定不服的，可以自收到处理通知之日起15日内依照《中华人民共和国行政诉讼法》向人民法院起诉；侵权人期满不起诉又不履行的，工商行政管理部门可以申请人民法院强制执行。

另外，《商标法》第53条还规定："进行处理的工商行政管理部门根据当事人的请求，可以就侵犯商标专用权的赔偿数额进行调解；调解不成的，当事人可以依照《中华人民共和国民事诉讼法》向人民法院起诉"。这一规定改变了《商标法》修改前工商行政管理机关应被侵权人的请求责令侵权人赔偿损失的做法，当事人之间的民事赔偿，应由司法机关通过审判确定，而不是由行政机关作出决定，这是立法的进步。

三、刑事责任

侵犯商标权构成犯罪的行为是侵犯商标权行为中最严重和危害最大的一种。根据《商标法》第59条和《刑法》第213～215条的规定，侵犯注册商标权构成犯罪主要有：假冒注册商标罪；销售假冒注册商标商品罪；伪造、擅自制造他人注册商标标识罪。这几种犯罪侵犯的客体都是注册商标专用权，所以我们将其统称为侵犯注册商标罪。这些犯罪都是为了谋取非法利益，故意违反商标法，严重侵犯商标注册人的合法权益，破坏社会经济正常秩序的行为。

引例解析

结合上述认定驰名商标的标准，本章引读案例中原告的"梦特娇"等系列注册商标是否可以被认定为驰名商标呢？

原告法国博内特里公司成立于1925年2月11日，其公司及其注册商标有着悠久的历史。其"梦特娇"、"MONTAGUT+花图形"、"花图形"等商标经过长期的宣传及使用，在中国已经具有了很高的知名度。原告与被告的案件于2007年被法院受理，而在案件发生之前的2006年3月，北京市高级人民法院在（2006）高行终字第30号行政判决书中曾认定原告的"MONTAGUT+花图形"、"梦特娇"、"花图形"商标为驰名商标。并且2006年4月26日，湖南省长沙市中级人民法院在（2006）长中民三初字第0089号民事判决书中也认定"MONTAGUT+花图形"、"梦特娇"商标为驰名商标。

　　原告在起诉时提供了大量证明其商标持续使用时间、宣传时间、范围及程度、作为驰名商标受保护的记录。例如：对 3 个注册商标投入了大量广告，进行过广泛的宣传。在法国，"MONTAGUT" 及 "花图形" 商标最早在 1940 年 4 月 6 日的法国杂志上就进行过广告宣传，后于 1967 年在《ELLE》时尚杂志上做过广告宣传等。

　　在中国境内，自 1991 年起原告便持续在中国各大电视台、报纸、杂志等媒体上对 "梦特娇"、"MONTAGUT + 花图形"、"花图形" 注册商标进行广告宣传。这些媒体包括中央电视台、北京电视台、上海电视台、浙江电视台等各大电视台；《中国服饰报》、《世界服装之苑》、《时尚》、《上海信息报》、《北京晚报》等报刊、杂志。这些媒体宣传报道也可以显示，原告的 "梦特娇" 服饰在全国范围的许多商场均有销售。

　　最终，法院认定，原告最早于 1940 年 4 月 6 日在法国杂志上对其 "MONTAGUT" 商标进行广告宣传。并于 1986 年开始就在我国商标局陆续注册了讼争的 3 个商标。自 1991 年起，原告对涉案商标进行了广泛而持久的广告宣传，投入了大量资金在全国范围内的多家电视台、报纸、杂志媒体上多方位发布广告。此外，原告 "梦特娇" 品牌的服装在同行业中的销售排名和市场占有率均在前列。而且，针对多年来原告的 3 个注册商标在全国各地遭受的大量商标侵权事件，司法机关和行政机关也作出了许多保护原告商标的司法判决和行政裁决，均认定了 3 个商标为驰名商标。综合以上事实，足以认定原告对涉案 3 个注册商标的使用已经在中国境内产生了较高的市场声誉，已达到为相关公众所熟知的程度。据此，本院认为应当认定本案系争的 "梦特娇"、"MONTAGUT + 花图形"、"花图形" 商标为驰名商标。

　　那么，被告的行为是否侵犯原告商标权呢？

　　根据《商标法实施条例》第 3 条的规定，商标的使用包括将商标用于商品、商品包装或者容器以及商品交易文书上，或者将商标用于广告宣传、展览以及其他商业活动中。而根据最高人民法院《商标纠纷解释》第 1 条第 2 项的规定，复制、摹仿、翻译他人注册的驰名商标或其主要部分在不相同或者不相类似商品上作为商标使用，误导公众，致使该驰名商标注册人的利益可能受到损害的，构成驰名商标侵权。最终，法院认为，被告在网站、宣传手册和加盟店牌匾上使用的文字和标识，构成商标使用行为。首先，被告使用的 "梦特娇" 字样，与原告的商标相比，仅存在简繁体及排列上的差别，在两者读音相同的情况下，上述细微差别并不会对相关公众判断商品来源造成影响，可以认定被告的行为构成复制驰名商标行为；其次，被告使用的 "FR. MONTAGUT" 与原告的 "MONTAGUT + 花图形" 商标进行比对可见，两者的主要部分同为 "MONTAGUT"，可以认定被告的行为构成复制驰名商标的主要部分的行为；最后，被告使用的花图形中有一种六瓣花图形，虽然原告的花图形商标为五瓣花图形，但两者在花的大致形状、叶子的数量及分布上都相似，因此，可以认定被告的行为构成摹仿驰名商标行为。综上，法院认定，被告在网站、宣传手册和加盟店牌匾上使用的文字和标识构成复制、摹仿原告驰名商标及其主要部分的行为，虽然服装类商品与洗衣类服务分属不同类别，但两者存在一定的关联性，足以误导相关公众，认为被告与原告有某种联系，致使原告的利益可能受到损害，因此被告的行为构成驰名商标侵权，应当就此承担停止侵害、赔偿损失的民事责任。

思考题

（一）简答题

1. 驰名商标与普通商标相比有何特点？

2. 我国对驰名商标的保护是如何体现的？

3. 集体商标与证明商标的保护有何不同？

4. 什么叫做商标的反向假冒？

5. 商标侵权行为有哪些表现方式？

（二）案例分析题

1. 原告丰田自动车株式会社于 2003 年 1 月向北京市第二中级人民法院起诉被告浙江吉利汽车有限公司、北京亚辰伟业汽车销售中心侵犯其商标权，要求二被告停止侵权并对此承担连带赔偿责任。

原告诉称：原告在与汽车相关的领域拥有图形商标（如图 1）、"丰田"商标和"TOYOTA"商标的注册商标专用权，该商标在中国享有极高的知名度，是无可争议的驰名商标。但原告发现被告亚辰伟业中心在北京市亚运村汽车交易市场销售由被告吉利公司制造的美日汽车带有图形标识（如图 2）的汽车。被告吉利公司在其制造的汽车前脸、轮胎、方向盘、后备箱等显著位置使用的美日图形商标已经构成了对原告注册商标权的侵犯，同时构成了不正当竞争行为；被告吉利公司及亚辰伟业中心在销售涉案美日汽车时使用"美日汽车 丰田动力"、"丰田8A 发动机"、"技术参数：TOYOTA8A"等宣传用语误导消费者，违背了诚实信用原则，也同时构成了侵犯商标权和不正当竞争。

问题：你认为本案应当如何处理？

图 1　　　　　　　　图 2

2. 2005 年 4 月 12 日，山东某化妆品公司注册了"attitude"商标，用于该公司生产的化妆品上。2006 年 5 月 11 日该公司发现广州美如化妆品公司所销售的化妆品是其公司生产的。山东某化妆品公司于是向法院起诉，认为美如化妆品公司侵犯了其商标权。而被告美如化妆品公司辩称其所使用的是其自己注册的"美如"商标，并没有使用"attitude"这一品牌。

问题：美如化妆品公司的行为是否构成侵权？

第四编
专利法

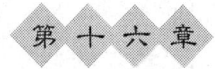

专利法概述

☞　**学习要点**

学习本章应当了解专利权的概念、专利权的产生、我国专利法的三次修改，重点掌握专利权的特征和专利权的国际发展趋势。

第一节　专利与专利权

一、专利

专利，英文为 Patent，该词语来源于 14 世纪英国产生的 Letters Patent，即公开的证书（信件），其上有蜡印并附着丝带，但并不封口，无需启封即可阅读证书（信件）内容。可见，专利最初的含义是官方将证书所记载的技术内容向公众公开，同时授予申请人垄断性的特权。从某种意义上，专利是一种典型的"以公开换垄断"的权利。所谓"公开"，就是记载发明创造内容的技术方案必须要公之于世，让公众能够充分知晓。所谓"垄断"，就是国家和法律授予发明创造人在一定时期内对其技术方案享有独占使用的权利。

在今天，我们实际上可以从不同的层面去理解专利的概念：①专利就是专利权的简称；②专利是指记载发明创造内容或技术方案的文献，也就是专利文献的简称；③专利是指经国家专利行政主管机关依照法定程序审查批准的、符合专利授予条件的发明创造。从第三个层面上讲，专利具有两个基本要素：

1. 专利是符合专利法规定的专利授予条件的发明创造。《中华人民共和国专利法》（以下简称《专利法》）第 22 条第 1 款规定："授予专利权的发明和实用新型，应当具备新颖性、创造性和实用性。"第 23 条规定："授予专利权的外观设计，应当不属于现有设计；也没有任何单位或者个人就同样的外观设计在申请日以前向国务院专利行政部门提出过申请，并记载在申请日以后公告的专利文件中。"《专利法》第 5 条规定："对违反法律、社会公德或者妨害公共利益的发明创造，不授予专利权。"

2. 专利应当经专利行政主管机关依照法定程序审查批准。《专利法》第 3 条规定，国务院专利行政部门负责管理全国的专利工作；统一受理和审查专利申请，依法授予专利权。任何发明创造想要成为专利必须经过专利行政主管机关的审批。《专利法》规定了发明专利、实用新型专利和外现设计专利三种专利类型。

二、专利权

专利权，是国家专利行政主管部门依据专利法授予发明人、设计人或其他合法申请人对某项发明创造在法定期间内所享有的一种独占权或专有权。专利权具体体现在专利法赋予专利权人享有排他性权利的内容。《专利法》第 11 条规定："发明和实用新型专利权被授予后，除本法另有规定的以外，任何单位或者个人未经专利权人许可，都不得实施其专利，即不得为生产经营目的制造、使用、许诺销售、销售、进口其专利产品，或者使用其专利方法以及使用、许诺销售、销售、进口依照该专利方法直接获得的产品。外观设计专利权被授予后，任何单位或者个人未经专利权人许可，都不得实施其专利，即不得为生产经营目的制造、许诺销售、销售、进口其外观设计专利产品。"这一条规定了专利权人享有的排他性权利的内容。

专利权是一种无形财产权，其权利的客体体现为一种技术方案或外观设计。技术方案记载在专利申请的法律文件上，特别是权利要求书（claim）。权利要求书记载了受专利法保护的技术方案，该技术方案由一系列的技术特征组成。如果他人实施的行为包含了一项权利要求中记载的全部技术特征，就落入了该专利权的保护范围之内，构成侵犯该专利权的行为；如果没有包含一项权利要求的全部技术特征，则表明其实施的技术方案与该专利权所保护的技术方案不相同，就不应该受到该专利权的限制。[1]专利权是一种无形财产权，与有形财产权相比较，有其独特的特点：

1. 专有性。也称独占性，是指专利权人对其发明创造或设计所享有的独占性或排他性的权利。这一独占性权利表现在对同一项发明创造，不允许有两个或两个以上的同一属性的专利权并存。其他任何单位和个人未经专利权人许可，不得从事以营利为目的而使用专利技术的活动，否则就是侵犯专利权。

2. 地域性。是指一个国家依照本国专利法授予的专利权，仅在该国法律管辖的范围内有效，对其他国家没有任何约束力，外国对其专利权不承担保护的义务。如果某人想要自己在一国内的专利在他国受到保护，就必须在其他国家也提出专利授权申请。

3. 时间性。是指专利权人对其发明创造或设计所拥有法律赋予的专有权只在法律规定的时间内有效，期限届满后，该发明创造就成了社会的公共财富，任

---

[1]　尹新天：《专利权的保护》，知识产权出版社 2005 年版，第 27 页。

何单位或个人都可以无偿地使用。我国专利法规定专利权的保护期限为：发明专利20年，实用新型和外观设计为10年，从申请之日起算。

4. 程序性。是指专利权必须经专利行政主管机关审查后才能依照法定程序授权。不同于著作权依照法律的规定自作品创作完成之时自动产生，专利权只有经过国家专利部门审查，确认一项技术方案符合专利法规定的专利授权条件，能够给社会带来一定的利益后，才会授予专利权。

三、专利制度的作用

专利制度是国际上通行的一种促进技术进步的重要法律制度，它利用法律、经济和管理的手段保护专利持有人的权益，鼓励人们从事发明创造，进而对人类的科技进步和社会发展起着巨大的推动作用。

（一）激励创新

林肯曾说过，专利制度是"为天才之火添上利益之油"。专利制度是一种激励投资和投智的制度，为创新提供了最重要的激励机制。专利权是一种私权，它确定了创新主体对自己的发明创造享有一定期限的独占权，创新产品的使用者或消费者应当对专利的使用支付成本，保证了创新主体的创新投入得到回报，实现个人收益率和社会收益率之间的平衡，从而保持对发明创造等创新行为的持久激励。

（二）促进发明创造的转化和传播

专利权利益的实现是以其使用为前提的。由于专利的申请、审查、公告等需要缴纳一定的费用，若授权后没有实施，还要交纳昂贵的年费。如果某项专利不实施，专利权人不但得不到任何报酬，而且要支付专利费用。这就使得专利权人积极推广应用其发明创造成果，尽可能快地实现其专利技术与市场的结合。同时，专利制度是一种典型的以"垄断换公开"的机制，通过公开机制，专利说明书成为技术信息的重要来源，为后续发明和研究提供了技术信息和知识。

（三）保障发明创造权利人的利益

专利在很大程度上是创新成果经确权后在法律上的表现形式，是创新成果的权利化体现。首先，专利制度规定了对各种侵权行为的制裁措施，为创新提供了公平竞争的规则；其次，专利制度的保护规则延长了竞争者进入市场的时间，即专利制度赋予权利人一定的垄断时限，在此期间他人未取得权利人的许可不能使用其技术，从而保障了创新利益的回收。

（四）减少不必要的创新成本

充分利用专利制度，可以缩短创新时间，降低科研成本，从而实现社会资源的有效配置。据统计，世界上每年成果90%～95%都能在专利文献中查找，查阅专利文献可以缩短约60%的科研时间，节省40%的研发费用。

第二节 专利法的概念和历史发展

一、专利法的概念与渊源

（一）专利法的概念

专利法是一个国家知识产权法的重要组成部分。法律是社会关系的调整器。从广义上讲，专利法是调整因发明创造的开发、利用、管理和保护等活动中产生的各种社会关系的法律规范的总称。

从狭义上讲，我国专利法主要是指 1984 年 3 月全国人民代表大会常务委员会通过并颁布的《中华人民共和国专利法》。此后，根据 1992 年 9 月 4 日第七届全国人大常委会第二十七次会议的决定对《专利法》作了第一次修正；根据 2000 年 8 月 25 日第九届全国人大常委会第十七次会议的决定对《专利法》又作了第二次修正；根据 2008 年 12 月 27 日第十一届全国人大常委会第六次会议的决定对《专利法》作了第三次修改。

（二）专利法的渊源

专利法的渊源即专利法的表现形式。我国专利法的渊源主要有：

（1）宪法。我国宪法规定，国家奖励技术发明创造（《宪法》第 20 条），对于从事科学、技术事业的公民的有益的创造性工作，给以鼓励和帮助（《宪法》第 47 条）。

（2）法律。主要有《中华人民共和国专利法》、《中华人民共和国民法通则》（第 118 条）、《中华人民共和国刑法》（第 216 条）等法律中的有关规定。

（3）行政法规和部门规章。这一个层次的法律渊源主要有国务院颁发的《中华人民共和国专利法实施细则》等。

（4）司法解释。如《最高人民法院关于对诉前停止侵犯专利权行为适用法律问题的若干规定》（2001 年）、《最高人民法院关于审理专利纠纷案件适用法律问题的若干规定》（2001 年）、《最高人民法院关于审理侵犯专利权纠纷案件应用法律若干问题的解释》（2009 年）等。

（5）国际公约。我国政府已加入了下述与专利保护有关的国际公约：《专利合作条约》（简称 "PCT"）、《建立世界知识产权组织公约》、《与贸易有关的知识产权协定》（即《TRIPS 协定》）、《巴黎公约》等。

二、专利法的历史发展

罗马不是一天建成的。专利制度的建立也绝不是一蹴而就、一夜之间的事情，它经历了几百年的不断发展和完善。

（一）国外专利法的历史发展

1. 专利法的产生。米瑟斯说过："事实上是资本主义创造了技术，而不是技术创造了资本主义。"在13世纪以前，人类社会总体上还处于自然经济状态，生产力中的基础技术主要是农业社会中的耕作技术，水平相对比较低下，尚无产生利用法律手段保护发明创造的宏观需求。随着生产力水平的提高，依靠技术创造的财富在社会总财富中所占的比例也逐渐提高，人们开始意识到技术的重要性。在13世纪，英国皇家开始以特许令的方式奖励在技术上的创新。其奖励方式是，由英王颁发诏书对新近的发明或者新引进英国的技术授予在一定期限内的垄断权。这种诏书在当时被叫做"公开证书"（Letters Patent），在该证书的封套上有蜡印并附着丝带，但该蜡印和丝带并不起封口作用，无需启封即可阅读证书内容。例如，1331年，英王爱德华三世曾授予佛兰德的工艺师约翰·卡姆比在缝纫与染织技术方面"独专其利"。该早期"专利"的授予目的，在于避免外国的制造作坊将在英国使用着的先进技术吸引走。这种钦赐特权制度便是专利制度的萌芽，但这种"专利"证书，在一开始却是作为王室授予行业垄断权的象征出现的。伊丽莎白一世时期（1558~1603年）更是滥施特权。不久，这种无期限的专有权就明显产生了不公平的垄断。到17世纪前半叶，这种作为王室特权的专利证书最终只被限定用于技术发明一途。[1]

15世纪时，地中海沿岸的贸易交往已经相当发达。1474年3月19日，威尼斯城邦共和国元老院颁布了世界上第一部最接近现代专利制度的专利法。该法规定："任何人在本城制造本城邦内先前未曾有人制造的、新颖且精巧的、经改进完善即可使用和操作的机械装置，应向本城行政部门登记，以使该发明得以应用。未经发明人同意，本城其他人在10年内不得制造与该装置相同或者相似的产品；若有仿造者，发明人可向本城执行官告发，执行官可令侵权者赔偿100枚金币，并处销毁侵权装置。"《威尼斯专利法》开始了以立法形式取代由君主赐予特许权的制度。该法规定的三个基本原则，即"保护发明创造原则、专利独占原则、侵权处罚原则"，为现代专利制度奠定了基础。该法之所以仍不能把它称为专利（Patent）法，主要因为它的出发点是把工艺师们的技艺当作准技术秘密加以保护，而Patent本身则是"公开"的意思。[2]

到了16~17世纪，工业化革命席卷欧洲，尤其是英国。1602年，在Darcy

---

〔1〕 金海军：《知识产权私权论》，中国人民大学出版社2004年版，第51页。
〔2〕 郑成思：《知识产权论》，法律出版社2005年版，第4页。

诉 Allen 一案中，英国法院首次以判例形式保护了一项 1598 年被授予的专利权。[1] 这一著名的案例是现代专利发展的一个起点。

在工业革命的进程中，资产阶级逐步掌握先进的工业技术，并藉此控制着国家的经济命脉。他们追求平等，要求限制王权，并在此基础上提出了自己的主张。这使得伊丽莎白女王不得不宣布废除以前的特权制度。到了詹姆斯一世时期，1624 年英国颁布了《垄断法案》（Statute of Monopolies），以控制和限制对专利的滥用，规定一切垄断都应被拒绝，除非属于该法第 6 条规定的例外情况。符合该法第 6 条规定的新产品可以获得 14 年的垄断权。[2]《垄断法案》被认为是世界上第一部具有现代意义的专利法，它宣布以往君主所授予的发明人的特权一律无效，实现了专利由封建的特权发展为现代民事权利的转变。

2. 专利法的发展。继英国之后，各国纷纷效仿，建立了各自的专利制度。到 20 世纪的七八十年代后，在全球范围内西方国家已经在经济和技术上取得了领先地位。为了维护其靠着技术优势所建立起来的领先地位，以美国为代表的西方国家则开始采取各种措施，强化对专利权的保护。美国在其独立后不久，就于 1790 年颁布了专利法（《促进实用技艺进步法案》）。法国在资产阶级大革命胜利后，于 1791 年颁布了专利法，并在专利法序言中明确提出无视他人对技术发明的专利权就等于无视人权。此后，俄国于 1812 年、西班牙于 1826 年、德国于 1877 年、日本于 1885 年相继颁布了专利法。目前，世界上绝大多数国都建立起了专利制度。在最近 30 年里西方国家在国内法方面对于专利权的保护水平可谓不断提高，这直接反映了西方国家的利益需求。

19 世纪初以来，各国对外国人的专利保护主要是通过双边协议完成的，随着国际间经济交往的日渐频繁，双边协议的保护模式已不能适应包括专利在内的工业产权发展的需要。为了更好地保护发明人的利益，1883 年，11 国在巴黎讨论通过了《巴黎公约》。《巴黎公约》规定了国民待遇原则、优先权原则，以及有关专利的独立性规则等，这些原则和规则成为专利国际保护的基本准则。从专利法的发展史着眼，《巴黎公约》开创了专利法国际协调的先河。现在，《巴黎

---

〔1〕 该案的基本案情是：原告 Darcy 获有一份专利（patent），并因此而享有在英格兰供应纸牌的独占权。其对 Allen 提起诉讼，声称因为被告也在销售纸牌，从而诈取其在专利上的利益。被告的代理人从几个方面提出辩护，其针对的就是原告所拥有的垄断权是否属于正当。理由之一涉及就业问题，垄断将阻止他人的工作，这是与王国的利益相悖的，而根据普通法，任何臣民皆享有从事合法职业之权利。理由之二则直接与经济相关，垄断最终是为了获取私人利益，而这将意味着商品质量的下降与价格的上涨。无论是普通法还是"上帝法的衡平原则"都将谴责垄断的这一特征。最终，王座法院（Queen s. Bench）判决原告 Darcy 败诉。

〔2〕 ［英］蒂娜·哈特、琳达·法赞尼：《知识产权法》（英文版），法律出版社 2003 年版，第 7 页。

公约》已有一百多个成员国，已经成为国际上最重要的知识产权公约之一。

此后，为了方便申请人在多个国家申请专利并获得保护，促进科学技术信息的交流，1970 年 6 月，78 个国家和 22 个国际组织在华盛顿缔结了《专利合作条约》（PCT）。它是在《巴黎公约》原则指导下产生的一个国际专利申请公约。公约共 8 章，主要内容是统一缔约国的专利申请手续和审批程序，以及就专利文献的检索工作和批准专利权的初步审查工作等方面进行合作，以使一项发明通过一次国际申请便可同时在申请人选定的几个或全部成员国获得批准。《专利合作条约》的主要意义在于：简化了成员国国民在成员国范围申请专利的手续，一份申请，以一种语言，向一个受理局提出，进入各国家阶段以前，可代替多份外国申请；以最小的花费，使申请人向各成员国提出申请的决定可以推迟到自优先权日起 30 个月；减轻了条约各成员国专利局的工作量，也加快了专利情报的传播速度，扩大了传播范围。目前，全世界已经有近 130 个国家加入此条约。

自 20 世纪 60 年代以来，世界经济相互依存度逐渐提高。不少发展中国家的经济有了发展，开始参与国际市场的竞争。国际贸易已从单一的有形货物贸易转向多元的有形货物贸易、服务贸易和技术贸易。在这种背景下，发达国家发现专利对它们日益重要，为了继续维持它们在全球竞争中的优势地位，专利保护成为这些国家关注的焦点。由于各国对专利保护的水平不等，同一专利申请在不同国家可能会有不同的结果，但是根据专利的独立性规则这是合理的。以美国为代表的发达国家显然不能满足这种保护水平，而《巴黎公约》的国民待遇原则又不能解决这一问题，因而把目光投向当时的关贸总协定，并于 1994 年在摩洛哥签署了包括《TRIPS 协定》在内的一揽子协议。《TRIPS 协定》第一次对专利保护的实体方面做出了规定，虽然只是规定了多数成员国都可以接受的最低标准，但是却标志着专利的国际保护向新的方向迈进。

在《TRIPS 协定》生效后的几年里，讨论的一个重要问题是专利药品与公共健康的关系问题。2003 年 8 月 30 日，经过 20 个月的艰苦谈判，WTO 总理事会终于打破僵局，一致通过了《关于 TRIPS 协定与公共健康宣言第六段的执行决议》。成员国同意在法律上做出一定修改，使较贫穷并且自己不能生产药品的国家能较容易地得到在强制许可制度下生产的廉价专利药品，消除了在现行专利制度下进口廉价药品的障碍。它的诞生使公共健康问题终于在《TRIPS 协定》框架内有了一个解决方案。从《巴黎公约》到《专利合作条约》，再到《TRIPS 协定》，可以清晰地看出在发达国家的推动下，专利的国际保护逐渐从程序方面的统一向实体方面的统一演进，专利的独立性规则受到挑战。

在专利保护的国际化这一领域，主要由于贸易全球化和经济一体化进程的加快，世界各国尤其是发达国家一直致力于建立一个全球统一的强有力的专利制度，从而降低专利费用，减少程序，最终有利于发明人和专利权人在全球范围内迅速、便捷地获得被有效保护的专利和实施专利技术。这就是"世界专利"（或"全球专利"）设想和趋势的出现，即突破国家主权的藩篱，在世界范围内统一授权、统一有效的专利，从而也是在世界范围内以统一的力度保护的专利。但是，从目前来看，一方面，由于民族国家的主权还是实现这一理想不可逾越的障碍；另一方面，因为各个国家经济、政治发展水平不同造成的对专利制度需求的水平也不同，能提供的保护水平也不同，这又造成了打造"世界专利"制度的客观困难。因此，目前的专利国际保护的基石仍然是《巴黎公约》所确定的"国民待遇"原则，专利的国际保护还仅仅停留在程序上逐步达到统一的进程中，离"世界专利"的目标还十分遥远。但是，随着《TRIPS 协定》和《专利合作条约》（PCT）的生效，上述进程有加快的趋势。而随着《欧亚专利公约》（EAPC）的生效以及欧洲专利局（EPO）、美国专利商标局（USPTO）、日本特许厅（JPO）1997 年京都三方会议建立全球性专利审批制度共识的达成，建立真正意义上的"世界专利"制度的努力也提上了议事日程。与此同时，随着新的科学技术的发展和专利制度本身在运行中出现的新问题，世界各国都在对专利制度进行着不断的完善和探索。近年来，计算机技术、网络技术、生物技术的迅速发展逐渐反映到专利制度的建设上来，专利保护的客体呈扩大之势。由于管理科学日臻重要，甚至管理方法都存在被纳入专利法律保护的可能性。专利制度设计本身包括申请、授权等制度也都发生了引人注目的变化。[1]

（二）中国专利法的历史发展

就中国专利法发展的历史而言，早在两千多年以前（公元前 857、公元前 841 年）的西周厉王时代就有过关于"谋欲专利之事"的记载。《国语》中也有"匹夫专利，尤谓之盗，王而行之，其鲜归矣"的记载。但长期以来，中国的法律制度一直是"诸法合一"、"重刑轻民"。在这种法律环境下，作为民事法律制度的专利法没有发展的土壤。从法律案文上的专利保护，只是一百多年前才被提到日程上的。1859 年，太平天国运动领导人之一的洪仁玕在他著名的《资政新篇》中首次提出了建立专利制度的建议。他认为：对发明实行专利保护，是赶上西方发达国家的必备条件。他甚至提出了在同一专利制度下，分别保护发明专利与"小专利"（即今天的"实用新型"）的设想，提议在专利保护期上有所区别。由于太平天国运动在 1864 年失败，洪仁玕的建议并没有能真正实现。

中国最早保护发明创造的法律规范是 1898 年清朝戊戌变法中，光绪皇帝颁

---

〔1〕 http：//www. studa. net/faxuelilun/080817/09570826. html，最后访问日期：2010 年 4 月 20 日。

布的《振兴工艺给奖章程》，这部法律是我国历史上第一部专利法，是在清王朝末年兴起的司法改革运动的产物，带有极其浓重的殖民色彩。由于变法的失败，它并未付诸实施。

1911 年 12 月 12 日，由中华民国工商部颁布的《奖励工艺品暂行章程》是现代中国专利法的雏形。根据该章程，有关发明或改良的制造品经工商部考验合格始予以奖励，但如饮食品、医药品、妨害秩序风俗之发明或者改良，以及有相同制品申请在先者除外。凡获奖励者发给褒状，并自颁发执照之日起 5 年内享有专卖该制品的权利。仿造受奖励制品或者伪称其产品为受奖励之制品者将被科以刑事责任。1932 年颁布的《奖励工业技术暂行条例》及其实施细则和《奖励工业技术审查委员会规则》，构成了比较完整的专利保护法律体系。

1944 年 5 月，中华民国国民政府颁布了中国历史上第一部专利法。该法分为发明、新型、新式样及附则 4 章，共 133 条。在内容上它继承了清末原章程或条例中的合理部分，比如先申请原则、异议程序等；同时还引入了一些当时国际上较为先进的做法和规定，比如同时在一部法律中保护多种专利、确立了专利"三性"、发明专利保护期 15 年、复审制度等。从立法技术的角度看，这一法律在当时的世界上算是非常先进的。但是由于国民政府在抗战胜利后不久便在内战中全面溃败，这部法律并未能在中国大陆地区全面实施。

新中国成立以后，政务院于 1950 年颁布了《保障发明权与专利权暂行条例》，实行的是双轨制。它规定任何个人或集体对其发明都可以自愿申请发明权或专利权。此后，该条例被 1954 年颁布的《生产产品发明、技术改进及合理化建议奖励暂行条例》所代替，该条例规定采取奖励办法，对发明人只发给奖金和发明证书，这无疑是一种倒退。

1978 年，国家开始正式建立我国的专利制度。1979 年初即成立专利法起草小组，着手起草专利法。1980 年中国专利局成立。1982 年国家再度启动专利法立法程序。1983 年 8 月，草案经国务院常务委员会会议审议通过，9 月提请全国人民代表大会审议。1984 年 3 月 12 日，中华人民共和国第六次全国人民代表大会常务委员会第四次会议通过了《中华人民共和国专利法》。1985 年 3 月，我国加入《保护工业产权巴黎公约》。1985 年 4 月 1 日，《中华人民共和国专利法》开始实施。这是在中国真正得到全面贯彻的第一部专利法。至此，中国专利制度便开始运转起来。中国专利法在立法上吸收了国际上专利立法的最新经验，结合中国的技术发展水平，对有关技术发明创造给予较为充分地保护。专利法实施第一天，申请量就达 3455 件。

1992 年，在积累了 7 年的实施经验基础之上，国家对《专利法》进行了第一次修订。修正工作是在全球化的知识经济兴起、《TRIPS 协定》的制定、长达

3 年之久的中美知识产权谈判达成协议、国内外掀起强化知识产权保护的热潮下，在中国实施专利法取得初步成功经验的基础上进行的。经过修正，中国专利法在现代化的道路上迈出了新的步伐，申请量显著增长，也为加入 WTO 打下了重要的法律基础。

2000 年，国家又对《专利法》进行了第二次修订。这是中国专利法的重要完善。修正是为了适应跨入新世纪，国际、国内科学技术进步和创新活动飞跃发展的新形势，目标明确，思想清晰，更加结合中国的实际，涉及专利法的半数条款有了新的修正。这次专利法的修改幅度比较大，涉及的条文达 36 条。修改主要涉及到以下几个方面：①为了与社会主义市场经济发展尤其是国有企业改革的要求相适应，修改后的专利法明确了国有企事业单位在申请和取得专利方面与其他经济成份享受同样的权利与义务；②为了适应加强科技进步和创新形势的要求，按照政府鼓励技术等生产要素参与收益分配的精神，对职务发明重新进行了合理界定，并且从法律上明确规定对职务发明人应当给予报酬；③完善专利领域的司法与行政执法，坚持继续实行司法与行政执法的"两条途径、协调运作"的模式，进一步加大专利保护力度；④简化、完善专利审批和维权程序，维护当事人的合法权益；⑤通过这次修改，使我国的专利法与《TRIPS 协定》的标准相一致，为我国加入世界贸易组织营造了更为完善的专利法律环境；⑥对专利审批和专利管理机构提出明确要求，努力建设勤政、廉洁、务实、高效的专利工作队伍。

2008 年 12 月 27 日，第十一届全国人大常委会第六次会议通过了关于修改《专利法》的有关决定，修改后的《专利法》自 2009 年 10 月 1 日起施行。这是我国专利制度发展史上的又一个里程碑。《专利法》的本次修改，是实施《国家知识产权战略纲要》的重要举措。2008 年 6 月 5 日颁布的《国家知识产权战略纲要》，是党中央、国务院在改革开放新时期根据国内外新形势做出的一项重大战略部署，是关系国家前途和民族未来的指导思想、战略目标、战略重点、专项任务和战略措施，是指导我国知识产权事业科学、全面发展的纲领性文件。《国家知识产权战略纲要》明确提出要"进一步完善知识产权法律法规，及时修订专利法、商标法、著作权法等知识产权专门法律及有关法规"，"加快知识产权法制建设，建立适应知识产权特点的立法机制，提高立法质量，加快立法进程"，"加强知识产权法律修改和立法解释，及时有效回应知识产权新问题"。《专利法》是《国家知识产权战略纲要》颁布实施后第一部经过修改的知识产权法律。

《专利法》的第三次修改，将为我国自主创新能力的提高、促进经济社会发展提供更有力的制度支撑。现行《专利法》共有 69 条规定，本次修改新增了 7 条，修改了 23 条。其中，在立法宗旨中增加了"提高创新能力"、"促进经济社会发展"的内容，这不仅宣示了我国提高创新能力、建设创新型国家的决心，更阐明了专利制度与经济社会发展的内在联系；适度调整了发明、实用新型和外观设计专利权的授权标准，这是在我国专利申请数量已经大幅提升的情况下，努力提高专利申请和专利权质量和水平的时代要求；取消了对涉外专利代理机构的指定，这不仅有利于建设服务型政府，创建公平竞争的良好环境，也有利于增强市场主体应用知识产权的能力；赋予了外观设计专利权人许诺销售权，增加了诉前证据保全措施，明确将权利人的维权成本纳入侵权赔偿的范围，加大了对违法行为的行政查处力度，这有利于降低专利权人的维权成本，加大侵权人的侵权代价，使创新者更加敢于创新、安于创新、乐于创新，使违法者不敢仿造、不愿仿造；允许平行进口，增加了药品和医疗器械的审批例外，完善了强制许可制度，并规定了现有技术抗辩原则，这有利于合理平衡专利权人和社会公众的合法权益，有效防止对专利权的滥用。第三次修改完全是从我国自身的需求出发，为了提高自主创新能力，服务于创新型国家建设而修订的。从这个意义上来说，第三次修改是主动修改，更加灵活和有针对性，也更加符合我国的发展现状。新《专利法》的施行，必将对我国经济和社会发展起着更大的推动作用。

思考题

1. 试述专利权的概念与特点。
2. 专利制度的作用有哪些？
3. 简述专利权国际保护的主要条约及发展趋势。
4. 试述我国专利法三次修改的主要背景和基本内容。
5. 阅读以下文字，请对发达国家拟议中的"全球专利"制度谈谈你的看法。

目前，以美国、欧盟和日本为主的发达国家一直在积极倡导建立一种全新的专利制度——全球专利制度（global patent system）。所谓全球专利制度，简而言之，就是指由一个专利局（全球专利局）根据一部专利法（全球专利法）授予的专利（全球专利），在全球各参与国中普遍有效的一种专利制度。全球专利制度受到发达国家的欢迎，却让发展中国家更加担心。全球专利制度目前尚为倡议，主要包含以下内容：①统一的全球专利法。对授予专利的实质性标准、发明内容的公布、充分公开的标准、权利要求、诉讼、专利保护的期限、无效制度、复议和司法审查制度等基本问题统一作出规定。各参与国通过签订协议，承认该专利法的效力、承认依照该专利法授予的专利权。②统一的全球专利局。未来的全球专利局将负责现在由各国专利局所做的程序上和实体上的大部分事务。也可能先由美、日、欧等较有实力的专利局具体承担，再逐步过渡到一个专利局。③统一的申请程序。申请人仅依照全球专利法向全球专利局申请专利即可，包括申请、检索、审查、授权在内的所有程序均可在一次申请中完成。④统一的全球专利。全球专利局按照全球专利法所确定的标准，根据检索结果对一项专利申请进行审查后，可授予为各参与国普遍承认和保护的全球专利。[1]

---

[1] 国家知识产权局："世界专利制度：一个迷人陷阱"，载 http://www. sipo. gov. cn/sipo2008/dtxx/gw/2005/200804/t20080401_ 352844. html，最后访问日期：2010 年 6 月 10 日。

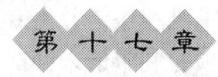

专利权的主体与客体

☞ **学习要点**

学习本章应了解专利权主体的概念、专利权主体的种类、发明创造的类型和相互区别，重点掌握职务发明创造的认定和不能授予专利权的项目，其中职务发明创造的认定是学习的难点。

◆ **引读案例**

朱某是车工，经过潜心思索和多次实验，终于研制出很容易打开各种锁的一套工具。这套类似"万能钥匙"的工具设计方案独特，结构精巧，便于携带，能快速又没有声响的打开各种明锁及暗锁。于是向专利局申请专利。专利局经审查认为朱某的发明虽然具备新颖性、创造性、实用性，但不能授予专利权。[1]

问题： 为什么专利局不能授予朱某专利权？

第一节 专利权的主体

一、专利权主体的概念

（一）专利权主体的概念

专利权主体，即专利权人，是指依法享有专利权并承担相应义务的人。依据我国《专利法》之规定，发明人、设计人及其合法受让人有权获得非职务发明创造的专利权；共同发明人与共同设计人对同一项发明创造共同享有专利权；发明人所在单位有权获得职务发明创造的专利权；外国人可依法在我国申请和获得专利权。从专利权人的自然属性而言，专利权包括自然人、法人及其他组织；从专利权人的国籍而言，专利权人包括本国人和外国人；从专利权人是否通过转让、赠与或继承获得专利权而言，专利权主体包括原始主体和继受主体。

（二）专利申请权主体与专利权主体的联系与区别

专利申请权主体是指依法享有就某项发明创造向国家专利局提出专利申请的

---

〔1〕 王欢："专利法案例评析"，载 http://blog. sina. com. cn/s/blog_ 4a447cb9010005hf. html，最后访问日期：2009 年 4 月 5 日。

自然人、法人或其他组织。如果专利申请人的专利申请依法通过了国家专利局的审批程序，并由专利局依法授予专利权后，专利申请人即转变为专利权人，但一项专利申请未必都能通过批准并获得专利，因此专利申请人未必都能成为专利权人，反之，专利权人也未必都是专利申请权人，因为专利权是可以通过合法受让获得。因此，专利申请人与专利权人是两个不同的概念。

二、专利权主体的种类

（一）发明人或设计人

发明人和设计人是两个不同的概念。发明人是指发明的完成人；设计人是指实用新型和外观设计的完成人。发明人和设计人统称发明创造人，是指对发明创造的实质性特点作出了创造性贡献的人。我国 2010 年 1 月 9 日第二次修订的《专利法实施细则》第 13 条规定："在完成发明创造过程中，只负责组织工作的人、为物质技术条件的利用提供方便的人或者组织从事其他辅助工作的人，不是发明人或者设计人。"

（二）发明人或设计人的工作单位

1. 职务发明创造专利申请权的归属原则。职务发明创造申请专利的权利属于该单位；申请被批准后，该单位为专利权人。

2. 职务发明创造的认定。职务发明创造，是指发明创造人执行本单位的任务或者主要是利用本单位的物质技术条件所完成发明创造。依据我国《专利法》和《专利法实施细则》的规定，职务发明创造包括以下两种情况：

（1）执行本单位的任务所完成的发明创造。依据《专利法实施细则》第 12 条的规定，执行本单位（包括临时工作单位）的任务所完成的发明创造，具体包括三种情形：①在本职工作中作出的发明创造，即履行本岗位的职责，从事日常工作活动中所完成的发明创造。②是履行本单位交付的本职工作之外的任务所完成的发明创造，即发明创造人接受所在单位的安排，承担本职责范围之外的某项任务所作出的发明创造。这些任务多数属于临时、短期内能完成的发明创造工作。③退休、调离原单位后或者劳动、人事关系终止后 1 年内作出的，与其在原单位承担的本职工作或者原单位分配的任务有关的发明创造。该种情形的发明创造必须具备两个条件，才构成职务发明创造：一是该发明创造必须是发明人或设计人因各种原因脱离原单位 1 年内作出的；二是该发明创造与发明人或设计人在原单位承担的本职工作或原单位分配的任务有关。

判断是否属于本职工作中作出的发明创造，应当准确掌握标准，严格审查。是否构成职务发明创造，与发明人完成发明创造是否利用工作时间或业余时间没有必然联系。

（2）主要利用本单位的物质技术条件所完成的发明创造。本单位的物质技术条件，是指本单位的资金、设备、零部件、原材料或者不对外公开的技术资料等。主要利用单位的物质技术条件是指在发明创造过程中，全部或者大部分利用了本单位的资金、设备、零部件、原材料及不对外公开的技术资料。如果这种利用对发明创造而言是必不可少的、起决定性作用的条件，则该发明创造应属职务发明创造。专利法之所以作出这样的规定，主要是保护和激发单位进行发明创造的积极性。

我国《专利法》第 6 条第 3 款规定："利用本单位的物质技术条件所完成的发明创造，单位与发明人或者设计人订有合同，对申请专利的权利和专利权的归属作出约定的，从其约定。"从上述规定可看出，不管是主要或非主要利用了物质技术条件所完成的发明创造，只要单位和发明人或设计人订有合同，该合同对专利申请权和专利权的归属作出了约定，遵守"契约自由原则"，从其约定。如果合同约定专利申请权和专利权属于单位，则单位享有该发明创造的专利申请权和专利权，如果合同约定专利申请权和专利权属于发明人或设计人，则发明人或设计人则享有该发明创造的专利申请权和专利权。

（三）共同发明创造与委托发明创造的当事人

共同发明创造的当事人是指两个或两个以上的、对同一发明创造的实质性特点共同作出了创造性贡献的人，既包括共同完成发明的人，也包括共同完成实用新型或外观设计的人，一般统称为共同发明创造人。共同发明创造人必须是对发明创造作出了实质性贡献的人，仅提出设想、意图或启发性意见或仅从事组织领导工作或其他辅助工作，不能成为共同发明创造人。共同发明创造人所完成的发明创造称为共同发明创造，其专利申请权和专利权归全体共同发明创造人共有。

委托发明创造的当事人是指委托发明创造的委托人和受托人。我国《专利法》第 8 条规定："两个以上单位或者个人合作完成的发明创造、一个单位或者个人接受其他单位或者个人委托所完成的发明创造，除另有协议的以外，申请专利的权利属于完成或者共同完成的单位或者个人；申请被批准后，申请的单位或者个人为专利权人。"

（四）合法受让人

我国《专利法》第 10 条第 1 款、第 3 款分别规定，"专利申请权和专利权可以转让"。"转让专利申请权或者专利权的，当事人应当订立书面合同，并向国务院专利行政部门登记，由国务院专利行政部门予以公告。专利申请权或专利权的转让自登记之日起生效。"专利申请权转让后，受让人就特定发明创造享有专利申请权，如果该发明创造通过了审批，并被授予专利，该受让人则成为专利权人。专利权转让后，原专利权人丧失了专利权人资格，受让人则成为新的专利权人。此外，专利权还可以通过赠与、继承、投资等方式发生权利主体变更。

（五）外国人

外国人是指具有外国国籍的自然人、外国企业或者外国其他组织。狭义的外国人仅指具有外国国籍的自然人。在中国没有经常住所或者营业所的外国自然人、外国企业或者外国其他组织在中国申请专利的，依照其所属国同中国签订的协议或者共同参加的国际条约，或者依照互惠原则办理。我国法律允许外国人在我国申请并获得专利权，成为专利权的主体，可分以下几种情况：

1. 在中国有经常住所或者营业所的外国自然人、外国企业或者外国其他组织，我国《专利法》对该类外国人申请获得专利权给予国民待遇，即这一部分外国人在申请取得专利时享有与中国单位和个人相同的待遇，没有差别。

2. 在中国没有经常住所或者营业所的外国自然人、外国企业或者外国其他组织，如果其所属国与我国签订有双边协议，则依照协议办理；如果其所属国与我国同为某一国际条约的成员国，则依照该国际条约的规定办理。

3. 非双边协议或非国际公约的成员国，并且在我国又无经常居住地或营业所的外国自然人、企业或其他组织。这一类外国自然人、企业或其他组织，能否在我国申请专利或获得专利权，根据互惠原则处理。

第二节　专利权的客体

专利权的客体，也称专利权法保护的对象，是指依法授予专利的发明创造。我国《专利法》第2条第1款规定："本法所称的发明创造是指发明、实用新型和外观设计。"

一、发明创造

（一）发明

1. 发明的定义。各国专利法对什么是发明有不同的界定，如《日本专利法》第2条规定："本法所称的发明是指利用自然规律所进行的具有一定高度的技术性创造。"《美国专利法》第101条称发明为"任何新颖而适用的制法、机器、制造品、物质的结合，或者任何新颖而适用的改进"。我国《专利法》第2条第2款规定："发明，是指对产品、方法或者其改进所提出的新的技术方案。"

2. 发明的条件。

（1）技术性条件。作为专利法所保护对象的发明，应当具备一定的技术性条件。首先，发明是指利用自然规律在技术上的创造和革新，不是认识自然规律的理论创新；其次，发明应为解决特定技术课题的新技术方案，而不是单纯地提出课题；最后，作为发明的技术方案应当通过一定的物质形式表现出来，而不是仅停留在头脑中的一种构思。法律不保护人们的思想，单纯存在于大脑中的技术构思或设想不是专利法意义上的发明。

（2）法律性条件。作为专利法保护对象的发明，除了应当具备一定的技术条件，还应当具备一定的法律性条件。首先，应当具备新颖性、创造性和实用性。一项发明，只有同时具备上述"三性"，才可能被国务院专利行政部门授予专利。其次，应当符合法律、社会道德和公共利益的要求。我国《专利法》第5条第1款明确规定："对违反国家法律、社会公德或者妨害社会公共利益的发明创造，不授予专利权。"最后，不是国家法律明文规定不授予专利权的发明，如我国《专利法》第25条规定，"动物和植物品种"不授予专利。

3. 发明的种类。基于不同的划分标准，对发明可进行不同的分类，按照发明的创造性的程度，可以分为全新发明和改进发明；按发明的权利归属划分，分为职务发明和非职务发明。依据我国《专利法》第2条第2款规定，发明分为产品发明、方法发明和改进发明。

（1）产品发明。产品发明是指通过智力劳动创造的，能以有形形式表现的各种制成品或产品。这种制成品是自然界从未有过的，是人利用自然规律作用于特定事物的结果，如空调、汽车。如果一件物品完全处于自然状态，人们只是发现了它，该物品不是产品发明，不受专利法的保护，如天然宝石、矿物质。

（2）方法发明。方法发明是指一种物品或者物质改变成另一种状态或另外一种物品或物质所利用的手段和步骤的发明。方法发明包括一切方法，如造纸方法、炼钢方法、印刷方法、通讯方法等。对方法发明的法律保护虽始于19世纪中叶，但目前各国专利法对方法发明的保护程度不同。有的国家只保护发明本身，不保护使用方法发明生产的产品，如美国；有的国家的专利法既保护方法发明，也保护依该方法发明所生产、制造的产品，如德国；我国现行《专利法》对方法发明的保护延及到依照该方法所直接获得的产品。值得注意的是，纯属抽象思维的方法，如各种智力活动的方法、数学的方法等虽也属于一种方法，但不属于专利法意义上方法发明。

（3）改进发明。改进发明是指对已有的产品发明、方法发明所提出的实质性革新的新技术方案。改进发明与产品发明、方法发明的根本区别在于，它不是新的产品的创制和新的方法的创造，仅是对已有产品发明或方法发明的重大改善。如我们已经使用多年的日光灯的发明就是对以前发明的电灯泡（白炽灯）改进的结果。改进性发明对前人的技术成果的依赖性较强。

（二）实用新型

1. 实用新型的定义。我国《专利法》第2条第3款规定："实用新型，是指对产品的形状、构造或者其结合所提出的适于实用的新的技术方案。"

2. 实用新型的条件。实用新型该当具备四个条件：①应当是一种具有形状或者构造的产品，而不是一种方法；②应当具有技术性能，即关于产品的形状、构造或其组合的技术方案应当能够产生技术上的积极效果；③应当具有实用价值，可以实施，并可以工业方法再现，单纯技术方案的构思或设想不是实用新型专利的客体；④应当有一定的创新性，即属于一种新技术方案，它与现有的技术方案相比，要有创造性，但实用新型的创造性要求低于发明。

3. 实用新型和发明的异同。实用新型和发明同属专利法保护的发明创造，二者有许多的相同之处，但有许多区别：

（1）二者的创造性要求不同。较之发明专利而言，实用新型的创造性水平低，所以人们在实践中常将实用新型称为"小发明"。我国《专利法》规定，对发明的创造性要求为，与申请日以前的现有技术相比有突出的实质性特点和显著性进步，而对实用新型的创造性仅要求其与申请日以前的现有技术相比有实质性特点与进步。

（2）二者的保护范围不同。发明专利的保护范围宽于实用新型专利的保护范围。获得发明专利保护的发明创造既可以是产品发明、方法发明，也可以是改进发明。而实用新型专利保护范围较窄，它仅限于对产品的形状、构造或者其结合所提出的适于实用的新技术方案，其不仅不包括方法发明，也不包括没有固定形状和构造的物品。

（3）二者的申请审批程序不同。申请实用新型专利的手续比较简便，申请人的申请经专利局初步审查认为符合专利法的要求，就不再进行实质审查，专利局即可作出授权的决定，所以较发明专利而言，实用新型专利从专利申请到授权的期限较短。而对发明专利申请既要经初步审查，还要经过实质审查，专利局才能作出授权决定，所以发明专利从专利申请到授权的期限较长。

（4）二者的保护期限不同。我国对实用新型的保护期限为 10 年，对发明专利的保护期限为 20 年，均自申请日起算。其他各国对发明专利的保护期限一般长于对实用新型的保护期限。

（三）外观设计

1. 外观设计的定义。我国《专利法》第 2 条第 4 款规定："外观设计，是指对产品的形状、图案或者其结合以及色彩与形状、图案的结合所作出的富有美感并适于工业应用的新设计。"

2. 外观设计的条件。作为专利权客体的外观设计，应当具备以下条件：

（1）外观设计是对产品外表所作出的设计，应当以产品的外表为依托。单纯的美术作品、艺术作品因为不是对产品所作出的设计，不是以产品为依托，所以不构成专利法所保护的外观设计。

（2）外观设计是对产品的形状、图案或者其结合以及色彩与形状、图案的结合。可以构成外观设计的图案有：产品的形状；产品的图案；产品的形状和图案的组合；产品的色彩与形状、图形的组合等。产品的色彩不能独立构成外观设计。

（3）外观设计应当适于工业应用的新设计。"适于工业应用"是指该外观设计能应用于产业上并形成批量生产；"新设计"是指该外观设计是一种新的设计方法；"新设计"是指该申请专利的外观设计在申请日或优先权日之前不构成现有的外观设计，即此前没有相同或相似的申请曾向中国专利行政部门提出并在《中国专利公报》上公布或公开，也没有相同或相似的外观设计产品被公开销售使用。

（4）外观设计应当具有美感。外观设计的功能仅是为了美化产品，吸引消费者的注意力，因此外观设计应当富有美感。

3. 外观设计和实用新型的异同。外观设计专利和实用新型专利在专利取得的程序和方式、专利权的保护期限等方面均有相同之处，但二者仍有实质区别：

（1）外观设计专利保护的是产品外表的设计，不涉及产品本身的技术性能；而作为实用新型专利保护的范围既涉及产品的外形和外部结构，也涉及产品的内部构造。

（2）外观设计的目的是利用美学原理达到美感效果，不重视技术效果；但实用新型作为一种技术方案，旨在实现一定的技术效果。

（3）外观设计把产品作为载体仅对其外表进行独特设计；而实用新型的创造性方案与产品本身融为一体。

（4）外观设计既可以是立体的，也可以是平面的；而实用新型应当是以固定的立体形态存在。

二、不授予专利权的对象

发明创造是专利法保护的对象，但并非所有的发明创造都可以被授予专利权。我国《专利法》对不授予专利权的发明创造作出了明确规定。

（一）违法的发明创造

违法的发明创造有两种情形：①违反国家法律、社会公德或者妨害公共利益的发明创造。违反法律的发明创造，不包括仅其实施为法律所禁止的发明创造。②违反法律、行政法规的规定获取或者利用遗传资源，并依赖该遗传资源完成的发明创造。遗传资源，是指取自人体、动物、植物或者微生物等含有遗传功能单位并具有实际或者潜在价值的材料；依赖遗传资源完成的发明创造，是指利用了遗传资源的遗传功能完成的发明创造。就依赖遗传资源完成的发明创造申请专利的，申请人应当在请求书中予以说明，并填写国务院专利行政部门制定的表格。

（二）科学发现

科学发现是指自然界中客观存在的未知物质、现象、变化过程及其特征和规律的揭示。科学发现对科学技术的发展具有重大意义，但科学发现不同于科学发明，它是对自然界认识的总结，是人们认识的延伸，而不是改造客观世界的技术方案。虽然有的科学发现较之发明对社会贡献更大，但因其不具备专利法所要求的实用性，不能直接制造出前所未有的东西或直接当作某种方法使用，所以不是专利法意义上的发明，不能授予专利权。

（三）智力活动的规则和方法

智力活动的规则和方法是指人们进行思维、推理、分析和判断的一种规则和方法。它仅有智力和抽象的特点，不是利用自然规律所完成的技术方案。它不能设计或制造出新的东西，不具有实用性，所以不是专利法意义上的发明创造。智力活动的规则和方法通常包括：教学方法、乐谱、音乐、速算法、口诀、语法、计算机语言和计算规则、字典的编排方法、图书分类规则、日历的编排规则和方法、心理验算法、裁缝方法、会计记账方法、统计方法、游戏规则等。

（四）疾病的诊断和治疗方法

疾病的诊断和治疗方法是指以有生命的人或者动物为直接实施对象，进行识别、确定或消除病因的过程。《专利法》之所以对此不授予专利，主要有两方面的原因：首先，疾病的诊断和治疗方法是指以有生命的人或者动物为直接实施对象，无法在工业上利用，不具备实用性；其次，出于人道主义的考虑，医生在诊断和治疗疾病的过程中应当有选择各种方法和条件的自由。尽管疾病的诊断和治疗方法不能够被授予专利，但对诊断和治疗疾病的物质和设备可以获得专利保护。

（五）动物和植物品种

根据我国《专利法》第25条规定，对动物和植物品种不授予专利保护，但对动物和植物品种的生产方法，可以授予专利。尽管动物和植物品种不能被授予专利，但我国已于1997年7月20日由国务院颁布了《中华人民共和国植物新品种保护条例》，并于2006年12月25日出台了《最高人民法院关于审理侵犯植物新品种权纠纷案件具体应用法律问题的若干规定》，对植物新品种的发明人给予一种不同于专利的独立知识产权保护。

（六）用原子核变换方法获得的物质

原子核变会产生巨大的能量，其可以被用于军事目的，所以出于保护国家安全、社会稳定以及本国核工业的考虑，除美国、日本等少数国家外，大多数国家均不授予这种发明专利权。

（七）标识性平面设计

对平面印刷品的图案、色彩或者二者的结合作出的主要起标识作用的设计，不能授予专利权。这是新《专利法》增加的一项内容。将标识性平面设计排除在专利权保护范围之外的主要原因是标识性平面设计不是产品本身的外观设计，而这类标识性设计通常可以通过商标法或著作权法保护。

引例解析

本案涉及不予授予专利权的禁止性规定。《中华人民共和国专利法》第 5 条规定："对违反法律、社会公德或者妨害公共利益的发明创造，不授予专利权。"本条的主旨是保证发明创造能促进科技进步，促进社会经济发展，为社会和人民造福。但是有的发明创造虽然具有新颖性、创造性、实用性，如果推广应用会导致不良的效果，有的甚至会带来巨大的破坏作用，严重损害人民的利益和社会和秩序，因此，法律对这类发明做出限制，不能授予专利权。朱某的类似"万能钥匙"显然有悖于专利法第 5 条的规定。所以朱某的发明不能获得专利权，专利局的决定是符合法律的。

思考题

1. 怎样认定职务发明创造？
2. 哪些发明创造不能被授予专利权？

第十八章

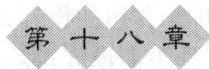

专利权的取得与丧失

☞　**学习要点**

学习本章应了解专利权取得的程序、专利权的终止、专利权的无效，重点掌握专利权取得的实质条件和专利权无效后的法律后果。

◆　**引读案例**

甲公司1999年3月研发了一种新型灯具并对该技术采取了保密措施，并于2000年5月19日申请发明专利。2001年12月1日，国家专利局公布该发明专利申请，2002年8月9日授予甲公司专利权。2004年12月，有人向专利复审委员会申请该专利无效，理由是丁公司已于1999年12月20日开始生产相同的灯具并在市场上销售，该发明不具有新颖性。经查，丁公司在获悉甲公司开发出新型灯具后，以不正当手段获取了甲公司有关技术资料用于生产、销售该新型灯具。

问题：该专利是否应当因为不具有新颖性而被宣告无效？为什么？

第一节　专利权取得的实质条件

我国《专利法》第22条第1款规定："授予专利权的发明和实用新型，应当具备新颖性、创造性和实用性。"第23条第1～3款规定："授予专利权的外观设计，应当不属于现有设计；也没有任何单位或者个人就同样的外观设计在申请日以前向国务院专利行政部门提出过申请，并记载在申请日以后公告的专利文件中。授予专利权的外观设计与现有设计或者现有设计特征的组合相比，应当具有明显区别。授予专利权的外观设计不得与他人在申请日以前已经取得的合法权利相冲突。"可见发明、实用新型专利的实质条件与外观设计专利的实质条件有所不同。

一、发明和实用新型专利的实质条件

发明、实用新型获得专利的实质条件包括：新颖性、创造性和实用性，称为"三性"。[1]

---

〔1〕　刘春田主编：《知识产权法》，高等教育出版社2003年版，第12页。

（一）新颖性

1. 新颖性的概念。我国《专利法》第22条第2款规定："新颖性，是指该发明或者实用新型不属于现有技术；也没有任何单位或者个人就同样的发明或者实用新型在申请日以前向国务院专利行政部门提出过申请，并记载在申请日以后公布的专利申请文件或者公告的专利文件中。"概言之，新颖性是指发明创造与现有技术相比是新的、前所未有的。

判断新颖性是以现有技术为参照物的。现有技术是指在某个特定时间之前，在特定地域范围内的已有技术和知识的总和。如果申请专利的发明创造属于现有技术的范围，则该发明创造不具备新颖性。而判定一项发明创造是否属于现有技术就是看与该发明创造有关技术的内容在一定时间之前，在一定地域范围内是否已经公开。

2. 判断新颖性的时间标准。判断新颖性的时间标准就是判定什么时间之前公开的技术是现有技术。目前世界各国判断申请专利的发明创造是否具有新颖性的时间标准，大体有两种：①发明标准，以完成发明创造的时间为标准。即只要发明创造的实质内容在发明完成日之前未被公知公用，则该发明创造就具有新颖性，而不考虑该发明创造在申请专利时是否公开。按此标准现有技术则是发明创造完成日之前已经公开的技术。美国、菲律宾等少数国家采用该标准。②申请标准，以申请专利的时间为标准。即发明创造的实质内容在申请日以前未被公知公用，则该发明创造就具有新颖性。此标准强调可授予专利权的发明创造在申请日以前是新的。按此标准现有技术则是申请日之前已经公开的技术。我国《专利法》采用了后一种判断标准，即以专利申请日作为判断申请专利的发明创造是否具有新颖性的时间标准。

3. 判断新颖性的地域标准。判断新颖性的地域标准就是判定一项技术在怎样的地域范围公开才算进入现有技术领域。从目前世界各国专利立法规定来看，判断新颖性的地域标准有三种：绝对地域标准、相对地域标准、混合地域标准。

绝对地域标准，也称世界新颖性标准。即申请专利的发明创造不属于全世界范围内的"现有技术"，没有在任何国家或地区以任何形式公开过，才符合新颖性标准。

相对地域标准，也称国内新颖性标准。即申请专利的发明创造只要在被申请的国家或地区未曾以任何形式公开过，就符合新颖性标准，而不管申请日前是否有相同技术已经在其他国家或地区以何种方式公开。

混合地域标准，是指在确定现有技术范围时，将以书面形式公开的技术采取世界新颖性标准，将以使用公开或以其他形式公开的技术采取国内新颖性标准。[1]我国 2008 年修改《专利法》前是采用这种标准。

我国现行《专利法》采用绝对地域标准，要求申请专利的发明创造没有在国内外出版物上公开发表过，也没有在国内外公开使用过或以其他方式为公众所知。

4. 抵触申请。抵触申请是指一项申请专利的发明创造在申请日以前已有他人就相同主题的发明创造向专利局提出过申请，并且记载在申请日以后公布的专利申请文件中。[2]一旦发生抵触申请，即认为后提出申请的发明创造不具有新颖性，则不可能被授予专利权。抵触申请导致在后的专利申请丧失新颖性，实际是未公开的技术对新颖性的影响。在审查发明创造的新颖性时考虑抵触申请是因为各国专利法都遵循一个原则——就相同主题的发明创造不能重复授予专利权。即设置抵触申请的主要目的是为了防止专利重复授权。

发生抵触申请应具备三个条件：①前申请必须在后申请的申请日前向专利局提出过专利申请，并且是在后申请的申请日以后才公布的；②前后两个专利申请的申请人是不同的人；③前后两个专利申请的主题相同。

5. 不丧失新颖性的情形。申请专利的发明创造在申请日以前被公开就丧失了新颖性，不能取得专利权，这是发明创造取得专利权的基本原则。但这个原则也有例外，即在某些特殊情况下，发明人自己的公开及第三人以合法或者不合法手段从发明人那里得到发明后所为的公开，在一定期限内不产生破坏新颖性的效力。不丧失新颖性的例外实际上是已公开技术不影响专利申请新颖性的情形。丧失新颖性的例外是对发明人的一种临时保护。

我国《专利法》第 24 条规定，申请专利的发明创造在申请日以前 6 个月内，有下列情形之一的，不丧失新颖性：

（1）在中国政府主办或者承认的国际展览会上首次展出的。中国政府主办的国际展览会，包括国务院、各部委主办或国务院批准由其他机关或地方政府举办的国际展览会。中国政府承认的国际展览会，是指国际展览会公约规定的在国际展览局注册或者由其认可的国际展览会。给予国际展览会上展出发明创造的人 6 个月的专利申请优惠期，有利于鼓励人们在国际展览会上展出新的发明创造，以促进国际间的技术交流。

（2）在规定的学术会议或者技术会议上首次发表的。学术会议指国务院有关主管部门或者全国性学术团体组织召开的学术会议或技术会议，不包括省以下或者国务院各部委或者全国性学会委托或者以其名义组织召开的同类会议。

〔1〕　曹新明主编：《知识产权法学》，中国人民大学出版社 2008 年版，第 272 页。

〔2〕　吴汉东主编：《知识产权法》，中国政法大学出版社 2004 年版，第 157 页。

（3）他人未经申请人同意而泄露其内容的。他人未经申请人同意的公开是非法公开，一般主要包括他人未遵循保密约定将发明创造公开，或采用威胁、欺诈或者间谍活动等手段从发明人或者经发明人告诉而得知发明创造内容的任何其他人那里得知发明创造的内容而后公开。如果申请人以外的人未经申请人同意而使发明创造向社会公开，申请人只要在公开发生之日起6个月内申请专利，则该发明创造不因公开而丧失新颖性。

（二）创造性

创造性，也称先进性、进步性或非显而易见性，是发明创造取得专利权的第二个实质条件。创造性在新颖性的基础上对可授予专利权的发明创造所作的更进一步的限定。世界各国专利法对创造性的规定有所不同。我国《专利法》第22条第3款规定："创造性，是指与现有技术相比，该发明具有突出的实质性特点和显著的进步，该实用新型具有实质性特点和进步。"可见创造性对于发明和实用新型的要求不一样。

1. 发明的创造性，是指发明具有突出的实质性特点和显著的进步。所谓突出的实质性特点，是指与现有技术相比，申请专利的发明具有质的差别，即具有一个或多个本质技术特征，且其区别须达到"突出"的程度。即具有创造性的发明并不是现有技术的改头换面，也不是从现有技术中通过逻辑分析或推理必然能获得的，它必须具备独有的技术特征，而且构成发明的这些必要技术特征并不是发明所属技术领域的普通技术人员不付出创造性劳动就能够从现有技术中得出的。

显著的进步，是指发明与现有技术相比具有长足的进步，即具有突出的技术效果。例如发明克服了现有技术中存在的某些缺点和不足，或者发明有意外效果和优点，或者发明代表某种新技术趋势，等等。我国专利法要求发明具有显著的进步，其目的在于防止变劣发明或者改恶发明的出现，促进对社会有益的技术进步。

由于创造性是一个主观标准，所以不少国家专利行政主管机关将创造性客观化，使专利审查更加快捷、准确。下面四个方面的发明常被认为具有创造性：

（1）开拓性发明，又称首创性发明，是指该发明是一种与现有技术完全不同的技术方案，它的出现导致了一个新的技术领域的诞生。如电灯、电话、电视、半导体、激光器等。这类发明的实质性特点十分突出，技术上的进步也尤为显著。

（2）发明解决了长期以来人们渴望解决的问题。绝大多数发明并不属于开拓性发明，而是在原有发明的基础上，经过改进和发展而得来的。现实生活中许多技术问题长期得不到解决，说明了该技术有一定的困难性，解决这些问题所提出来的发明，应当认为具有创造性。例如，一种专为儿童设计的手工习作用剪刀，它能锋利地剪纸，却不会伤害儿童的手指。

（3）发明克服了技术偏见。所谓技术偏见，是指在一段时间内，在一些技术领域中，技术人员普遍存在的成见，是对事物固定不变的一种看法，这种偏见会阻碍技术的研究和开发。如果发明打破了这种偏见，应认为它具有创造性。例如 DDT 在很长时间内仅被用作制造染料的原料，后来有人发现了它的杀虫作用并用于制造杀虫剂，这就是具有创造性的发明。

（4）发明取得了预料不到的技术效果。即与现有技术相比，申请专利的发明产生了"质"的变化，具有新的功能，或者产生量的变化，超出人们预期的想象。例如组合发明、选择发明、应用发明、转用发明等。

2. 实用新型的创造性，是指实用新型具有实质性特点和进步。对实用新型的创造性要求要低于发明，只要与现有技术相比有所区别，具备实质性特点和进步，即可认为该使用新型具有创造性。对发明创造性和对实用新型创造性要求的区别，仅仅是程度上的差别，而非本质的差别。审查实用新型创造性时可以参照发明创造性标准。

（三）实用性

实用性是发明创造取得专利权的第三个实质条件。我国《专利法》第 22 条第 4 款规定："实用性，是指该发明或者实用新型能够制造或者使用，并且能够产生积极效果。"由此可见发明和实用新型的实用性判断标准基本相同，想取得专利权的发明或者实用新型必须能够在产业上得到实际应用并且对社会产生积极效果。一般认为发明、实用新型必须同时具备可重复实施性和有益性，才能认定其满足可授予专利权的实用性条件。

1. 可重复实施性是指发明、实用新型能够制造、使用，而且可以不断重复用于制造、使用。可重复实施性有两层次的含义。①要求申请专利的发明、实用新型可以实施，即能够制造、使用。对于产品专利，这种产品必须是能够被制造出来的；对于方法专利，这种方法必须是能够在生产实践中得以应用。如果申请专利的发明只是一种美好的设想，没有实现这一设想的具体技术解决方案，那么这样的设想就不具有可实施性。②要求申请专利的发明、实用新型可以重复实施。有些方案尽管具体能够实施，但却不能重复实施，那么也不能取得专利权。例如建设武汉长江大桥的技术方案是利用了龟蛇两山独一无二的自然条件建设武汉长江大桥的，该技术方案难以重复实施，自然不能取得专利权。

2. 有益性是指发明、实用新型的实施必须能够产生积极的效果。积极效果包括经济效果、技术效果或者社会效果。在经济效果上，它有利于提高劳动生产率，改善产品质量，降低消耗；在技术效果上，它有利于提高设备性能，改善工艺流程；在社会效果上，它能够适应社会需要，有助于提高人们的物质文化生活水平，促进精神文明建设，减少环境污染。

判断有益性是需要特别注意，在申请专利时发明、实用新型所带来的积极效果可能还没实际产生，只要有产生积极效果的可能性即可。

二、外观设计专利的实质条件

由于外观设计与作为技术方案的发明和实用新型有所不同，因此，外观设计专利权取得的实质条件也不同于发明和实用新型。我国《专利法》第23条规定："授予专利权的外观设计，应当不属于现有设计；也没有任何单位或者个人就同样的外观设计在申请日以前向国务院专利行政部门提出过申请，并记载在申请日以后公告的专利文件中。授予专利权的外观设计与现有设计或者现有设计特征的组合相比，应当具有明显区别。授予专利权的外观设计不得与他人在申请日以前已经取得的合法权利相冲突。本法所称现有设计，是指申请日以前在国内外为公众所知的设计。"可以把取得外观设计专利权的实质条件归纳为以下四个方面：

（一）新颖性

获得专利权的外观设计必须具有新颖性。外观设计的新颖性与发明和实用新型的新颖性要求基本一致，它是指授予专利权的外观设计与已经公开的外观设计不相同或不相近似。所谓不相同或不相近似，是指一件外观设计的全部或主要部分与现有外观设计完全不同或具有较大差别。

我国外观设计新颖性的时间标准，是以申请日为判断标准。与申请日前已公开的外观设计相同或相近似的外观设计，不具有新颖性，不能取得专利权。《专利法》第24条规定的丧失新颖性的例外情况不仅适用于发明和实用新型，也适用于外观设计。

我国外观设计新颖性的地域标准，采取的也是世界新颖性标准和国内新颖性标准的混合地域标准。对于出版物方式公开，采取世界新颖性标准；对于使用公开，采取国内新颖性标准。

概言之，申请专利的外观设计同申请日以前在国内外出版物上公开发表过或者国内公开使用过的外观设计不相同且不相近似，即可认定该外观设计具有新颖性。

（二）不与他人的在先权利相冲突

这是我国《专利法》第二次修改后加入的内容。他人的在先权利，是指在外观设计专利申请日之前，专利申请人以外的人已经取得的合法权利。例如，专利申请人要把一件摄影作品申请为某产品的外观设计专利，此时摄影作品的著作权对该专利申请来说，就是他人的在先权利。如果未经摄影作品著作权人的许可使用其作品申请外观设计专利，则该外观设计专利申请与他人的在先权利就发生了冲突，根据我国《专利法》的规定，该外观设计专利申请将不会被授予专利权。我国《专利法》这样规定的目的是为了减少专利权与在先权利的冲突。

（三）富有美感

外观设计是对产品外表的设计，应符合一定美学标准，即外观设计要富有美感。但美感是一项主观条件，没有客观标准，很难把握。判断外观设计是否具有美感时，应当立足于本国本地本民族的审美传统和审美习惯，从大多数人的角度进行分析。还要注意，美感必须是通过视觉得到的，通过听觉、触觉感知的"美感"，并不是外观设计专利意义上的美感。

（四）适于工业应用

外观设计必须适合工业上的应用，这与发明、实用新型的实用性条件相似，它是由专利制度的目的所决定。外观设计要适于工业应用使外观设计区别于受著作权保护的美术作品。外观设计适于工业应用，是指外观设计能够应用于产品的制造，即外观设计与产品的结合，是能够以工业的方法来实现的。这种工业既可以是先进的机械、电子等方法，也可以是原始的手工业方法，只要能大批量地生产和销售，即应认为适于工业应用。

第二节　专利权取得的程序

专利权不能自动取得。发明人要想使其发明创造成果获得专利权，必须依专利法的有关规定向国务院专利行政部门提出专利申请，并接受审查。对经审查合格的专利申请，国务院专利行政部门才授予专利权。专利权取得不仅要具备法定的实质条件，还得具备法定的形式条件。

一、专利申请应当提交的文件

（一）发明、实用新型专利申请应当提交的文件

申请发明或者实用新型专利的，应当提交请求书、说明书及其摘要和权利要求书等文件。

1. 请求书。请求书是专利申请人向国务院专利行政部门表达请求授予专利权愿望的书面文件。在我国，请求书是一种要式文件，申请人必须按专利局统一专门印制的标准表格填写清楚，否则，专利申请将不予受理或要求补正。

请求书的主要内容是：①发明名称。发明名称应当简明扼要，只需注明发明是属于产品还是方法，不要求充分说明发明的具体特点。例如，"xx 电子元件及其制造方法"可以作为发明名称。②申请人。请求书中应详细注明申请人的名称和地址。申请人是法人的，应写明法人的正式名称、地址、法定代表人的姓名；申请人委托专利代理人的，应注明代理人的姓名、住址或者办事机构的名称，以及委托的权限范围；申请人是外国人的，应注明国籍、住所地国家或营业所在地国家。因申请人地址填写不详而使有关通知不能及时送达，责任由填写人自负。

③发明人。发明人即是对发明的完成作出了实质性贡献的自然人。请求书上应写明发明人的姓名、住址。有多个发明人的，应将每一个人的姓名、住址填写清楚。注意，发明人只能是自然人，在"发明人"一栏中不得填写法人或其他组织的名称。法人或其他组织只能成为专利申请人，不能作为发明人。

2. 说明书及其摘要。说明书是具体阐述发明或者实用新型技术内容的书面文件，是对发明或者实用新型的具体文字说明。我国《专利法》对说明书有两方面的要求。①说明书应当对发明或者实用新型作出清楚、完整的说明，必要的时候应当有附图。以所属技术领域的技术人员能够实现为准，即本技术领域的任何一个普通技术人员阅读说明书后就能实施该发明或者实用新型。②说明书主要包括以下内容：技术领域，即写明发明或者实用新型所属的技术领域；背景技术，即写明对发明或者实用新型的理解、检索、审查有用的背景技术，有可能的，要引证反映这些背景技术的文件；发明内容，即发明或者实用新型所要解决的技术问题以及解决其技术问题采用的技术方案，并对照现有技术写明发明或者实用新型的积极效果；附图说明，即说明书有附图的，对各附图作简略说明；具体实施方式，即详细写明申请人认为实现发明或者实用新型的优选方式。说明书要求用词规范、语句清楚，不得使用商业性宣传用语。

说明书摘要，是指说明书公开内容的概要，即写明发明或者实用新型的名称和所属技术领域，并清楚地反映所要解决的技术问题、解决该问题的技术方案的要点以及主要用途。说明书摘要可以包含最能说明发明的化学式；有附图的专利申请，还应当提供一幅最能说明该发明或者实用新型技术特征的附图。附图的大小及清晰度应当保证在该图缩小到 4 厘米 ×6 厘米时，仍能清晰地分辨出图中的各个细节。摘要文字部分不得超过 300 个字。摘要中不得使用商业性宣传用语。说明书摘要仅是一种技术情报，不具有法律效力。摘要的内容不属于发明或者实用新型原始公开的内容，不能作为以后说明书或者权利要求书的根据，也不能用来解释专利权的保护范围。

3. 权利要求书。权利要求书是申请人要求专利保护权利范围的书面文件，主要反映申请人要求专利保护的发明或者实用新型的技术范围和请求授予的专利权的范围。申请人取得专利权后，权利要求书即是确定该发明或者实用新型专利权范围的直接依据，也是判断他人是否构成专利侵权的根据。在申请人获得专利权以后，如果他人未经专利权人许可而实施的技术方案包括了权利要求书中记载的全部必要技术特征或者与这些技术特征相等同的技术特征，即进入了该权利要求的保护范围，就会构成专利侵权。

权利要求书中所提出的权利要求一般分为独立权利要求和从属权利要求。独立权利要求应从整体上反映发明或者实用新型的主要技术内容，并记载发明或者实用新型的必要技术特征。一项发明或者实用新型应当只有一个独立权利要求。通常独立权利要求由前序部分和特征部分构成。前序部分要写明要求保护的必要技术特征，特征部分则要写明该发明或者实用新型区别于现有技术的特征。从属权利要求，是指引用一项或者多项权利要求，记载发明或者实用新型附加所谓技术特征的权利要求。其作用在于用附加技术特征来限定所引用的权利要求，写在其所属的独立权利要求之后，包括引用部分和限定部分。独立权利要求在专利申请中占据主要地位，涵盖的范围也较广泛。如果独立权利要求被否认，从属权利要求可转为独立权利要求受专利保护。

（二）外观设计专利申请应当提交的文件

外观设计专利保护的是对产品的外表形状、图案或其结合以及色彩与形状、图案的结合的设计，这种设计的本质特征只有通过图片或者照片才能最形象地反映出来。确定外观设计专利保护的范围主要是以图片或者照片为依据，因此，外观设计专利申请不需要提交说明书及其摘要和权利要求书。外观设计专利申请主要应当提交下列文件：

1. 请求书。外观设计专利请求书在性质上与发明和实用新型专利申请的请求书相同。在填写内容上，因为外观设计难以命名，所以不需填写该外观设计的名称和类别，但须填写使用该外观设计的产品的名称。

2. 图片或者照片。由于外观设计是一种造型，难以用技术语言表达，图片或者照片才能以最佳方式将该外观设计表述出来。申请外观设计时，申请人可选择不同角度、不同侧面、不同状态的图片或者照片，但这些图片或者照片必须能充分地展现该外观设计与众不同的特点。

3. 简要说明。申请外观设计专利的，必要时应当写明该外观设计的简要说明。简要说明应当写明使用该外观设计的产品的设计要点、请求保护的色彩、缩略视图等情况，以利于对外观设计进行解释。简要说明不得使用商业性宣传用语，也不能用来说明产品的性能。

（三）专利申请的"单一性"原则

专利申请的"单一性"原则，也称一发明一申请原则，是指一件发明或者实用新型专利的申请应当限于一项发明或者实用新型，一件外观设计专利的申请应当限于一种产品所使用的一项外观设计。我国《专利法》第31条规定，"一件发明或者实用新型专利申请应当限于一项发明或者实用新型"。"一件外观设计专利申请应当限于一项外观设计"。但考虑到发明人的发明创造之间往往有一定的关联性，他们根据一个总的构思可能会完成两个以上的发明创造，因此，我国《专利法》第31条规定，"属于一个总的发明构思的两项以上的发明或者实用新型，可以作为一件申请提出"。"同一产品两项以上的相似外观设计，或者用于同一类别并且成套出售或者使用的产品的两项以上外观设计，可以作为一件申请提出。"对于属于一个总的发明构思的两项以上的发明和实用新型，或者用于同一类别并且成套出售或使用的产品的两项以上的外观设计，可以作为一件申请提出，称为合案申请。

国务院专利行政部门经审查认为专利申请不符合"单一性"原则时，会通知申请人在规定的期限内将其专利申请分为几个申请，分案申请保留原申请日。

二、专利申请的受理

专利申请的受理是指国务院专利行政部门收取申请人的申请文件，对申请人明确、申请文件齐全、申请文件的形式符合《专利法》规定的申请，确定申请日，给予申请号，并通知申请人。

确定申请日是专利局在专利申请受理中一项重要的工作。依《专利法》之规定，专利局确定申请日的方法是：申请人直接向专利局递交专利申请文件的，以收到日为申请日；如果专利申请文件是邮寄的，以申请人寄出的邮戳日为申请日。专利申请日的确定有着一定的重要意义。申请日是判断发明创造是否具有新颖性的时间标准，也是专利审批程序中对专利申请进行公开、实质审查等的时间依据，同时还是专利权保护期限的起算日。要依法确定专利申请日。专利申请号由8位数字组成，是申请人与国务院专利行政部门进行联系的纽带。一件专利申请一个专利申请号。申请人的专利申请号一旦确定，在专利权有效期内一直沿用。国务院专利行政部门专利受理通知书，可以通过邮寄、直接送交或者其他方式送达申请人。

除我国《专利法》第28、42条规定的情形外，专利法所称申请日，有优先权的，指优先权日。申请人自发明或者实用新型在外国第一次提出专利申请之日起12个月内，或者自外观设计在外国第一次提出专利申请之日起6个月内，又在中国就相同主题提出专利申请的，依照该外国同中国签订的协议或者共同参加的国际条约，或者依照相互承认优先权的原则，可以享有优先权。申请人自发明或者实用新型在中国第一次提出专利申请之日起12个月内，又向国务院专利行政部门就相同主题提出专利申请的，可以享有优先权。申请人要求优先权的，应当在申请的时候提出书面声明，并且在3个月内提交第一次提出的专利申请文件的副本；未提出书面声明或者逾期未提交专利申请文件副本的，视为未要求优先权。

三、发明专利申请的审查和授权程序

（一）初步审查

对发明专利申请的初步审查，是指国务院专利行政部门对发明专利申请是否具备形式条件进行的审查。初步审查的主要目的，是审查申请专利的发明是否符合《专利法》关于形式要求的规定，为以后的公开和实质审查做准备。

依《专利法》之规定，发明专利初步审查的内容有：①专利申请文件是否齐，撰写是否符合法定要求。②申请人的身份是否合法，各种证明文件是否齐全。申请人是外国人的，是否依法委托代理。③申请专利的发明是否违反国家法律、社会公德或者妨碍社会公共利益，及是否属于不授予专利权的对象。④申请人是否缴纳申请费等。

国务院专利行政部门在初步审查中，对于初审不合格的，发出通知，由申请人进行补正或陈述意见，如仍然不符合法定要求，予以驳回。对于初步审查合格的申请才有可能进入公开程序。

（二）申请的早期公开

早期公开是指经过初步审查，对符合形式条件的发明专利申请，在尚未经过实质审查前进行的公开。我国《专利法》第 34 条规定："国务院专利行政部门收到发明专利申请后，经初步审查认为符合本法要求的，自申请日起满 18 个月，即行公布。国务院专利行政部门可以根据申请人的请求早日公布其申请。"国务院专利行政部门公布专利申请的方式，是利用《发明专利公报》登载发明专利申请请求书中记载的事项和说明书摘要，或者出版发明说明书和权利要求书的全文单行本。早期公开的目的是使公众可以及早自由阅读和查找有关文献，有利于公众对专利申请审批进行监督和协助，也有利于最新技术的迅速传播和利用。申请人请求早日公布其发明专利申请的，应当向国务院专利行政部门声明，国务院专利行政部门应当立即公布经初审合格的申请。

（三）实质审查

实质审查是对申请专利的发明是否具有专利性所进行的审查。关于实质审查国际上有两种制度：①即时审查。是指专利机关对通过初步审查的专利申请立即进行实质审查，中间无间断。②早期公开、延期审查制，也称延迟审查制。是指专利机关对专利申请初步审查后进行公告，对其实质内容推迟一段时间进行审查的制度。我国采取的是早期公开、延期审查制。《专利法》第 35 条规定："发明专利申请自申请日起 3 年内，国务院专利行政部门可以根据申请人随时提出的请求，对其申请进行实质审查；申请人无正当理由逾期不请求实质审查的，该申请即被视为撤回。国务院专利行政部门认为必要的时候，可以自行对发明专利申请进行实质审查。"实质审查的核心内容就是对申请专利的发明进行"三性"审查，即审查该发明是否具有新颖性、创造性和实用性。审查的办法是通过对世界性及国内专利文献检索及对国内现有技术比较、分析判断申请专利的发明是否具有"三性"。国务院专利行政部门经实质审查后，对不符合"三性"要求的专利申请，要求其在指定的期限内陈述意见，进行修改。如果申请人自申请日起 3 年内没有提出实质审查请求的，该申请即被视为撤回。但由于不可抗力或者其他正当理由没有及时提出实质审查请求的例外。

（四）授权、登记与公告

发明专利申请经实质审查没有发现驳回理由的，由国务院专利行政部门作出授予发明专利权的决定，发给发明专利证书，同时予以登记和公告。发明专利权自公告之日起生效。国务院专利行政部门发出授予专利权的通知后，申请人应当自收到通知之日起2个月内办理登记手续。申请人按期办理登记手续的，国务院专利行政部门应当授予专利权，颁发专利证书，并予以公告。期满未办理登记手续的，视为放弃取得专利权的权利。

我国对发明专利的完全保护是从专利授权之日开始。申请专利的发明从申请日至公布日为保密阶段。从公布日至授权日为临时保护阶段，在该阶段申请人有权要求实施其发明的单位和个人支付适当的使用费，如果实施人拒绝支付使用费，申请人无权禁止其实施，只能等到获得专利授权后才能请求有关机关处理或提起诉讼，追索临时保护阶段的使用费。

（五）复审与司法审查

我国《专利法》第41条第1款规定："国务院专利行政部门设立专利复审委员会。专利申请人对国务院专利行政部门驳回申请的决定不服的，可以自收到通知之日起3个月内，向专利复审委员会请求复审。专利复审委员会复审后，作出决定，并通知专利申请人。"由此可见，复审是专利申请人对国务院专利行政部门驳回其申请的决定不服而提起的，复审发生在专利授权前，提起复审的是专利申请人，进行复审的机关是专利复审委员会，提起复审的目的是要求国务院专利行政部门恢复专利申请权。复审请求必须在收到国务院专利行政部门驳回申请的通知之日起3个月内提出。申请人请求复审的，应当提交复审请求书，说明理由，必要时还应当附具有关证据。

我国《专利法》第41条第2款规定："专利申请人对专利复审委员会的复审决定不服的，可以自收到通知之日起3个月内向人民法院起诉。"这就是关于对专利复审决定不服所进行的司法审查，即关于获得专利权程序中的终局行政裁定应接受司法机关的审查。专利申请人如果对专利复审委员会的复审决定不服，即可以从收到专利复审委员会的复审决定通知之日起向法院提起行政诉讼。

四、实用新型和外观设计专利的授权程序

实用新型和外观设计专利的授权程序较发明简单，经过初步审查后，对于符合要求的申请即可授予专利权并予以登记、公告。

（一）初步审查

对实用新型和外观设计专利申请的初步审查即查明申请专利的实用新型和外

观设计是否符合《专利法》关于授予专利权的规定，对符合授权条件的实用新型和外观设计依法授予专利权。

依《专利法》的规定，国务院专利行政部门对实用新型和外观设计专利初步审查的主要内容有：①申请文件的撰写是否符合要求；②申请人的资格是否合法，外国申请人是否委托法定的代理机构办理专利申请；③实用新型和外观设计是否违反法律、社会公德或妨碍公共利益，是否属于不给予专利保护的实用新型和外观设计；④申请是否符合单一性要求；⑤有无重复授权的可能；⑥是否为发生抵触申请的后申请人等。

（二）授权、登记和公告

我国《专利法》第40条规定："实用新型和外观设计专利申请经初步审查没有发现驳回理由的，由国务院专利行政部门作出授予实用新型专利权或者外观设计专利权的决定，发给相应的专利证书，同时予以登记和公告。实用新型专利权和外观设计专利权自公告之日起生效。"该规定表明，我国对于实用新型和外观设计专利仅进行初步审查合格后即可作出授权决定并予以登记和公告。

由于实用新型和外观设计专利权的授予不需要经过实质审查，在实践中常常出现重复授权、法律稳定性差、权利纠纷多等一系列问题。为解决这些问题，我国《专利法实施细则》规定，授予实用新型或者外观设计专利权的决定公告后，实用新型和外观设计的专利权人可以请求国务院专利行政部门作出实用新型和外观设计专利权评价报告。请求作出专利权评价报告的，应当提交专利权评价报告请求书，写明专利号。每项请求应当限于一项专利权。国务院专利行政部门应当自收到专利权评价报告请求书后2个月内作出专利权评价报告。专利权评价报告请求书不符合规定的，国务院专利行政部门应当通知请求人在指定期限内补正；请求人期满未补正的，视为未提出请求。

（三）复审和司法审查

实用新型和外观设计专利申请人对于国务院专利行政部门驳回其实用新型和外观设计专利申请的决定不服的，可以自收到该驳回决定通知之日起3个月内，向专利复审委员会请求复审。对于专利复审委员会作出的复审决定不服的，可以在收到复审决定通知之日起3个月内把该复审决定交由司法机关审查，即向法院提起行政诉讼。

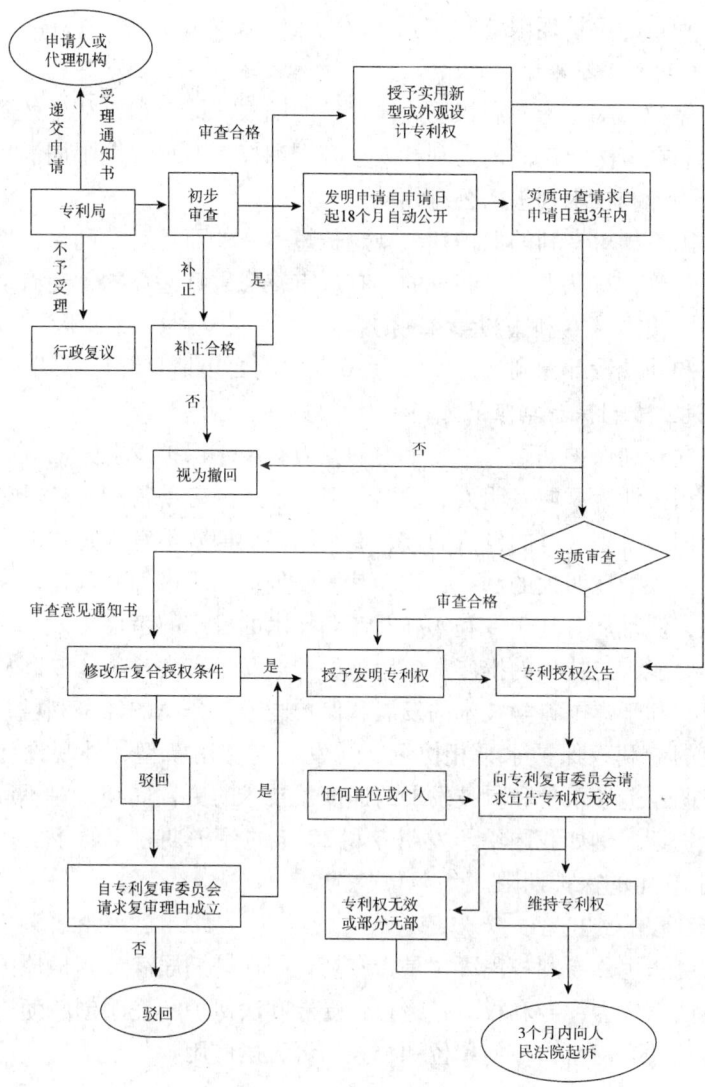

专利申请及审查流程图

第三节 专利权的丧失

专利权是依法经授权产生的权利，但其不是永久存在的。在法律规定的情形下，专利权将丧失。

一、专利权的保护期限

（一）专利的保护期限

专利的保护期限是指专利权受法律保护的期限，即专利权从生效到正常终止的法定期间。在该法定期间内专利权人享有专利权，专利权期限届满后，专利权便自动失效，专利技术则进入公有领域。

世界各国不仅对专利的保护期限规定长短不一，而且对专利保护期的起算时间规定也不一致，有从申请日起算的，有从审查公告日起算的，还有从专利授权日起算的等。我国《专利法》第42条规定："发明专利权的期限为20年，实用新型专利权和外观设计专利权的期限为10年，均自申请日起计算。"

（二）设立专利保护期限的原因

各国设立专利保护期限时主要考虑的原因有：①保护发明人的利益，调动其发明创造的积极性。要使发明人为发明创造所投入的劳动得到有效补偿，使其能在专利保护期内得到应有的经济回报，专利的保护期限不宜太短。②有利于技术推广应用。为保护发明人的利益，调动其发明创造的积极性专利保护期限设置一般不宜太短，但是从有利于专利实施及专利技术的推广的考虑出发，专利保护期限的设置还要能满足技术的推广和应用，保护期又不宜太长。③专利权保护期限的设置既要有利于本国科学技术的发展和保护国家及公民的经济利益，又要和国际公约规定的专利权保护水平相协调。④发明与实用新型、外观设计的特点不同，根据发明创造性水平和科技发展的速度及技术的更替周期，对不同的专利给予不同的保护期。例如我国给予发明专利20年的保护期限，给予实用新型、外观设计专利10年的保护期限。[1]

二、专利权的终止

专利权终止也称专利权消灭，是指专利权因保护期届满或其他原因在保护期届满前失去法律效力，专利权一旦终止，受专利法保护的发明创造便进入公有领域，成为人类共有财富，任何单位和个人均可无偿使用。

（一）专利权终止的原因

专利权终止分为正常终止和非正常终止。正常终止，即自然终止，是指专利权因保护期限届满而失去法律效力。非正常终止是指专利权仍在其保护期限内，因一些法定事由的出现而导致专利权提前失去法律效力。

根据我国《专利法》的规定，专利权因下列原因而终止：

（1）专利权保护期届满。我国《专利法》规定发明专利保护期限为20年，

---

〔1〕 吴汉东主编：《知识产权法》，中国政法大学出版社2004年版，第179页。

实用新型专利和外观设计专利保护期限为 10 年。一旦这些法定的保护期限届满，专利权自行终止。此种情况专利权的终止即为正常终止。由于现代社会技术更新速度加快，许多发明创造的本身寿命只有十几年或几年的时间，而维持专利权的年费逐年增多，专利权人很可能认为没有必要花费较高的专利年费以维持一件没有太大经济效益的专利权，所以，很多专利都没有到保护期限届满就终止了。

（2）没有按照法律规定缴纳专利年费。缴纳专利年费是专利权人的法定义务，不按法律规定的要求缴纳专利年费，即可认为专利权人基于自身的经济利益的考虑，认为维持专利权已经失去意义，专利局应当终止其专利权。没有按照法律规定缴纳专利年费也可能因为其他原因，如遗忘、不可抗力等，针对这些情况，法律规定给予一定时间的宽限期，即专利权人在法律规定期满后 6 个月内还可以补交，但应缴纳应交专利年费的 50% 的滞纳金，专利局会在这一宽限期之前向专利权人发出缴费通知单。

（3）专利权人以书面声明放弃专利权的。专利权是专利权人所享有的法定权利，专利权人可以行使也可以放弃，放弃专利权也是专利权人的一项权利，但必须有其书面声明。对于已经与他人签订有专利实施许可合同的专利权人。在放弃专利权时要与被许可人协商，否则是不能放弃专利权的。

（二）专利权终止的效力

不管专利权是因专利保护期届满而终止，还是因专利权人没有按照法律规定缴纳专利年费，或者专利权人以书面声明放弃专利权而在专利保护期届满前提前终止的，专利权都归于消灭，之前受专利权法律保护的发明创造即进入公有领域，任何单位和个人都可使用这些发明创造，无需征得原专利权人的许可，也无需支付使用费，更不会涉嫌侵犯其"专利权"。

专利权因保护期限届满而终止的，专利权从专利权保护期限届满之日起终止。专利权在期限届满前终止的，由国务院专利行政部门登记和公告。此时，专利权从登记和公告之日起终止。

三、专利权的无效

专利权的无效也称专利权无效宣告，是指对已经授予的专利权，因不符合专利法的规定，由专利复审委员会宣告其不具有法律约束力。我国《专利法》第45 条规定："自国务院专利行政部门公告授予专利权之日起，任何单位或者个人认为该专利权的授予不符合本法有关规定的，可以请求专利复审委员会宣告该专利权无效。"

（一）专利权无效的主要原因

依据我国《专利法》及《专利法实施细则》的规定，任何单位和个人基于下列原因，从专利授权之日起均可请求专利复审委员会宣告专利权无效：

（1）授予专利权的发明创造不符合专利授权的实质条件。即授予专利权的发明和实用新型不具备新颖性、创造性和实用性，外观设计不具有新颖性、与他人在先权利发生冲突、不富有美感、不适于工业应用。

（2）授予专利权的发明创造不是专利法意义上的发明、实用新型或外观设计或者超出了专利授权范围，或者属于违法的发明创造。

（3）专利权人的专利申请文件不符合法律规定，没有充分公开发明创造的技术特征；或权利要求书与说明书不相符合；或发明、实用新型专利申请文件的修改超出了原说明书和权利要求书记载的范围，对外观设计专利申请文件的修改超出了原图片或照片表示的范围等。

（4）取得专利权的人无权取得该专利权。如发生重复授权；就同一发明创造的两项以上的专利申请，专利权授予给后申请人；专利权授予给职务发明创造的发明人，或者非职务发明创造的专利权授予给发明人所属的单位，等等。

（二）专利权无效的效力

专利复审委员会宣告专利权无效可以产生以下两方面的效力：

（1）被宣告无效专利权自始不存在。专利权一旦被宣告无效，即视为该专利权从授权之日起就不产生法律约束力，不仅对专利权人、请求人是无效的，而且对整个社会所有不特定的人来说都是无效的。专利权的无效宣告具有一定的追溯力。

（2）专利权的无效宣告，对在宣告专利权无效前人民法院作出并已执行的专利侵权的判决、调解书，已经履行或者强制执行的专利侵权纠纷处理决定，以及已经履行的专利实施许可合同和专利权转让合同，不具有追溯力。但有两种例外情形：①专利权人的恶意给他人造成的损失，应由专利权人给予赔偿；②专利权人依据专利权的无效宣告，不返还专利侵权赔偿金、专利使用费、专利权转让费，明显违反公平原则时，专利权人应当全部或者部分返还专利侵权赔偿金、专利使用费、专利权转让费。

引例解析

本案涉及不丧失新颖性的法律问题。根据我国《专利法》第24条规定，申请专利的发明创造在申请日以前6个月内，有下列情形之一的，不丧失新颖性：①在中国政府主办或者承认的国际展览会上首次展出的；②在规定的学术会议或者技术会议上首次发表的；③他人未经申请人同意而泄露其内容的。本案就属于法律规定的第三种不丧失新颖性的情形。因此，该专利不会因不具有新颖性被宣告无效。

思考题

1. 如何判断某发明创造是否具有新颖性?
2. 不丧失新颖性的法定情形有哪些?
3. 简述发明专利的取得程序。
4. 专利权终止的原因有哪些?
5. 简述专利权无效的原因及专利权无效的效力。

专利权的内容与限制

☞ **学习要点**

学习本章应了解专利权人的权利和义务内容、专利权的限制，重点掌握专利实施权和处分权的内容、专利权穷竭原则、先用权的条件，专利实施权和专利的强制许可是学习的难点。

◆ **引读案例**

陈公智设计出"手推式割禾机"，并于 2007 年 5 月 16 日获得国家专利。2008 年 7 月 5 日，陈公智委托市发明协会协助联系转让该项专利技术并签订了意向书。同年 9 月，陈公智又与市农机机械厂签订了一份联合生产协议，规定由机械厂独家生产专利产品"手推式割禾机"，并约定协议有效期 5 年，在此期间，不得向他人转让该专利技术。双方还依法将合同向专利局备了案。该协议履行过程中，陈公智又根据 7 月 5 日达成的意向书与黎浩源签订了"手推式割禾机"专利技术转让合同，以 5.6 万元的价格将该项专利技术转让给黎浩源，并于 2009 年 7 月 16 日经国家专利局登记和公告。

问题：已许可他人使用的专利技术是否可以继续转让？陈公智与黎浩源之间的专利技术转让合同是否有效？

第一节 专利权人的权利与义务

一、专利权人的权利

（一）专利实施权

在我国，专利实施权是专利权人享有的排他利用其专利的权利。专利实施权的禁止效力只及于商业性实施，非商业性的个人实施对专利权的影响不大，因此各国专利法一般均允许。

1. 发明和实用新型产品专利实施权的内容。《专利法》第 11 条的规定，发明和实用新型专利权被授予后，除本法另有规定的以外，任何单位或者个人未经专利权人许可，都不得实施其专利，即不得为生产经营目的制造、使用、许诺销售、销售、进口其专利产品。这就是关于发明和实用新型产品专利的实施权的内容。

可见，发明和实用新型产品专利的实施权包含以下内容：

（1）制造权。即专利权人依法享有的为生产经营目的垄断制造专利产品的权利。制造专利产品，是指通过机械或者手工方式加工、制作专利产品。专利产品的数量、质量等不影响对制造行为的认定。

（2）使用权。即专利权人依法享有的为生产经营目的垄断使用专利产品的权利。将侵犯发明或者实用新型专利权的产品作为零部件，制造另一产品的，应当认定属于专利使用行为。

（3）许诺销售权。即专利权人依法享有的为生产经营目的垄断许诺销售专利产品的权利。所谓许诺销售（offering for sale），是指通过在商店内陈列或在展销会上演示、列入销售征订单或拍卖清单、列入推销广告或者以任何口头、书面或其他方式向特定或非特定的人明确表示对其出售某种产品意愿的行为。规定许诺销售权的目的是为了使专利权人在商业交易实际发生前及时制止侵权、防止侵权产品的传播、防止专利权人因侵权而蒙受损失的发生与扩大。

（4）销售权。即专利权人依法享有的为生产经营目的销售专利产品的权利。

（5）进口权。即专利权人依法享有的为生产经营目的进口专利产品的权利。

2. 方法专利实施权的内容。就方法发明专利而言，我国《专利法》规定的实施权内容包括两个方面：①为生产经营目使用专利方法。这是指为达到方法发明的本来目的，或者为获得方法发明的效果而使用。专利方法多种多样，可以是化学性质的，其结果是产生化合物，也可以是其他技术领域的，如微生物学、核技术，等等。②为生产经营目的使用、许诺销售、销售、进口依专利方法直接获得的产品。所谓"直接获得的产品"，既指使用专利方法获得的原始产品，也包括将上述原始产品进一步加工、处理而获得后续产品的行为。

3. 外观设计专利实施权的内容。《专利法》第 11 条规定，外观设计专利权被授予后，任何单位或者个人未经专利权人许可，都不得实施其专利，即不得为生产经营目的制造、许诺销售、销售、进口其外观设计专利产品。所谓外观设计专利产品，是指产品上的外观设计是取得专利保护的，产品是该外观设计的载体，在申请专利时该产品就被指定为使用该外观设计。需要注意的是，外观设计专利权只包括外观设计专利产品的制造权、许诺销售权、销售权和进口权，不包括这种产品的使用权。因为外观设计专利的目的是禁止第三人未经许可而在制造产品时复制有专利的外观设计，为此，禁止第三人制造或销售以及进口含有该外观设计专利的产品就行了，无需限制第三人使用含有该外观设计专利的产品。将侵犯外观设计专利权的产品作为零部件，制造另一产品并销售的，应当认定属于销售外观设计专利产品的行为，但侵犯外观设计专利权的产品在该另一产品中仅具有技术功能的除外。

（二）许可实施权

许可实施权是指专利权人通过实施许可合同的方式，许可他人实施其专利并收取专利使用费的权利。《专利法》第12条规定，任何单位或者个人实施他人专利的，应当与专利权人订立实施许可合同，向专利权人支付专利使用费。许可实施权的实质就是专利权人同意被许可人可以做专利权人本来有权禁止做的行为，意味着被许可人有权在一定期限内，在专利权效力所及的领域，对专利发明创造加以利用。专利实施许可合同一般用书面形式签订，根据双方当事人对专利使用约定的不同，许可实施一般可以分为下列五种情况：

（1）普通许可。在一定区域内专利权人许可被许可人利用该发明创造，专利权人仍保留再许可第三人实施的权利。这种许可没有独占性，专利权人自己可以实施这一专利发明创造，也可以许可任何第三方实施该项技术。

（2）独占实施许可。当事人双方约定，被许可人对所接受的专利技术在一定区域内享有排除任何第三人实施的独占使用权，任何第三人都不得在该区域内使用该专利的合同。独占许可的使用人享有独占的实施权，在其使用范围内，专利权人自己不得实施专利，也不得许可第三人实施专利。

（3）排他实施许可。排他实施许可的使用人是唯一的被许可人，专利权人不得将相同的使用权许可给第三人，但专利权人自己可以实施。

（4）分许可。在一定区域内，专利权人允许被许可人将专利发明创造的使用权再转让给第三者，同时被许可人对此以约定的形式和数额向许可人支付报酬。分许可只能从属于原许可，不得有任何超越行为。

（5）交叉许可。也称"相互许可"，即许可方和被许可方互相许可对方实施自己所拥有专利技术而形成的实施许可。这种许可方式多出现在相关专利的专利权人间。

被许可人根据合同取得的仅是实施专利的权利，并没有取得该项专利，所以除合同约定外，被许可人无权允许合同规定以外的任何单位或者个人实施该专利。专利权人与他人订立的专利实施许可合同，应当自合同生效之日起3个月内向国务院专利行政部门备案。

（三）专利处分权

1. 专利处分权的概念。专利权的处分包含专利权人可以将其专利权转让给他人或者放弃其专利权等。专利权人对其专利权的处分方式与物权的处分方式有所不同。物权的处分通常伴随着对物本身的处分，比如物的被占有状态的变化，而专利权的处分丝毫也不影响专利技术的存在状态，仅仅是其法律状态发生了变化。又如，并非所有的物权处分方式都属法律上的要式行为，而专利权的处分行为在法律上属要式行为。当事人转让或放弃其专利权都必须经专利局登记、公告。

2. 专利权的转让。专利权人有权转让其专利权。根据《专利法》第 10 条，专利申请权和专利权可以转让。中国单位或者个人向外国人、外国企业或者外国其他组织转让专利申请权或者专利权的，应当依照有关法律、行政法规的规定办理手续。转让专利申请权或者专利权的，当事人应当订立书面合同，并向国务院专利行政部门登记，由国务院专利行政部门予以公告。专利申请权或者专利权的转让自登记之日起生效。根据我国《合同法》的规定，专利转让合同属于技术转让合同，因此有关专利转让的规范不仅体现于《专利法》，还体现于《合同法》的相关条文，主要包括：

(1) 专利转让合同不得限制技术竞争和技术发展。

(2) 专利权人负有权利担保义务，必须确保自己的专利权没有瑕疵。《合同法》第 353 条规定："受让人按照约定实施专利、使用技术秘密侵害他人合法权益的，由让与人承担责任，但当事人另有约定的除外。"

《专利实施许可合同备案管理办法》第 23 条规定："正在履行的专利合同（此处特指专利许可合同——编者注）发生专利权转移的，对原专利合同不发生效力。当事人另有约定的除外。"《专利法实施细则》第 14 条第 1 款规定："除依照专利法第 10 条规定转让专利权外，专利权因其他事由发生转移的，当事人应当凭有关证明文件或者法律文书向国务院专利行政部门办理专利权转移手续。"值得一提的是，专利的申请权也可以转让。由于申请人有可能取得专利权，因此申请权中包含了一种期待利益，具有财产权的属性。

3. 专利权的出资。专利权可以被用于出资。《公司法》第 27 条规定："股东可以用货币出资，也可以用实物、知识产权、土地使用权等可以用货币估价并可以依法转让的非货币财产作价出资；但是，法律、行政法规规定不得作为出资的财产除外。"根据该规定，有限责任公司的股东可以用专利等可以用货币估价并可以依法转让的非货币财产作价的知识产权出资。出资金额不得高于有限责任公司注册资本的 70%。

以专利技术出资的，必要时可请技术方出具专利证书及其他专利资料，很容易查明其是否真正的专利权人，但要注意的是专利权具有地域性，在外国获得的专利权只有在中国也取得专利权才受中国专利法保护。

4. 专利权的质押。我国《担保法》第 75 条规定，依法可以转让的商标专用权、专利权、著作权中的财产权可以质押。《物权法》第 227 条规定了"以注册商标专用权、专利权、著作权等知识产权中的财产权出质"。专利权质押，是指为担保债权的实现，由债务人或第三人将其专利权中的财产权设定质权，在债务人不履行债务时，债权人有权依法就该设质专利权中的财产权的变价款优先受偿的担保方式。在专利权质押法律关系中，设定专利权质押的债务人或第三人为出质人，接受专利权质押的债权人为质权人。为促进资金融通和商品流通，我国担保法对专利权质押作了明确规定，不过该规定过于原则，实践中难以操作。加之我国专利法对此并无规定，且 1996 年发布的《专利权质押合同登记管理暂行办法》主要限于质押合同管理方面，对专利权质押的基本问题涉及较少。

依据我国担保法和物权法的规定，以知识产权出质的，出质人和质权人应当订立书面合同，并向有关主管部门办理出质登记。质权自有关主管部门办理出质登记时设立。除依法办理出质登记外，我国还对一些知识产权出质规定了审批程序。如《专利权质押合同登记管理暂行办法》第 5 条规定，全民所有制单位以专利权出质的，须经上级主管部门批准；中国单位或个人向外国出质专利权的，须经国务院有关主管部门批准。

（四）使用专利标记权

《专利法》第 17 条第 2 款规定："专利权人有权在其专利产品或者该产品的包装上标明专利标识。"专利权人的标记权，是指专利权人在自己的专利产品或者该产品的包装上标明专利标记和专利号的权利。专利标记是表明该产品是专利产品的标志，通常是表明"专利"、"专利产品"或者"中国专利"等文字或者符号，我国法律对此没有规定统一的样式，专利权人可以自己设计。专利号是指国务院专利行政部门授予专利权的序号。

专利权人行使标记权，在自己的专利产品或者产品的包装上标明专利标记和专利号，一方面可以起到宣传的作用，表明自己的产品是经过审查后获得专利权的产品，从而增加消费者对该产品的信赖，以增强该产品的竞争能力，扩大产品的销路；另一方面也可以起到警示的作用，表明该产品是专利产品，享有专利权，是受到专利法保护的，他人未经专利权人许可不得随意仿造。我国专利法把在产品或者包装上标明专利标记和专利号规定为专利权人的一项权利，专利权人可以行使，也可以不行使。专利权人未在其产品或者包装上标明专利标记和专利号，并不意味着权利人放弃专利保护，其他人未经专利权人许可仿造该专利产品，一样要承担侵权责任。侵权人不能以产品上没有专利标记和专利号，不知其为专利产品为理由，要求免除侵权赔偿责任。

二、专利权利人的义务

（一）缴纳年费

专利权人应当自被授予专利权的当年开始缴纳年费。逾期不缴纳年费的，专利权即告终止。但《专利法实施细则》第 6 条规定，当事人因不可抗拒的事由而延误专利法或者本细则规定的期限或者国务院专利行政部门指定的期限，导致其权利丧失的，自障碍消除之日起 2 个月内，最迟自期限届满之日起 2 年内，可以向国务院专利行政部门说明理由并附具有关证明文件，请求恢复权利。当事人因正当理由而延误专利法或者本细则规定的期限或者国务院专利行政部门指定的期限，导致其权利丧失的，可以自收到国务院专利行政部门的通知之日起 2 个月内向国务院专利行政部门说明理由，请求恢复权利。当事人请求延长国务院专利行政部门指定的期限的，应当在期限届满前，向国务院专利行政部门说明理由并办理有关手续。

（二）对发明人或设计人的奖励和支付报酬

《专利法》第 16 条规定："被授予专利权的单位应当对职务发明创造的发明人或者设计人给予奖励；发明创造专利实施后，根据其推广应用的范围和取得的经济效益，对发明人或者设计人给予合理的报酬。"

根据《专利法实施细则》第 76~78 条的规定，被授予专利权的单位可以与发明人、设计人约定或者在其依法制定的规章制度中规定《专利法》第 16 条规定的奖励、报酬的方式和数额。企业、事业单位给予发明人或者设计人的奖励、报酬，按照国家有关财务、会计制度的规定进行处理。

被授予专利权的单位未与发明人、设计人约定也未在其依法制定的规章制度中规定《专利法》第 16 条规定的奖励的方式和数额的，应当自专利权公告之日起 3 个月内发给发明人或者设计人奖金。一项发明专利的奖金最低不少于 3000元；一项实用新型专利或者外观设计专利的奖金最低不少于 1000 元。由于发明人或者设计人的建议被其所属单位采纳而完成的发明创造，被授予专利权的单位应当从优发给奖金。

被授予专利权的单位未与发明人、设计人约定也未在其依法制定的规章制度中规定《专利法》第 16 条规定的报酬的方式和数额的，在专利权有效期限内，实施发明创造专利后，每年应当从实施该项发明或者实用新型专利的营业利润中提取不低于 2% 或者从实施该项外观设计专利的营业利润中提取不低于 0.2%，作为报酬给予发明人或者设计人，或者参照上述比例，给予发明人或者设计人一次性报酬；被授予专利权的单位许可其他单位或者个人实施其专利的，应当从收取的使用费中提取不低于 10%，作为报酬给予发明人或者设计人。

第二节　专利权的限制

专利权是赋予专利权人的有限的独占权，其范围和效力应当体现权利人利益与公共利益的平衡。一方面，专利权人的权益应得到有效保障，否则专利制度便不能发挥鼓励创新的作用；另一方面，专利权人的权利应受到一定限制，不宜绝对或者过强，否则就会阻碍发明创造的推广应用和经济社会的发展。因此，各国专利法均有关于专利权的例外的限制性规定。

一、先用权限制

先用权，是指在专利申请日前已经制造相同产品、使用相同方法或者已经作好制造、使用的必要准备的单位或个人，在批准授予专利权后仍可在原有的范围内继续制造或者使用该项发明创造的权利。相同的一项发明创造有时可能会有两个或者两个以上的单位或个人各自独立地开发出来，但有的去申请专利而有的并不申请专利，且专利法依法只能授予最先提出专利申请的人。如因其中的一人在先提出了专利申请就绝对禁止其他的人继续制造或使用由自己独立开发的产品或方法，就会导致对独立开发新技术的其他人产生不公平。

我国《专利法》第69条第2项规定"在专利申请日前已经制造相同产品、使用相同方法或者已经做好制造、使用的必要准备，并且仅在原有范围内继续制造、使用的"，不视为侵犯专利权，先使用人仍可以继续使用他的发明创造。专利法把先使用人的这种权利称为先用权，是对专利权人权利的一种限制，目的是保护先使用人就该发明创造所做的工业投资，不因该项发明创造后被他人取得专利权而受影响。

因"在先使用"不认定侵权应把握的要点有：①证明他的发明创造是自己研究出来的，或者先用权是善意取得的；②应以申请日作为是否允许继续实施或准备实施相同产品或者相同方法的时间界定，在申请日之前的属于在先，申请日及其后的就不属于在先；③在先实施的表现形式包括"已制造相同产品、使用相同方法"和"已经作好制造、使用的必要准备"两种情况；④允许其继续制造、使用的范围，仅限于申请日前已在实施的人员、地域和技术领域，超出这个范围的仍可认定为侵权；⑤该发明创造只能自己实施，不可转让，因为先用权不是受专利法保护的独立权利。

二、非生产经营目的使用

专为科学研究和实验而使用有关专利的，可以不经专利权人的许可，不视为侵权行为。这里的"为科学研究和实验"还包括为教育、个人及其他非为生产经营目的的使用专利技术的情况。但是这里所说的在科学研究、实验、教育中使用他人专利技术，主要是指将专利产品或方法作为科学研究和实验对象加以使用。如测试专利产品的性能、评价专利方法的实施效果，以及研究如何改进现有专利产品或方法等。如果是直接利用他人专利产品或方法，只能是小范围的非营利性质的使用。如果在整个教育系统内大量使用他人专利技术制作的教学用具，即便没有盈利，但由于单位节省了大量购置教具的经费，属间接盈利，并且使专利权人失掉这一主要消费市场而蒙受经济损失，因此，这种行为不属于合理使用的范围。

需要指出的是，依照《专利法》的规定，为生产经营目的使用或者销售不知道是未经专利权人许可而制造并售出的专利产品或者依照专利方法直接获得的产品的，如果当事人能够证明其产品的来源为合法，不承担赔偿责任，但需承担其他法律责任，如停止侵害等；不能证明其产品合法来源的，则要承担完全的侵犯专利权的责任。

三、临时过境权限制

临时过境，是指临时通过中国领陆、领水、领空的外国运输工具，依照其所属国同中国签订的协议或者共同参加的国际条约，或者依照互惠原则，为运输工具自身需要而在其装置和设备中使用有关专利的情形。根据《专利法》第69条第3项规定，临时过境使用有关专利的，不视为侵犯专利权。这个规定是符合国际惯例的。如《巴黎公约》规定，暂时或者偶然进入巴黎联盟成员国的运输工具（船舶、航空器或车辆）上使用发明专利装置，不视为侵犯专利权人的权利。

临时过境的外国运输工具上使用专利的行为视为不侵犯专利权，必须符合以下条件：①必须是临时进入我国领陆、领水、领空的外国运输工具。"临时进入"包括暂时进入和偶然进入。②必须是与我国签订协议、共同参加的国际条约（例如《巴黎公约》）或者有互惠原则的国家的运输工具。③必须是外国运输工具为自身需要而在其装置或者设备中使用有关专利。运输工具的需要可能是各种各样的，但是只限于为运输工具自身需要而在其装置或者设备中使用专利产品，如在船舶的传动装置中使用享有专利保护的发明或者实用新型，才视为不侵犯专利权。如果是在临时过境运输工具上载有仿制专利的产品，不在此合理使用范围之内，应视为侵权。

当前世界越来越趋向全球化、城市化发展。各种交通工具促进了各个国家和城市之间的贸易往来，是联系各个城市的重要物流纽带。如果不规定运输工具的使用者的临时过境权，势必到处是专利地雷，而运输工具的流动性必然使其不停地跨越于各个国家和地区，如果面临这样的专利地雷阵，将严重阻碍国际贸易、国际物流的正常开展。因此，必然要求各个国家的专利法赋予运输工具使用者的临时过境权。

四、专利权用尽原则

"权利用尽"也称"权利穷竭"，是知识产权制度中的一项重要原则。"专利权用尽"，是指专利产品或者依照专利方法直接获得的产品，由专利权人或者经其许可的单位、个人售出后，第三人使用、许诺销售、销售、进口该产品的，不构成对专利的侵权。这是《专利法》第69条第1项的规定。需要注意的是，此处所述的单位、个人，既可以是中国单位或者个人，也可以是外国单位或者个人；对专利产品或者依照专利方法直接获得的产品的"售出"行为，不仅包括专利权人或者经其许可的单位或者个人在我国境内的销售行为，也包括专利权人或者经其许可的单位或者个人在我国境外的销售行为，即此处的所述"售出"行为的范围不限于中国而覆盖全球范围。

"专利权用尽原则"认为，对于合法投入市场的专利产品，一旦经专利权人或经其许可的其他人投放到市场上，专利权人无权阻止任何第三方合法处分该专利产品。这实质上是对专利权的限制。至于这种限制本身是否有地域性，或者说专利权是在"国内权利穷竭"还是"国际权利穷竭"，则看法不一。一种观点认为，既然知识产权的取得和利用都要受到地域的限制，那么，权利穷竭自然也不应该例外，也应受地域性限制。如果专利权人就同一发明创造在两个以上的国家获取了专利，那么，经他许可在甲国投入流通的产品，并不必然导致他在乙国专利权的穷竭，这就是所谓的"国内专利权穷竭"。这种观点还认为，在专利法中，规定专利权人享有进口权，就是以立法形式承认权利穷竭的地域性。另一种观点则主张，权利穷竭具有普遍性，认为权利穷竭应是国际范围的。只要专利权人在所有享有对这种专利产品保护的国家中均告穷竭。这两种观点可以称得上是针锋相对。基于这样的原因，《TRIPS 协定》第 6 条明确指出：该协议的任何规定不得用于处理知识产权的权利用尽问题。这表明该协议允许各国在权利用尽问题上根据其需要采取灵活立场。世界贸易组织 2001 年通过的《关于 TRIPS 协定与公共健康的宣言》（即《多哈宣言》）再次重申，各成员为解决公共健康问题，有权自行决定其对专利权权利用尽问题的立场。

鉴于我国的经济实力和科研实力与发达国家相比还有相当差距，高技术领域的专利权绝大多数由外国专利权人掌握，我国的产业发展在相当程度上仍依赖于对国外技术的引进，第三次修改后的《专利法》充分利用《TRIPS 协定》留给各国的自由空间，在专利领域允许平行进口行为。同时，允许平行进口使我国在必要时可以从国外进口我国目前尚不能制造或者制造能力不足的专利药品，有利于我国解决公共健康问题。

五、强制许可限制

专利实施的强制许可是指国务院专利行政部门可以不经专利权人的同意，通过行政申请程序直接允许申请者实施发明专利或者实用新型专利，并向其颁发实施专利的强制许可。强制许可是与专利权人自愿许可相对而言的。自愿许可，是专利权人考虑到自身的利益，与受让人签订许可合同，允许受让人实施其发明专利或实用新型专利，这种许可是专利权人自愿的，专利权人从自愿许可中可获得较大的物质利益；而强制许可，并非出自专利权人的自愿，而是国务院专利行政部门根据国家和民众利益，运用国家行政权力强制专利权人允许他人使用其专利。

强制许可是对专利权的一项重要的限制。强制许可是在法律层面上推进专利运用，防止专利权人对专利权进行垄断，并加以滥用，从而损害国家或者公众的利益。强制许可是限制专利权权利滥用，实现知识产权利益平衡的重要威慑手段和调节机制。对于强制许可，世界各国的专利法中都有相应的规定，《巴黎公约》允许各缔约国采取立法措施授予强制许可，"以防止由于行使专利所赋予的专利权而可能产生的滥用"。从历史上看，最初的专利实施强制许可规范，主要是针对专利权人"不实施专利"以及"不充分实施"此类"滥用专利权"的行为，而作为相应的原"撤销专利权"制裁措施的替代措施而设立，随后又推广至因公共利益、因反垄断认定、因国家出现紧急状态或者非常情况、因公共健康等方面。具体来讲，强制许可可以分为以下几类：

（一）防止滥用的强制许可

《专利法》第48条规定了防止滥用的强制许可："有下列情形之一的，国务院专利行政部门根据具备实施条件的单位或者个人的申请，可以给予实施发明专利或者实用新型专利的强制许可：①专利权人自专利权被授予之日起满3年，且自提出专利申请之日起满4年，无正当理由未实施或者未充分实施其专利的；②专利权人行使专利权的行为被依法认定为垄断行为，为消除或者减少该行为对竞争产生的不利影响的。"

从专利制度的发展历史上看，强制许可制度与专利权人在专利权的授予国实施专利的义务有关。《巴黎公约》第5条第1款第2项列举的颁发专利强制许可的唯一理由就是不实施专利。以未实施或者未充分实施专利作为颁发专利强制许可的理由，是世界各国专利制度中采取的普遍做法。这对于推动发明创造的应用，保证专利制度的正常运行是必要的。根据《专利法实施细则》第73条，"未充分实施其专利，是指专利权人及其被许可人实施其专利的方式或者规模不能满足国内对专利产品或者专利方法的需求"。

2008年8月1日起施行的《中华人民共和国反垄断法》（以下简称《反垄断法》）第55条规定："经营者依照有关知识产权的法律、行政法规规定行使知识产权的行为，不适用本法；但是，经营者滥用知识产权，排除、限制竞争的行为，适用本法。"因此，如果专利权人滥用知识产权的行为被反垄断机构认定为构成《反垄断法》规定的，经营者达成垄断协议、经营者滥用市场支配地位以及具有或者可能具有排除、限制竞争效果的经营者集中这三种垄断行为之一的，应当按照《反垄断法》第七章的规定，承担停止违法行为、没收违法所得、缴纳罚款等行政违法责任以及赔偿损失的民事责任。《专利法》第三次修改时为了实现与《反垄断法》配套和衔接，增加了对利用专利权形成垄断的行为提供必要救济措施的规定，即在专利权人行使其专利权的行为被依法认定为垄断行为的情况下，可以给予强制许可。一旦反垄断执法机构或者法院作出的认定专利权人行使专利权的行为构成垄断的行政决定或者司法判决生效后，国务院专利行政部门就可根据具备实施条件的单位或者个人的申请，给予实施专利的强制许可，以消除或者减少垄断行为对竞争产生的不利影响。

（二）为公共利益的强制许可

专利权虽然是一种独占权，但却不是绝对的权利，应当服从国家和民众的利益。当国家出现紧急状态或者非常情况时，或者是为了国家、民族、人民大众的利益，法律授权国务院专利行政部门可以作出强制许可的决定。《专利法》规定了几种为公共利益的强制许可：

（1）在国家出现紧急状态或者非常情况时，或者为了公共利益的目的，国务院专利行政部门可以给予实施发明专利或者实用新型专利的强制许可（《专利法》第49条）。这包含两种情况：①在国家出现紧急状态或者非常情况时，例如战争或危及国家安全的紧急状态，或者出现自然灾害或疾病流行的非常情况；②为了公共利益的目的，这主要是指为了国民经济以及公共卫生、人民健康等情况需要授予强制许可，例如某项专利技术对治理某种类型的环境污染具有重要意义，而这种污染在我国较为严重，直接危害到人民的身体健康，则国家可以依据本条授予实施该项专利的强制许可。值得注意的是，国家在根据本条授予强制许可时，必须指定具有实施条件的单位实施有关专利技术。

（2）为了公共健康目的，对取得专利权的药品，国务院专利行政部门可以给予制造并将其出口到符合中华人民共和国参加的有关国际条约规定的国家或者地区的强制许可（《专利法》第50条）。该规定的强制许可并不是为了供应国内需要，而是用于出口，体现了《多哈宣言》的相关精神，为了公共健康目的，可以给予制造并出口专利药品到特定国家或者地区的强制许可。根据《专利法实施细则》第73条的规定，"取得专利权的药品"，是指解决公共健康问题所需的医药领域中的任何专利产品或者依照专利方法直接获得的产品，包括取得专利权的制造该产品所需的活性成分以及使用该产品所需的诊断用品。

（3）强制许可涉及的发明创造为半导体技术的，其实施限于公共利益的目的和《专利法》第48条第2项规定的情形（《专利法》第52条）。半导体技术的专利实施强制许可仅仅限于认定垄断行为前提下的强制许可、国家紧急状态情况下的强制许可和国家非常情况背景下的强制许可，不适用未实施与未充分实施的强制许可和依存专利相互之间交叉强制许可等。

（三）从属专利的强制许可

从属专利的强制许可，是根据专利之间的相互依存的关系而采取的一种有利于科学技术发展的强制许可措施。《专利法》第51条规定："一项取得专利权的发明或者实用新型比前已经取得专利权的发明或者实用新型具有显著经济意义的重大技术进步，其实施又有赖于前一发明或者实用新型的实施的，国务院专利行政部门根据后一专利权人的申请，可以给予实施前一发明或者实用新型的强制许可。在依照前款规定给予实施强制许可的情形下，国务院专利行政部门根据前一专利权人的申请，也可以给予实施后一发明或者实用新型的强制许可。"这就是从属专利的强制许可规定。

所谓从属专利，是指前后两个专利之间在技术上存在着从属关系，在后专利的权利要求所要求保护的技术方案落入在先专利的专利保护范围之内。在这样的情况下，在后专利的专利权人虽然获得了专利权，但是却不能随意实施其专利技术，因为该技术尚处于另一项有效专利的保护范围之内，要实施就必须获得在先专利的专利权人的许可。但是，由于竞争等方面的原因，在先专利的专利权人可能不情愿由后一个专利权人实施其专利，从而阻碍了后一个专利所保护的发明或者实用新型的实施。如果后一项发明或者实用新型比前一项在技术上先进，在先专利的专利权人不许在后专利的专利权人实施其专利，就会阻碍先进技术的推广应用，不利于促进科学技术进步。为了防止出现这样的情况，有必要在某些情况下批准给予强制许可，即依法强制在先专利的专利权人许可在后专利的专利权人实施其专利。

为了更好地实施强制许可制度，《专利法》第53～58条分别作了如下规定：

（1）除依照本法第48条第2项、第50条规定给予的强制许可外，强制许可的实施应当主要为了供应国内市场。

（2）依照本法第48条第1项、第51条规定申请强制许可的单位或者个人应当提供证据，证明其以合理的条件请求专利权人许可其实施专利，但未能在合理的时间内获得许可。

（3）国务院专利行政部门作出的给予实施强制许可的决定，应当及时通知专利权人，并予以登记和公告。给予实施强制许可的决定，应当根据强制许可的理由规定实施的范围和时间。强制许可的理由消除并不再发生时，国务院专利行政部门应当根据专利权人的请求，经审查后作出终止实施强制许可的决定。

（4）取得实施强制许可的单位或者个人不享有独占的实施权，并且无权允许他人实施。

（5）取得实施强制许可的单位或者个人应当付给专利权人合理的使用费，或者依照中华人民共和国参加的有关国际条约的规定处理使用费问题。付给使用费的，其数额由双方协商；双方不能达成协议的，由国务院专利行政部门裁决。

（6）专利权人对国务院专利行政部门关于实施强制许可的决定不服的，专利权人和取得实施强制许可的单位或者个人对国务院专利行政部门关于实施强制许可的使用费的裁决不服的，可以自收到通知之日起 3 个月内向人民法院起诉。

六、指定实施原则

与强制许可类似的，是我国《专利法》第 14 条规定的限制，也称专利技术"推广应用"的"指定实施原则"。根据该条规定，国有企业事业单位的发明专利，对国家利益或者公共利益具有重大意义的，国务院有关主管部门和省、自治区、直辖市人民政府报经国务院批准，可以决定在批准的范围内推广应用，允许指定的单位实施，由实施单位按照国家规定向专利权人支付使用费。该规定的目的是为了更好地维护国家利益和公共利益。理解"指定实施原则"需要把握以下几点：

（1）指定实施的专利对象限于国有企业事业单位的、对国家利益或者公共利益具有重大意义的发明专利技术，例如在环境保护或者节约能源等方面能够产生重大影响的技术。这主要考虑到国有企事业单位的全部或者部分资产来自国家投资，国家可以对其专利技术的实施享有一定的支配权。

（2）采取这种推广应用措施需要报经国务院批准，而不能由国务院有关主管部门或者省、自治区、直辖市人民政府直接批准，这充分显示了国家对采取这种推广应用措施持十分慎重的态度。

（3）实施的单位应按照国家规定向专利权人支付使用费，这表明即使采取推广应用措施，也会同时兼顾专利权人的利益。

（4）根据《行政复议法》的有关规定，对各级人民政府工作部门、各级人民政府以及国务院部门作出的具体行政行为不服的，可以申请行政复议，但是没有规定对国务院作出的决定也可以申请行政复议；根据《行政诉讼法》的有关规定，法院不受理对国家行为提起的行政诉讼。因此，由于在该原则下对发明专利的推广应用是由国务院批准决定的，因此专利权人不能获得行政救济和司法救济。

引例解析

我国《专利法》第 10、12 条明确规定了我国专利权的转让实施和许可制度，从而使我国的专利权能够更好地进入社会生产领域。

陈公智与农机机械厂签订的联合生产协议即实施许可合同具备我国《专利法》及其实施细则中规定的生效要件，因而是有法律效力的，据此，其合同中约定的"机械厂独家生产专利产品'手推式割禾机'即独占许可实施专利的权利"和"5 年内该专利不能转让"应当受到法律保护。其后签订的陈公智与黎浩源之间的转让合同，也具备《专利法》和《合同法》中的转让合同的效力要件，但由于在该转让合同中，陈公智明显违背了其在上述实施许可合同中的约定，使该转让合同明显侵犯了机械厂的合法权益，因此该转让方的行为构成违约行为，应当承担违约责任。

思考题

1. 专利实施权的主要内容有哪些？
2. 专利权许可实施的方式有哪些？
3. 专利权限制的有哪些主要情形？
4. 阅读下列相关材料，结合 DVD 事件对专利权的权利用尽原则和平行进口问题谈谈你的思考。

正当我国的 DVD 产业取得了令世人瞩目的飞速发展时，日立、松下等企业组成的 6C 联盟就迫不及待、冠冕堂皇地竖起了知识产权保护这面大旗，要求我国的 DVD 企业向其交纳专利使用费。虽然 DVD 专利侵权案以和解告终，但是我们的企业为此付出了上百亿元的惨痛代价。为什么我国的 DVD 生产会构成侵权呢？据相关的报道，一个主要的原因是我国的 DVD 生产企业在未获得 6C 联盟许可的情况下，从国外进口了机芯、解码芯片等各种核心元器件进行 DVD 的组装和销售。这实际上就是知识产权产品的平行进口问题。所谓的平行进口，通常是指进口商在未取得知识产权人或专有实施权人许可的情况下，从其他国家的市场合法购买并进口知识产权人在当地制造、销售的知识产权产品的行为。就 DVD 侵权案而言，如果核心元器件的进口行为是合法的，而且在 DVD 的组装生产方面也不存在着其他技术侵权，显然我国的生产企业就无须支付"专利使用费"。而核心元器件的进口行为是否合法也就取决于对平行进口合法性的认定。

第 二 十 章

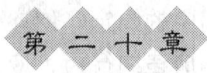

专利权的保护

☞　**学习要点**

学习本章应了解我国专利权的保护范围，重点掌握侵犯专利权行为的判定和侵犯专利权的法律责任，专利权保护范围、侵犯专利权行为的判定是学习的难点。

◆　**引读案例**

2001 年 9 月甲公司的高级工程师乙研制出一种节油装置，完成了该公司的技术攻坚课题，并达到国际领先水平。甲公司于 2001 年 11 月向我国专利局递交专利申请书。2004 年 4 月 7 日国务院专利行政部门授予甲公司发明专利。2004 年 5 月，乙公司未经甲公司许可开始制造并销售该节油装置，2005 年 2 月 3 日甲公司发现乙公司侵权但未作出任何反应，到了 2008 年 10 月甲公司发现乙公司仍在制造该节油装置，遂于 2008 年 11 月 1 日向法院提起诉讼，要求乙公司停止侵害并赔偿损失。

问题：甲公司的诉讼请求能不能得到法院的支持？

第一节　专利权的保护范围

专利权保护范围的确定是通过权利要求书的记载来实现的。只有准确界定权利要求书的范围，才能更好地保护专利权，故解释权利要求书的含义以确定权利范围，是判断侵权的前提。在确定发明和实用新型专利保护范围时，解释权利要求文字所描述的范围是关键，站在不同立场、依照不同的解释原则，保护范围的大小是存在差异的。

一、发明和实用新型专利权的保护范围

考察各国专利法的规定，在对权利要求书的解释主要有三种原则："中心限定"原则、"周边限定"原则和折衷原则。

（一）周边限定原则

周边限定原则，[1]是指要求严格依照权利要求书的字面记载进行解释，对专利权的保护范围不能超出权利要求书文字记载的范围的权利保护原则。说明书和附图不能成为确定专利权保护范围的依据，只有在权利要求书不明确的情况下，才能用来对保护范围作限制性解释。这种解释，一方面可以通过权利要求书相对清晰地了解该专利权的保护范围，防止他人做出任何带有一定随意性的推测；但另一方面对权利要求书的撰写提出了很高的要求，权利要求书的撰写必须要反复推敲、斟酌，否则专利权人则会因为撰写方面的缺陷，导致其专利不能得到充分的保护。但实际上在申请专利时就找到一个保护范围较为恰当的概念来表达是比较困难的，故此种解释原则对第三人是有利的，稍稍进行修改，就可能偏离专利保护的范围，逃避侵权的打击。

（二）中心限定原则

中心限定原则，[2]是指权利要求书是专利保护范围的依据，但在解释权利要求书时，应当以权利要求书表达的实质内容为中心，全面考虑发明创造的目的、性质以及说明书和附图，将中心一定范围内的技术也包含在保护范围之内的权利保护原则。中心限定原则的采用，使得专利权的保护范围不必拘泥于权利要求书的字面含义，能更好地覆盖专利技术方案的全部实质性特征。这种解释原则给专利权人提供了充分的保护，但对第三人而言，专利权的保护范围处在难以明确的状态，实际并不利于公平竞争。

（三）折衷原则

折衷原则也称为主题内容限定原则，[3]其具体做法是，专利权保护的范围按权利要求书所记载的实质内容来确定，但又不严格拘泥于权利要求书的文字，当权利要求书所表述的技术特征有不清楚之处时，可以引用说明书和附图来加以解释。折衷原则的做法弥补了周边限定原则和中心限定原则的不足，既充分保护了专利权人的权益，又兼顾了公共利益。

我国专利法采折衷原则，即考虑权利要求书措辞的字面意思的同时，又参考说明书和附图对权利要求书做出适当的解释。

我国《专利法》第59条第1款规定："发明或者实用新型专利权的保护范围以其权利要求的内容为准，说明书及附图可以用于解释权利要求的内容。"即权利要求是确定发明或者实用新型专利权保护范围的直接依据，处于主导地位；在

---

〔1〕 刘春田主编：《知识产权法》，高等教育出版社、北京大学出版社2003年版，第229页。

〔2〕 吴汉东主编：《知识产权法》，法律出版社2009年版，第191页。

〔3〕 李顺德：《知识产权法律基础》，知识产权出版社2005年版，第145页。

确定专利权的保护范围时应当以权利要求书中明确记载的必要技术特征所确定的范围为准，也包括与该必要技术特征相等同的特征所确定的范围。等同特征是指与所记载的技术特征以基本相同的手段，实现基本相同的功能，达到基本相同的效果，并且本领域的普通技术人员无需经过创造性劳动就能够认识到的特征。说明书和附图处于从属地位，一项技术特征如在权利要求中叙述不清的，可以通过说明书和附图加以理解，必要时，可以依说明书和附图公开的内容去修改。但如果在权利要求中没有记载的，则不能受到法律保护，说明书本身不能确定保护范围。

二、外观设计专利权的保护范围

我国《专利法》第59条第2款规定："外观设计专利权的保护范围以表示在图片或者照片中的该产品的外观设计为准，简要说明可以用于解释图片或者照片所表示的该产品的外观设计。"

我国外观设计专利的保护范围取决于两个条件：①表示在图片或者照片中的外观设计；②专利授权时指定的外观设计使用产品的范围，确定外观设计是否相同或近似，必须要以同类产品为基础。

第二节　侵犯专利权行为的判定

一、侵犯专利权行为的构成要件

侵犯专利权行为，是指在专利权的保护期限内，行为人未经专利权人许可又没有法律依据，以营利为目的实施他人专利的行为。

侵犯专利权行为的构成必须符合以下要件：

（一）以生产经营为目的

专利权的实质在于市场的垄断，没有对专利权人的市场利益造成损害，即没有侵犯到专利权。因此，我国《专利法》第11条规定："发明和实用新型专利权被授予后，除本法另有规定的以外，任何单位或者个人未经专利权人许可，都不得实施其专利，即不得为生产经营目的制造、使用、许诺销售、销售、进口其专利产品，或者使用其专利方法以及使用、许诺销售、销售、进口依照该专利方法直接获得的产品。外观设计专利权被授予后，任何单位或者个人未经专利权人许可，都不得实施其专利，即不得为生产经营目的制造、许诺销售、销售、进口其外观设计专利产品。"这里都强调了侵权行为必须带有生产经营的目的。

（二）实施了他人的专利技术

行为人在客观上实施了侵害他人专利的行为，即行为人的实施行为必须是落入了专利权的保护范围内。在判断第三人的行为是否属于实施了他人专利时，必须要以专利权的保护范围为基础。针对发明和实用新型专利权而言，实施他人的专利技术是指为生产经营目的制造、使用、许诺销售、销售、进口其专利产品，或者使用其专利方法以及使用、许诺销售、销售、进口依照该专利方法直接获得的产品。针对外观设计专利权而言，实施他人的专利技术是指为生产经营目的制造、许诺销售、销售、进口其外观设计专利产品。

（三）实施行为没有合法依据

即行为人实施了专利的行为未经专利权人的许可，又无法律依据。"法律依据"包括：行为人的行为属于依强制许可证而实施的或具有我国《专利法》第69条规定的情形之一的。对于直接侵权行为，根据我国现有的法律规定不要求行为人主观上有过错，只要客观上实施的行为没有法律依据即成立侵权；但对于间接侵权行为，则要求行为人主观上必须有过错。

（四）被侵害的专利合法有效

侵犯专利权必须以存在有效的中国专利为前提，即被侵害的专利必须是在我国《专利法》规定的保护期限内。理解时要注意以下内容：①行为所侵害的专利是由我国国务院专利行政部门依照法定程序授予专利权的专利，而不是在外国获得的专利。专利权具有地域性，但专利权人既可以是中国人也可以是外国人。②行为人所侵害的专利仍然受法律的保护。如果是实施专利申请日以前的公有技术、已经被宣告无效的专利权、被专利权人放弃的专利权或者已经超过了专利权保护期限的，则不构成侵权行为。

二、侵犯专利权行为的种类

侵犯专利权行为分为直接侵权行为和间接侵权行为。

（一）直接侵权行为

直接侵权行为，是指未经专利权人许可，又没有法律依据，行为人擅自实施其专利的行为。在认定他人的行为是否构成了侵犯他人专利权时，必须要满足以上四个构成要件。直接侵权行为的表现形式如下：

1. 未经专利权人许可实施其专利的行为。根据我国《专利法》第11条的规定：发明和实用新型专利权被授予后，除本法另有规定的以外，任何单位或者个人未经专利权人许可，都不得实施其专利，即不得为生产经营目的制造、使用、许诺销售、销售、进口其专利产品，或者使用其专利方法以及使用、许诺销售、销售、进口依照该专利方法直接获得的产品。外观设计专利权被授予后，任何单位或者个人未经专利权人许可，都不得实施其专利，即不得为生产经营目的制造、许诺销售、销售、进口其外观设计专利产品。

2. 假冒他人专利的行为。假冒他人专利行为，是指未经专利权人的许可，非专利权人在自己以生产经营为目的而制造、使用、许诺销售、销售的产品上擅自标注他人的专利标记和专利号的行为。[1]假冒行为所假冒的并不是技术本身，而是专利权人的身份，其侵犯的是专利权人依法所享有的专利标记权。

必须注意假冒专利与假冒他人专利两个概念之间的区别。根据我国《专利法实施细则》第84条规定，下列行为属于假冒专利的行为：①在未被授予专利权的产品或者其包装上标注专利标识，专利权被宣告无效后或者终止后继续在产品或者其包装上标注专利标识，或者未经许可在产品或者产品包装上标注他人的专利号；②销售第①项所述产品；③在产品说明书等材料中将未被授予专利权的技术或者设计称为专利技术或者专利设计，将专利申请称为专利，或者未经许可使用他人的专利号，使公众将所涉及的技术或者设计误认为是专利技术或者专利设计；④伪造或者变造专利证书、专利文件或者专利申请文件；⑤其他使公众混淆，将未被授予专利权的技术或者设计误认为是专利技术或者专利设计的行为。可见，假冒专利的外延更大，假冒他人专利仅是假冒专利的一种表现形式。

专利权终止前依法在专利产品、依照专利方法直接获得的产品或者其包装上标注专利标识，在专利权终止后许诺销售、销售该产品的，不属于假冒专利行为。销售不知道是假冒专利的产品，并且能够证明该产品合法来源的，由管理专利工作的部门责令停止销售，但免除罚款的处罚。

（二）间接侵权行为

间接侵权行为，是指行为人未经专利权人许可，不是以直接实施专利或者假冒专利的方式直接害专利权，而是实施了诱导、怂恿、教唆、帮助他人实施了侵害专利权的行为。具体而言，行为人的行为本身可能不构成对他人的专利权的直接侵害，但其主观上有诱导或促使第三人侵犯他人专利权的故意，客观上为第三人实施直接侵权行为提供了必要的条件。如果行为人本身的行为就是对他人专利权的直接侵害，无论是否实施了诱导、怂恿、教唆或帮助他人实施侵犯专利权行为，其行为都是直接侵权行为。

间接侵权行为与直接侵权行为相比，有两个显著的特征：①行为人在主观上具有诱导、怂恿、教唆、帮助他人实施直接侵权行为的故意；②有直接侵权行为发生，且行为人的行为与他人的直接侵权行为有必然的因果关系。间接侵权行为常见的表现形式有：行为人故意制造、销售、进口只能用于专利产品的关键零部件、专门用于实施专利产品的模具或者用于实施专利方法的机械设备或者材料；行为人未经专利权人授权或者委托擅自许可或转让其专利技术的行为等。

间接侵权行为不是一项独立的侵权行为，而是从属于第三人的直接侵权行

---

〔1〕　吴汉东主编：《知识产权法学》，北京大学出版社2005年版，第227页。

为。间接侵权促使和导致了直接侵权行为的发生，行为人主观上有过错，对专利权人造成了损害，与直接侵权构成共同侵权。

三、侵犯专利权判定的方法和原则

（一）侵犯发明或实用新型专利判定的方法和原则

发明或实用新型专利权的保护范围以权利要求书中明确记载的必要技术特征所确定的范围为准，而不是以权利要求书中的文字和措辞为准。而一项发明创造的技术方案必然由若干技术特征构成，故在判定侵权与否时，需将侵权物与权利要求书所描述的技术方案加以比较。比较的方法是进行特征分析，即将权利要求书中独立权利要求的若干技术特征与侵权物逐一比较。

权利要求书应当有独立权利要求，也可以有从属权利要求。对于一项专利技术而言，必要技术特征必须要写进权利要求书的独立权利要求之中，在权利要求书中的诸多权利要求中，独立权利要求的范围是最大的，独立权利要求所包含的技术特征应当是该发明创造的全部必要技术特征。因此在进行侵权比较时一般只需考察侵权物是否包含在独立权利要求的范围内即可，而不必验证是否侵犯从属权利要求。权利人主张以从属权利要求确定专利权保护范围的，人民法院应当以该从属权利要求记载的附加技术特征及其引用的权利要求记载的技术特征，确定专利权的保护范围。

人民法院应当根据权利要求的记载，结合本领域普通技术人员阅读说明书及附图后对权利要求的理解，确定权利要求的内容。对于权利要求，可以运用说明书及附图、权利要求书中的相关权利要求、专利审查档案进行解释。说明书对权利要求用语有特别界定的，从其特别界定。以上述方法仍不能明确权利要求含义的，可以结合工具书、教科书等公知文献以及本领域普通技术人员的通常理解进行解释。对于权利要求中以功能或者效果表述的技术特征，人民法院应当结合说明书和附图描述的该功能或者效果的具体实施方式及其等同的实施方式，确定该技术特征的内容。对于仅在说明书或者附图中描述而在权利要求中未记载的技术方案，权利人在侵犯专利权纠纷案件中将其纳入专利权保护范围的，人民法院不予支持。

在判断侵犯发明和使用新型专利行为时，应采用以下原则：

1. 全部覆盖原则，[1] 又称全部技术特征覆盖或者字面侵权原则，即如果被控侵权物的技术特征包含了专利权利要求中记载的全部必要技术特征，则落入专利权的保护范围。根据《最高人民法院关于审理侵犯专利权纠纷案件应用法律若

---

〔1〕　吴汉东主编：《知识产权法学》，北京大学出版社 2005 年版，第 226 页。

干问题的解释》第 7 条规定，人民法院判定被诉侵权技术方案是否落入专利权的保护范围，应当审查权利人主张的权利要求所记载的全部技术特征。被诉侵权技术方案包含与权利要求记载的全部技术特征相同或者等同的技术特征的，人民法院应当认定其落入专利权的保护范围；被诉侵权技术方案的技术特征与权利要求记载的全部技术特征相比，缺少权利要求记载的一个以上的技术特征，或者有一个以上技术特征不相同也不等同的，人民法院应当认定其没有落入专利权的保护范围。当专利独立权利要求中记载的必要技术特征采用的是上位概念特征，而被控侵权物采用的是相应的下位概念特征时，则被控侵权物落入专利权的保护范围。被控侵权物在利用专利权利要求中记载的全部技术特征的基础上又增加了新的技术特征，仍属于专利权的保护范围，此时不考虑被控侵权物的技术效果与专利技术是否相同。被控侵权物对在先专利技术而言是改进的技术方案，并且获得了专利权的，则属于从属专利。未经在先专利权人许可，实施从属专利也覆盖了在先专利的保护范围。

2. 等同原则，是指侵害人以形式上不完全相同而实质上相同的手段和方法，替换属于专利保护的部分或者全部必要的技术特征，产生实质上相同的效果，应当认为侵权人所采用的技术特征属于专利权的保护范围。按照等同原则，当被控侵权物只有一个或者一个以上技术特征，通过与专利独立权利要求保护的技术特征进行比较，在表面上虽不相同，但经过分析仍可以认定两者是相同的技术特征。此种情况下，应当认定被控侵权物落入了专利权的保护范围。等同物应当是具体技术特征之间的彼此替换，而不是完整技术特征之间的彼此替换。适用等同原则判定侵权，仅限于适用被控侵权物中的具体技术特征与专利独立权利要求中相应的必要技术特征是否相同，而不适用于被控侵权物的整体技术方案与独立权利要求所限定的技术方案是否相同。在侵犯专利权判定中，当适用全面覆盖原则判定被控侵权物不构成侵犯专利权的情况下，则应适用等同原则进行侵权判定。

在司法实践中，人民法院对侵犯专利权案适用该原则的条件是：被控侵权的技术构成与专利权利要求书中记载的相应技术特征在目的、功能和效果上相同或者基本相同，且这种变更或者替换是所属领域的普通技术人员借助于说明书、附图、权利要求书，不经创造性的智力劳动所能够想到的。如被告采用部件之间的移位或者分解或者合并权利要求中的某些技术特征，或者略去权利要求书中的个别非必要技术特征等交换手段实施专利技术，并实现原告专利的发明目的和积极效果的，人民法院将适用等同原则确认被告的行为构成侵犯专利权。

3. 禁止反悔原则，是指在专利的审批、撤销或者无效宣告程序中，专利权人为确定其发明创造具备新颖性和创造性，通过书面声明或者修改专利申请文件的方式，对专利权利要求书中的保护范围作了限制承诺或者部分地放弃了保护，并因此取得了专利权，而在侵犯专利权诉讼中，法院适用等同原则确定专利权的保护范围时，应当禁止专利权人将已被限制、排除或者放弃的内容重新纳入专利保护范围。当等同原则与禁止反悔原则发生冲突时，即原告主张适用等同原则判定被告侵犯其专利权，而被告主张适用禁止反悔原则判定自己不构成侵犯专利权的情况下，应当优先适用禁止反悔原则。

4. 现有技术抗辩原则，也称为"公知技术抗辩"，其中心内容是：专利申请日以前的国内外为公众所知的技术不属于专利权的保护范围，第三人使用的技术与申请日以前的国内外为公众所知的技术相同或者极为近似的，则不构成对专利权的侵害。我国《最高人民法院关于审理专利纠纷案件适用法律问题的若干规定》第 9 条规定，人民法院受理的侵犯实用新型、外观设计专利纠纷案件，被告在答辩期间内请求宣告该专利权无效的，人民法院应当中止诉讼，但具备下列情形的，可以不中止诉讼：被告提供的证据足以证明其使用的技术已经公知的。

被诉落入专利权保护范围的全部技术特征，与一项现有技术方案中的相应技术特征相同或者无实质性差异的，人民法院应当认定被诉侵权人实施的技术属于专利法规定的现有技术。被诉侵权设计与一个现有设计相同或者无实质性差异的，人民法院应当认定被诉侵权人实施的设计属于专利法规定的现有设计。[1]在具体运用中主要是在被控侵权技术与公知技术之间进行对比，而且这个公知技术是一个完整公知技术，而不是拼凑而成的公知技术。即被控侵权技术是否使用了与公知技术相等同的技术方案，只要被控技术与公知技术的构成等同，即可成立公知技术抗辩。

（二）侵犯外观设计专利的判定方法

在判定行为人的行为是否属于实施了外观设计专利，必须是立足于被控侵权产品和外观设计专利产品是相同种类的产品或相近似种类的产品的基础上，再对被控侵权产品的外观设计与获得专利的外观设计的主要部位进行比较，如果主要部位不相同也不相近似，则应当认定为不相同也不相近似的外观设计。反之，如果被控侵权产品与获得外观设计专利权的产品相同或相近似，且外观设计的主要部位也相同或近似，则应认定属于实施了他人的专利。

2009 年 12 月 21 日通过的《最高人民法院关于审理侵犯专利权纠纷案件应用法律若干问题的解释》第 9 条规定："人民法院应当根据外观设计产品的用途，认定产品种类是否相同或者相近。确定产品的用途，可以参考外观设计的简要说明、国际外观设计分类表、产品的功能以及产品销售、实际使用的情况等因素。"

---

〔1〕　参见 2009 年 12 月 21 日通过的《最高人民法院关于审理侵犯专利权纠纷案件应用法律若干问题的解释》第 14 条。

第 11 条规定："人民法院认定外观设计是否相同或者近似时，应当根据授权外观设计、被诉侵权设计的设计特征，以外观设计的整体视觉效果进行综合判断；对于主要由技术功能决定的设计特征以及对整体视觉效果不产生影响的产品的材料、内部结构等特征，应当不予考虑。下列情形，通常对外观设计的整体视觉效果更具有影响：①产品正常使用时容易被直接观察到的部位相对于其他部位；②授权外观设计区别于现有设计的设计特征相对于授权外观设计的其他设计特征。被诉侵权设计与授权外观设计在整体视觉效果上无差异的，人民法院应当认定两者相同；在整体视觉效果上无实质性差异的，应当认定两者近似。"

第三节　侵犯专利权的法律责任

一、侵犯专利权纠纷的解决程序

我国《专利法》第 60 条规定："未经专利权人许可，实施其专利，即侵犯其专利权，引起纠纷的，由当事人协商解决；不愿协商或者协商不成的，专利权人或者利害关系人可以向人民法院起诉，也可以请求管理专利工作的部门处理。管理专利工作的部门处理时，认定侵权行为成立的，可以责令侵权人立即停止侵权行为，当事人不服的，可以自收到处理通知之日起 15 日内依照《中华人民共和国行政诉讼法》向人民法院起诉；侵权人期满不起诉又不停止侵权行为的，管理专利工作的部门可以申请人民法院强制执行。进行处理的管理专利工作的部门应当事人的请求，可以就侵犯专利权的赔偿数额进行调解；调解不成的，当事人可以依照《中华人民共和国民事诉讼法》向人民法院起诉。"

（一）行政程序

即对于侵犯专利权纠纷的解决，专利权人或者利害关系人可以请求管理专利工作的部门调解或者处理。《专利法》及其实施细则所称管理专利工作的部门，是指由省、自治区、直辖市人民政府以及专利管理工作量大又有实际处理能力的设区的市人民政府设立的管理专利工作的部门。

根据我国《专利法实施细则》第 81 条的规定，当事人请求处理或者调解专利纠纷的，由被请求人所在地或者侵权行为地的管理专利工作的部门管辖。两个以上管理专利工作的部门都有管辖权的专利纠纷，当事人可以向其中一个管理专利工作的部门提出请求；当事人向两个以上有管辖权的管理专利工作的部门提出请求的，由最先受理的管理专利工作的部门管辖。管理专利工作的部门对管辖权发生争议的，由其共同的上级人民政府管理专利工作的部门指定管辖；无共同上级人民政府管理专利工作的部门的，由国务院专利行政部门指定管辖。

管理专利工作的部门在调处侵犯专利权纠纷时，应在查明事实、分清是非的基础上，按照有关规定处理。管理专利工作的部门处理时，认定侵权行为成立的，可以责令侵权人立即停止侵权行为，当事人不服的，可以自收到处理通知之日起15日内提起行政诉讼；侵权人期满不起诉又不停止侵权行为的，管理专利工作的部门可以申请人民法院强制执行。进行处理的管理专利工作的部门应当事人的请求，可以就侵犯专利权的赔偿数额进行调解。经管理专利工作的部门调解，当事人双方达成调解协议的，应当制作调解书。调解书经当事人签名盖章，调解人员签名，并加盖管理专利工作的部门公章。如调解不成，或当事人不履行调解书的，当事人可以依法提起民事诉讼。

（二）司法程序

侵犯专利权纠纷发生后，专利权人或者利害关系人除了可以请求管理专利工作的部门调解或者处理外，还可以请求人民法院审理。

1. 管辖。专利纠纷第一审案件，由省、自治区、直辖市人民政府所在地的中级人民法院和最高人民法院指定的中级人民法院管辖。

因侵犯专利权的行为提起的诉讼，由侵权行为地或者被告住所地人民法院管辖。侵权行为地包括：被控侵犯发明和实用新型专利权的产品的制造、使用、许诺销售、销售、进口等行为的实施地；专利方法使用行为的实施地；依照该专利方法直接获得的产品的使用、许诺销售、销售、进口等行为的实施地；外观设计专利产品的制造、许诺销售、销售、进口等行为的实施地；假冒专利行为的实施地；以及上述侵权行为的侵权结果发生地。

原告仅对侵权产品制造者提起诉讼，未起诉销售者，侵权产品制造地与销售地不一致的，制造地人民法院有管辖权；以制造者与销售者为共同被告起诉的，销售地人民法院有管辖权；销售者是制造者分支机构，原告在销售地起诉侵权产品制造者制造、销售行为的，销售地人民法院有管辖权。

2. 诉讼时效。我国《专利法》第68条规定："侵犯专利权的诉讼时效为2年，自专利权人或者利害关系人得知或者应当得知侵权行为之日起计算。发明专利申请公布后至专利权授予前使用该发明未支付适当使用费的，专利权人要求支付使用费的诉讼时效为2年，自专利权人得知或者应当得知他人使用其发明之日起计算，但是，专利权人于专利权授予之日前即已得知或者应当得知的，自专利权授予之日起计算。"

《最高人民法院关于审理专利纠纷案件适用法律问题的若干规定》第23条规定："权利人超过2年起诉的，如果侵权行为在起诉时仍在继续，在该项专利权有效期内，人民法院应当判决被告停止侵权行为，侵权损害赔偿数额应当自权利人向人民法院起诉之日起向前推算2年计算。"

3. 诉前临时措施。为了更好地保护专利权人的权利，我国《专利法》规定了起诉前可对侵权行为采取的措施：诉前行为保全、诉前财产保全和诉前证据保全。即专利权人或者利害关系人有证据证明他人正在实施或者即将实施侵犯专利权的行为，如不及时制止将会使其合法权益受到难以弥补的损害的，可以在起诉前向人民法院申请采取责令停止有关行为的措施。为了制止侵犯专利权行为，在证据可能灭失或者以后难以取得的情况下，专利权人或者利害关系人可以在起诉前向人民法院申请保全证据。

4. 举证责任。侵犯专利权纠纷涉及新产品制造方法的发明专利的，制造同样产品的单位或者个人应当提供其产品制造方法不同于专利方法的证明。

侵犯专利权纠纷涉及实用新型专利或者外观设计专利的，人民法院或者管理专利工作的部门可以要求专利权人或者利害关系人出具由国务院专利行政部门对相关实用新型或者外观设计进行检索、分析和评价后作出的专利权评价报告，作为审理、处理侵犯专利权纠纷的证据。

二、侵犯专利权的民事责任

根据我国《民法通则》第 118 条的规定，专利权人的专利权受到侵害的，"有权要求停止侵害，消除影响，赔偿损失"。

（一）停止侵害

停止侵害，是指侵犯专利权行为人应当根据管理专利工作的部门的处理决定或者人民法院的生效判决，立即停止正在实施的侵犯专利权行为。这种救济措施是保护专利权的重要的救济措施，不管行为人主观上是否存在过错，也不管是否造成损害后果，只要侵权行为发生或有证据表明即将发生，权利人均可请求法院裁判行为人停止侵权。侵权行为不得以任何借口而延续。

（二）赔偿损失

在确定行为人的行为构成侵犯专利权后，侵权行为人是否应向专利权人或者利害关系人赔偿损失，以及按照什么标准进行赔偿，目前主要有两种理论：①惩罚性赔偿论，②补偿性赔偿论。根据我国《专利法》的相关规定，侵犯专利权的损害赔偿，应当贯彻公平原则，让专利权人因侵权行为而受到的实际损失能够得到合理的赔偿。关于侵犯专利权的损害赔偿，我国《专利法》第 65 条第 1 款规定："侵犯专利权的赔偿数额按照权利人因被侵权所受到的实际损失确定；实际损失难以确定的，可以按照侵权人因侵权所获得的利益确定。权利人的损失或者侵权人获得的利益难以确定的，参照该专利许可使用费的倍数合理确定。赔偿数额还应当包括权利人为制止侵权行为所支付的合理开支。"具体而言，确定侵犯专利权的损害赔偿数额，可按照以下几种方式计算：

1. 按照权利人因被侵权所受到的实际损失确定。根据 2001 年 6 月 19 日通过的《最高人民法院关于审理专利纠纷案件适用法律问题的若干规定》第 20 条第

2 款规定："权利人因被侵权所受到的损失可以根据专利权人的专利产品因侵权所造成销售量减少的总数乘以每件专利产品的合理利润所得之积计算。权利人销售量减少的总数难以确定的，侵权产品在市场上销售的总数乘以每件专利产品的合理利润所得之积可以视为权利人因被侵权所受到的损失。"

2. 按照侵权人因侵权所获得的利益确定。《最高人民法院关于审理专利纠纷案件适用法律问题的若干规定》第 20 条第 3 款规定："侵权人因侵权所获得的利益可以根据该侵权产品在市场上销售的总数乘以每件侵权产品的合理利润所得之积计算。侵权人因侵权所获得的利益一般按照侵权人的营业利润计算，对于完全以侵权为业的侵权人，可以按照销售利润计算。"

侵权人因侵权所获得的利益，应当限于侵权人因侵犯专利权行为所获得的利益；因其他权利所产生的利益，应当合理扣除。侵犯发明、实用新型专利权的产品系另一产品的零部件的，人民法院应当根据该零部件本身的价值及其在实现成品利润中的作用等因素合理确定赔偿数额。侵犯外观设计专利权的产品为包装物的，人民法院应当按照包装物本身的价值及其在实现被包装产品利润中的作用等因素合理确定赔偿数额。

3. 参照该专利许可使用费的倍数合理确定。《最高人民法院关于审理专利纠纷案件适用法律问题的若干规定》第 21 条规定，"被侵权人的损失或者侵权人获得的利益难以确定，有专利许可使用费可以参照的，人民法院可以根据专利权的类别、侵权人侵权的性质和情节、专利许可使用费的数额、该专利许可的性质、范围、时间等因素，参照该专利许可使用费的 1~3 倍合理确定赔偿数额"。

4. 依照法定赔偿的方式确定。我国《专利法》第 65 条第 2 款规定："权利人的损失、侵权人获得的利益和专利许可使用费均难以确定的，人民法院可以根据专利权的类型、侵权行为的性质和情节等因素，确定给予 1 万元以上 100 万元以下的赔偿。"赔偿数额还应当包括权利人为制止侵权行为所支付的合理开支。

（三）消除影响

在侵权行为人实施侵权行为给专利产品在市场上的商业信誉造成损害，影响其专利产品的销售、使用时，侵权行为人就应当承担消除影响的法律责任。承担这种责任的方式主要是通过新闻媒体公开声明，承认自己的侵权行为，从而达到消除对专利产品造成的不良影响的目的。

三、行政责任和刑事责任

对于假冒专利的行为，管理专利工作的部门有权责令侵权人改正并予公告，没收违法所得，可以并处违法所得 4 倍以下的罚款；没有违法所得的，可以处 20 万元以下的罚款。情节严重，构成犯罪的，则依法追究侵权人的刑事责任。我国《刑法》第 216 条规定，假冒他人专利，情节严重的，处 3 年以下有期徒刑或者拘役，并处或者单处罚金。

四、其他专利纠纷及其解决

（一）专利权属纠纷

专利权属纠纷包括专利申请权纠纷和专利权归属纠纷。

专利申请权纠纷，是指一件发明创造完成后，当事人之间确认谁有权申请专利而发生的争议。主要包括非职务发明创造的专利申请权纠纷、职务发明创造的专利申请权纠纷、委托发明的专利申请权纠纷和合作发明的专利申请权纠纷。

专利权归属纠纷，是指在专利授权后，当事人之间在确认谁是真正权利人而发生的争议。专利权归属纠纷的形式有：是否为共同专利权人之间的纠纷、职务发明与非职务发明界定的专利权归属纠纷、委托研究的专利权归属纠纷。

专利申请权和专利权归属纠纷可以通过两种途径解决：①诉讼，即向人民法院提起民事诉讼；②请求管理专利工作的部门进行调解。依据《专利法实施细则》第86条的规定，当事人因专利申请权或者专利权的归属发生纠纷，已请求管理专利工作的部门调解或者向人民法院起诉的，可以请求国务院专利行政部门中止有关程序。依照前款规定请求中止有关程序的，应当向国务院专利行政部门提交请求书，并附具管理专利工作的部门或者人民法院的写明申请号或者专利号的有关受理文件副本。

管理专利工作的部门作出的调解书或者人民法院作出的判决生效后，当事人应当向国务院专利行政部门办理恢复有关程序的手续。自请求中止之日起1年内，有关专利申请权或者专利权归属的纠纷未能结案，需要继续中止有关程序的，请求人应当在该期限内请求延长中止。期满未请求延长的，国务院专利行政部门自行恢复有关程序。

（二）发明人、设计人资格、奖励和报酬纠纷

因发明人、设计人资格的确定引起的纠纷及职务发明创造的发明人、设计人的奖励和报酬引发的纠纷，可以通过两种途径解决：①向人民法院提起民事诉讼；②请求管理专利工作的部门进行调解。

（三）专利合同纠纷

专利合同纠纷主要是指在专利申请权、专利权转让合同，专利技术许可实施合同，专利技术中介服务合同中各方当事人就权利义务的履行，合同条款的解释等发生的争议。在总体上，有关专利合同的纠纷，协商解决是最便捷的方法。如果经协商无法解决，当事人在法律程序方面可以有两种选择：①请求合同各方当事人认可的仲裁机构仲裁；②向法院起诉。需要指出的是，这两种程序是相互排斥的，只能择其一。选择了仲裁程序，即意味着排除了司法管辖，仲裁机构的裁定具有终局效力。但若要选择仲裁程序，当事人之间必须达成仲裁协议。仲裁协

议可以在合同订立时一并达成，也可以在纠纷发生时再行约定。

（四）专利行政纠纷

专利行政纠纷是指当事人对专利行政机关所作出的决定不服而引起的争议。专利行政机关包括国家知识产权局、专利复审委员会及专利管理机关。

依照我国专利法，有关专利的行政纠纷有许多种，在专利审查的各个环节都有可能产生纠纷。主要专利行政纠纷的解决程序如下：

（1）因不服驳回专利申请而产生的行政纠纷。根据《专利法》第41条规定，专利申请人对国务院专利行政部门驳回申请的决定不服的，可以自收到通知之日起3个月内，向专利复审委员会请求复审。专利复审委员会复审后，作出决定，并通知专利申请人。专利申请人对专利复审委员会的复审决定不服的，可以自收到通知之日起3个月内向人民法院起诉。

（2）因宣告专利权无效而产生的纠纷。《专利法》第46条规定，对专利复审委员会宣告专利权无效或者维持专利权的决定不服的，可以自收到通知之日起3个月内向人民法院起诉。人民法院应当通知无效宣告请求程序的对方当事人作为第三人参加诉讼。

（3）因强制许可决定或强制许可费用裁定而产生的行政纠纷。《专利法》第58条规定，专利权人对国务院专利行政部门关于实施强制许可的决定不服的，专利权人和取得实施强制许可的单位或者个人对国务院专利行政部门关于实施强制许可的使用费的裁决不服的，可以自收到通知之日起3个月内向人民法院起诉。

（五）发明专利临时保护使用费的纠纷

由于我国专利法对发明专利采取"早期公开、延迟审查"的审查制度，必然导致发明专利申请在公开之后、授权之前期间技术的权属处于或然状态。我国《专利法》第13条规定："发明专利申请公布后，申请人可以要求实施其发明的单位或者个人支付适当的费用。"此为专利的临时保护制度，即发明专利申请公布后至专利授予前，使用该发明的应支付适当的使用费。但此时由于申请人尚不享有对技术的绝对支配权，当其要求技术实施人支付相应的使用费时，实施人可以拒绝支付，由此必然导致纠纷的产生。

这种纠纷的产生，是由于审查制度的设计造成的，故解决此种纠纷，必须等到专利申请程序结束，除非当事人之间自愿达成协议。如果专利申请未能通过专利审查，即专利申请被驳回，申请人则没有任何理由再向实施人索取技术使用费。如果专利申请被批准授予了专利权，则专利权人可以就公开之后、授权之前期间实施其技术的使用费纠纷，请求管理专利工作的部门调解，或者直接向人民法院起诉。其诉讼时效是2年，自专利权人得知或者应当得知他人使用其发明之日起计算。但如果专利权人于专利权授予之日前即已得知或者应当得知的他人已实施其发明时，时效自专利权授予之日起计算，因为授权之前专利权人不可能以专利申请人的身份提起诉讼。

引例解析

在本案中，侵权的诉讼时效从 2005 年 2 月 3 日开始计算；对于甲要求停止侵害的诉讼请求，能够得到法院的支持。但其损失赔偿的数额计算时间是从 2008 年 11 月 1 日起向前倒推两年，即 2006 年 11 月 1 日到 2005 年 2 月 3 日，2005 年 2 月 3 日到 2006 年 10 月 31 日这期间的损失因超过诉讼时效（如果被告提出诉讼时效的抗辩）而不能获得赔偿。

思考题

（一）选择题

1. 甲公司拥有一项汽车仪表盘的发明专利，其权利要求记载的必要技术特征可以分解为 a + b + c + d 共四项。乙公司制造一种仪表盘，其必要技术特征可以作四种分解，甲公司与乙公司的必要技术特征所代表的字母相同，表明其相应的必要技术特征相同或等同。乙公司的哪项技术侵犯了甲公司的专利？

A. b + c + d

B. a + b + c

C. a + b + d + e

D. a + b + c + d + e

2. 黑土公司获得一种新型药品制造方法的发明专利权后，发现市场上有大量白云公司制造的该种新型药品出售，遂向法院起诉要求白云公司停止侵权并赔偿损失。依据新修改《专利法》规定，下列哪一说法是错误的？

A. 所有基层法院均无该案管辖权

B. 黑土公司不应当承担被告的药品制造方法与专利方法相同的证明责任

C. 白云公司如能证明自己实施的技术属于现有技术，法院应告知白云公司另行提起专利无效宣告程序

D. 如侵犯专利权成立，即使没有证据确定损害赔偿数额，黑土公司仍可获得 1 万元以上 100 万元以下的赔偿额

（二）简答题

1. 侵犯专利权行为的构成要件有哪些？

2. 侵犯专利权的判定方法有哪些？

3. 侵犯专利权应承担哪些民事责任?

（三）案例思考

2000 年 1 月甲公司的高级工程师乙研制出一种节油装置，完成了该公司的技术攻坚课题，并达到国际领先水平。2000 年 2 月甲公司将该装置样品提供给我国政府承认的某国际技术展览会展出。同年 3 月，乙未经单位同意，在向某国外杂志的投稿论文中透露了该装置的核心技术，该杂志将论文全文刊载，引起甲公司不满。同年 6 月，丙公司依照该杂志的报道很快研制了样品，并作好了批量生产的必要准备。甲公司于 2000 年 7 月向我国专利局递交专利申请书。2000 年 12 月丁公司也根据该杂志开始生产该节油装置。2003 年 5 月 7 日国务院专利行政部门授予甲公司发明专利，2003 年 7 月甲公司向法院提起诉讼，分别要求丙公司和丁公司停止侵害并赔偿损失。

问题：（1）侵权行为的责任方式是什么?

　　　（2）甲公司可以在起诉前向法院申请采取什么措施保护自己的合法权益?

第五编

其他知识产权法律制度

第二十一章

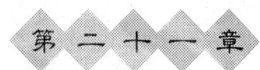

商业秘密的法律保护

☞　**学习要点**

学习本章应了解商业秘密的概念，重点掌握商业秘密的构成要件、竞业禁止协议、侵犯商业秘密的表现形式和侵犯商业秘密的法律责任，商业秘密的判定和竞业禁止协议效力的判定是学习本章的难点。

◆　**引读案例**[1]

某市甲、乙两厂均生产一种"记忆增强器"产品。甲厂产品的质量比乙厂产品好得多，因而其市场占有率远远高于乙厂。王某是甲厂技术人员。乙厂为提高本厂的市场占有率，付给王某一大笔"技术咨询费"，获取其提供的甲厂技术秘密。乙厂运用这些技术对自己的产品进行了改进。同时，乙厂在本市电视台发布广告，声称本厂生产的记忆增强器功效迅速质量可靠，其他厂家生产的同类产品质量无保证，呼吁消费者当心。另外，乙厂还以高额回扣诱使本市几家大型商场的购货人员不再采购甲厂产品。本市消费者李某等人在使用乙厂产品一段时间后，不仅记忆力没有增强，反而出现了神经衰弱症状。李某等人在电视台的协助下，向乙厂反映了情况。乙厂随后发现，王某提供的甲厂技术资料缺少几项关键技术，致使乙厂产品存在质量缺陷。

问题：乙厂的下列行为，何者构成不正当竞争？

A. 向甲公司的工作人员行贿，以获得甲厂的技术秘密

B. 向本市大型商场的购货人员行贿，使他们只采购本厂产品

C. 在电视广告中发布使人误解的虚假宣传

D. 在电视广告中散布虚假事实，损害竞争者的商品信誉

俗语说得好，"商战不可无秘密"，著名的美国可口可乐公司有一个座右铭，叫"保住了秘密就保住了市场"。可见，商业秘密已成为企业在激烈竞争中取胜的法宝。商业秘密是企业重要的无形资产和竞争手段，对企业的发展至关重要，应当受到法律的保护。我国现在尚未制定专门的商业秘密保护法，对商业秘密的保护主要体现在《反不正当竞争法》、《合同法》、《劳动合同法》和《刑法》等法律当中。

―――――――――――

〔1〕　该案例引自2005年国家司法考试卷一第98题。

第一节 商业秘密的界定

一、商业秘密的概念

我国《反不正当竞争法》和《刑法》对商业秘密的概念做了相同的立法解释。所谓商业秘密，是指不为公众所知悉、能为权利人带来经济利益、具有实用性并经权利人采取保密措施的技术信息和经营信息。在这一概念中，所谓"不为公众所知悉"，是指该信息是不能从公开渠道直接获取的；所谓"能为权利人带来经济利益、具有实用性"，是指该信息具有确定的可应用性，能为权利人带来现实的或者潜在的经济利益或者竞争优势；所谓"权利人采取保密措施"，是指权利人采取了订立保密协议、建立保密制度及其他合理的保密措施；所谓"技术信息和经营信息"，包括设计、程序、产品配方、制作工艺、制作方法、管理诀窍、客户名单、货源情报、产销策略、招投标中的标底及标书内容等信息。

商业秘密是否属于知识产权，多年来一直存在争议。这是由于商业秘密有着不同于传统知识产权（也称狭义知识产权，主要包括著作权、专利权和商标权）的显著特点。主要体现在：①是否公开不同。商业秘密的前提是不为公众所知悉，而其他知识产权都是公开的，对专利权甚至有公开到相当程度的要求。②权利取得方式不同。专利权、商标权的取得，要经专门的机构审查批准，而商业秘密的取得是基于权利人的合法劳动和其他正当手段，无需任何部门审批。③保护期限不同。著作权、专利权、商标权都是有保护期限的，而商业秘密的保护是不受时间限制的，商业秘密的权利能够使用多长时间，取决于权利人对商业秘密的保密措施。④权利排他性不同。著作权、专利权、商标权是垄断性的权利，具有绝对的排他性，而商业秘密是否具有排他性争议较大，即使不否认商业秘密排他性的学者也承认其排他性较弱。如果其他人以合法方式取得了同一内容的商业秘密，他们就和第一个人有着同样的地位。

虽然商业秘密与传统知识产权相比有明显区别，但是，商业秘密具有财产的一般属性，是一种无形资产，是人类智力活动的结晶，是一种精神财富，属于广义知识产权的范畴。《TRIPS 协定》第一部分第 2 条中划出了该协定所包含的知识产权的范围，它们是：①版权与邻接权；②商标权；③地理标志；④工业品外观设计权；⑤专利权；⑥集成电路布图设计专有权；⑦未披露过的信息。对未披露过的信息的保护，可以说主要是指对商业秘密的保护。我国作为世贸组织成员国之一，理应认为，我国的知识产权包含商业秘密。

二、商业秘密的构成要件

现代社会充斥着各种信息，但并非任何技术信息和经营信息都是商业秘密。

判断一种信息是否是商业秘密，关键的问题是要掌握商业秘密的构成条件。根据《反不正当竞争法》第10条第3款对商业秘密的定义，商业秘密的构成要件包含四个方面的内容：

（一）商业秘密是不为相关公众所知悉的信息

学理上一般把这一点概括为"秘密性"。秘密性是商业秘密的最基本特征，是维系其经济价值和法律保护的前提条件，也是区别于专利、商标、著作权等具有公开性的无形财产的显著特点。秘密性是指该信息不为相关公众所知悉，具体而言，是指该信息是不能从公开渠道直接获取的。《最高人民法院关于审理不正当竞争民事案件应用法律若干问题的解释》第9条规定："有关信息不为其所属领域的相关人员普遍知悉和容易获得，应当认定为反不正当竞争法第10条第3款规定的'不为公众所知悉'。具有下列情形之一的，可以认定有关信息不构成不为公众所知悉：①该信息为其所属技术或者经济领域的人的一般常识或者行业惯例；②该信息仅涉及产品的尺寸、结构、材料、部件的简单组合等内容，进入市场后相关公众通过观察产品即可直接获得；③该信息已经在公开出版物或者其他媒体上公开披露；④该信息已通过公开的报告会、展览等方式公开；⑤该信息从其他公开渠道可以获得；⑥该信息无需付出一定的代价而容易获得。"另外，如果经营者申请专利并经公告也会导致商业秘密的公开。但是，以下几种情况不视为是商业秘密的公开渠道：①成果鉴定。国家科委1994年《科学技术成果鉴定办法》第15条第2款规定："参加鉴定工作的专家应当保守被鉴定成果的技术秘密。"所以，成果鉴定不会破坏商业秘密的秘密性。②为企业内部为有关职工所知悉，且按照企业的规章制度或劳动合同，职工对接触的商业秘密负有明示或默示的保密义务。③为业务关系人所知悉，且按照当时当地的行业习惯或当事人的约定，这些外部知悉者有保密义务。

从以上的分析可以看出，商业秘密的秘密性不是绝对的，而是相对的。商业秘密虽是不为公众所知悉的信息，但却不是指除权利人以外绝对的没有人知悉，只是指未在本行业内众所周知。美国马萨诸塞州法院和宾夕法尼亚州法院的判决都曾为商业秘密以某种形式为公众接触作了现实主义的维护，其内容很有援引价值，"一项秘密的制造工程并不因其在保密的前提下向职能人员或工作人员公开而失去其商业秘密的特征，因为没有上述人员的辅助，它就不能产生任何价值"，[1] "商业秘密的某些'公开'是不可避免的，但这种有限目的的行为不管是将图纸交给有关人员实施还是有限制地复制，甚至有限制地'出版'，都不构

---

〔1〕 聂洪勇："论侵犯商业秘密罪"，载高铭暄、赵秉志主编：《刑法论丛》，法律出版社1999年版。

成放弃商业秘密的财产权——一扇未上锁的门，并不等于一张请路人入内的请柬"。

（二）商业秘密是能为权利人带来经济利益、具有实用性的信息

有学者把这一点概括为"价值性"或"经济性"。如前所述，所谓"能为权利人带来经济利益、具有实用性"，是指该信息具有确定的可应用性，能为权利人带来现实的或者潜在的经济利益或者竞争优势。

能为权利人带来经济利益、具有实用性，这正是商业秘密的可受保护的财产利益。对经济利益的追求是权利人取得商业秘密并努力维护所享有的商业秘密权的内在动力。商业秘密的价值性是指商业秘密必须有具体的、确定的形式和内容，必须能够直接应用于生产、经营的实践，而不是抽象的概念、观点或单纯的构想。也就是说，在试验、探索阶段尚未成形的信息不受保护。但实用性要求并非要求某项商业秘密已在实际中应用，而只要求其满足应用的现实可能性即可。因此，商业秘密的价值性包括现实的价值性和潜在的价值性。前者涉及可以现实地直接应用的信息，后者涉及虽不能现实地应用，但将来可以应用的信息，如阶段性研发成果等。另外，不论积极信息（具有直接的应用价值）还是消极信息（对于权利人而言不再能够创造新价值），只要具有维持竞争优势的意义，都可以作为商业秘密进行保护。例如失败的实验报告或纪录，这是一消极信息，它并不足使商业秘密的所有人于营业时更有效率，但可因此减省同行业竞争者的许多研发费用，以避免重蹈覆辙，防止人、财、物等资源及时间的无谓浪费，缩短研究开发的过程，从而强化其在市场上市场竞争中的地位，导致该信息持有人的竞争优势被减弱或者丧失。[1]因此，消极消息也可构成商业秘密，应该受到法律的保护。

（三）商业秘密是经权利人采取合理保密措施的信息

权利人采取保密措施，是指权利人采取了订立保密协议、建立保密制度及其他合理的保密措施。权利人为防止信息泄漏所采取的与其商业价值等具体情况相适应的合理保护措施，应当认定为权利人采取了保密措施。在实践中，人民法院应当根据所涉信息载体的特性、权利人保密的意愿、保密措施的可识别程度、他人通过正当方式获得的难易程度等因素，认定权利人是否采取了保密措施。具有下列情形之一，在正常情况下足以防止涉密信息泄漏的，应当认定权利人采取了合理保密措施：①限定涉密信息的知悉范围，只对必须知悉的相关人员告知其内容；②对于涉密信息载体采取加锁等防范措施；③在涉密信息的载体上标有保密

---

〔1〕　吴汉东主编：《知识产权法》，中国政法大学出版社2009年版，第345页。

标志；④对于涉密信息采用密码或者代码等；⑤签订保密协议；⑥对于涉密的机器、厂房、车间等场所限制来访者或者提出保密要求；⑦确保信息秘密的其他合理措施。

商业秘密是权利人通过保密才获得的事实上的独占权，所以权利人对其采取保密措施是商业秘密得以存在的根本，但保密措施不可能万无一失，固若金汤。从各国的立法和实务来看，大都是要求权利人采取合理的保密措施。所谓合理性应是在当时、当地具有合理性，并不要求对商业秘密采取极端的、过分的保密措施。这里举美国的一个著名案例来说明，1970 年杜邦公司筹建一条新法制甲烷的生产线，建厂房与安装设备同时进行，机器已安装了一部分，厂房尚未加顶，一天，厂房上空出现了一架飞行可疑的飞机，杜邦公司事后立即起诉了飞机降落后发现的一名摄影师。被告的辩护律师有三点理由：①飞机航行的领域是公共领域，任何私人不被禁止飞行；②摄影拍照是美国宪法规定的包括旅行在内的个人迁徙自由的内容之一；③请问杜邦公司有没有实际行动表明其工地不允许他人参观——在厂房上盖起大棚，或者装了高射机枪或雷达？法庭对前两个问题的回答是"是的"，对第 3 个问题作了否定的回答，但仍判决该摄影师侵犯了杜邦公司的商业秘密。法庭判决中指出，"法律要求企业对商业秘密采取保密措施应在合理范围内，要求企业为其商业秘密营造一座滴水不漏，可防范任何不可预测和不可察觉的产业间谍行为的堡垒，是不现实的"。

三、商业秘密的范围

商业秘密包括技术信息和经营信息，具体包括设计、程序、产品配方、制作工艺、制作方法、管理诀窍、客户名单、货源情报、产销策略、招投标中的标底及标书内容等信息。

（一）技术秘密

技术秘密，是指产品在生产、制造过程中的技术诀窍或秘密技术、非专利成果、专有技术。实践中，这种技术信息的范围很广泛，诸如各种产品的生产方案、产品设计、工艺流程、配方、质量控制等技术知识等，只要这种技术信息未公开，能给权利人带来经济利益，并且采取了保密措施均应属技术秘密。原国家科委发布的《关于加强科技人员流动中技术秘密管理的若干意见》第 2 条规定："本单位所拥有的技术秘密，是指由单位研制开发或者以其他合法方式掌握的、未公开的、能给单位带来经济利益或竞争优势，具有实用性且本单位采取了保密措施的技术信息，包括但不限于设计图纸（含草图）、试验结果和试验记录、工艺、配方、样品、数据、计算机程序等。技术信息可以是有特定的完整的技术内容，构成一项产品、工艺、材料及其改进的技术方案，也可以是某一产品、工艺、材料等技术或产品中的部分技术要素。"

值得一提的是，技术秘密和非专利技术两者之间的关系。我国现行法中也并未对这一概念作出明确界定。在最初使用这一概念时，人们一般是将它与技术秘密等同起来认识的，以为两者所指向的对象属于同一事物。但实际上，非专利技术和技术秘密不是同一个概念。非专利技术是指不涉及专利权的技术之总和，它包括被排除在专利保护范围以外的技术、未申请专利而处于保密状态的技术、专利保护期届满后进入公有领域的现有技术。技术秘密只是非专利技术中的一部分，范围明显窄于非专利技术。

（二）经营秘密

经营秘密，是指能够为经营者带来经济利益或竞争优势的用于经营活动的各类信息。国家工商行政管理局《关于禁止侵犯商业秘密行为的若干规定》第2条第5款所列举的"管理诀窍、客户名单、货源情报、产销策略、招标投标中的标底及标书内容"均属于典型和常见的经营信息。除此之外，与经营者的金融、投资、采购、销售、财务、分配有关的信息情报，如新产品的市场占有情况及如何开辟新市场、产品的社会购买力情况、产品的区域性分布情况、产品长中短期的发展方向和趋势、经营战略、流通渠道和机构等都属于经营信息的范围。

客户名单是经营信息中的一个重要种类，在个案中客户名单是否构成商业秘密的认定尤为复杂，成为侵犯经营秘密案件中的最大的难点。迄今为止我国侵犯商业秘密的案件主要是侵犯技术秘密的案件，侵犯经营秘密的案件较少，而侵犯经营秘密的案件多是侵犯客户名单案件。实践中对客户名单是否属商业秘密往往莫衷一是。

客户名单是否构成商业秘密不能一概而论。构成商业秘密的客户名单，通常不是简单的客户名称，而必须有名称以外的深度信息。《最高人民法院关于审理不正当竞争民事案件应用法律若干问题的解释》第13条第1款规定："商业秘密中的客户名单，一般是指客户的名称、地址、联系方式以及交易的习惯、意向、内容等构成的区别于相关公知信息的特殊客户信息，包括汇集众多客户的客户名册，以及保持长期稳定交易关系的特定客户。"可见，构成商业秘密的客户名单是有特殊含义的，并非所有的"客户名单"都是商业秘密的范畴。一般的客户名单如果从公共信息里可以获得，如客户名单仅仅是客户的名称，那么这就可以从电话黄页上查到，就不是商业秘密。构成商业秘密的客户名单，是经营者投入人力物力对客户信息进行独特积累、收集、加工、整理形成的客户名单，这种名单是企业的特殊客户群信息，而特殊客户群体的形成是经营者在相当长一段时间内的经营智慧、策略和努力的结果，也是经营者花费心血和汗水的结果，它体现出经营者富有特色的智力劳动，法律要保护的正是这样一种无形财产。

同时，鉴于诸如律师、医生这类职业的特殊性，其客户往往是基于对律师、医生等个人能力和品德的信赖，而且流动性也很强，如果他们离开原单位，其原先的客户不能再与其有业务往来，有失公平。因此，《最高人民法院关于审理不正当竞争民事案件应用法律若干问题的解释》第 13 条第 2 款同时规定："客户基于对职工个人的信赖而与职工所在单位进行市场交易，该职工离职后，能够证明客户自愿选择与自己或者其新单位进行市场交易的，应当认定没有采用不正当手段，但职工与原单位另有约定的除外。"这里所说的职工与原单位另有约定，一般是商业秘密保密协议中对员工离职后如何处理这部分客户进行的约定，如果员工违反约定，就属于侵犯商业秘密，构成不正当竞争。

第二节　竞业禁止协议

一、竞业禁止协议的概念和特征

人才流动已成为商业秘密流失的主渠道，因人才流动而引发的商业秘密纠纷也越来越多。竞业禁止协议作为商业秘密保护的一种事先预防机制的手段，是通过限制职工离职后到有竞争关系的其他企业中任职或自行经营同类营业的方式来实现对商业秘密的保护。

所谓竞业禁止协议，是指用人单位（也可以是商业秘密权利人），为保护其所拥有的商业秘密，以支付合理的经济补偿为对价，与职工约定在其劳动关系结束后的一定时期内不得从事与用人单位的业务相竞争的工作的约定。[1] 对于竞业禁止协议，各国均是作为保护商业秘密的法律手段之一来对待，因而各国在竞业禁止协议问题上有两点共同之处：①此约定应仅发生于与可能掌握或了解用人单位商业秘密的职工之间，在用人单位与不可能接触或了解其商业秘密的职工之间不允许有竞业禁止合同或条款，否则无效；②该协议一般针对的是职工离职之后的行为而非在职期间的行为。

竞业禁止协议作为一种特殊的合同，具有自己鲜明的特点。

1. 竞业禁止协议具有从属性，同时又具有独立性。劳动关系的特征决定了竞业禁止协议具有不同于一般合同的特征就是性质上具有从属性。竞业禁止协议具有从合同的一些特征，但不是完全意义上的从合同。一方面，竞业禁止协议订立的基础是当事人之间存在劳动关系，它要依赖于劳动合同，凡是双方当事人不具有一定的劳动关系，是不能够签订竞业禁止协议的，从这个意义上可以说它是劳动合同的从合同；另一方面，作为主合同的劳动合同终结后，与之联系的竞业

---

〔1〕　张耕主编：《商业秘密法》，厦门大学出版社 2006 年版，第 203 页。

禁止协议则不会终结，有可能继续有效或开始生效，从这一点看，竞业禁止协议又不依赖于劳动合同，故它不同于一般的从合同，具有一定的独立性。

2. 竞业禁止协议的相对人具有特定性。被限制竞业的主体只能是与本单位建立劳动关系的人员，且原则上是与本单位商业秘密有一定关联的相关人员，普通员工一般不会成为竞业禁止协议的主体，因为他们一般没有因职业岗位获得特别的技能和秘密，在企业中的地位也不高，所以接触到商业秘密的机会很少，他们即使离职后到同类企业任职对原单位也不会造成什么损害。根据《劳动合同法》第24条第1款的规定，竞业限制的人员限于用人单位的高级管理人员、高级技术人员和其他负有保密义务的人员。

3. 竞业禁止协议的内容主要是不作为义务。民事义务有作为和不作为两种形式。为了满足他方的合法权益，义务主体必须实施某种积极行为的，是作为；必须不为某种行为的，为不作为。前者也称为积极义务，后者又称消极义务。违反积极义务，是当为而不为，违反消极义务，是不当为而为之。竞业禁止义务，它所加诸于义务主体身上的是不为特定竞业行为的义务，法律或者合同对其要求是不得进行某种行为，不能进行的行为通常包括：①职工离职后不得到与用人单位的技术领域、经营领域相同或相近的其他单位工作；②职工离职后不得自己经营与用人单位的技术领域、经营领域相同或相近的业务；③职工离职后不得引诱原用人单位的职工跳槽；④职工离职前后不得抢夺用人单位的客户等。

4. 竞业禁止协议是双务、有偿、要式合同。竞业禁止协议中，职工承担不竞业义务的对价是用人单位承担的支付合理经济补偿的义务，并且经济补偿的支付要及时，否则，可能引起竞业禁止协议的终止。另外，用人单位以支付合理的经济补偿来交换职工的不竞业义务，也是一种有偿的行为，从这个意义上来讲，竞业禁止协议也是一种有偿合同。竞业禁止协议以书面形式为限，排除任何口头默示形式的订立。

二、竞业禁止协议的效力判断

目前，我国法律仍然没有就竞业禁止协议效力判断标准进行统一、详细的规定，而散见于国家一些法律和部委规章中。原国家科委发布的《关于加强科技人员流动中技术秘密管理的若干意见》第7条规定，单位可以与有关行政管理人员、科技人员和其他相关人员协商，约定竞业限制条款。凡有这种约定的，单位应向有关人员支付一定数额的补偿费。竞业限制的期限最长不得超过3年；竞业限制条款一般应当包括竞业限制的具体范围、竞业限制的期限、补偿费的数额及支付方法、违约责任等内容；负有竞业限制义务的人员有足够证据证明该单位未执行国家有关科技人员的政策，受到显失公平待遇以及本单位违反竞业限制条款，不支付或者无正当理由拖欠补偿费的，竞业限制条款自行终止。《劳动合同法》第23、24条规定，用人单位与劳动者可以在劳动合同中约定保守用人单位的商业秘密和与知识产权相关的保密事项。对负有保密义务的劳动者，用人单位可以在劳动合同或者保密协议中与劳动者约定竞业限制条款，并约定在解除或者终止劳动合同后，在竞业限制期限内按月给予劳动者经济补偿。劳动者违反竞业限制约定的，应当按照约定向用人单位支付违约金。竞业限制的范围、地域、期限由用人单位与劳动者约定，竞业限制的约定不得违反法律、法规的规定。在解除或者终止劳动合同后，负有竞业限制义务的人员到与本单位生产或者经营同类产品、从事同类业务的有竞争关系的其他用人单位，或者自己开业生产或者经营同类产品、从事同类业务的竞业限制期限，不得超过2年。

结合国内立法和学者的观点，竞业禁止协议的有效条件主要有：

1. 有应予保护的商业秘密。竞业禁止协议以保护商业秘密为目标，商业秘密一旦丧失，竞业禁止协议即丧失合法存在的理由。任何人均不能将属于公共领域的信息据为己有、独占使用，更不能以保护商业秘密为借口，禁止他人利用自身所具有的一般知识、技能和经验来选择职业。

2. 雇员属于可以限制的主体。在雇员限制方面，通常应当综合考虑两个因素：①应当分析这些人员是否接触或知悉雇主的商业秘密；②被限制人员的生存能力是否会因此受到影响，是否会违反法律的公平原则。从这个角度讲，竞业禁止协议所限制的雇员应当是特定的，而不能是雇主的全体雇员。结合我国《劳动合同法》第24条的规定，竞业禁止义务的主体为用人单位的高级管理人员、高级技术人员、研发人员及关键岗位的技术工人、市场计划和销售人员、财会人员、秘书人员等。

3. 合理的领域限制。领域限制是指对离职员工从事的职业种类和专业领域进行的限制，它是竞业禁止协议的核心内容。从理论上讲，凡是与原雇主形成竞争关系的职业种类和专业领域都应在限制之列。然而，员工在任职期间所学到的专长、技术已经成为了其人格的一部分，也是其赖以谋生的主要手段。因此，对离职员工竞业禁止的领域限制应该从严掌握。只要员工离职后从事的业务活动没有利用公司的财产、信息或机会，就没有违反竞业禁止义务。

4. 合理的时间、地域限制。竞业禁止的期限要恰当，如果竞业禁止协议期限过长，不但影响劳动者本人，也有损其家庭成员的利益，有悖于立法初衷，是不合理、不公平的；但期限过短，约定竞业禁止将无法发挥作用，还将影响企业研究开发的兴趣，阻碍科技的进步。国际通行的标准是不超过离职后的3～5年。我国《劳动合同法》关于竞业禁止的期限由当事人约定，但在解除或者终止劳动合同后，竞业禁止的期限最长不得超过2年。

地域限制，指竞业禁止合同约定离职职工在多大地域范围内不得进行竞争。

影响地域限制的因素，主要是有关商业秘密竞争利益的地域范围。在某些情况下，企业只在有限的地域内存在有关商业秘密的经济利益。如果离职职工在这一地域范围之外，从事某些经营或者就业，严格说来与企业并无竞争关系，所以企业不应该限制。我国《劳动合同法》并没有明确竞业禁止的地域范围，而是交由当事人约定。

5. 有合理的竞业禁止补偿费。竞业禁止是以限制雇员在其熟悉的领域内，利用其熟悉的技能和知识选择职业为代价的，因此竞业禁止的执行不可避免地会给雇员造成损失，有损失就应当有补偿，从公平原则的角度讲，雇员的损失应当由竞业禁止的受益方雇主来承担。所以，竞业禁止协议中合理的补偿条款是不可缺少的。只有对雇员进行合理补偿才能维持雇员利益与雇主利益之间的平衡，不损害社会公共利益。而且只有在雇主支付了合理补偿的前提下，竞业禁止协议才有可能得到法院的支持。由于各地的工资水平和消费指数不同，经济补偿金的支付标准也不统一，因此，一般应根据本省级行政区域内社会平均工资水平和员工的实际年工资收入，确定合理的补偿区间。

三、违反竞业禁止协议的法律责任

(一) 违反竞业禁止协议的民事责任类型

1. 原雇员的违约责任。依据合同法理论，在合同有效存在的前提下，只要当事人一方违反了合同的规定，没有按合同的约定履行其义务，其行为即构成违约，是否给对方造成了实际损害不是违约责任成立的必要条件。违反竞业禁止协议行为的认定以实施了竞业禁止协议中约定的禁止行为为标准，只要行为人基于自身的主观过错实施了竞业禁止协议中禁止的行为，权利人无须证明行为人是否侵害了其拥有的商业秘密并造成了实际损失，只要证明行为人违反了竞业禁止协议的约定，从事了竞业禁止协议约定的禁止实施的竞业行为，就可以认定其行为违约，推定损害的发生，寻求司法救济，主张违约责任。

2. 原雇员的违约责任和侵权责任的竞合。违反竞业禁止协议行为的实施通常会伴随商业秘密侵权行为的发生，在原职工既实施了违反竞业禁止协议的行为，同时又侵犯了原用人单位商业秘密，给原用人单位造成损失的情况下，就出现了原职工违约责任和侵权责任的竞合，此时，原用人单位基于原职工的双重违法行为产生了两个请求权，可以选择行使（也只能选择行使，不能一并提起）。如果一项请求权因时效届满而归于消失，还可以行使另一请求权。但是，根据违约责任和侵权责任竞合的基本理论，原用人单位的选择是有限制的，当其中一项请求权实现时，另一请求权将随之消灭。所以，原用人单位在处理违约责任和侵权责任竞合的纠纷时，应该综合考虑时效、管辖、举证责任、赔偿数额等多种因素，选择两者中最有利于自己的一种行使权利。

3. 原雇员与新雇主的共同侵权责任。原职工违反竞业禁止协议的行为，通常的表现形式是在离职后到另外一家与原用人单位有竞争关系的新用人单位那儿任职，或者自行成立与原用人单位的业务具有竞争关系的新公司。在第一种表现形式下，如果新用人单位在故意或放纵的情况下使原职工使用了原用人单位的商业秘密，则新用人单位与原职工对原用人单位的商业秘密形成共同侵权；在第二种情况下，如果原职工直接使用原用人单位的商业秘密成立新公司，或直接为新公司牟利，则原职工与其新成立的公司对原用人单位的商业秘密形成共同侵权。在这两种共同侵权的情况下，新用人单位和新公司都对原职工违反竞业禁止协议的违约行为不承担任何责任。因为根据合同的相对性原理，竞业禁止协议的效力只约束竞业禁止协议的双方，对任何第三方都不产生效力。如果要追究相关第三方的责任，只能提起共同侵权之诉，使新用人单位和原职工承担共同侵权责任。

（二）违反竞业禁止协议的责任形式

竞业禁止协议是一种民事合同，以民事权利义务为内容，所以追究违反竞业禁止协议行为的责任也主要是民事责任。违反竞业禁止协议的民事责任形式有：

1. 停止侵害。离职职工的竞业禁止义务是典型的不作为义务，如果以积极的方式从事了被禁止的竞业行为，则推定为对原用人单位的权利或利益造成了侵害。所以，原用人单位可以诉请原职工立即停止竞业行为，即停止侵害，回复到权利义务约定的初始状态。

基于商业秘密"一旦失去，就永久失去"的特性，英美法系国家规定了禁令救济方式。禁令救济是指以法院发布命令的形式，禁止被告使用或向他人披露商业秘密，以及责令被告向原告返还或销毁包含有商业秘密的任何文件的全部复制件，不管是有实际发生的侵害还是有侵害的危险，权利人都可以请求禁令。禁令救济方式的采用，可以起到迅速停止侵害，防止商业秘密扩散的作用。

2. 违约金。实践中，竞业禁止协议中几乎都有违约金的约定，因此离职人员违约时，雇主通常以给付违约金作为其诉讼请求。根据《合同法》第114条的规定，当事人可以约定一方违约时应当根据违约情况向对方支付一定数额的违约金，也可以约定因违约产生的损失赔偿额的计算方法。约定的违约金低于造成的损失的，当事人可以请求人民法院或者仲裁机构予以增加；约定的违约金过分高于造成的损失的，当事人可以请求人民法院或者仲裁机构予以适当减少。

3. 损害赔偿。损害赔偿是指行为人因其违约或侵权行为给他人造成损害，应以其财产赔偿受害人所受到的损失。不论是违约损害赔偿还是侵权损害赔偿，适用这种责任形式时，雇主必须能证明损害的存在。当离职职工的违约或侵权给原用人单位造成损害时，职工支付的违约金如果不足以弥补用人单位损失的，用人单位仍可以就不足部分请求损害赔偿。在许多国家，当事人如果将违约金特别约定为惩罚性的，在职工违约时，用人单位除请求违约金外，还可请求损害赔偿。被侵害的用人单位的损失难以计算的，赔偿额为侵权期间因侵权所获得的利润，并应当承担被侵害的用人单位因调查该侵害其合法权益的不正当竞争行为所支付的合理费用。

第三节　侵犯商业秘密的处理

一、侵犯商业秘密的表现形式

根据我国《反不正当竞争法》第 10 条的规定，侵犯商业秘密的行为主要有以下四种表现形式：

（一）以不正当手段获取商业秘密

这里的"不正当手段"包括盗窃、利诱、胁迫或者其他不正当手段。所谓盗窃商业秘密，是指在权利人不知情的情况下，以复制、照相、监听、取走等秘密手段窃取权利人的商业秘密，包括单位内部人员盗窃、外部人员盗窃、内外勾结盗窃等手段；所谓以利诱手段获取商业秘密，通常指行为人向掌握商业秘密的人员提供财物、优厚的工作条件、色相或其他物质利益或精神利益，诱使其向行为人提供商业秘密；所谓以胁迫手段获取商业秘密，是指行为人以给商业秘密权利人或者知悉人本人或者其近亲属的生命、身体健康、名誉、财产等方面造成损害为要挟，迫使其违背意愿提供商业秘密；所谓以其他不正当手段获取商业秘密，是指上述行为以外的其他非法手段。例如，通过商业洽谈、合作开发研究、参观学习等机会套取、刺探他人的商业秘密等。不正当获取他人商业秘密行为本身就是一种独立的侵权行为，不管是否披露、使用或者允许他人使用该以不正当手段获取的商业秘密，都构成侵权行为。

（二）披露、使用或者允许他人使用以不正当手段获取的商业秘密

以不正当手段获取商业秘密并非行为人的目的，获取以后对商业秘密进行披露、使用或者允许他人使用，才是行为人的真正目的，所以，这类侵权行为是第一类侵权行为的进一步延伸。所谓披露，是指将权利人的商业秘密向第三人透露或向不特定的其他人公开，使其失去秘密价值；所谓使用或允许他人使用，是指非法使用他人商业秘密的具体情形。需要指出的是，以非法手段获取商业秘密的行为人，如果将该秘密再行披露、使用或者允许他人使用，构成双重侵权。

（三）违反保密义务，披露、使用或者允许他人使用其所掌握的商业秘密

这种情况与上述两种情况的主要区别在于，商业秘密的获取行为是合法的，如通过劳动合同、雇佣合同、委托开发合同、许可使用合同、合作开发合同等合法途径获取了商业秘密。其违法性表现在违反约定或者违反权利人有关保守商业

秘密的要求，将其所掌握的商业秘密擅自公开，或自己使用，或许可他人使用，即构成对商业秘密的侵犯。如我国《律师法》第38条第1款规定："律师应当保守在执业活动中知悉的国家秘密、商业秘密，不得泄露当事人的隐私。"

（四）第三人明知或者应知商业秘密是不正当获取或违法披露的，仍然获取、使用或者披露他人的商业秘密

第三人是指直接获得权利人商业秘密的行为人以外的人。在侵犯商业秘密行为中，商业秘密权利人为第一人，而直接获得商业秘密的行为人为第二人，第二人包括以不正当手段获取、使用、或者允许他人使用的行为人，以及虽通过正当途径获得商业秘密但违反保密义务披露、使用或者允许他人使用其所掌握的商业秘密的行为人。[1] 第三人有恶意第三人与善意第三人之分，这里构成侵权的第三人只指恶意第三人。如果是善意第三人，即不知且不应知商业秘密是不正当获取或违法披露的，而获取、使用或者披露的第三人，由于其主观没有过错，所以不承担侵权损害赔偿责任，但是从其知悉之日起，应当停止使用。

二、不视为侵犯商业秘密的行为

任何知识产权和其他民事权利一样，都应该受到相应的限制，商业秘密也不例外。《最高人民法院关于审理不正当竞争民事案件应用法律若干问题的解释》第12条规定，通过自行开发研制或者反向工程等方式获得的商业秘密，不认定为侵犯商业秘密行为。

（一）自行开发研制

商业秘密不同于专利权，后者具有较强的独占性和排他性，一项专利，即使是两个人各自独立创造完成的，法律也只能授予其中一个人专利权，由一个人获得专利权；而商业秘密的独占性和排他性较弱，其他人通过自行开发研制而获取的商业秘密，开发者采取保密措施后，其也可以成为商业秘密的权利人。另外，如果开发者将其开发出来的技术申请专利并获得专利权，原技术秘密拥有人不仅不能再享有商业秘密，而且还有可能构成专利侵权行为。所以，就一项技术信息而言，是通过商业秘密保护还是通过专利权保护，是各有优劣的，技术信息拥有人应当慎重权衡利弊，以决定采取什么方式保护其技术。

（二）反向工程

所谓反向工程，也称还原工程或逆向工程，是指通过技术手段对从公开渠道取得的产品进行拆卸、测绘、分析等而获得该产品的有关技术信息。当事人以不正当手段知悉了他人的商业秘密之后，又以反向工程为由主张获取行为合法的，

---

〔1〕　吴汉东主编：《知识产权法》，中国政法大学出版社2009年版，第356页。

法院不予支持。成立反向工程的要素有：①主张反向工程的一方必须合法获得反向工程的研究对象。如在市场购买或者他人赠予，或因工作关系获得且出让方没有要求承担保密责任。②反向工程主张者必须没有保密义务，假如因劳动关系或合同关系已经承担了保密责任，再主张反向工程，这种主张就不成立。③反向工程的主张者应当具有实施反向工程的物质条件，即要有技术人员，又要有研究过程的确凿记载。④反向工程一般适合于产品而不适合于方法。对于在产品中无法观摩出内在规律的方法，不适于反向工程。在判断一个技术信息是否构成反向工程时，应当综合这些要素全面考察，才能确定抗辩者的反向工程是否成立。

（三）职务行为

国家权力机关可以根据法律的明确规定在执行职务过程中强制获取当事人包括商业秘密在内的信息。对商业秘密的公权限制是维护公共秩序或公共利益所必需的，但适用时必须谨慎，应当符合以下条件：①必须有法律的明文规定；②以执行职务所必须为限，即国家机关只能在执法的合理限度内获得或知悉权利人的一定范围的商业秘密；③国家机关及其工作人员因依法执行职务获得商业秘密后负有保密义务。[1]国家工商行政管理局《关于禁止侵犯商业秘密行为的若干规定》第10条规定，国家机关及其公务人员在履行公务时，不得披露或者允许他人使用权利人的商业秘密。工商行政管理机关的办案人员在监督检查侵犯商业秘密的不正当竞争行为时，应当对权利人的商业秘密予以保密。

（四）强制披露

这是适用于上市公司的一种商业秘密的限制制度。具体情况，可参见公司法和证券法中有关上市公司信息披露的相关规定。

三、侵犯商业秘密的法律责任

侵犯商业秘密的行为，不仅侵犯了权利人的财产权益，也严重扰乱和破坏了公平竞争的市场秩序，妨害了我国市场经济的法制化运行。根据我国相关法律的规定，侵犯商业秘密行，行为人应该承担民事责任、行政责任、甚至是刑事责任。

（一）民事责任

侵犯商业秘密的行为首先是一种民事侵权行为，因此应当承担民事责任。民事责任的具体承担方式包括：停止侵害、赔偿损失、恢复名誉、消除影响、赔礼道歉等。侵犯他人商业秘密的民事责任主要适用其中的两种：一是停止侵害；二是赔偿损失。

---

〔1〕 吴汉东主编：《知识产权法》，中国政法大学出版社2009年版，第352页。

1. 停止侵害。停止侵害责任的适用条件是行为人实施了侵害商业秘密的行为，侵权行为仍在继续，而且被侵害的商业秘密尚未丧失秘密性，仍然属于商业秘密。[1] 根据《最高人民法院关于审理不正当竞争民事案件应用法律若干问题的解释》第16条规定，人民法院对于侵犯商业秘密行为判决停止侵害的民事责任时，停止侵害的时间一般持续到该项商业秘密已为公众知悉时为止。如果按上述规定判决停止侵害的时间明显不合理的，可以在依法保护权利人该项商业秘密竞争优势的情况下，判决侵权人在一定期限或者范围内停止使用该项商业秘密。

停止侵害通常是在法院对侵权诉讼的实体问题作出判决以后才采取的救济措施，但是在特殊情况下，应权利人的申请，法院也可以在诉讼前或诉讼中先行作出停止侵害的裁定根据。申请法院先行做出停止侵害的裁定，权利人应该负举证责任证明以下几点：①初步证明被告侵犯了其商业秘密；②如果侵权人不立即停止侵权行为，将对权利人造成难以弥补的损失；③停止侵害不会给被告造成不合理的损害。要求法院先行裁定停止侵害的权利人应当提供担保。对于记载或者体现商业秘密的物理载体，侵权人应当依法返还权利人，或者在权利人的监督下销毁。对于侵权人已经非法获得但尚未披露、使用或者允许第三人使用他人的商业秘密的，侵权人不得披露、使用或者许可他人使用。

2. 赔偿损失。经营者侵犯他人商业秘密，给被侵害的经营者造成损害的，应当承担损害赔偿责任，被侵害的经营者的损失难以计算的，赔偿额为侵权期间因侵权所获得的利润，并应当承担被侵害的经营者因调查该经营者侵害其合法权益的不正当竞争行为所支付的合理费用。确定侵犯商业秘密行为的损害赔偿，可以参照确定侵犯专利权的损害赔偿额的方法进行。因侵权行为导致商业秘密已为公众所知悉的，应当根据该项商业秘密的商业价值确定损害赔偿额。商业秘密的商业价值，根据其研究开发成本、实施该项商业秘密的收益、可得利益、可保持竞争优势的时间等因素确定。

对于侵犯商业秘密行为，商业秘密独占使用许可合同的被许可人提起诉讼的，人民法院应当依法受理。排他使用许可合同的被许可人和权利人共同提起诉讼，或者在权利人不起诉的情况下，自行提起诉讼，人民法院应当依法受理。普通使用许可合同的被许可人和权利人共同提起诉讼，或者经权利人书面授权，单

---

[1] 张玉敏、张今、张平：《知识产权法》，中国人民大学出版社2009年版，第452页。

独提起诉讼的，人民法院应当依法受理。[1]

根据"谁主张，谁举证"的原则，当事人指称他人侵犯其商业秘密的，应当对其拥有的商业秘密符合法定条件、对方当事人的信息与其商业秘密相同或者实质相同以及对方当事人采取不正当手段的事实负举证责任。其中，商业秘密符合法定条件的证据，包括商业秘密的载体、具体内容、商业价值和对该项商业秘密所采取的具体保密措施等。

侵犯商业秘密的民事第一审案件，一般由中级人民法院管辖。各高级人民法院根据本辖区的实际情况，经最高人民法院批准，可以确定若干基层人民法院受理第一审案件，已经批准可以审理知识产权民事案件的基层人民法院，可以继续受理。

（二）行政责任

行政责任是指有违反有关行政管理的法律、法规的规定，但尚未构成犯罪的行为所依法应当承担的法律后果。行政责任分为行政处分和行政处罚。行政处分是对国家工作人员及由国家机关委派到企业事业单位任职的人员的行政违法行为，给予的一种制裁性处理，行政处分的种类包括警告、记过、降级、降职、撤职、开除等。行政处罚是指国家行政机关及其他依法可以实施行政处罚权的组织，对违反行政法律、法规、规章，尚不构成犯罪的公民、法人及其他组织实施的一种制裁行为。这里所讲的行政责任指的是行政处罚。

商业秘密的权利人认为其商业秘密受到侵害，向工商行政管理机关申请查处侵权行为时，应当提供商业秘密及侵权行为存在的有关证据。被检查的单位和个人（被申请人）及利害关系人、证明人，应当如实向工商行政管理机关提供有关证据。权利人能证明被申请人所使用的信息与自己的商业秘密具有一致性或者相同性，同时能证明被申请人有获取其商业秘密的条件，而被申请人不能提供或者拒不提供其所使用的信息是合法获得或者使用的证据的，工商行政管理机关可以根据有关证据，认定被申请人有侵权行为。

对被申请人违法披露、使用、允许他人使用商业秘密将给权利人造成不可挽

---

[1] 所谓独占使用许可合同，是指权利人允许被许可人在一定的期限和地域范围内享有独占使用其商业秘密的权利，被许可人按照约定的数额支付给权利人权使用费，在规定的时间和地域范围内，权利人不但不能再许可第三人使用该商业秘密，而且自己也不得使用。所谓排他使用许可合同，是指权利人允许被许可人在一定的期限和地域范围内享有使用其商业秘密的权利，被许可人按照约定的数额支付给权利人使用费，在规定的时间和地域范围内，权利人不能再许可第三人使用该商业秘密，但是权利人自己可以使用。所谓普通使用许可合同，是指权利人允许被许可人在一定的期限和地域范围内使用其商业秘密的权利，被许可人按照约定的数额支付给权利人使用费，在规定的时间和地域范围内，权利人不但可以自己使用该商业秘密，而且也能再许可第三人使用该商业秘密。

回的损失的，应权利人请求并由权利人出具自愿对强制措施后果承担责任的书面保证，工商行政管理机关可以采取下列措施：①扣留被申请人以不正当手段获取权利人的载有商业秘密的图纸、软件及其他有关资料；②责令被申请人停止销售使用权利人商业秘密生产的产品。

对于侵害商业秘密的行为，工商行政管理机关应当责令停止违法行为，并可以根据情节处以1万元以上20万元以下的罚款。工商行政管理机关在予以上述处罚的同时，对侵权物品可以作如下处理：①责令并监督侵权人将载有商业秘密的图纸、软件及其他有关资料返还权利人；②监督侵权人销毁使用权利人商业秘密生产的、流入市场将会造成商业秘密公开的产品，但权利人同意收购、销售等其他处理方式的除外。如果侵权人拒不执行处罚决定，继续实施侵权行为，则视为新的违法行为，从重予以处罚。

权利人因损害赔偿问题向工商行政管理机关提出调解要求的，工商行政管理机关可以进行调解。权利人也可以直接向人民法院起诉，请求损害赔偿。

（三）刑事责任

我国《刑法》第219条规定了侵犯商业秘密罪。有下列侵犯商业秘密行为之一，给商业秘密的权利人造成重大损失的，处3年以下有期徒刑或者拘役，并处或者单处罚金；造成特别严重后果的，处3年以上7年以下有期徒刑，并处罚金：①以盗窃、利诱、胁迫或者其他不正当手段获取权利人的商业秘密的；②披露、使用或者允许他人使用以前项手段获取的权利人的商业秘密的；③违反约定或者违反权利人有关保守商业秘密的要求，披露、使用或者允许他人使用其所掌握的商业秘密的；④明知或者应知上述所列行为，获取、使用或者披露他人的商业秘密的，以侵犯商业秘密论。可见，《刑法》和《反不正当竞争法》对侵犯商业秘密的表现形式，作了完全相同的规定。侵权人实施侵犯商业秘密的行为，应承担刑事责任还是民事责任，关键是看侵权行为造成的后果：如果给商业秘密的权利人造成了重大损失或造成特别严重的后果，则承担刑事责任，反之，则承担民事责任。另外，根据《最高人民法院、最高人民检察院关于办理侵犯知识产权刑事案件具体应用法律若干问题的解释》第7条的规定，给商业秘密的权利人造成损失数额在50万元以上的，属于"给商业秘密的权利人造成重大损失"，给商业秘密的权利人造成损失数额在250万元以上的，属于"造成特别严重后果"。

引例解析

正确答案为：ABCD。依据是《反不正当竞争法》第8～10条、第14条。技术秘密是商业秘密的主要组成部分。乙厂和甲厂生产同一种"记忆增强器"产品，应当使用合法竞争手段进行竞争，但乙厂为提高本厂的市场占有率，违反诚实信用原则，通过付给甲厂技术员王某一大笔"技术咨询费"的利诱方式，获取甲厂的技术秘密。根据《反不正当竞争法》第 10 条的规定，乙厂的行为侵犯了甲厂的商业秘密，构成不正当竞争行为，应当承担相应的法律责任。故该题中的 A 选项正确。同时，根据《反不正当竞争法》第 8、9、14 条的规定，乙厂的行为也属于不正当竞争行为，故 B、C、D 选项也正确。

思考题

（一）选择题

1. 甲旅行社的欧洲部副经理李某，在劳动合同未到期时提出辞职，未办移交手续即到了乙旅行社，并将甲社的欧洲合作伙伴情况、旅游路线设计、报价方案和客户资料等信息带到乙社。乙社原无欧洲业务，自李某加入后欧洲业务猛增，成为甲社的有力竞争对手。现甲社向人民法院起诉乙社和李某侵犯商业秘密。请回答以下问题。

（1）法院如认定乙社和李某侵犯甲社的商业秘密，须审查什么事实？

A. 甲社所称的"商业秘密"是否属于从公开渠道不能获得的

B. 乙社的欧洲客户资料是否有合法来源

C. 甲社所称的"商业秘密"是否向有关部门申报过"密级"

D. 乙社在聘用李某时是否明知或应知其掌握甲社的上述业务信息

（2）如法院判定乙社和李某侵权成立，确定其赔偿责任可以采用下列何种办法？

A. 按照甲社在侵权期间的利润损失进行赔偿，乙社和李某承担连带赔偿责任

B. 甲社在侵权期间的利润损失无法计算时，按照乙社所获利润进行赔偿，李某承担连带赔偿责任

C. 对李某按照其在甲社时的工资标准乘以侵权持续时间确定赔偿额，对乙社按其实际所得利润确定赔偿额

D. 按甲社请求的数额确定赔偿额

2. 甲厂将生产饮料的配方作为商业秘密予以保护。乙通过化验方法破解了该饮料的配方，并将该配方申请获得了专利。甲厂认为乙侵犯了其商业秘密，诉至法院。下列哪些选项是正确的？

A. 乙侵犯了甲厂的商业秘密

B. 饮料配方不因甲厂的使用行为丧失新颖性

C. 乙可以就该饮料的配方申请专利，但应当给甲厂相应的补偿

D. 甲厂有权在原有规模内继续生产该饮料

3. 列关于侵犯商业秘密罪的说法哪些是正确的？

A. 窃取权利人的商业秘密，给其造成重大损失的，构成侵犯商业秘密罪

B. 捡拾权利人的商业秘密资料而擅自披露，给其造成重大损失的，构成侵犯商业秘密罪

C. 明知对方窃取他人的商业秘密而购买和使用，给权利人造成重大损失的，构成侵犯商业秘密罪

D. 使用采取利诱手段获取权利人的商业秘密，给权利人造成重大损失的，构成侵犯商业秘密罪

（二）简答题

1. 符合哪些条件的信息才构成商业秘密？

2. 如何判定竞业禁止协议？

第二十二章

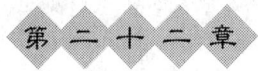

☞ **学习要点**

学习本章应了解集成电路布图设计的概念、集成电路布图设计立法保护概况、集成电路布图设计专有权的取得和丧失，重点掌握集成电路布图设计专有权的主体、客体、内容、限制及集成电路布图设计专有权的保护。侵犯集成电路布图设计专有权的认定是学习的难点。

◆ **引读案例**

微创公司了一种新型的集成电路芯片，并于 2002 年 6 月取得了一项名为 AD3488 的布图设计专有权，产品的首次商业利用日是 2002 年 1 月。2003 年 8 月，微创公司发现火炬公司生产的产品中包含了其 AD3488 布图设计，便以火炬公司侵权其布图设计专有权为由提起侵权诉讼。火炬公司则认为自己是为了分析已有作品所体现的概念和技术才获得了 AD3488 布图设计，其生产的具有独创性的产品中之所以包含了 AD3488 布图设计完全是将分析、评价的结果体现于新产品的结果，按照法律规定，这是合法的反向工程行为。

问题：火炬公司的行为是否构成侵权行为？

第一节   集成电路布图设计保护制度概述

一、集成电路布图设计的概念

集成电路是指一种电子电路产品，其英文名字是 Integrated Circuits，简称 IC，也有人习惯称之为芯片，是指将晶体管、电阻、电容等其他元器件及其相互的连线固化在一固体材料上，从而使其具备某种电子功能的成品或半成品。[1]我国《集成电路布图设计保护条例》第 2 条将集成电路解释为，"集成电路，是指半导体集成电路，即以半导体材料为基片，将至少有一个是有源元件的两个以上元件和部分或者全部互连线路集成在基片之中或者基片之上，以执行某种电子功能的中间产品或者最终产品"。这个定义与世界知识产权组织《关于集成电路的知

---

〔1〕 参见徐家力主编：《知识产权律师实务》，人民法院出版社 2006 年版，第 300 页。

识产权条约》（简称《华盛顿条约》）中对集成电路的解释相似。

集成电路通常执行两种不同但相关的功能，一个是存储信息，另一个是对信息进行处理。根据其功能的不同，集成电路分为两种类型，一种是存储集成电路，另一种是逻辑集成电路。在世界集成电路产品市场上，前一种产品绝大多数由日本的 NEC、东芝、富士通等公司生产，后一种产品绝大多数由美国的因特尔、摩托罗拉、IBM 等公司提供。

迄今为止，集成电路一直用硅等半导体为基本材料，产品也主要为半导体芯片，因而，有些国家就将集成电路直接称为半导体芯片，或者半导体集成电路、微电子半导体产品。最早颁布保护集成电路知识产权的法律的美国就将其法规命名为"半导体芯片产品保护法"。

不过，随着科技的发展，制造集成电路的材料也许会不限于半导体材料。近几年，已有超导材料制造电路中的晶体管、二极管的例子出现，相信类似的超导材料很快也会被用于集成电路工业。

集成电路布图设计，简称"布图设计"（Layout Design），有些国家称为"半导体芯片的掩膜作品"（Mask Work）或半导体产品拓扑图（Topography），虽然称谓有所不同，但含义大体一致。按照我国《集成电路布图设计保护条例》第2条的解释和《华盛顿条约》所下的定义，指集成电路中多个元件，其中至少有一个是有源元件和其部分或全部集成电路互联的三维配置，或者是为集成电路的制造而准备的这样的三维配置。

二、布图设计保护法的由来与发展

由于集成电路布图设计具有不同于作品、发明等知识产权客体的独特性质，利用现有的知识产权法，难以有效保护集成电路布图设计，致使人们对集成电路布图设计保护方式争论不休，最终选择了以特别法的方式来保护布图设计的开发者的布图设计专有权。20 世纪 80 年代，美国、日本等国陆续颁布集成电路保护法，保护集成电路布图设计专有权，以促进集成电路产业的发展。

美国是当今世界上半导体工业最发达的国家，也是最先对集成电路布图设计予以立法保护的国家。但在该法的立法过程中，曾出现过是通过版权法保护布图设计，还是单独立法的争议，虽然最终采取了单独立法的模式，但还是将它列入版权法体系，以对另一观点作出妥协。1983 年，由于国内 IC 工业的发展需要，美国参众两院分别提出两种立法方案，参议院要求修改版权法来保护集成电路布图设计，众议院则提出一个全新的保护集成电路的法案，作为"特别工业版权法"的一则特别法。该法对布图设计专用权的保护，既借鉴了版权法的保护条件和方式，也借鉴了专利法的保护条件和方式，有自己独立的体系。最终众议院通过了《半导体芯片产品保护法》（Protection of Semiconductor Chip Products Act），并于 1984 年 11 月 8 日开始实施，确认了布图设计专有权。这部法律虽然是一个单行法规，可以自成体例，但仍被收入《美国法典》第 17 篇（版权法）的最后一章。布图设计作为与版权近似的一项独立的权利（copyright-like），[1]受法律保护。

美国对集成电路布图设计以单独立法的方式进行保护，这一立法模式影响到 1989 年缔结的《华盛顿条约》和《TRIPS 协定》。其中《华盛顿条约》第 4 条规定，"每一缔约方可自由通过布图设计（拓扑图）的专门法律或者通过其关于版权、专利、实用新型、工业品外观设计、不正当竞争的法律，或者通过任何其他法律或者任何上述法律的结合来履行其按照本条约应负的义务"。《TRIPS 协定》第 36 条以排除方式反向规定了集成电路布图设计专有权人的保护范围："在符合第 37 条第 1 款的规定下，各成员应认为以下行为如未得权利持有人的许可为非法：为商业目的的进口、销售或以其他方式发行受保护的布图设计，为商业目的的进口、销售或以其他方式发行含有受保护布图设计的集成电路、含有受保护的布图设计的集成电路、或者含有这样的集成电路的物品，但以该集成电路继续含有非法复制的布图设计为限。"虽然在具体规定上两者有一定差异，但这标志着布图设计的保护正式成为世界贸易组织各缔约方的法定义务。

在美国 1984 年《半导体芯片产品保护法》的影响下，日本于 1985 年 5 月 31 日颁布了《半导体集成电路的线路布局法》。日本的这部法律虽然在内容上与美国法相似，但它是以单行法规来颁布的，自成体系，既不隶属于版权法，也不隶属于专利法。

继美国、日本之后，欧共体也颁布了《1986 年 12 月 16 日关于半导体产品拓扑图保护的指令》（简称《欧共体指令》），要求各成员国根据指令的规定，通过授予专有权的形式来保护半导体产品的布图设计。各成员国可以自行决定保护布图设计的立法模式。两天后，即 12 月 18 日，瑞典以专门立法形式颁布了《半导体布图设计保护法》。英国、德国、荷兰、法国、西班牙等国也陆续以专门立法的形式出台了布图设计的法律。有学者认为，美国《半导体芯片产品保护法》是继《拿破仑法典》之后为各国法律引用最多的法律。

三、我国布图设计保护法的产生与发展

在 20 世纪 50～60 年代的集成电路工业的发展初级阶段，我国并不重视集成电路工业的发展。70～80 年代是集成电路工业飞速发展的阶段，我国也没有抓住机遇，使得我国在信息技术方面处于落后地位。我国生产的计算机、移动电话

---

〔1〕 Andrew Christie：*Integrated Circuits and Their Contents*：*International Protection*，London：Sweet & Maxwell，1996，p. 6.

等电子产品，其中的核心部分——信息逻辑处理及运算芯片，如 CPU，绝大多数都是美、日等国集成电路产品。

不过，20 世纪 90 年代以来，我国已开始重视发展集成电路工业。20 世纪 90 年代中期，我国开始起草法规来保护集成电路布图设计，但由于种种原因，迟迟未颁布集成电路保护法。

为加强政策引导、吸引国际投资，国务院在 2000 年 6 月 24 日发布了《鼓励软件产业和集成电路产业发展的若干政策》，对在我国境内设立的集成电路企业，不区分所有制性质，给予审批、税收等各项优惠政策。这一政策发布两年后，2002 年 10 月 10 日，财政部、国家税务总局联合发布《关于进一步鼓励软件产业和集成电路产业发展税收政策的通知》，再次提出新的税收优惠政策。

鉴于以专门立法保护集成电路布图设计已成为该领域的国际立法潮流，我国也采取了这一立法模式。2001 年 4 月 19 日国务院颁布《集成电路布图设计保护条例》，以立法的形式肯定了 2000 年 6 月 24 日发布的相关政策，同时参考了《华盛顿条约》和《TRIPS 协定》的相关规定，标志着我国集成电路布图设计知识产权立法进入了一个新的历史时期，同时也将我国的集成电路工业带入了一个新的发展阶段。该条例第 1 条就开宗明义的表述了该条例的立法目的：为了保护集成电路布图设计专有权，鼓励集成电路技术的创新，促进科学技术的发展。借用学界的观点来说，"这是我国愿意承担有关条约义务的积极表示，有利于中国知识产权保护制度与国家接轨"。[1]同年 9 月 18 日，国家知识产权总局出台《集成电路布图设计保护条例实施细则》，11 月 28 日又颁布了《集成电路布图设计行政执法办法》。最高人民法院也于同年 11 月 16 日发布《关于开展涉及集成电路布图设计案件审判工作的通知》，为布图设计提供司法救济途径。至此，我国已建立起关于布图设计的较为完善的立法、司法和行政执法保护体系。

总之，相对于传统的知识产权法的各个领域，对集成电路布图设计进行法律保护是一种制度创新。从日常生活的体验、技术进步的要求到商业社会的繁荣乃至其他国家的立法实践都证明了这种制度创新的必要性。

第二节　布图设计专有权的客体

并非所有的布图设计都能取得专有权，只有具备法定条件的，才能成为布图设计专有权的客体。

---

〔1〕　冯晔、冯晓青："集成电路知识产权保护与我国的立法探析"，载《北京市政法管理干部学院学报》2001 年第 4 期。

一、实质条件

我国《集成电路布图设计保护条例》第4条第1款规定："受保护的布图设计应当具有独创性，即该布图设计是创作者自己的智力劳动成果，并且在其创作时该布图设计在布图设计创作者和集成电路制造者中不是公认的常规设计。"受保护的由常规设计组成的布图设计，其组合作为整体应当具有独创性。

根据版权法的理念，作品受保护的实质条件是具备独创性，此外并无形式上的要求。因此，大多数国家实行的都是自动保护原则，作品自创作完成之日起自动享有版权；而根据专利法的一般规则，技术方案受专利保护的实质条件应具备三性，即新颖性、创造性和实用性，形式条件是必须向专利主管部门申请并接受审查。集成电路的立法并不是将版权法和专利法进行简单相加，而是有所取舍地制定了布图设计获得保护的独特条件。从各国集成电路立法规定的保护条件来看，布图设计受保护的条件既有版权法对作品的要求，也渗透了专利法对发明创造的要求。《华盛顿条约》对此问题的规定颇具代表性，该《条约》第3条第2款规定："（A）第1款a项所指义务适用于具有独创性的布图设计。此种意义的独创性，是指它们是其创作者自己智力创造的成果，并且在创作的时候在布图设计者之间以及集成电路生产者之间不是显而易见的；（B）由显而易见的元件和集成电路的互连结合而构成的布图设计，只有当这种结合作为一个整体，符合（A）项的条件时才能受到保护。"

值得注意的是，《华盛顿条约》虽然使用了"独创性"一词，但其含义与版权法上的"独创性"不同。此处的"独创性"一词有两层特殊的含义：①布图设计必须是其创作者独立创造完成的智力成果，而不能是简单的复制或者模仿他人的布图设计，在这一点上与版权法中独创性的含义相同；②布图设计的局部或者布图设计的整体必须具有非常规性。受到电路参数、产品尺寸、半导体材料结构等技术因素和物理规律的限制，集成电路的布图设计必须遵循共同的技术原理和设计规则。因此，布图设计的表现形式是有限的。并非所有的布图设计都能受到保护，受到保护的布图设计应当是独创性的，或者非显而易见的，或者不为人所熟知的。换言之，布图设计应当具备一定的先进性，只不过这种先进性比专利法中对创造性的要求低得多。由此可知，复制或模仿他人的布图设计而获得的布图设计由于缺乏独创性而不能受到保护。此外，具有独创性的常规布图设计同样也不受保护。只有那些创作者独立创作完成，并具有一定的先进性的非常规布图设计才能获得保护。在《华盛顿条约》之后的各国立法以及相关的国际条约中，基本都承袭了《华盛顿条约》规定的保护条件。欧盟制定的《欧共体指令》也有类似的规定（见该指令第2条的规定）。

我国的《集成电路布图设计保护条例》对此的规定与前述几个国际条约的

规定如出一辙（见该《条例》第 4 条的规定）。显然，中国在集成电路布图设计领域的立法自肇始之日就把保护范围扩展到了最全面的第三层次。中国知识产权立法受域外立法影响之深，由此可见一斑。好在中国已经成为集成电路产业生产、研发大国，从这一现实国情出发，一步到位的提高保护范围并不显得太过超前。

二、形式条件

我国《集成电路布图设计保护条例》第 8 条规定："布图设计专有权经国务院知识产权行政部门登记产生。"

普通作品在版权法项下，基本上是自动获得保护的，即作品创作完成以后自动而当然的获得保护，并不需要经过任何手续，因此也就不存在任何形式条件的要求。只有美国等少数国家实行登记保护主义，根据美国的规定，作品创作完成后需到国会版权局登记并在作品上标明版权标志方才受版权法的保护。当然，这一形式要件是比较容易满足的，因为根据《世界知识产权组织版权公约》的规定，只要作品上载明版权标志即视为满足了前述形式要件。相对而言，专利法的要求显然严格得多，各国专利法都一致规定，取得专利要经过审查登记程序。在集成电路布图设计的保护上，除了前面论及需要满足一定的实质条件之外，各国立法基本上都没有对布图设计实行自动保护，而是采取了登记保护主义。

美国的《半导体芯片产品保护法》率先规定，集成电路的布图设计应当向国会版权局提出申请，由版权局对申请的形式和一部分实质内容进行审查（但不审查独创性），根据不同情况驳回或予以登记。准予登记的，发给登记证书并予以公布。登记证书可以作为布图设计符合法律规定的初步证据，如果未进行登记则不能提起侵权之诉。其他国家的立法受美国的影响，基本上都作出了类似的规定。

除了履行一定的登记手续之外，有的国家的布图设计获得保护还需要具备的其他形式条件包括：①该布图设计必须投入商业实施。集成电路作为一种工业产品，只有通过商业实施才能实现其价值，这一要求是合情合理的。当然，如果仅将布图设计视为一种图形作品，无须投入商业实施也能够获得版权法的保护。②受保护的布图设计必须固化到集成电路芯片中[1]。这一要求是由布图设计自身的特性所决定的，布图设计并非单纯的版权作品，它必须和具体的集成电路结合起来，否则无法保护。《华盛顿条约》和《TRIPS 协定》授权各缔约国自行选择要求实施或要求登记作为保护的形式条件。其中，《华盛顿条约》规定，布图

---

〔1〕 郭禾："我国集成电路知识产权的法律保护"，载《法学家》1995 年第 4 期。

设计专有权既可以由该布图设计第一次付诸商业利用产生，也可以由登记产生。《TRIPS 协定》直接援引了《华盛顿条约》中的条款。

我国在制定《集成电路布图设计保护条例》时充分考虑了我国的具体情况和实际需要，在参考世界上多数国家的做法后，并未要求取得布图设计专有权必须先实施，只要求必须登记。这样的规定完全符合《华盛顿条约》和《TRIPS 协定》规定的保护水平。而且，还可以把世界范围内已经投入商业利用满 2 年，而在我国未登记的先进的布图设计排除在保护范围之外，这显然有利于我国集成电路产业的发展。这种立法的处理，切合了中国的实际，同时又满足了国际条约赋予的要求。

第三节　布图设计专有权的主体和权利归属

一、布图设计专有权的主体

布图设计专有权的主体，是指那些能够依法取得布图设计专有权的人，也称为"专有权人"、"权利持有人"。《华盛顿公约》和《TRIPS 协定》就采用"权利持有人"的提法。

根据我国《集成电路布图设计保护条例》第 3 条的规定，中国自然人、法人或者其他组织创作的布图设计，可以依法享有布图设计专有权。外国人创作的布图设计首先在中国境内投入商业利用的，可以依法享有布图设计专有权。外国人创作的布图设计，其创作者所属国同中国签订有关布图设计保护协议或者与中国共同参加有关布图设计保护国际条约的，可以依法享有布图设计专有权。

布图设计专有权主体可以分为原始主体和继受主体。因依法登记而直接享有布图设计专有权的自然人、法人或其他组织，被称为原始主体。他们可以依法将其布图设计专有权转移给他人，也可因继承、法人终止等法律事实而获得布图设计专有权，因此而取得专有权的人就是布图设计专有权的继受主体。

布图设计专有权的转移，主要有以下三种情况：①因继承而转移。布图设计专有权属于自然人的，在布图设计保护期内，布图设计专有权人死亡，其布图设计专有权可以作为遗产由其继承人继承。②在布图设计专有权保护期内，因法人发生变更、终止等情况，由继承其权利义务的法人或者其他组织取得该布图设计专有权，如果原享有布图设计专有权的法人不存在，又没有继承其权利义务的法人或者其他组织的，该布图设计进入公有领域。③因转让、投资等法律行为而转移。如布图设计专有权人通过签订转让合同，将布图设计专有权转让给他人。

二、布图设计专有权的权利归属

为达到鼓励集成电路技术创新的立法目的，条例贯彻了著作权法上的保护作者权利的原则，规定布图设计专有权通常由布图设计的创作人享有。我国《集成电路布图设计保护条例》第 9 条就明确规定，布图设计专有权属于布图设计创作者。

多人共同完成的，根据民法共有原理，由参加创作者共同享有。为尊重当事人意思自治，赋予共同创作者关于专有权归属的约定以法律效力。按照我国《集成电路布图设计保护条例》第 10 条的规定，两个以上的自然人、法人或者其他组织合作创作的布图设计，其专有权的归属由合作者约定；未约定或者约定不明的，其专有权由合作者共同享有。有的国家还进一步规定，布图设计专有权由全体创作人作为整体共享。如德国《半导体保护法》第 2 条第 1 款就规定，布图设计专有权应当由参加创作劳动的人作为一个整体共同享有。也就是说，凡是参加布图设计的创作的人，均是权利主体。由于集成电路集成度和规模日益增大，布图设计已经几乎无法由个人来完成，多人共同创作集成电路布图设计的情况非常普遍。多人共同创作布图设计，与多人共同创作作品的情况不同，难以将布图设计分割为确定各人创作的设计归各人享有专有权，所以只能将所有创作人的行为视为一个整体来共同享有专有权。

由于集成电路产业迅猛发展，制造工艺日益复杂，依靠单个人创作出具有世界领先水平的布图设计较为困难，大多数国家和地区的立法参照专利法上职务发明的模式，规定由布图设计完成人所属的单位享有专有权。按照我国《集成电路布图设计保护条例》第 9 条第 2 款的有关规定，"由法人或者其他组织主持，依据法人或者其他组织的意志而创作，并由法人或者其他组织承担责任的布图设计，该法人或者其他组织是创作者"。国外也有类似的做法，如韩国《半导体集成电路布图设计保护法》第 5 条规定："被政府、公司、组织或其他雇主雇佣期间创作的布图设计，雇主视为创造者……"

对委托人与受托人之间的关于布图设计专有权归属，则兼采尊重意思自治与保护创作人利益的方法，即双方有约定的从约定，没有约定的或约定不明的，专有权由受托人享有。我国《集成电路布图设计保护条例》第 11 条对此作了明确的规定。

第四节　布图设计专有权的内容和限制

一、布图设计专有权的内容

布图设计仅是集成电路制造的一个中间产品，要保护专有权人的利益，就必须从保护其复制权与商业利用权入手。从各国国内法及国际组织已颁布的国际公约对布图设计专有权的规定来看，布图设计专有权在内容上可分为两大部分，即复制权和商业利用权。

（一）复制权

各国之所以要立法保护布图设计，是因为未经许可的复制活动太猖獗，严重损害了创作者的权益。复制权是布图设计专有权人的一项最主要的权利，专有权人通过行使复制权，对布图设计进行进一步的利用，大批量地生产集成电路产品，从而获取经济利益。

颁布布图设计保护法的国家，均明确规定布图设计专有权人有复制其布图设计的专有权利，并有权许可他人复制，有权依法将复制权转让给他人。我国《集成电路布图设计保护条例》第 7 条明确规定，布图设计专有权利人有权对受保护的布图设计的全部或者其中任何具有独创性的部分进行复制。此处的"复制"，是指重复制作布图设计或者含有该布图设计的集成电路的行为。美国《半导体芯片保护法》第 905 条第 1 款、第 903 条（b）款也有类似规定。日本的《线路布局法》第 11、16、17 条也有这种规定。

布图设计专有权人对其享有的复制权可以自己行使，也可以通过签订合同许可他人复制其布图设计。除法律规定的合理使用、反向工程的情况以外，其他人未经许可，不得复制享有专有权的布图设计。即使是集成电路的所有人，有权使用、销售该产品，但未经布图设计专有权人的许可，也不能复制该产品及其布图设计。否则即构成侵权，要承担法律责任。

（二）商业利用权

布图设计的目的是制造集成电路产品，所以其价值主要就体现在商业利用上。布图设计的这种实用性、功利性的性质，使得法律必须保护其商业利用权。

我国《集成电路布图设计保护条例》第 7 条明确规定，布图设计专有权利人有权将受保护的布图设计、含有该布图设计的集成电路或者含有该集成电路的物品投入商业利用。此处的"商业利用"，是指为商业目的进口、销售或者以其他方式提供受保护的布图设计、含有该布图设计的集成电路或者含有该集成电路的物品的行为。

商业利用权的内容一般包括对受保护的布图设计及含有此布图设计的集成电路或者含有该集成电路的物品，可实施或授权他人实施下列几种行为：制造集成电路；出售、出租；以商业为目的的其他方式的利用，如展览、陈列等；以商业为目的而进口。即布图设计专有权人可以享有进口权、销售权、出租权、许可权、展示权等权利。

除复制和商业利用外，对于未经权利持有人许可而进行的其他行为，《华盛顿条约》还允许缔约方将之确定为非法。《TRIPS 协定》第 36 条的商业利用的范围最广，除布图设计、含布图设计的集成电路之外，还将扩大到含有上述集成电路的物品，但书部分限定于以继续包含非法复制的布图设计。我国的《集成电路布图设计保护条例》第2条也采用了《TRIPS 协定》的三层保护模式，对含有布图设计的集成电路的物品也予以保护。

二、布图设计专有权的限制

从已颁布集成电路保护法的国家的有关规定来看，对布图设计专有权一般都有以下五种限制：

（一）合理使用

已颁布布图设计保护法的国家，大多借鉴了著作权法中的合理使用原则，规定为个人目的或者单纯为分析、评价、教学、研究等目的复制他人的受保护的布图设计的行为，属合理使用。所谓合理使用，即无需经布图设计专有权利人许可就能使用，并可不向其支付报酬。此种复制行为不构成侵权。

我国《集成电路布图设计保护条例》第23条中规定的可以不经布图设计专有权利人许可、不向其支付报酬的行为中的一项，就是合理使用。《华盛顿条约》第6条和《TRIPS 协定》第35条也承认合理使用。

保护布图设计专有权人的专有权，主要是为禁止他人复制其布图设计而获利以及对布图设计进行商业利用。

当然，合理使用也是有限度的，不能因此而影响布图设计专有权人的利益。合理使用的目的和用途严格限定在为个人目的、教学、研究、分析或评价目的的复制，且不得从中获取利益。

（二）反向工程

反向工程是对他人的集成电路产品进行层层拆解，了解其中的布图设计并将之复制出来，分析其结构、功能和制造工艺，并在此基础上创作出新的具有独创性的布图设计。这是集成电路工业经常采用的做法。

在反向工程中分析他人的布图设计，就要先复制该布图设计，此种复制之所以为法律所允许，是因为其目的是为了分析、评价该布图设计，以便在此基础上创作出新的布图设计。承认反向工程的合法性，从理论上采用了著作权法中的合理使用原则，限制权利人对其技术成果的垄断，能促进科技进步，维护公共利益。

颁布集成电路布图设计保护法的国家，都对反向工程的合法性予以承认。我国《集成电路布图设计保护条例》第23条也对此作了规定。

反向工程应当符合以下条件：①对他人的布图设计复制后进行分析、评价，是出于教学的需要或个人目的，或者为了在他人的布图设计的基础上创作新布图设计的需要；②利用反向工程创作的新的布图设计符合原创性的要求，值得注意的是，《华盛顿条约》对此还进一步明确规定，允许新创作的布图设计复制他人的布图设计的实质部分，只要新的布图设计符合原创性的要求；③利用反向工程所复制的他人的布图设计不能进行商业利用。

（三）权利用尽

权利用尽原则源于版权法、专利法，即某些权利在权利人行使一次后即告用尽。

布图设计中的权利用尽表现为，布图设计专有权人或经其授权的人，将含有该布图设计的集成电路产品的投入商业利用后，不得再禁止他人的商业利用行为。此后，任何人均不必征得布图设计专有权人或其授权人的许可，就可以进口、分销或以其他方式转让该集成电路产品。这项原则限制了布图设计专有权人对其集成电路产品的控制，防止其滥用权利妨碍含有布图设计的产品的购买者自由流通产品。

许多国家的布图设计保护法均规定了权利用尽原则。我国《集成电路布图设计保护条例》第24条规定："受保护的布图设计、含有该布图设计的集成电路或者含有该集成电路的物品，由布图设计权利人或者经其许可投放市场后，他人再次商业利用的，可以不经布图设计权利人许可，并不向其支付报酬。"

（四）不知情侵权

不知情侵权，也称"对善意人的特例"、"善意侵权"、"善意买主"。此项原则源于民商法中对善意买主的保护。

对不知侵权有两种理解：①如果一个人不知其购买的集成电路产品中含有非法复制的受保护的布图设计，而将该集成电路产品进口、分销及进行其他商业利用，不追究法律责任或者法律责任豁免。美国即采用此立法例。②对不知情的善意买主不是"责任豁免"，而是"不视为侵权"。我国和日本即采取此立法例。我国《集成电路布图设计保护条例》第33条第1款规定："在获得含有受保护的布图设计的集成电路或者含有该集成电路的物品时，不知道也没有合理理由应当知道其中含有非法复制的布图设计，而将其投入商业利用的，不视为侵权。"

体现在半导体芯片这样的集成电路产品中的布图设计，是非常复杂和微小的，没有专门设备无法辨认。由于芯片体积微小，设计人也不易像专利权人那样在芯片上设置专利标志。因此，即使具有一定专业知识的人也不一定能辨认出自己所购买的集成电路产品中是否含有非法复制的受保护的布图设计。为了保护集成电路产品销售者的积极性，维护贸易的正常进行，各国的集成电路保护法一般都对不知情权明确规定不予追究。《华盛顿条约》和《TRIPS协定》也对善意买主的不知情侵权规定不追究法律责任。

善意买主的不知情侵权虽然不负法律责任，但是，按照《TRIPS协定》的规定，善意买主知道自己购买、销售的集成电路产品含有非法复制的布图设计后，应当向布图设计专有权人支付适当的费用。此项费用支付后，善意买主才可以对该布图设计继续进行进口、销售等商业利用（见该协定第37条第1款）。据此可以推论，如果善意买主知道自己购买的集成电路产品中含有非法复制的布图设计后，仍继续对该产品进行商业利用，且以自己购买时不知情为由拒绝向布图设计专有权人支付适当的使用费，则不再是善意买主，其侵权行为要受法律追究。

《华盛顿条约》虽不像《TRIPS协定》那么严格，但也规定善意买主知情后要停止商业利用或向布图设计专有权人支付费用。但知情后应停止此种商业利用行为，或者向布图设计专有权人支付费用后继续对该产品进行商业利用。

我国《集成电路布图设计保护条例》第33条第2款规定，善意买主得到其中含有非法复制的布图设计的明确通知后，可以继续将现有的存货或者此前的订货投入商业利用，但应当向布图设计专有权利人支付合理的报酬。

（五）强制许可

强制许可，也称"非自愿许可"。指出于国家安全和公共利益的需要，即使布图设计专有权人不同意，或者人民法院及有关监督部门认定布图设计专有权人有不正当竞争行为，国家有关部门可以通过颁发强制许可证，许可第三人使用该布图设计生产集成电路产品。在强制许可的情况下，许可人也应向布图设计专有权人交纳使用费。

出于国家安全和公共利益的需要，也为了促进科技成果的推广和应用，我国《集成电路布图设计保护条例》第25～29条规定了强制许可制度。《华盛顿条约》和《TRIPS协定》中也有关于强制许可的规定，如《TRIPS协定》第37条第2款规定："布图设计遇有任何非自愿许可，或者未经权利持有人许可而由政府或为政府使用时，应比照适用第31条（a）项至（k）项规定的条件。"

第五节　布图设计专有权的取得和丧失

一、布图设计专有权的取得方式

从世界各国的集成电路布图设计保护法来看，布图设计专有权的取得方式主要有三种：

（一）登记取得

布图设计创作完成后，创作人和欲对此布图设计主张专有权的相关人，只有向有关部门申请登记，经核准办理了有关登记手续后，才能取得该布图设计的专有权保护。不仅我国，其他许多国家都有此规定。如日本《关于半导体集成电路的线路布局法》第10条第1款规定："线路布局权因登记确认而产生。"

我国在立法时也考虑过对已经投入商业利用后一定时间再行登记的情况，认为只要该布图设计在登记时还没有成为 IC 工业中的经常应用的常规设计，还具备法律保护的原创性条件，也可以登记确权。为督促创作者及时申请登记其布图设计，我国《集成电路布图设计保护条例》第 12 条明确规定，"无论是否登记或者投入商业利用，布图设计自创作完成之日起 15 年后，不再受本条例保护"。

由于以登记为法律保护的条件，布图设计在商业利用后、申请登记前被他人仿制的，法律不予追究。但登记后继续仿制则属于侵权。对既未登记又未商业利用的布图设计，我国和日本的立法例是不予保护的，而英、法、德等国则予以保护。当然，我国和日本对既未登记又未商业利用的布图设计虽然不授予布图设计专有权，但可以作为商业秘密来保护。

（二）有限的使用取得和登记取得相结合的方式

此种方式要求布图设计专有权应当通过登记取得，但对未登记的布图设计，在其商业利用后的一定期间，也予以保护。超出此期间仍不登记的，则不再予以保护。美国、荷兰采取了此种取得方式。美国《半导体芯片产品保护法》第 908 条第 1 款条规定："掩膜作品所有人可以向版权登记处申请登记其掩膜作品的保护要求。如果掩膜作品在世界任何地区首次商业利用以后的 2 年内未按本章规定提出保护请求登记申请，则本章所规定的对掩膜作品的保护终止。"

（三）自然取得

按此种取得方式，凡符合保护条件的布图设计，自其创作完成后便自动取得布图设计专有权，不需经过任何程序或手续。就如同作品创作完成后自动取得版权那样。英国、瑞典采取此种立法例。如英国《半导体产品（拓扑图保护）条例》第 5 条规定，布图设计专有权，自布图设计创作完成之时产生。

二、布图设计专有权的取得程序

布图设计专有权的登记取得，其具体程序类似于专利的申请程序，从颁布了布图设计保护法的国家的有关规定看，布图设计专有权的登记程序大致如下：

（一）申请

按照我国《集成电路布图设计保护条例》第 16 条的规定，申请人向国务院知识产权行政部门申请布图设计登记时必须提交：①布图设计登记申请表；②布图设计的复制件或者图样；③布图设计已投入商业利用的，提交含有该布图设计的集成电路样品；④国务院知识产权行政部门规定的其他材料。

申请应当在一定期限内提出。中国、美国、日本、《欧共体指令》等均要求申请人在布图设计首次进行商业利用之日起 2 年内提出申请，否则对该布图设计不予登记或不再适用专有权保护。德国、法国和我国的布图设计保护法中还规定，布图设计自创作之后没有进行商业利用的，应当在创作完成之日起 15 年内申请登记，否则将不予保护。

受理申请的机构，在德国、奥地利、丹麦等国为专利局，在法国、荷兰、西班牙等国为工业产局或工业产权协会，在美国为国会版权登记处。我国的受理申请的机构是国家知识产权局。

（二）审查

申请人的申请被受理后，还要经主管机关进行审查，以确定是否核准登记。此类审查，凡颁布布图设计保护法的国家，一般都规定实行形式审查制度。即主管机关在审查时，仅对是否符合申请手续、申请文件是否齐备、申请人提出申请的资格等形式方面进行审查。我国《集成电路布图设计保护条例》第18条也有类似规定："布图设计登记申请经初步审查，未发现驳回理由的，由国务院知识产权行政部门予以登记，发给登记证明文件，并予以公告。"

（三）驳回及复审

主管机关对布图设计专有权的申请进行审查后，如果发现不符合要求，可以要求申请人限期修改或者补交有关材料。申请人不按期修改或补交，则视为撤回申请；申请人拒绝修改或补交，则驳回其申请。对某些不符合法定条件的申请，予以驳回。对驳回其登记申请的决定不服的，可以自收到通知之日起3个月内，向国务院知识产权行政部门请求复审。国务院知识产权行政部门复审后，作出决定，并通知布图设计登记申请人。

（四）登记

审查通过后即可登记。登记，在不同的国家有着不同的法律意义。在以登记作为权利产生的国家中，只有获得登记，布图设计专有权才产生，我国《集成电路布图设计保护条例》第8条对此有明确规定。而有的国家如美国则规定，对尚未进行商业利用的布图设计，由登记产生权利；对已进行商业利用、在首次商业利用的2年内登记的，登记只是对权利的确认，布图设计专有权于首次商业利用之日起产生。

（五）公告

申请人的布图设计被核准登记后，主管机关要在官方的公报上公布其布图设计。布图设计中的属于商业秘密的部分，则不予以公布。我国《集成电路布图设计保护条例》第18条对此作了规定。

三、布图设计专有权的丧失

对于布图设计的保护时间，《华盛顿条约》只规定了一个原则性的要求，即保护期至少为8年。大部分国家的立法规定给予布图设计专有权以10年的保护期，与《TRIPS协定》规定相一致，我国给予布图设计专有权以10年的保护期，从布图设计登记申请之日或者在世界上任何地方首次投入商业利用之日起算，二者不一致的，以较前日期为准。但无论是否投入商业利用或登记，自创作完成之日起15年后，不再受《集成电路布图设计保护条例》保护。

第六节   布图设计专有权的保护

一、布图设计专有权纠纷的类型

根据最高人民法院2001年11月16日发布《关于开展涉及集成电路布图设计案件审判工作的通知》的规定，人民法院受理的涉及布图设计案件有两类：①民事纠纷案件；②行政纠纷案件。

民事纠纷案件有：布图设计专有权权属纠纷案件；布图设计专有权转让合同纠纷案件；侵犯布图设计专有权纠纷案件以及诉前申请停止侵权、财产保全案件。

行政纠纷案件有：不服国务院知识产权行政部门驳回布图设计登记申请的复审决定的案件；不服国务院知识产权行政部门撤销布图设计登记申请决定的案件；不服国务院知识产权行政部门关于使用布图设计非自愿许可决定的案件；不服国务院知识产权行政部门关于使用布图设计非自愿许可的报酬的裁决的案件；不服国务院知识产权行政部门对侵犯布图设计专有权行为处理决定的案件以及不服国务院知识产权行政部门行政复议决定的案件。

二、布图设计专有权纠纷的管辖

鉴于侵犯布图设计专有权纠纷案件技术性和专业性强、法律问题复杂等因素，布图设计纠纷第一审案件，由各省、自治区、直辖市人民政府所在地、经济特区所在地的中级人民法院和最高人民法院指定的中级人民法院管辖。当然按照民事诉讼法地域管辖的一般规定，涉及侵犯布图设计的侵权纠纷仍应当遵守侵权诉讼管辖的一般规定，由侵权行为或者被告住所地的上述43个中的中级人民法院管辖。[1]

此外，鉴于涉及布图设计行政案件的被告国务院知识产权行政部门（含国家知识产权局）位于北京市，特别是布图设计纠纷案件数量不会太多，不宜分散审理，涉及布图设计行政案件由北京市第一中级人民法院作为第一审人民法院管辖。

三、侵犯布图设计专有权的法律责任

根据我国《民法通则》和《集成电路布图设计保护条例》的规定，对侵犯

---

〔1〕 郑友德主编：《知识产权法》，高等教育出版社2004年版，第370页。

布图设计的行为，应承担相应的法律责任：

（一）民事责任

因布图设计专有权无人身权利内容，侵权行为通常造成财产损失，所以相应的民事责任采取停止侵害、赔偿损失等方式，以保护权利人的合法权利。

1. 停止侵害。停止侵害用于阻止侵权行为的发生和继续，许多国家的布图设计法均采用此项救济措施。为制止侵权损害，依照我国《集成电路布图设计保护条例》第32条的规定，权利人可以在起诉前依法向人民法院申请采取责令停止有关行为和财产保全的措施。

2. 赔偿损失。侵权行为给权利人造成损失的，侵权人应负赔偿责任。我国《集成电路布图设计保护条例》第30条规定，侵犯布图设计专有权的赔偿数额，为侵权人所获得的利益或者被侵权人所受到的损失，包括被侵权人为制止侵权行为所支付的合理开支。第31条还规定，国务院知识产权行政部门应当事人的请求，可以就侵犯布图设计专有权的赔偿数额进行调解；调解不成的，当事人可以依照《中华人民共和国民事诉讼法》向人民法院起诉。

许多国家的布图设计法也有损害赔偿的规定，有的国家的法律还进一步规定了赔偿数额的推定赔偿金。例如，美国法规定，法院有权判决侵权人向受害人"支付实际损害赔偿费"和该赔偿费未包括的利润，或者侵权人向受害人支付不超过25万美元的"法定损害赔偿金"［见美国《半导体芯片保护法》第911条（b）、（c）款］。

（二）行政责任

我国《集成电路布图设计保护条例》第31条规定，布图设计侵权纠纷不仅可以协商解决，向人民法院提起民事诉讼，还可以请求国务院知识产权行政部门处理。国务院知识产权行政部门处理时，认定侵权行为成立的，可以责令侵权人立即停止侵权行为，没收、销毁侵权产品或者物品。当事人对行政处罚不服的，可以向人民法院提起行政诉讼。

有的国家的法律规定，对侵犯布图设计专有权的行为，还可采取扣押、没收、禁止进口等行政制裁措施。例如美国《半导体芯片保护法》第910条（c）款中规定，财政部长和美国邮局有权颁布条例禁止侵权集成电路产品进口，有权扣押、没收侵权物品；"任何被没收的侵权物品应按照财政部长或法院的指令销毁，但如果能使财政部长确认进口者并无合理根据认为自己的行为构成违法行为，则可将物品退还出口国"。

引例解析

微创公司的 AD3488 布图设计是受集成电路布图设计专有权保护的对象，但是，火炬公司的行为符合反向工程运用的条件，它对 AD3488 进行研究并不仅仅是为了商业目的，而是为了创作出新的作品，由此产生的新产品具有原创性。因此，火炬公司的行为不构成侵权。

思考题

1. 如何理解布图设计的独创性？
2. 布图设计专有权的内容有哪些？
3. 布图设计专有权的限制有哪些？

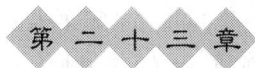

植物品种权

☞　**学习要点**

本章讲述植物品种权的概念及植物品种权制度的国际、国内发展历程，植物品种权的授权条件、权利主体、权利内容及其限制，以及植物品种权的保护。学习的重点和难点在于植物品种权的特点和植物品种权的授权条件。

◆　**引读案例**

甲研究所是一玉米新品种"xx586"的品种权人。2003年，甲研究所发现乙种子公司生产、销售的一种名为"586"的种子，实际上就是"xx586"。甲研究所以侵权为由，提起诉讼。期间，经法庭指定的鉴定机构检测，乙公司销售的11万公斤"586"种子中，约有2/3系"xx586"。

问题： 乙种子公司是否构成侵权？

第一节　植物品种权制度概述

一、植物品种权的概念及特征

对育种成果——植物新品种设置专门的知识产权形式予以保护，起源于20世纪40、50年代的欧洲。根据最早的两部相关立法——1941年荷兰的《植物育种者法令》（Plant Breeder's Decree）和1953年德国的《栽培植物品种及种子保护法》（the Law on the Protection of Varieties and the Seeds of Cultivated Plants），这种专门的知识产权形式既被称为植物育种者权利（Plant Breeders' Rights，简称PBR），在某些翻译中，也被译为"植物育种家权利"；又被称为植物品种权（Plant Variety Rights，简称PVR），翻译时，常被简称为"品种权"。两种称谓的不同，不过是"一体两面"的问题。前者侧重于权利的主体——育种者的申明，后者侧重于对权利的客体——植物新品种的强调。目前，PBR这一称谓已被《保护植物新品种国际公约》和澳大利亚、加拿大、瑞典、肯尼亚、南非等多个国家的立法所采用；PVR这一称谓则被欧盟、新西兰、美国等国家或地区的立法所吸收。在我国，根据《植物新品种保护条例》第3条的规定，在PVR的基础上进一步衍生，以"植物新品种权"来命名，以特别凸显该权利的客体是"植物新品种"。

对于植物品种权的概念，至今根据各国立法的不同，定义也各有差异。如：在我国，植物品种权是指，选育植物新品种的单位和个人依法享有的，在一定时期内生产、销售和使用所选育品种繁殖材料的专有权利。在澳大利亚，植物品种权是指，植物育种者依法享有的，对其培育的植物新品种所享有的生产、销售、为繁殖目的进行种子处理、提供销售、进出口以及为上述目的进行储存的专有权利。在肯尼亚，植物品种权是指，国家授予育种者的，对其培育、发现的植物新品种在符合一定授权条件下所享有的一种产权保护。在越南，植物品种权是指，单位或个人对其培育或者发现并培育的，同时具备所有权的植物新品种，依法所享有的权利。[1] 尽管各国植物品种权的定义纷繁复杂，但不难发现，它们仍然拥有一些共同的特征：

1. 植物品种权是一种类似专利权的知识产权。植物品种权同专利权有许多类似之处，二者都是一种有期限的独占权，都必须按一定的审查程序，在符合一定的实质授权条件和形式要件的前提下，由国家的专门审查机构进行审查合格后，方能授权。甚至在审查程序上，两者也是近似的，都要经过申请、受理、初步审查、实质审查、授权几大流程，并有复审和无效两个特殊的纠错程序。事实上，如果回溯植物品种权的发展史，我们也不难发现，植物品种权正是欧洲各国在尝试使用传统的专利权来保护植物新品种失败后，所寻找的另一条出路，在构建过程中，不可避免地借鉴到专利权的许多方面，正因如此，植物品种权与专利权有着浓厚的亲缘关系。

2. 植物品种权的保护对象是具有生命和自我繁殖能力的植物新品种。植物品种权之所以能成为知识产权体系中的一种独立的组成部分，与它的保护对象的特殊性是密不可分的。植物是地球生物圈的两大基本组成之一，[2] 因此，植物品种权的保护对象，首先，是一种有生命的物质。其次，植物的天然属性决定了该客体拥有自我繁殖的能力，"种瓜得瓜，种豆得豆"这句谚语已经很好地说明了植物的这种神奇力量。而植物新品种作为植物界的一部分，上述基本特征它都具备。因此，传统的知识产权类型在适用上，存在立法上、技术上、理论上的困难，如：很难通过文字描述的方式满足专利法所要求的充分公开；对生命物质授

---

〔1〕 上述定义分别参见：张玉敏主编：《知识产权法》，法律出版社 2005 年版，第 396 页；澳大利亚 1994 年颁布，2007 年修订的《植物育种者法》（The Plant Breeder's Rights Act）第 3、11 条；肯尼亚 1972 年颁布，2002 年修订的《种子及植物品种法》（The Seeds and Plant Varieties Act）第 2、17 条；越南 2005 年颁布的《知识产权法》（Intellectual property law）第 4、5 条。

〔2〕 地球上，生物圈的两大基本组成为植物和动物。

予专利权是传统专利法理论上的禁区等。因此，为保护植物新品种而特创的植物品种权必然会因其保护客体的特殊性而具有与其他知识产权类型所不同的方面，从而，确立了植物品种权作为一种独立的知识产权类型的地位。尽管在20世纪末，部分国家突破了传统专利法的禁区，重新探索并已经开始给植物授予专利权保护，但局限性明显，如大多只能适用于转基因植物，对其他植物新品种无法保护等，因此，仍难以真正撼动植物品种权的独立地位。

3. 植物品种权是一种侧重于保护育种者利益的民事权利。植物品种权与商标权、专利权、著作权等其他知识产权类型一样，本质上仍系一种民事权利。尽管植物品种权需要经过国家有权机关的审查批准后才能取得，且在权利行使过程中也会受到行政机关的监管，如转让或许可时要进行合同的登记或备案等，但对于是否提起植物品种权申请以及如何行使植物品种权等仍然体现了意思自治原则，植物品种权究其实质仍然反映和调整的是平等的民事主体间的关系。不过，与一般的民事权利不同的是，植物品种权由民事主体中的一类特定主体——育种者所享有，是对育种者们为培育植物新品种所付出的创造性智力劳动的回馈，其一系列制度安排，如保护对象的数量及具体范围、权利内容等，均是根据育种者的特殊性而设计的。

4. 植物品种权是农业知识产权体系中的核心形式。自植物品种权保护制度创设之初至今，不论各国在立法选择上的差异有多大，对植物新品种的繁殖材料进行保护是植物品种权的基本内容之一。而所谓繁殖材料，通俗地说，就是种子或种苗，没有它们整个农业种植活动将无法展开，它们是农业生产的源头，是最基本的、不可取代的农业生产资料。正是由于植物品种权与农业生产链的始端——种子或种苗密切相关，体现了一国农业生产的核心竞争力，因此植物品种权是农业知识产权体系中的核心形式。鉴于植物品种权与农业有着天然的、密切的联系，各国在满足所加入的国际条约要求的前提下，在植物品种权制度的具体设置上，不可避免地会考虑本国的农业研发实力和农业经济水平。而这必然会使各国对植物品种权概念的理解产生分歧，形成植物品种权概念的差异。

结合上述特征，我们可以认为，植物品种权是一种与农业有着密切联系的，由国家有权机关依据法定条件和审查程序，授予育种者在一定期限内，对其培育的植物新品种所享有的独占权。

二、国际植物品种权保护制度的起源和发展

自人类出现农业活动以来，对野生植物品种进行驯化、种植、筛选的育种工作就已经存在。如：清代马骕所著的《绎史》第四卷中，引用《逸周书·尝麦》中的内容："神农之时，天雨粟，神农遂耕而种之；作陶冶斤釜，为耒耜锄耨，

以垦草莽，然后五谷兴助，百果藏实。"讲述的就是原始农业[1]时期，中国古代农民通过自然选择和人工选择的方式，将野生狗尾巴草驯化、培育成五谷之一的"粟"（即小米），并进行栽种的事情。商代甲骨文中也已有了黍、稷（谷子的一种，谷子粘的叫黍，不粘的叫稷）、菽（豆类）、麦、稻、禾等多种农作物的名称。而早在公元前 3500 年前印度的《佛陀经典圣诗》中，就已经有了印度农民种植棉花并用其纺布的文字记载。然而尽管人类进行育种活动历史悠久，但给予植物新品种以知识产权保护却是 20 世纪初才开始的事情。[2]

1903 年，美国育种者协会（American Breeders Association，简称 ABA）成立，致力于推动商业育种的发展和植物新品种的知识产权保护。该协会于 1905 年向国会提出一项议案，要求让所有的植物育种者、种子公司、苗圃业者都能获得专利权或相应的权利金，但未获通过。然而，在 ABA 等的不断游说下和大力推动下，1930 年 5 月，美国通过了《植物专利法》（Plant Patent Act，简称 PPA），对除块茎繁殖以外的、无性繁殖[3]的植物新品种给予以一种特殊专利——植物专利保护，然而，植物专利作为一种特殊专利，与普通的发明专利是不同的，其缺点在于：①植物的有些部分是不会像普通专利那样得到保护；②植物专利领域可能没有衡平规定；③对专利植物的有性繁殖不是侵权，从有性繁殖植物中提取生物物质也不是侵权。而且，鉴于绝大多数粮食作物均是有性繁殖，因此，PPA 事实上排除了种子公司的最主要产品——粮食作物种子获得专利保护的机会，甚至将本为无性繁殖的块茎繁殖排除于 PPA 之外，从而将主要粮食之一的马铃薯排除在专利保护之外。

为此，欧洲部分国家开始另辟蹊径为植物新品种提供知识产权保护。1941 年，荷兰颁布了《植物育种者法令》（The Plant Breeder's Decree），[4]首次以一种类似专利权的专门形式——植物品种权（也称育种者权利）对植物新品种进行知识产权保护。1953 年，德国在总结多年来实行的种子销售管理制度的基础上，延续荷兰的模式，颁布了《栽培植物品种及种子保护法》（the Law on the Protec-

---

[1]　农业史学家们将世界农业发展过程分为原始农业、传统农业、近代农业、现代农业四个时期。

[2]　尽管有学者认为对植物新品种进行知识产权保护最早可追溯至 19 世纪初。依据的是 1833 年 9 月 3 日罗马教皇发布的《在技术和农业领域给予所有权的宣言》，该宣言称："利用其智力并在工业上发现新产品、发明、改进或改进新文化、新的技术解决方案、或者应用新方法的人，应当在科学、文艺和艺术方面对其研究和发现享有被奖励权。自 1826 年 9 月 23 日起，对科学、文学工作的成果，对涉及农业及其更加可靠的技术和更加高效的方法成果授予专利权。"参见中国农业部植物新品种保护办公室：《植物新品种保护基础知识》，蓝天出版社 1999 年版，第 1 页。但事实上该宣言并未得以实施。

[3]　所谓无性繁殖系指利用生物的体细胞进行培养，来产生后代的繁殖方式。如扦插、嫁接、组织培养、块茎繁殖、单细胞克隆等。

[4]　该法自 1967 年 6 月 1 日《种子种苗法》（the Seeds and Planting Material Act）公布后废止。

tion of Varieties and the Seeds of Cultivated Plants），赋予育种者对其育种成果享有一定期限内的生产和销售专有权。这是世界上第一个综合的、系统的关于植物新品种知识产权保护的专门法。

1956 年，国际植物品种保护育种家协会决定由法国政府主持召开国际会议，商讨植物新品种保护的相关问题。1957 年 2 月 22 日，法国邀请 12 个国家的外长和保护知识产权联合国际局、联合国粮农组织、欧洲经济合作组织的代表，参加在巴黎召开的第一次植物新品种保护外交大会。与会成员探讨了如何促进各国在植物新品种保护立场上达成一致，构建国际植物新知识产权保护规则，以促进种子贸易。在此次会议决议的基础上，经多次专家会议讨论，最终形成了以植物品种权保护为核心的《保护植物新品种国际公约（草案）》。该草案在 1961 年 11 月 21 日~12 月 2 日，在法国召开的第二次植物新品种保护外交大会上被讨论通过，并成立国际植物新品种保护联盟（Union Internationale pour la Protection des Obtentions Vegetales，简称 UPOV），法国、荷兰、德国、比利时、意大利五国签署了《国际植物新品种保护公约》（简称 UPOV 公约）。1962 年 11 月，丹麦、英国、瑞士也签署了该公约。此后，该公约于 1965 年、1967 年、1968 年分别被英国、荷兰、德国批准，于 1968 年 8 月 10 日正式生效。UPOV 的建立和 UPOV 公约的生效，标志着以植物品种权为核心的国际植物新品种保护框架成立。目前，UPOV 公约共有 4 个文本，分别系 1961 年、1972 年、1978 年和 1991 年文本。其中，1961 年文本和 1968 年文本在实质内容上完全一致，只是后者增加了部分关于 UPOV 事务性的条款。而 1991 年文本则将保护水平提高到一个前所未有的高度。而且，自 1999 年 5 月起，新加入 UPOV 的成员国只能加入 1991 年文本。这将使那些在育种领域缺乏自主知识产权、过度依赖种子进口的国家陷入困境。

以《TRIPS 协定》为分水岭，之前，加入 UPOV 的成员国几乎全是发达国家，植物品种权制度更多的是发达国家间的游戏规则。但《TRIPS 协定》第 27 条第 3 款（b）项中规定："……各成员应规定依专利或依有效的专门制度，或依二者的结合，保护植物的品种。"这意味着，对植物新品种提供知识产权保护已成为 WTO 成员国的应尽义务之一。为此，越来越多的发展中国家不得不在本国建立起植物新品种保护制度。而在这过程中，尽管绝大多数发达国家已开放了对植物的专利保护，《TRIPS 协定》也提供了以专利权保护植物新品种这一选择，但不论是智利、中国、巴西、哥伦比亚、肯尼亚、玻利维亚等采用的加入 UPOV 的方式；还是印度、泰国、非洲联盟等采用的在 UPOV 框架外另行构建的方式，植物品种权均成为发展中国家进行植物新品种保护时的首选形式，也是目前的惟一形式。[1]伴随着这一趋势，1994～1999 年的 5 年间，新加入 UPOV 的成员国几乎都是发展中国家。截止 2009 年 3 月底，加入 UPOV 的国家或地区数量已有 67 个。

三、我国植物品种权制度的建立及发展

我国植物品种权制度的构建较晚。1993 年 8 月，为满足入世的要求，农业部、专利局、国家林业局、和国家科委组成的立法领导小组开始起草《中华人民共和国植物新品种保护条例》（草案）。经过多次论证，《中华人民共和国植物新品种保护条例》于 1997 年 3 月 20 日正式颁布，并于同年 10 月 1 日起施行。与此同时，与该条例配套的《中华人民共和国植物新品种保护条例实施细则》的农业部分和林业部分也分别于 1999 年 6 月和 8 月发布施行。1999 年 3 月，中国正式加入 UPOV，是该组织第 39 位成员国，同时也是 UPOV 公约 1978 年文本正式关闭前，最后一个适用该文本的成员国。

此后，为进一步完善我国植物品种权制度，农业部于 2007 年 9 月 19 日发布了重新修订后的《中华人民共和国植物新品种保护条例实施细则（农业部分)》，自 2008 年 1 月 1 日起正式施行。目前，《植物新品种保护条例》的修改也在有关部门的组织下，开始进行前期准备工作。而且，自 2000 年，吉林省四平市中级人民法院审理了我国第一例植物品种权纠纷案以来，植物品种权纠纷案件作为一种新型的知识产权纠纷案件开始不断出现在我国法院的审判实践中。为确保人民法院依法受理和公正审判植物品种权纠纷案件，最高人民法院先后多次公布了相应的法律文件。它们分别是：2000 年 12 月公布的《关于审理植物新品种纠纷案件若干问题的解释》，该解释对植物品种权纠纷案件的受理、管辖、诉讼主体、中止等程序性问题作出了规定；2001 年 2 月公布的《关于开展植物新品种纠纷案件审判工作的通知》，敦促各地知识产权审判庭应做好植物品种权纠纷案件的审理工作；2007 年 1 月公布的《关于审理侵犯植物新品种权纠纷案件具体应用法律问题的若干规定》，涉及利害关系人的界定、侵权判定、鉴定方法、诉讼临时措施、侵权物的处理、农民赔偿责任的免除等八个方面的法律适用问题。

四、建立植物品种权制度的意义

植物新品种既是农林业生产中最基本的生产资料，决定着该领域生产链的始端——种子或种苗，又是农林业技术创新活动中最活跃因素，在保障国家粮食安全和促进农村经济发展中发挥了举足轻重的作用。因此，建立植物品种权制度有

---

[1] 在发展中国家中，仅尼加拉瓜、赞比亚等极少数发展中国家由于曾作为殖民地的历史原因，未明文排除植物的专利保护。然而，这些国家从未有过授予植物新品种以专利权的实例，植物的专利保护事实上并未采用。

着重要意义，主要表现在：

（一）促进农林业科技创新，实现农林业的可持续发展

同其他知识产权制度一样，植物品种权制度以产权界定的方式，激励育种者不断进行科技创新，已经成为育种工作良性发展的强大动力。育种者在获得品种权后，可以享有生产、销售、使用授权品种繁殖材料的排他的独占权，并通过品种权转让或自行实施，从中得到可观的经济回报，为育种的持续创新提供资金保障，从而极大地调动了育种者的积极性。同时，在植物品种权制度的激励作用下，不仅促进了大量优良植物新品种的培育成功，而且推动了这些优良新品种的大面积种植，保证了农林业发展的持续竞争力，对农林业的可持续发展起到了至关重要的推动作用。

（二）提高本国农林产品的国际竞争力，维护国家农业安全

当前农林产品的国际竞争已经从单纯的价格竞争转变为价格和质量的双重竞争，并且，对越来越多的农产品来说，正在转向以质量竞争为主。而质量的提高，需要优质品种作为保障。植物品种权作为一种一定期限内的独占权，有利于品种权人在一定期限内间接垄断由该品种所维系的市场，从而维护其在这一品种上的国际市场竞争力。因此，植物品种权制度有利于提高本国农林产品的国际竞争力。而这种国际竞争力，对于促进本国农业发展，保障农民的生存和发展，提高农民收入，显然是非常关键的。而这正是国家农业安全的根本所在，特别是当这些新品种涉及水稻、玉米、小麦、棉花等基本农作物时，更为明显。建国以来，我国共培育出主要农作物新品种六千多个，主要粮食作物和经济作物品种已经更换了 5~6 次，每次品种更换增产幅度都在 10% 以上，已经对解决我国人民的温饱问题做出了巨大贡献。

（三）避免重复研究和资源浪费，提高育种效率

实施植物品种权保护制度，育种成果除极少数需要保密的技术外都将以公告等形式迅速向社会公开，让广大公众了解。这样一来，育种人员就可以准确把握国内外的育种信息，确定恰当的育种目标，避免重复研究和资源浪费，提高育种的效率。

第二节　植物品种权的取得

一、植物品种权的授权条件

并非每个植物新品种都可以授予植物品种权，除了它应当属于国家植物品种保护名录中列举的植物的属或者种以外，该植物新品种还必须具备满足一定的授权条件，这些条件具体包括新颖性、特异性、一致性、稳定性以及适当的名称。

（一）列入国家植物品种保护目录

在我国，农业植物新品种包括粮食、棉花、油料、麻类、糖料、蔬菜（含西瓜、甜瓜）、烟草、桑树、茶树、果树（干果除外）、观赏植物（木本除外）、草类、绿肥、草本药材等植物以及橡胶等热带作物的新品种。食用菌的新品种，符合植物新品种保护条件的，也可以通过农业植物新品种的方式加以保护。林业植物新品种包括林木、竹、木质藤木、木本观赏植物（包括木本花卉）、果树（干果部分）及木本油料、饮料、调料、木本药材等植物品种。截止 2009 年 5 月底，农业部共发布 6 批《农业植物新品种保护名录》，使受保护的植物的属、种达到 62 个；林业部共发布 4 批《林业植物新品种保护名录》，使受保护的植物的属、种达到 79 个。

（二）新颖性

目前，除法国等极少数国家外，[1]大多数国家对品种权的新颖性认定采用与 UPOV 公约一致的"商业销售标准"。也就是说，不同于专利权的新颖性以发明创造是否已被公众所知为标准，品种权的新颖性以市场上是否有该品种销售为准。一种植物品种如果在申请日前一定期限内未被商业化销售，即认为它是"新"的，而不论公众是否已经知道该品种被培育成功、被种植、被展出等。这种新颖性认定标准，隐含着"不能被商业推广的品种即无保护价值"的理念，反映出 UPOV 框架下，品种权侧重于保护商业育种者的利益。

在我国，新颖性是指申请品种权的植物新品种在申请日前该品种繁殖材料未被销售，或者经育种者许可，在中国境内销售该品种繁殖材料未超过 1 年；在中国境外销售藤本植物、林木、果树和观赏树木品种繁殖材料未超过 6 年，销售其他植物品种繁殖材料未超过 4 年。而依据《植物新品种保护条例实施细则（农业部分）》第 15 条的规定，以买卖方式将申请品种的繁殖材料转移他人、以易货方式将申请品种的繁殖材料转移他人、以入股方式将申请品种的繁殖材料转移他人、以申请品种的繁殖材料签订生产协议、以其他方式销售的情形均属于新颖性认定中的"销售"；育种者自己销售、育种者内部机构销售、育种者的全资或参股企业销售以及农业部规定的其他情形属于新颖性认定中的"经育种者许可"的销售。

此外，我国《植物新品种保护条例实施细则（农业部分）》第 14 条和《植物新品种保护条例实施细则（林业部分）》第 12 条还规定了"新颖性的宽限期"，凡在宽限期内提出品种权申请的，均视为不丧失新颖性。前者为："依照

---

〔1〕 法国采比"商业销售标准"更为严格的"公众已知标准"。即在申请日前，申请品种只要已被公众所知，不论其在现实中是否已被销售，均丧失新颖性。

《条例》第45条的规定,列入植物新品种保护名录的植物属或者种,从名录公布之日起1年内提出的品种权申请,凡经过育种者许可,申请日前在中国境内销售该品种的繁殖材料未超过4年,符合《条例》规定的特异性、一致性和稳定性及命名要求的,农业部可以授予品种权。"[1]后者为:"依照《条例》第45条的规定,对《条例》施行前首批列入植物品种保护名录的和《条例》施行后新列入植物品种保护名录的属或者种的植物品种,自名录公布之日起1年内提出的品种权申请,经育种人许可,在中国境内销售该品种的繁殖材料不超过4年的,视为具有新颖性。"[2]这是鉴于我国品种权制度建立较晚,且只保护列入保护名录中的植物的属和种,而保护名录是由农业部和国家林业局根据实际情况,分批发布。因此,如果没有"新颖性的宽限期"的规定,那么,保护名录发布前已在市场上销售的品种,就丧失了获得品种权的可能,这显然对它们极不公平,也不利于我国一些优势农林品种的保护。

（三）特异性

特异性,是指申请品种权的植物新品种应当明显区别于在递交申请以前已知的植物品种。《植物新品种保护条例实施细则(农业部分)》第16条对"已知的植物品种"进行了一定的解释,认为包括品种权申请初审合格公告、通过品种审定或者已推广应用的品种。但对何种程度的区别才构成"明显区别",则是特异性认定中的关键之一,根据UPOV提出的判断基础原则,如果一个申请品种与对比品种相比,在质量特征(Qualitative Characteristics)、数量特征(Quantitative Characteristics)和伪质量特征(Pseudo-Qualitative Characteristics)这三个特征中的任何一个方面,所表现出的差异是一贯且明确的,则认为该申请品种具有特异性。上述三个特征中,质量特征是指那些表现为不连续状态的特征,且这种不连续状态是不言自明的并有独立的意义,如:雌雄同株、雌雄异株、抗逆性、抗旱性等;数量特征是指那些可用尺度测量的表现为一个极限到另一个极限之间的连续变化的特征,如:产量、枝干的长度、果实的大小、叶片的宽窄等;伪质量特征是指那些部分连续变化,但存在不止一个方面变化,且该变化不能准确描述只能用线性范围的两端进行界定的,类似于不连续性状态的特征,如:叶子的形状呈卵形或椭圆形,花朵的颜色呈粉红色或黄色等。

（四）一致性

一致性,是指申请品种权的植物新品种经过繁殖,除可以预见的变异外,其

---

[1] 如:农业部将油菜列入《农业植物新品种保护名录》的日期为2000年3月7日,那么,如果某一油菜品种申请是在2001年3月7日前提起,且该品种经育种者许可,在中国境内销售未早于1997年3月7日,则该品种具有新颖性。

[2] 国家林业局的这种规定事实上与农业部的规定是一致的。

相关的特征或者特性一致。一个植物新品种必须是一致的，尤其是对于具有特异性的特点必须完全一致。也就是说，植物新品种必须是均质的。在考虑一致性时，植物新品种所表现的变异和因偶然混杂、变异或其他一些原因所产生的异型必须尽可能加以限制。

（五）稳定性

授予品种权的植物新品种应当具备稳定性。稳定性，是指申请品种权的植物新品种经过反复繁殖后或者在特定繁殖周期结束时，其相关的特征或者特性保持不变。这意味着，从每一次繁殖中得到的植物必须与上一代植物表达的特点相符。也就是说，经重复繁殖后，品种的基本特性应与原来描述的一致。申请品种权时即缺少稳定性的品种为未完成品种，不能授予品种权。品种权被授予以后又失去稳定性的品种，则该品种权也相应的丧失。

（六）适当的名称

授予品种权的植物新品种应当具备适当的名称，并与相同或者相近的植物属或者种中已知品种的名称相区别。该名称经注册登记后即为该植物新品种的通用名称。在我国，下列名称不得用于品种命名：①仅以数字组成的；②违反国家法律或者社会公德或者带有民族歧视性的；③以国家名称命名的；④以县级以上行政区划的地名或者公众知晓的外国地名命名的；⑤同政府间国际组织或者其他国际国内知名组织及标识名称相同或者近似的；⑥对植物新品种的特征、特性或者育种者的身份等容易引起误解的；⑦属于相同或相近植物属或者种的已知名称的；⑧夸大宣传的。

此外，已通过品种审定的品种，或获得《农业转基因生物安全证书（生产应用）》的转基因植物品种，如品种名称符合植物新品种命名规定，申请品种权的品种名称应当与品种审定或农业转基因生物安全审批的品种名称一致。

二、植物品种权的主体

能够享有植物品种权的主体是完成育种的单位或者个人，但并非所有参加育种工作的人都能够成为品种权人。只有那些对培育该植物新品种做出了创造性贡献的人才可能成为品种权人。其中，执行本单位的任务或者主要是利用本单位的物质条件所完成的职务育种，品种权人是该单位。非职务育种，品种权人是完成育种的个人。委托育种或者合作育种中，品种权的归属由当事人在合同中约定；没有合同约定的，品种权人是受委托完成或者共同完成育种的单位或者个人。

三、植物品种权的申请和审批程序

植物品种权的申请和审批程序，在很多环节上，借鉴了专利权的授权程序。

（一）申请

申请人应当向主管的审批机关提交符合规定格式要求的请求书、说明书和该品种的照片，以及相应的其他文件。申请人要求优先权的，应当在申请时提出书面说明，并在 3 个月内提交经原受理机关确认的第一次提出的品种权申请文件的副本。优先权是指申请人自在外国第一次提出植物品种权申请之日起 12 个月内，又在中国就该植物新品种提出品种权申请的，依照该外国同中华人民共和国签订的协议或者共同参加的国际条约，或者根据相互承认优先权的原则，在判断其是否具有新颖性、特异性等时，以其在国外第一次提出申请的日期为准。此外，为维护转基因生物安全，如果申请品种属于转基因品种的，应当附具生产性试验阶段的《农业转基因生物安全审批书》或《农业转基因生物安全证书（生产应用)》复印件。

（二）受理和审查

对符合规定的植物品种权申请，审批机关应当予以受理，明确申请日、给予申请号，并自收到申请之日起 1 个月内通知申请人缴纳申请费。申请文件合格并交付了相关费用后即进入审查程序。植物品种权的授权要经过两次审查。第一次审查是初步审查，主要是审查申请品种是否具备新颖性、是否属于植物品种保护名录中列举的植物的属或种、是否有合适的命名等，并审查选择的近似品种是否适当、申请品种的亲本或其他繁殖材料来源是否公开。审批机关应当自受理品种权申请之日起 6 个月内完成初步审查。对经初步审查合格的品种权申请，审批机关予以公告，并通知申请人在 3 个月内缴纳审查费。对经初步审查不合格的品种权申请，审批机关应当通知申请人在 3 个月内陈述意见或者予以修正；逾期未答复或者修正后仍然不合格的，驳回申请。第二次审查是实质审查，审批机关将对申请品种是否具备特异性、一致性和稳定性进行审查。

（三）授权和公告

审查程序之后，对经实质审查符合《植物新品种保护条例》规定的植物品种权申请，审批机关应当作出授权决定，颁发植物品种权证书，并予以登记和公告。对经实质审查不符合该条例规定的品种权申请，审批机关予以驳回，并通知申请人。

当然，在植物品种权的授权程序中，也给予了申请人以充分的救济途径。如果申请人对审批机关驳回申请的决定不服的，申请人可以自收到通知之日起 3 个月内，向审批机关设立的植物新品种复审委员会请求复审。植物新品种复审委员会应当自收到复审请求书之日起 6 个月内做出决定，并通知申请人。申请人对植物新品种复审委员会的决定不服的，可以自接到通知之日起 15 日内向人民法院提起诉讼，寻求司法救济。

同专利的无效宣告程序一样，已经授予的品种权不符合授权条件的，可以依照法定程序宣告无效。被宣告无效的品种权视为自始不存在。宣告品种权无效的决定，对在宣告前人民法院作出并已执行的植物新品种侵权的判决、裁定，省级以上人民政府农业、林业行政部门作出并已执行的植物新品种侵权处理决定，以及已经履行的植物新品种实施许可合同和植物新品种权转让合同，不具有追溯力。但是，因为品种权人的恶意给他人造成损失的，应当给予合理赔偿。品种权人或者品种权转让人不向被许可实施人或者受让人返还使用费或者转让费，明显违反公平原则的，品种权人或者品种权转让人应当向被许可实施人或者受让人返还全部或者部分使用费或者转让费。

第三节　植物品种权的内容及其限制

一、植物品种权的内容

我国《植物新品种保护条例》在权利内容的规定上，是十分含混的。在条例里，并未正面明确植物品种权的内容，而是在第 6 条中以"两个不得"的方式予以间接规定。该条规定为"任何单位或者个人未经品种权所有人许可，不得为商业目的生产或者销售该授权品种的繁殖材料，不得为商业目的将该授权品种的繁殖材料重复使用于生产另一品种的繁殖材料；但是，本条例另有规定的除外"。据此，部分学者结合第 9 条第 1 款"植物新品种的申请权和品种权可以依法转让"，以及第 40 条将"假冒授权品种"列为侵权行为之一的规定，归纳出我国植物品种权的权利内容包括生产权、销售权、使用权、转让权、标记权。[1]

其中，生产权是指，植物品种权人有权生产授权品种，并禁止他人未经其许可为商业目的生产相同的品种。销售权是指，植物品种权人有权自己销售或许可他人销售授权品种的繁殖材料。使用权是指，植物品种权人有权禁止他人未经许可，将授权品种的繁殖材料为商业目的，重复用于生产另一品种的繁殖材料。转让权是指，植物品种权人有权转让其植物品种权。转让植物品种权时，当事人应当订立书面合同，并由审批机关登记和公告。标记权是指，植物品种权人有权在授权品种的包装上标明植物品种权标记，如授权时间、授权品种、植物品种权号码以及植物品种权人的名称等。

二、植物品种权的限制

为了平衡权利人和社会公众之间的利益，促进知识的共享，在我国，对植物品种权的限制包括三种方式：

（一）研究免责

研究免责系指利用授权品种进行育种及其他科研活动，可以不经品种权人许

---

〔1〕　参见张玉敏主编：《知识产权法》，法律出版社 2005 年版，第 405～406 页。

可，不向其支付使用费。研究免责的存在为植物育种的后续研发提供了方便，减少了后续研发的成本和阻碍。

（二）农民免责

农民免责也称"农民特权"（Farmers' Privilege），是指农民有权自繁自用授权品种的繁殖材料。即农民在合法获得授权品种进行种植后，在其收获的作物中，留出供下一个种植季节所需的种子，甚至在某些情形下，除了这种自行留种行为外，还可交换、销售所留种的种子，植物品种权人均无权干涉，也无权要求其支付费用。农民免责是植物品种权制度中所特有的一种规定，其设立的初衷在于，现代育种业的发展是建立在历代农民长期在选种、育种中所做出的巨大的贡献上的，可以说，没有历代农民在改良地方品种、驯化野生品种等方面的辛勤付出，现代育种业将是"无源之水，无本之木"，因此，在植物品种权人利用历代农民培育或传承下的植物遗传资源，培育出的新品种以知识产权为屏障，获得巨大利益的同时，通过允许农民自行留种，为历代农民所做的巨大贡献给以一定的回馈，是公平合理的。更何况，允许农民自行留种，也为那些无力每一种植季节都购买新种子的贫困农民，能够继续进行来年的农业种植活动以维持生存或生活，留下了空间。因此，植物品种权制度在创设之初，就将农民免责作为与研究免责同等重要的两大基本免责纳入其中。

（三）强制许可

强制许可是指，为了维护国家利益或公共利益，审批机关可以不经植物品种权人同意，通过行政申请程序作出强制许可决定，直接允许具备实施条件的申请者生产或使用授权品种。在我国，强制许可决定作出后，应予以登记和公告。取得实施强制许可的单位或者个人应当付给品种权人合理的使用费，其数额由双方商定；双方不能达成协议的，由审批机关裁决。品种权人对强制许可决定或者强制许可使用费的裁决不服的，可以自收到通知之日起3个月内向人民法院提起诉讼。

除研究免责、农民免责、强制许可这三种最常见的植物品种权的限制形式以外，相当多的国家根据 UPOV 公约 1991 年文本第 16 条，规定了"权利耗尽原则"。更有部分国家，另外创设了诸如"居间免责"、"特殊待遇"、"服役授权"、"强制转让"、"国家征收"、"先用权"等独具特色的植物品种权限制形式。在权利限制的严厉程度上，基于不同的原因，各国间也是互有差异。

第四节　植物品种权的保护

一、植物品种权的保护期限

植物品种权的法律保护，有明确的保护期限。在我国，植物品种权的保护期限为：自授权之日起，藤本植物、林木、果树和观赏树木为 20 年，其他植物为 15 年。

有下列情形之一的，品种权在其保护期限届满前终止：①品种权人以书面声明放弃品种权的；②品种权人未按照规定缴纳年费的；③品种权人未按照审批机关的要求提供检测所需的该授权品种的繁殖材料的；④经检测试授权品种不再符合被授予品种权时的特征和特性的。

品种权的终止，由审批机关登记和公告。

二、植物品种权的行政保护

尽管对侵害植物品种权的行为进行司法救济是最有效、最彻底的手段，但鉴于行政保护具有快捷、简便、灵活的特点，因此，包括我国在内的许多国家，仍然将行政保护作为植物品种权保护的一个非常重要的途径。[1]在植物品种权的行政保护过程中，除了常见的农林主管机关的保护外，海关保护作为一种特殊的行政保护手段，近年来，也越来越受到植物品种权人的追捧。

对于植物品种权的行政保护，一般是由一国的农林主管机关来负责。如日本系由农林水产省、保加利亚是由农业及食品工业部来负责。在我国，根据《植物新品种保护条例》第 39、40 条的规定，对于未经品种权人许可，以商业目的生产或销售授权品种的繁殖材料的，品种权人或利害关系人可以请求省级以上人民政府农业、林业行政部门依据各自的职权进行处理，省级以上人民政府农业、林业行政部门依据各自的职权，根据当事人自愿的原则，对侵权所造成的损害赔偿可以进行调解。对于假冒授权品种的，由县级以上人民政府农业、林业行政部门依据各自的职权责令停止假冒行为，没收违法所得的植物品种繁殖材料，并处违法所得 1 倍以上 5 倍以下罚款。可见，在我国，对于植物品种权的侵权纠纷由省农业厅或省林业局以上机构负责行政调处，对于假冒授权品种行为，由县农业局或县林业局以上机构负责行政处罚。前者是一种被动保护，植物品种权人或利害关系人不申请则不调处，后者是一种主动保护，只要有假冒授权品种的行为，就可依法追究侵权人的行政责任。

尽管在植物品种权的海关保护上，我国尚是空白。但在国际农林产品贸易竞争日益激烈的今天，植物品种权作为与农林业有着天然联系的重要知识产权类型之一，成为不少国家或地区海关保护中的重要内容之一，尤其是在那些育种创新水平高、研发能力强的发达国家或地区，近几年来，植物品种权的海关保护受到

---

〔1〕 美国、加拿大、德国、法国、瑞典等国在植物品种权的保护问题上，除海关保护这一特殊的行政保护外，均只采用司法保护，农林主管机关只负责植物品种权的申请、审查、授权、无效、终止、变更、备案事宜。

了特别强调。如德国早在 1992 年就对植物品种权提供了海关保护；欧盟在 2004 年 7 月 1 日正式实施的新的《关于海关就商品涉嫌侵权采取行动和措施的法规》，即 EC 1383/2003 中，将植物品种权纳入海关保护的范围；日本自 2004 年 4 月 1 日起，对侵犯植物品种权的产品的进口实施海关保护。

三、植物品种权的司法保护

目前，在我国，植物品种权人及其利害关系人可就下述 11 种案件类型寻求司法保护：①是否应当授予植物新品种权纠纷案件；②宣告授予的植物新品种权无效或者维持植物新品种权的纠纷案件；③授予品权的植物新品种更名的纠纷案件；④实施强制许可的纠纷案件；⑤实施强制许可使用费的纠纷案件；⑥植物新品种申请权纠纷案件；⑦植物新品种权权利归属纠纷案件；⑧转让植物新品种申请权和转让植物新品种权的纠纷案件；⑨侵犯植物新品种权的纠纷案件；⑩不服省级以上农业、林业行政管理部门依据职权对侵犯植物新品种权处罚的纠纷案件；⑪不服县级以上农业、林业行政管理部门依据职权对假冒授权品种处罚的纠纷案件。

在植物品种权的刑事保护方面，尽管《植物新品种保护条例》第40条规定，假冒授权品种，情节严重，构成犯罪的，依法追究刑事责任。然而，在我国《刑法》中并无相对应的罪名，也无相应刑罚规定，依据"罪行法定原则"，这就造成了刑事保护在我国植物新品种保护司法实践中的事实缺位。

引例解析

乙种子公司构成侵权。因为，甲研究所作为玉米新品种"xx586"的品种权人，依法享有生产、销售、使用、名称标记等专有权。乙种子公司销售的种子虽名为"586"，与"xx586"不同，但鉴定结果表明，其实质上，约有 2/3 就是"xx586"，系未经品种权人许可，以商业目的生产或销售授权品种的繁殖材料的行为，故构成侵权。

思考题

1. 授予植物品种权的植物品种应当具备哪些条件？
2. 植物品种权人依法享有哪些专有权利？

图书在版编目（CIP）数据

知识产权法 / 张耕主编． 一北京：中国政法大学出版社，2011.5
ISBN 978-7-5620-3863-4

Ⅰ.知… Ⅱ.张… Ⅲ.知识产权法 - 研究 Ⅳ.D913.04

中国版本图书馆CIP数据核字(2011)第035807号

出版发行	中国政法大学出版社
经　销	全国各地新华书店
承　印	固安华明印刷厂

720mm×960mm　　16开本　　22.5印张　　425千字
2011年4月第1版　　2013年7月第2次印刷
ISBN 978-7-5620-3863-4/D•3823
印　数: 4 001-7 000　　定　价: 36.00元

社　址	北京市海淀区西土城路25号
电　话	(010)58908435(编辑部) 58908325(发行部) 58908334(邮购部)
通信地址	北京100088信箱8034分箱　邮政编码 100088
电子信箱	fada.jc@sohu.com(编辑部)
网　址	http://www.cuplpress.com (网络实名: 中国政法大学出版社)